Maßstäbe und Verfahren der Nutzerfinanzierung von Public Private Partnerships

Europäische Hochschulschriften

European University Studies

Publications Universitaires Européennes

Reihe II **Rechtswissenschaft**

Series II Law

Série II Droit

Band/Volume **5525**

Christian Bücker

Maßstäbe und Verfahren der Nutzerfinanzierung von Public Private Partnerships

PL ACADEMIC RESEARCH

Bibliografische Information der Deutschen Nationalbibliothek
Die Deutsche Nationalbibliothek verzeichnet diese Publikation in der Deutschen Nationalbibliografie; detaillierte bibliografische Daten sind im Internet über http://dnb.d-nb.de abrufbar.

Zugl.: Hamburg, Univ., Diss., 2013

D 18
ISSN 0531-7312
ISBN 978-3-631-64200-9 (Print)
E-ISBN 978-3-653-03467-7 (E-Book)
DOI 10.3726/978-3-653-03467-7

PL Academic Research ist ein Imprint der Peter Lang GmbH.
Peter Lang – Frankfurt am Main · Bern · Bruxelles · New York · Oxford · Warszawa · Wien

www.peterlang.de

Vorwort

Die vorliegende Arbeit wurde im Sommersemester 2013 von der Fakultät für Rechtswissenschaft der Universität Hamburg als Dissertation angenommen.

Ganz besonderer Dank gilt meinem Doktorvater Prof. Dr. Arndt Schmehl, der mich auf das Thema aufmerksam machte und die Entstehung der Arbeit stets unterstützt und betreut hat. Dies sowohl durch Anregungen, Textkritik und regelmäßige weiterführende Hinweise als auch durch das Angebot der Forschungsseminare, die besonders für externe Doktoranden sehr wertvoll sind und den Kontakt zum Lehrstuhl und zu seiner Doktorandengruppe nie abreißen ließen. Nicht zuletzt möchte ich mich für die Erstellung des Erstgutachtens bedanken, genauso wie ich mich bei Herrn Prof. Dr. Ivo Appel für die ebenfalls wertvolle Mitwirkung als Zweitgutachter bedanken möchte.

Ein weiterer Dank gilt meinen Kanzlei-Kollegen Dr. Hans Heinrich Heins und Sabine Hippert-Otromke, die mich ebenso unterstützten und mir den Freiraum ließen, das Promotionsprojekt zu beenden.

Ganz besonderer Dank gilt meiner Frau Janice und meinen Eltern, ohne deren Hilfe und Unterstützung dieses Projekt nicht möglich gewesen wäre. Ihnen und unserem Sohn ist diese Arbeit gewidmet.

Buxtehude, im Juli 2013 Christian Bücker

Inhaltsübersicht

A. Inhaltsverzeichnis

B. Abkürzungsverzeichnis

a.A.	andere Auffassung
ABMG	Autobahnmautgesetz
a. F.	alte Fassung
Abs.	Absatz
Art.	Artikel
BayVBL.	Bayerische Verwaltungsblätter
BB	Betriebsberater
Bd.	Band
BerlVerf.	Verfassung des Landes Berlin
BerlVerfGH	Verfassungsgerichtshof des Landes Berlin
BGBl.	Bundesgesetzblatt
BHG	Österreichisches Bundeshaushaltsgesetz
BLBV	Verordnung des Bundes über leistungsbezogene Besoldungsinstrumente
BVerfG	Bundesverfassungsgericht
BVerfGE	Entscheidungssammlung des Bundesverfassungsgerichts
BVerwG	Bundesverwaltungsgericht
BVerwGE	Entscheidungssammlung des Bundesverwaltungsgerichts
BGH	Bundesgerichtshof
BID/ BIDs	Business Improvement District/ s
BR-Drs.	Bundesratsdrucksache
BT-Drs.	Bundestagsdrucksache
BW	Baden- Württemberg
DAR	Zeitschrift Deutsches Autorecht
DÖV	Zeitschrift Die öffentliche Verwaltung
DVBl.	Deutsches Verwaltungsblatt
EFZG	Entgeltfortzahlungsgesetz
f.	folgende Seite
ff.	die folgenden Seiten
FAZ	Frankfurter Allgemeine Zeitung

FernStrPrivFinG	Fernstraßenbauprivatfinanzierungsgesetz
FS	Festschrift
GewArch	Gewerbearchiv, Zeitschrift für Wirtschaftsverwaltungsrecht
GG	Grundgesetz
GO	Gemeindeordnung
GSED	Gesetz zur Stärkung der Einzelhandels-, Dienstleistungs- und Gewerbezentren
GWB	Gesetz gegen Wettbewerbsbeschränkungen
Hrsg.	Herausgeber
i.d.R.	in der Regel
i.S.v.	im Sinne von
JVA	Justizvollzuganstalt
KAG	Kommunalabgabengesetz
KAG NRW	Kommunalabgabengesetz des Landes Nordrhein- Westfalen
Kap.	Kapitel
KommJur	Zeitschrift Kommunaljurist
Krw-/ AbfG	Kreislaufwirtschafts- und Abfallgesetz, (außer Kraft)
KrWG	Gesetz zur Förderung der Kreislaufwirtschaft und Sicherung der umweltverträglichen Bewirtschaftung von Abfällen
Lfg.	Lieferung
LKV	Zeitschrift für Landes- und Kommunalveraltung
LSP	Leitsätze für die Preisermittlung auf Grund von Selbstkosten
LT-Drs.	Landtagsdrucksache
LWG	Landeswassergesetz
NGO	Niedersächsische Gemeindeordnung
NJW	Neue Juristische Wochenschrift
NKAG	Kommunalabgabengesetz des Landes Niedersachsen
NRW	Nordrhein-Westfalen
NRW-GO	Nordrhein-Westfälische Gemeindeordnung
NPPP	nutzerfinanzierte Public Private Partnership
NordÖR	Zeitschrift für Öffentliches Recht in Norddeutschland
NVwZ	Neue Zeitschrift für Verwaltungsrecht
NZBau	Neue Zeitschrift für Baurecht und Vergaberecht

m.w.N.	mit weiterem Nachweis
ÖffPrivZusG	Schleswig-holsteinisches Landesgesetz über die öffentlich-private Zusammenarbeit
ÖP	öffentlicher Partner
ÖPP	öffentlich-private Partnerschaft
OVG	Oberverwaltungsgericht
PP	Privater Partner
PPP	Public Private Partnership
PSC	Public Service Comparative
RegG	Gesetz zur Regionalisierung des öffentlichen Personennahverkehrs
RhPfVerfGH	Verfassungsgerichtshof Rheinland-Pfalz
Rn.	Randnummer
SEG	Gesetzes zur Errichtung der Anstalt Hamburger Stadtentwässerung
UPR	Zeitschrift für Umwelt- und Planungsrecht
VBlBW	Verwaltungsblätter für Baden-Württemberg
VerwArch	Verwaltungsarchiv
VG	Verwaltungsgericht
VgV	Verordnung über die Vergabe öffentlicher Aufträge
vgl.	vergleiche
VIFG GmbH	Verkehrsinfrastrukturfinanzierungsgesellschaft mbH
VK	Vergabekammer
VKR	Vergabekoordinierungsrichtlinie
VVDStLR	Vereinigung der Deutschen Staatsrechtslehrer
VV-BHO	Verwaltungsvorschriften zur Bundeshaushaltsordnung
W/B/S	Wolff, Bachof, Stober
WHG	Wasserhaushaltsgesetz
ZfBR	Zeitschrift für deutsches und internationales Bau- und Vergaberecht

C. Literaturverzeichnis

Bader, Johan, Ronellenfitsch, Michael: *Verwaltungsverfahrensgesetz, Kommentar*, 1. Auflage, München 2010. Zitiert: Bader/Ronellenfitsch: Verfasser, § , Rn. .

Bamberger, Heinz Georg, Roth, Herbert: *Bürgerliches Gesetzbuch, Kommentar*, Band 1, 3. Auflage, München 2012. Zitiert: Bamberger/Roth: Autor, § , Rn. .

Battis, Ulrich, Krautzberger, Michael, Löhr, Rolf-Peter: *Baugesetzbuch, Kommentar,* 11. Auflage, München 2009, Zitiert: B/K/L: Autor, § , Rn. .

Bauer, Hartmut: „*Privatisierung und Verwaltungsaufgaben*", in VVDStRL 54 (1995), S. 243-286. Zitiert: Bauer, in VVDStRL 54 (1995), S. [ ].

Bauer, Hartmut: „*Zukunftsthema Rekommunalisierung*", in DÖV 2012, S. 329-338. Zitiert: Bauer, DÖV 2012, S. 329 [ ].

Bauer, Denise A., Jensen, Henning: „*BIDs – eine Public-Private-Partnership auf dem verfassungsrechtlichen Prüfstand*", in NordÖR 2009, S. 191-198. Zitiert: Bauer/Jensen, NordÖR 2009, S. 191 [ ].

Beckers, Thorsten: "*Die Realisierung von Projekten nach dem* PPP-Ansatz bei Bundesfernstraßen, Ökonomische Grundlagen und eine Analyse des F-Modells, des A-Modells sowie des Funktionsbauvertrages", 1. Auflage, Berlin 2005. Zitiert: Beckers, S. .

Bettermann, Karl August: „*Juristische Personen des öffentlichen Rechts als Grundrechtsträger?*", in NJW 1969, S. 1321-1328. Zitiert: Bettermann, NJW 1969, S. 1321 [ ].

Budäus, Dietrich, Grüning, Gernod, Steenbock, Andreas: *Public Management, Diskussionsbeiträge, Public Private Partnership I – State of the Art*, 1. Auflage, Hamburg 1997. Zitiert: Budäus/Grüning/Steenbock, S. .

Bull, Hans Peter: „*Die Staatsaufgaben nach dem Grundgesetz*", 2. Auflage, Kronberg 1977. Zitiert: Bull, S. .

Bundesministerium für Verkehr, Bau und Wohnungswesen (Hrsg.), erstattet von Claus-Peter Martens: *Gutachten zur Erarbeitung der Muster eines Konzessionsvertrages und Regelungen für die Ausschreibung /Vergabe von Konzessionen für das Betreibermodell für den mehrstreifigen Autobahnausbau („A-Modell“),* Forschung Straßenbau und Straßenverkehrstechnik, Schriftenreihe „Forschungsberichte aus dem Forschungsprogramm des Bundesministerium für Verkehr, Bau und Wohnungswesen und der Forschungsgesellschaft für Straßenwesen e.V.“ Heft 889, Bonn 2004. Zitiert: Gutachten Konzessionsvertrag, S. .

Burgi, Martin: *Funktionale Privatisierung und Verwaltungshilfe*, Habilitationsschrift, 1. Auflage, Tübingen 1999. Zitiert: Burgi, S. .

Burgi, Martin: *Kommunalrecht,* 4. Auflage, München 2012. Zitiert: Burgi: KR, § , Rn. .

Burgi, Martin: *„Kommunales Privatisierungsfolgenrecht: Vergabe, Regulierung und Finanzierung“,* in NVwZ 2001, S. 601-607. Zitiert: Burgi, NVwZ 2001, S. 601 [ ].

Burgi, Martin: *„Privat vorbereitete Verwaltungsentscheidungen und staatliche Strukturschaffungspflicht*“, in Die Verwaltung 33 (2000), S. 183-206. Zitiert: Burgi, Die Verwaltung 33 (2000), S. 183 [ ].

Burgi, Martin: „*Von der Zweistufenlehre zur Dreiteilung des Rechtsschutzes im Vergaberecht*“ in NVwZ 2007, S. 737-742. Zitiert: Burgi, NVwZ 2007, S. 737 [ ].

Byok, Jan, Jansen, Nicola: „*Durchbruch für das A-Modell im Fernstraßenausbau?*“, in NZBau 2005, S. 241-249. Zitiert: Byok/Jansen, NZBau 2005, S. 241 [ ].

Chou, Chia-Yu: *PPP im Koordinatensystem von Privatisierung und Staatsaufgabenlehre*, 1. Auflage, Göttingen 2009. Zitiert: Chou, S. .

Department for Transport (Hrsg.): *Feasibility Study of Road Pricing in the UK: A Report to the Secretary of State for Transport*, 1. Auflage, London 2004. Zitiert: Department of Transport, S. .

Diederichs, Claus Jürgen: „*Wirtschaftlichkeitsuntersuchungen bei PPP-Projekten*“, in NZBau 2009, S. 547-552. Zitiert: Diederichs, NZBau 2009, S. 547 [ ].

Dieterich, Thomas, Hanau, Peter, Schaub, Günter: *Erfurter Kommentar zum Arbeitsrecht*, 13. Auflage, München 2013. Zitiert: Dieterich/Hanau/Schaub: Autor, § , Gesetz, Rn. .

Doemming, Klaus-Berto von, Füsslein, Rudolf Werner, Matz, Werner: „*Entstehungsgeschichte der Artikel des Grundgesetzes*“, in Jahrbuch des öffentlichen Rechts, JÖR 1, 1951, S. 1-926. Zitiert: (ggf. Verfasser/ Redner), Erörterungen des Parlamentarischen Rates (ggf. zu Art.), in JÖR 1, 1951, S. .

Dreher, Meinrad: „*Der Anwendungsbereich des Kartellvergaberechts*“, in Der Betrieb 1998, S. 2579-2589. Zitiert: Dreher, DB 1998, S. 2579 [ ].

Dreier, Horst, Bauer, Hartmut: *Grundgesetz, Kommentar*, Band 1, 2. Auflage, Tübingen 2004. Zitiert: Dreier: Autor, Bd. 1, Art. , Rn. .

Dreier, Horst: *Grundgesetz, Kommentar*, Band 2, Art. 20-82, Supplementum 2007. Zitiert: Verfasser in Dreier, Supplementum 2007, Art. , Rn. .

Drömann, Dietrich, Tegtbauer, Tatjana: „*Rechtsfragen der Mautgebühr nach dem Gesetz über den Bau und die Finanzierung von Bundesstraßen durch Private*“, in NVwZ 2004, S. 296-303.Zitiert: Drömann/Tegtbauer, NVwZ 2004, S. 296 [ ].

Emmerich-Fritsche, Angelika: „*Privatisierung der Wasserversorgung in Bayern und kommunale Aufgabenverantwortung*“, in BayVBL. 2007, S. 1-8. Zitiert: Emmerich-Fritsche, BayVBL. 2007, S. 1 [ ].

Epping, Volker, Hillgruber, Christian: *Grundgesetz, Beck´scher Onlinekommentar*, 17. Edition, München 01.01.2013. Zitiert: Epping/ Hillgruber: Autor, Art. , Rn. .

Erichsen, Hans-Uwe, Ehlers, Dirk: *Allgemeines Verwaltungsrecht*, 14. Auflage, Berlin 2010. Zitiert: Erichsen/Ehlers: Bearbeiter, § , Rn. .

Feldkamp, Michael F.: *Der Parlamentarische Rat 1948-1949: Die Entstehung des Grundgesetzes*, 2. Auflage, Göttingen 2008. Zitiert: Feldkamp, S. .

Fenzel, Stefan, Biesecke, Tilo: „*Konzessionsmodelle als materielle Privatisierungsform in der Abwasserbeseitigung*?“, in LKV 2007, S. 296-300. Zitiert: Fenzel/Biesecke, LKV 2007, S. 296 [ ].

Fischer, Martin, Zwetkow, Katrin: „*Systematisierung der derzeitigen Privatisierungsmöglichkeiten auf dem deutschen Wassermarkt - Trennung von Netz und Betrieb als zusätzliche Option*?“, in NVwZ 2003, S. 281-291. Zitiert: Fischer/Zwetkow, NVwZ 2003, S. 281 [ ].

Freitag, Oliver: *Das Beleihungsverhältnis*, 1. Auflage, Baden-Baden 2005. Zitiert: Freitag, S. .

Gebhardt, Georg Andreas: *Zweckzuweisung als Barriere für Public Private Partnership,* 1. Auflage, Berlin 2009. Zitiert: Gebhardt, S. .

Gern, Alfons: *Deutsches Kommunalrecht*, 3. Auflage, Baden-Baden 2003. Zitiert: Gern, S. .

Gersdorf, Hubertus: *Öffentliche Unternehmen im Spannungsfeld zwischen Demokratie- und Wirtschaftlichkeitsprinzip,* 1. Auflage, Berlin 2000. Zitiert: Gersorf, S. .

Gerstlberger, Wolfgang, Schneider, Karsten: *Öffentlich Private Partnerschaften, Zwischenbilanz, empirische Befunde und Ausblick*, 1. Auflage, Berlin 2008. Zitiert: Gerstlberger/Schneider, S. .

Giesberts, Ludger, Reinhardt, Michael: *Umweltrecht, Beck´scher Onlinekommentar*, 27. Edition, München 01.04.2013. Zitiert: Giesberts/Reinhardt: Autor, § Gesetz, Rn. .

Giesberts, Ludger, Schmuck, Dodo: „*Privatisierung kommunaler Unternehmen und kalkulatorische Kosten in der Gebührenrechnung*“, in DÖV 2003, S. 701-707. Zitiert: Giesberts/ Schmuck, DÖV 2003, S. 701 [ ].

Grabow, Busso, Reidenbach, Michael, Rottmann, Manuela, Seidel-Schulze, Antje: *Public Private Partnership Projekte –Eine aktuelle Bestandsaufnahme in Bund, Ländern und Kommunen,* Studie des Bundesministeriums für Verkehr, Bau-und Wohnungswesen durch das Deutsche Institut für Urbanistik, 1. Auflage, Berlin 2005. Zitiert: Grabow/Reidenbach/Rottmann/Seidel-Schulz, S. .

Gramm, Christof: *Privatisierung und notwendige Staatsaufgaben*, 1. Auflage, Berlin 2001. Zitiert: Gramm, S. .

Häfner, Christof: *„Aspekte einer Normierung von Public Private Partnerships (PPP)“,* in LKV 2005, S. 340-343. Zitiert: Häfner, LKV, S. 340 [ ].

Hauptverband der Deutschen Bauindustrie, Heiko Stiepelmann: *Verfügbarkeitsmodelle im Straßenbau/ Privatwirtschaftliche Lösungen jenseits der PKW-Maut,* Workshop am 22.05.2007 in Berlin, 1. Auflage, Berlin 2007. Zitiert: Autor, S. , in Verfügbarkeitsmodelle im Straßenverkehr.

Hannich, Rolf (Hrsg.): *Karlsruher Kommentar zur Strafprozessordnung,* 6. Auflage, München 2008. Zitiert: Karlsruher Kommentar StPO: Verfasser, § , Rn. .

Heinz, Werner: *Public Private Partnership – ein neuer Weg zur Stadtentwicklung*?, 1. Auflage, Stuttgart 1993. Zitiert: Heinz (Hrsg.): Autor, S. [ ].

Hermes, Georg, Sellner, Dieter: *AEG-Kommentar,* 1. Auflage, München 2006. Zitiert: Hermes/Sellner: Verfasser, § , Rn. .

Höfling, Wolfram: *Staatsschuldenrecht*, 1. Auflage, Heidelberg, 1993. Zitiert: Höfling, S. .

Horn, Lutz: *„Vergaberechtliche Rahmenbedingungen bei Verkehrsinfrastrukturprojekten im Fernstraßenbau“,* in ZfBR 2004, S. 665-670. Zitiert: Horn, ZfBR 2004, S. 665 [ ].

Immenga, Ulrich, Mestmäcker, Ernst-Joachim: *Wettbewerbsrecht, Kommentar,* Band 1, 5. Auflage, München 2012. Zitiert: Immenga/Mestmäcker, Bd. 1: Autor, Abschnitt, Kapitel, Rn. .

Immenga, Ulrich, Mestmäcker, Ernst-Joachim: *Wettbewerbsrecht, Kommentar,* Band 2, 4. Auflage, München 2007. Zitiert: Immenga/Mestmäcker, Bd. 2: Autor, § , Rn. .

Isensee, Josef, Kirchhof, Paul: *Handbuch des Staatsrechts der Bundesrepublik Deutschland*, Band IV, 3. Auflage, Heidelberg 2006. Zitiert: Isensee/Kirchhof, Bd. IV: Autor, § , Rn. .

Isensee, Josef, Kirchhof, Paul: *Handbuch des Staatsrechts der Bundesrepublik Deutschland*, Band V, 3. Auflage, Heidelberg 2007. Zitiert: Isensee/Kirchhof, Bd. V: Autor, § , Rn. .

Jaeger, Thomas: *„Vertragsänderung und Vergaberecht*“, in EuZW 2008, S. 492-496. Zitiert: Jaeger, EuZW 2008, S. 492 [ ].

Jarass, Hans, Petersen, Frank, Weidemann, Clemens: *Kreislaufwirtschafts- und Abfallgesetz, Kommentar,* Loseblatt. Zitiert: J/P/W: Autor, Band, § Gesetz, Rn. , (Lieferung, Datum).

Jarass, Hans D., Pieroth, Bodo: *Grundgesetz für die Bundesrepublik Deutschland*, Kommentar, 12 Auflage, München 2012. Zitiert: Jarass/Pieroth: Autor, Art. , Rn. .

Jahndorf, Christian: *„Finanzierungsformen des Staates - Leasingmodelle, Liegenschaftsmodelle, Parklösungen: Verwaltungsschulden, Veräußerungserlöse oder Krediteinnahmen? Zur Auslegung des Kreditbegriffs i.S. Art. 115 I GG*“, in NVwZ 2001, S. 620-626. Zitiert: Jahndorf, NVwZ 2001, S. 620 [ ].

Kahl, Wolfgang: *„Die Privatisierung der Wasserversorgung“,* in GewArch 2007, S. 441-447. Zitiert: Kahl, GewArch 2007, S. 441 [ ].

Kapellmann, Klaus D., Messerschmidt, Burkhard: *VOB Teile A und B, Vergabe und Vertragsordnung für Bauleistungen mit Vergabeverordnung, Kommentar*, 4. Auflage, München 2013. Zitiert: Kapellmann/Messerschmidt: Autor, VOB/ , § , Rn. .

Karst, Thomas: *„Die Garantie kommunaler Selbstverwaltung im Spannungsfeld zwischen konservativer Verfassungslehre und faktischen Marktzwängen*“, in DÖV 2002, S. 809-816. Zitiert: Karst, DÖV 2002, S. 809 [ ].

Kirchhof, Ferdinand: *„Haushaltssanierung durch „sale and lease back“ von Verwaltungsgebäuden? – die rechtlichen Aspekte des „Kieler Immobi-*

liengeschäfts"-", in DÖV 1999, S. 242-248. Zitiert: Kirchhof, DÖV 1999, S. 242 [ ].

Kopp, Ferdinand O., Ramsauer, Ulrich: *Verwaltungsverfahrensgesetz*, Kommentar, 13. Auflage, München 2012. Zitiert: Kopp/ Ramsauer, § , Rn. .

Koppensteiner, Hans-Georg: „*Zur Grundrechtsfähigkeit gemischtwirtschaftlicher Unternehmungen*", in NJW 1990, S. 3105-3114. Zitiert: Koppensteiner, NJW 1990, S. 3105 [ ].

Kreuter, Sven: „*Die Erhebung von Abgaben für die Nutzung der Bundeswasserstraßen durch die Schifffahrt*", in NordÖR 2007, S. 271-275. Zitiert: Kreuter, NordÖR 2007, S. .

Kugele, Wolfgang: „*Mit dem Prinzip „Auto finanziert Straße" aus dem Investitionsstau*", in DÖV 2009, S. 709-715. Zitiert: Kugele, DÖV 2009, S. 709 [ ].

Kuntze-Kaufhold, Gregor, Schläwe, Carsten: „*Business Improvement Districts im Spannungsfeld der Interessen von Grundstücksbesitzern, Gewerbetreibenden und Gemeinden",* in BB 2007, S. 949-954. Zitiert: Kuntze-Kaufhold/Schläwe, BB 2007, S. 949 [ ].

Laband, Paul: „*Das Finanzrecht des deutschen Reichs", in Hirth´s Annalen des Deutschen Reichs* für Gesetzgebung, Verwaltung und Statistik 1873, Sp. 406-566. Zitiert: Laband, in Hirth´s Annalen 1873, Sp. 406 [ ].

Landmann, Robert von, Rohmer, Gustav: *Umweltrecht,* Loseblattsammlung, Kommentar, Band III, 67. Ergänzungslieferung, München 01.11.2012. Zitiert: Landmann/Rohmer: Bearbeiter, § Gesetz, Rn. (Stand).

Loewenheim, Ulrich, Meessen, Karl M., Riesenkampff, Alexander: *Kartellrecht, Kommentar*, 2. Auflage, München 2009. Zitiert: Loewenheim/Meessen/Riesenkampff: Autor, § GWB, Rn. .

Mangoldt, Hermann von, Starck, Friedrich, Klein, Christian: *Grundgesetz, Kommentar*, Band 1, Art. 1-19, 6. Auflage, München 2010. Zitiert: V. Mandoldt/Starck/Klein, Bd. 1: Autor, Art. , Rn. .

Mangoldt, Hermann von, Starck, Friedrich, Klein, Christian: *Grundgesetz, Kommentar*, Band 2, Art. 20-82, 6. Auflage, München 2010. Zitiert: V. Mandoldt/Starck/Klein, Bd. 2: Autor, Art. , Rn. .

Mangoldt, Hermann von, Starck, Friedrich, Klein, Christian: *Grundgesetz, Kommentar*, Band 3, Art. 83-146, 6. Auflage, München 2010. Zitiert: V. Mandoldt/Starck/Klein, Bd. 3: Autor, Art. , Rn. .

Marx, Friedhelm: *„Verlängerung bestehender Verträge und Vergaberecht"*, in NZBau 2002, S. 311-315. Zitiert: Marx, NZBau 2002, S. 311 [ ].

Maunz, Theodor, Dürig, Günter: *Grundgesetz, Kommentar*, Loseblattsammlung, Stand: 67. Lieferung, München November 2012. Zitiert: Maunz/Dürig: Bearbeiter, Art. , Rn. ,(Lfg., Stand).

Maurer, Hartmut: *Allgemeines Verwaltungsrecht*, 18. Auflage, München 2011. Zitiert: Maurer, VerwR, § , Rn. .

Maurer, Hartmut: *Staatsrecht I*, 6. Auflage, München 2010. Zitiert: Maurer, § , Rn. .

Maurer, Hartmut: *„Selbstverwaltung der Kreise in Deutschland – Verfassungsrechtlichen Grundlagen der kommunalen Selbstverwaltung"*, in DVBl. 1995, S. 1037-1046. Zitiert: Maurer, DVBl. 1995, S. 1037 [ ].

Mehde, Veith: *„Ausübung von Staatsgewalt und Public Private Partnership"*, in VerwArch 91 (2000), S. 540-565. Zitiert: Mehde, VerwArch 91 (2000), S. 540 [ ].

Meyer-Hofmann, Bettina, Riemenschneider, Frank, Weihrauch, Oliver: *Public Private Partnership, Gestaltung von Leistungsbeschreibung, Finanzierung, Ausschreibung und Verträgen in der Praxis*, 2. Auflage, Köln u.a. 2008. Zitiert: Meyer-Hofmann/ Riemenschneider/ Weihrauch: Autor, S. , Rn. .

Merk, Walther: *„Der Gedanke des gemeinen Besten"*, Reprografischer Nachdruck, 2. Auflage, Darmstadt 1968 = 1934. Zitiert: Merk, S. .

Motzke, Gerd, Pietzcker, Jost, Prieß, Hans-Joachim: *Beck'scher VOB-Kommentar, Verdingungsordnung für Bauleistungen Teil A*, Kommentar,

1. Auflage (Altauflage), München 2001. Zitiert: Motzke/Pietzcker/Prieß: Verfasser, § , Rn. , a.F..

Neumann, Dieter, Müller, Hermann: „*Privat- und Benutzerfinanzierung der Bundesfernstraßen*“, in NZBau 2003, S. 299-303. Zitiert: Neumann/ Müller, NZBau 2003, S. 299 [ ].

Nickel, Thomas, Kopf, Hannes: „*Public Private Partnerships: Ein Ausweg aus der Finanzkrise der öffentlichen Hand? Private Finanzierung öffentlicher Hochbaumaßnahmen in Deutschland*“, in ZfBR 2004, S. 9-15. Zitiert: Nickel/Kopf, ZfBR 2004, S. 9 [ ].

Ossenbühl, Fritz: „*Die Erfüllung von Verwaltungsaufgaben durch Private*“, in VVDStRL 29 (1971), S. 138-210. Zitiert: Ossenbühl, in VVDStRL 29 (1971), S. 138 [ ].

Ossenbühl, Fritz: „*Staatliches Fernmeldemonopol als Verfassungsgebot?*“, in Festschrift für Rudolf Lukes, 1. Auflage, Köln u.a. 1989. Zitiert: Ossenbühl, in FS für Lukes, S. 525 [ ].

Pabst, Heinz Joachim: „*Verfassungsrechtliche Grenzen der Privatisierung im Fernstraßenbau*“, Berlin 1997. Zitiert: Pabst, S. .

Palandt, Otto: *Bürgerliches Gesetzbuch,* Kommentar, 73. Auflage, München 2013. Zitiert: Palandt: Autor, § , Rn. .

Pols, Helge, für das Bundesministerium für Verkehr, Bau und Stadtentwicklung Bergmann, Sebastian: *PPP-Handbuch – Leitfaden für Öffentlich-Private Partnerschaften*, 2. Auflage, Bad Homburg 2009. Zitiert: PPP-Handbuch: Autor, S. .

Poschmann, Thomas: *Grundrechtsschutz gemischt-wirtschaftlicher Unternehmen*, 1. Auflage, Regensburg 2000. Zitiert: Poschmann, S. .

Pünder, Herrmann, Schellenberg, Martin: *Vergaberecht, Kommentar,* 1. Auflage, Baden-Baden 2011. Zitiert: Pünder/ Schellenberg: Verfasser, § Gesetz, Rn. .

Püttner, Günter: *Die öffentlichen Unternehmen*, 2. Auflage, Stuttgart u.a. 1985. Zitiert: Püttner, S. .

Quaas, Michael: „*Aktuelle Rechtsfragen des Benutzungsgebührenrechts unter besonderer Berücksichtigung der Privatisierung kommunaler Infrastruktureinrichtungen*“, in NVwZ 2002, S. 144-151. Zitiert: Quaas, NVwZ 2002, S. 144 [ ].

Reicherzer, Max: *„Die gesetzliche Verankerung von Public Private Partnership“,* in DÖV 2005, S. 603-605. Zitiert: Reicherzer, DÖV 2005, S. 603 [ ].

Reidt, Olaf, Stickler, Thomas: *„Das Fernstraßenbauprivatfinanzierungsgesetz und der Baukonzessionsvertrag – das „Pilotprojekt“ der Warnow-Querung in Rostock“,* in BauR 1997, S. 365-373. Zitiert: Reidt/Stickler, BauR 2997, S. 365 [ ].

Reidt, Olaf, Stickler, Thomas, Glahs, Heike: *Vergaberecht, Kommentar,* 3. Auflage, Köln 2011. Zitiert: Reidt/Stickler/Glahs: Verfasser, § Gesetz, Rn. .

Reuter, Alexander: *„PPP-Refinanzierung unter Haushalts-, Gebühren-, Preis- und Beihilferecht: Zielkonflikte und Lösungsansätze“,* in NVwZ 2005, S. 1246-1255. Zitiert: Reuter, NVwZ 2005, S. 1246 [ ].

Roggencamp, Sibylle: *Public Private Partnership*, 1. Auflage, Frankfurt 1999. Zitiert: Roggencamp, S. .

Rösch, Anja: *Das A-Modell im Bundesautobahnbau*, 1. Auflage, Frankfurt 2008. Zitiert: Rösch, S. .

Roth, Frank: „*Erstes Betreibermodell für den privaten Ausbau und Betrieb von Autobahnen in Deutschland*“, in NVwZ 2003, S. 1056-1061. Zitiert: Roth, NVwZ 2003, S. 1056 [ ].

Roquette, Andreas J., Otto, Andreas: *Vertragsbuch Privates Baurecht,* 2. Auflage, München 2011. Zitiert: Roquette/Otto: Verfasser, Kapitel, Rn. .

Roquette, Andreas J., Otto, Andreas: *Vertragsbuch Privates Baurecht,* 1. Auflage, München 2005. Zitiert: Roquette/Otto: Verfasser; *Altauflage 2005*, Kapitel, Rn. .

Sachs, Michael: *Grundgesetz, Kommentar,* 6. Auflage, München 2011. Zitiert: Sachs: Bearbeiter, Art. , Rn. .

Sachverständigenrat „Schlanker Staat“ (Hrsg.) *Sachverständigenrat „Schlanker Staat“, Abschlussbericht*, Bonn 1997. Zitiert: Sachverständigenrat „Schlanker Staat“, Abschlussbericht, S. .

Säcker, Franz Jürgen, Rixecker, Ronald *: Münchener Kommentar zum Bürgerlichen Gesetzbuch,* Band 2, 6. Auflage, München 2012. Zitiert: MüKo: Autor, Bd. 2, § , Rn. .

Säcker, Franz Jürgen, Rixecker, Ronald*: Münchener Kommentar zum Bürgerlichen Gesetzbuch,* Band 3, 6. Auflage, München 2012. Zitiert: MüKo: Autor, Bd. 3, § , Rn. .

Säcker, Franz Jürgen, Rixecker, Ronald*: Münchener Kommentar zum Bürgerlichen Gesetzbuch,* Band 4, 6. Auflage, München 2012. Zitiert: MüKo: Autor, Bd. 4, § , Rn. .

Scharen, Uwe: *„Vertragslaufzeit und Vertragsverlängerung als vergaberechtliche Herausforderung*?“, in NZBau 2009, S. 679-684. Zitiert: Scharen, NZBau 2009, S. 679 [ ].

Schmidt, Torsten: *„Liberalisierung, Privatisierung und Regulierung der Wasserversorgung“,* in LKV 2008, S. 193-200. Zitiert: Schmidt, LKV 2008, S. 193 [ ].

Schmehl, Arndt: *„Auffang- oder Gewährleistungsverantwortung bei privat-öffentlicher Konkurrenz? Das Beispiel des „Altpapierstreits*“, in NVwZ 2009, S. 1262-1267. Zitiert: Schmehl, NVwZ 2009, S. 1262 [ ].

Schmehl, Arndt: *„Teilprivatisierung der Daseinsvorsorge, Demokratieprinzip und Gewinnerzielungsmaxime – BerlVerfGH, NVwZ 2000, 794“,* in JuS 2001, S. 233-236. Zitiert: Schmehl, JuS 2001, S. 233 [ ].

Schmidt am Busch, Birgit: *„Die Beleihung: Ein Rechtsinstitut im Wandel“,* in DÖV 2007, S. 533-542. Zitiert: Schmidt am Busch, DÖV 2007, S. 533 [ ].

Schmidt-Aßmann, Eberhard, Schoch, Friedrich: *Besonderes Verwaltungsrecht,* 14. Auflage, Berlin 2008. Zitiert: Schmidt-Aßmann/Schoch: Bearbeiter, S. , Rn. .

Schmitt, Susanne: *Bau, Erhaltung, Betrieb und Finanzierung von Bundesfernstraßen durch Private nach dem FStrPrivFinG,* 1. Auflage, Berlin 1999. Zitiert: Schmitt, S. .

Schmitz, Heribert: *„Die Verträge sollen sicherer werden,“,* in DVBl. 2005, S. 17-24. Zitiert: Schmitz, DVBl. 2005, S. 17 [ ].

Schmitz, Heribert: *„Kooperationsverträge, zur bevorstehenden Novellierung des Vertragsrechts im Verwaltungsverfahrensgesetz“,* in KWI 2008, S. 51-60. Zitiert: Schmitz, KWI 2008, S. 51 [ ].

Schoch, Friedrich: *„Privatisierung von Verwaltungsaufgaben*“, in DVBl. 1994, S. 962-977. Zitiert: Schoch, DVBl. 1994, S. 962 [ ].

Schulze Wehninck, Rembert: *Public Private Partnership und Wettbewerb*, 1. Auflage, Wiesbaden 2008. Zitiert: Schulze Wehninck, S. .

Schuppert, Gunnar Folke: *Verwaltungswissenschaft,* 1. Auflage, Baden Baden 2000. Zitiert: Schuppert, S. .

Schweiger, Daniel: *„Malusregelungen in PPP-Verträgen*“, in NZBau 2011, S. 137-142. Zitiert: Schweiger, NZBau 2011, S. 137 [ ].

Sellmann, Christian: *„Privatisierung mit oder ohne gesetzliche Ermächtigung*“, in NVwZ 2008, S. 817-823. Zitiert: Sellmann, NVwZ 2008, S. 817 [ ].

Siebel, Ulf R., Röver, Jan-Hendrik, Knütel, Christian: *Rechtshandbuch Projektfinanzierung und PPP, Vertragsgestaltung und Projektdurchführung nach deutschem Recht unter Berücksichtigung internationaler Erfahrung,* 2. Auflage, Köln u.a. 2008. Zitiert: Siebel/ Röver/ Knütel: Autor, S. , Rn. .

Sieder, Frank, Zeitler, Herbert, Dahme, Heinz, Knopp, Günther-Michael: *Wasserhaushaltsgesetz und Wasserabgabengesetz, Kommentar,* Loseblattsammlung, 44. Lieferung, München 01.09.2012. Zitiert: Sieder/Zeitler/Dahme/Knopp: Autor, § WHG, Rn. (Lfg. , Stand).

Soldner, André: *Liberalisierung des Eisenbahnwesens – Zwischen Wettbewerb und Regulierung -*, 1. Auflage, Frankfurt 2008. Zitiert: Soldner, S. .

Spindler, Gerald: Schuster: Fabian, *Recht der elektronischen Medien, Kommentar,* 2. Auflage, München 2011. Zitiert: Spindler/Schuster: Autor, § TKG, Rn. .

Staudinger, Julius von: *Kommentar zum Bürgerlichen Gesetzbuch mit Einführungsgesetz und Nebengesetzen,* Buch 1, §§ 134-138, Neubearbeitung 2011, Berlin 2011. Zitiert: Staudinger: Autor, Buch 1, § , Rn. .

Staudinger, Julius von: *Kommentar zum Bürgerlichen Gesetzbuch mit Einführungsgesetz und Nebengesetzen,* Buch 2, §§ 328-345, Neubearbeitung 2009, Berlin 2009. Zitiert: Staudinger: Autor, Buch 2, Neubearbeitung 2011, § , Rn. .

Staudinger, Julius von: *Kommentar zum Bürgerlichen Gesetzbuch mit Einführungsgesetz und Nebengesetzen,* Buch 2, §§ 657-704, Neubearbeitung 2006, Berlin 2006. Zitiert: Staudinger: Autor, Buch 2, Neubearbeitung 2006, § , Rn. .

Steiner, Udo: *„Straßenbau durch Private"*, in NJW 1994, S. 3150-3151. Zitiert: Steiner, NJW 1994, S. 3150 [ ].

Stelkens, Paul, Bonk, Heinz J., Sachs, Michael: *Verwaltungsverfahrensgesetz*, Kommentar, 7. Auflage, München 2008. Zitiert: Stelkens/Bonk/Sachs: Autor, § , Rn. .

Stern, Klaus: *Das Staatsrecht der Bundesrepublik Deutschland*, Band 1, 2. Auflage, München 1984. Zitiert: Stern, Bd. I, S. .

Stern, Klaus: *Das Staatsrecht der Bundesrepublik Deutschland*, Band 3, Teilband 2, 1. Auflage, München 1994. Zitiert: Stern, Bd. III/2, S. .

Stober, Rolf: *„Privatisierung öffentlicher Aufgaben Phantomdiskussion oder Gestaltungsoption in einer verantwortungsgeteilten, offenen Wirtschafts-, Sozial- und Sicherheitsverfassung?"*, in NJW 2008, S. 2301-2308. Zitiert: Stober, NJW 2008, S. 2301 [ ].

Stober, Rolf: *Handbuch des Sicherheitsgewerberechts,* 1. Auflage, München 2004. Zitiert: Stober, Sicherheitsgewerberecht: Verfasser, S. .

Tappe, Henning: *„Die neue „Schuldenbremse" im Grundgesetz*", in DÖV 2009, S. 881-890. Zitiert: Tappe, DÖV 2009, S. 881 [ ].

Tappe, Henning: *„Gewinnerzielung durch kommunale Benutzungsgebühren",* in VerwArch 2010, S. 279-308. Zitiert: Tappe, VerwArch 2010, S. 279 [ ].

Tettinger, Peter J.: *„Grundlinien des Konzessionsvertragsrechts",* in DVBl. 1991, S. 786-791. Zitiert: Tettinger, DVBl. 1991, S. 786 [ ].

Thieme, Werner, *Verwaltungslehre*, 4. Auflage, Köln u.a. 1984. Zitiert: Thieme, S. .

Uechtritz, Michael: *„Möglichkeiten für private Verkehrsinfrastrukturbetreiber außerhalb der öffentlichen Haushalte",* in DVBl. 2002, S. 739-745. Zitiert: Uechtritz, DVBl. 2002, S. 739 [ ].

Uechtritz, Michael, Deutsch, Markus: *„Die „LKW-Maut": Ein Schritt zur Nutzerfinanzierung der Verkehrsinfrastruktur", in* DVBl. 2003, S. 575-582. Zitiert: Uechtritz/Deutsch, DVBl. 2003, S. 575 [ ].

Uechtritz, Michael, Otting, Olaf: *„Das „ÖPP-Beschleunigungsgesetz": Neuer Name, neuer Schwung für „öffentlich-private Partnerschaften"?"*, in NVwZ 2005, S. 1105-1111. Zitiert: Uechtritz/ Otting, NVwZ 2005, S. 1105 [ ].

Veith, Andrea: *„Staatliche Verpflichtung zur Daseinsvorsorge am Beispiel der aktuellen Tendenz der Schließung von Schwimmbädern als öffentliche Einrichtung*", in VBlBW 2004, S. 161-162. Zitiert: Veith, VBlBW 2004, S. 161 [ ].

Volckart, Bernd, Grünebaum, Rolf: *Maßregelvollzug*, 7. Auflage, Köln 2009. Zitiert: Volckart/Grünebaum, S. .

Weber, Martin, Schäfer, Michael, Hausmann, Friedrich Ludwig: *Public Private Partnership,* 1. Auflage, München 2006. Zitiert: Weber/ Schäfer/ Hausmann: Autor, S. .

Weiss, Wolfgang: *Privatisierung und Staatsaufgaben*, Habilitationsschrift, 1. Auflage, Tübingen 2002. Zitiert: Weiss, S. .

Wiesemann, Hermann: „*Auswirkungen von Privatisierungen auf kommunale Benutzungsgebühren*", in NVwZ 2005, S. 391-399. Zitiert: Wiesemann, NVwZ 2005, S. 391 [ ].

Wolfers, Benedikt: „*Privatisierung unter Wahrung der öffentlich-rechtlichen Rechtsform: Der Modellfall Berliner Wasserbetriebe*", in NVwZ 2000, S. 765-767. Zitiert: Wolfers, NVwZ 2000, S. 765 [ ].

Wolff, Hand J., Bachof, Otto, Stober, Rolf, Kluth, Wilfried: *Verwaltungsrecht, Band 1*, 12. Auflage, München 2007. Zitiert: Wolff/Bachof/Stober/Kluth, Bd. 1, § , Rn. .

Wolff, Hand J., Bachof, Otto: *Verwaltungsrecht, Band 2,* 4. Auflage, Altauflage, München 1976. Zitiert: Wolff/Bachof, Verwaltungsrecht II, 4. (Alt)Aufl., S. .

Wolff, Hand J., Bachof, Otto, Stober, Rolf, *Verwaltungsrecht Band 3*, 5 Auflage, München 2004. Zitiert: Wolff/Bachof/Stober: Bd. 3: Autor, § , Rn. .

Wöhe, Günter: *Einführung in die allgemeine Betriebswirtschaftslehre*, 24. Auflage, München 2010. Zitiert: Wöhe, S. .

Zacharias, Diana: „*Privatisierung der Abwasserbeseitigung*", in DÖV 2001, S. 454-461. Zitiert: Zacharias, DÖV 2001, S. 454 [ ].

Ziekow, Jan: *Verwaltungsverfahrensgesetz, Kommentar*, 2. Auflage, Stuttgart 2010. Zitiert: Ziekow, § , Rn. .

Ziekow, Jan, Windoffer, Alexander: *Public Private Partnership als Verfahren - Struktur und Erfolgsbedingungen von Kooperationsarenen,* 1. Auflage, Baden-Baden 2008. Zitiert: Ziekow/Windoffer, S. .

Ziekow, Jan, Windoffer, Alexander: „*Public Private Partnership als Verfahren - Struktur und Erfolgsbedingungen von Kooperationsarenen*", in NZBau 2005, S. 665-671. Zitiert: Ziekow/Windoffer, NZBau 2005, S. 665 [ ].

Zippelius, Reinhold, Würtenberger, Thomas: *Deutsches Staatsrecht*, 32. Auflage, München 2008. Zitiert: Zippelius/Würtenberger, § , Rn. .

D. Abbildungsverzeichnis

E. Quellenverzeichnis

I. Internetquellen

Aktueller Schuldenstand der BRD, abzurufen unter http://www.steuerzahler.de/Home/1692b637/index.html, abgerufen am 12.07.2013

Angaben zu privaten Sicherheitsunternehmen: http://de.wikipedia.org/wiki/Privates_Sicherheits-_und_Milit%C3%A4runternehmen, abgerufen am 12.07.2013.

Bericht des Bundesverbandes der Energie und Wasserwirtschaft zur Wasserabgabenentwicklung, abzurufen unter http://www.bdew.de/internet.nsf/id/DE_20110502-PM-Wasserabgabe-an-Kunden-auf-niedrigstem-Stand-seit-der-Wiedervereinigung, abgerufen am 12.07.2013.

Betreiberseite der Ausbaugesellschaft A 8 Regensburg- München, abzurufen unter http://www.autobahnplus.de/, abgerufen am 12.07.2013.

Betreiberseite Herrentunnel, abzurufen unter http://www.herrentunnel.de, abgerufen am 12.07.2013.

Betreiberseite Herrentunnel bzgl. Baukosten , abzurufen unter http://www.herrentunnel.de/index.php/article/detail/1009.html, abgerufen am 12.07.2013.

Betreiberseite Warnowtunnel bzgl. Baukosten, abzurufen unter http://www.warnowquerung.com/dertunnel.html, abgerufen am 12.07.2013.

Bund/Länder-Arbeitsausschuss „Haushaltsrecht und Haushaltssystematik“ zu „Haushaltsrechtliche und haushaltssystematische Behandlung von ÖPP-Projekten“, S. , abrufbar unter http://www.oepp-plattform.de/media/attachments/FMK_Leitfaden_Haushaltsrecht1.pdf, abgerufen am 12.07.2013.

Bundeshaushaltsplan 2011, Einzelplan 12, abzurufen unter http://www.bundesfinanzministerium.de/Content/DE/Downloads/Bundeshaushaltsplan/Haushaltsplan-2011.pdf?__blob=publicationFile&v=3, abgerufen am 12.07.2013.

Definition „Branchenrisiko", abzurufen unter http://www.boersennews.de/lexikon/begriff/branchenrisiko/278, abgerufen am 12.07.2013.

Definition „kalkulatorischer Gewinn", abgerufen unter http://www.unternehmenswelt.de/kalkulatorischer-gewinn.html, abgerufen am 12.07.2013.

Die Geschichte des Autobahnbaus (aus bayerischer Sicht), abzurufen unter http://www.innenministerium.bayern.de/bauen/strassenbau/baukultur/08090/, abgerufen am 12.07.2013.

DIW-Wegekostenstudie, Langfassung, abzurufen unter http://www.bdi.eu/download_content/InfrastrukturUndLogistik/DIW-Studie-Wegekosten_Langfassung.pdf; abgerufen am 12.07.2013.

Duden Wörterbuch, abzurufen unter http://www.duden.de/rechtschreibung/Grundlage, abgerufen am 12.07.2013.

Einnahmen aus KfZ-Steuer, Übersicht Bundeszentrale für politische Bildung, abzurufen unter http://www.bpb.de/wissen/TQ0PLW,0,Steuereinnahmen_nach_Steuerarten.html, abgerufen am 12.07.2013.

Empirische Untersuchung der Nutzenwirkungen von PPP Projekten auf den Schulbetrieb am Beispiel der Schulen im Kreis Offenbach", abzurufen unter http://www.real-estate.bwl.tu-darmstadt.de/media/bwl9/dateien/arbeitspapiere/arbeitspapier_16.pdf; abgerufen am 12.07.2013.

Erfahrung bei der Privatisierung der englischen Bahn und der Netze, „Zurück zum Staat", nachzulesen unter http://www.dradio.de/dlf/sendungen/europaheute/649419/, abgerufen am 12.07.2013.

Erörterung des Zwischenberichtes „Evaluierung der Pilotprojekte des A-Modells" mit Verbänden und Privatwirtschaft, abzurufen unter http://www.vifg.de/_downloads/service/informationen-zu-modellen-und-projekten/080515-Evaluierung-A-Modell-Vorstellung-Zwischenbericht.pdf, S. , abgerufen am 12.07.2013.

Erstattungsbeitrag des Bundes an die Länder im Bundeshaushalt für die Erhebung der KfZ-Steuer im Wege der Organleihe, abzurufen unter http://www.bundesfinanzministerium.de/Content/DE/Downloads/Bundeshaushaltsplan/Haushaltsplan-2011.pdf?__blob=publicationFile&v=3, abgerufen am 12.07.2013.

„Evaluierung der Pilotprojekte des A-Modells, Zwischenbericht der Abteilung Straßenbau / Straßenverkehr in Zusammenarbeit mit der VIFG (Stand: 25. Januar 2008), S. , abzurufen unter http://www.vifg.de/_downloads/service/informationen-zu-modellen-und-projekten/2008-Evaluierung-A-Modell-Zwischenbericht.pdf, abgerufen am 12.07.2013.

„Exportweltmeister Deutschland - Titel auf Zeit?“, Artikel des Bundesamtes für Statistik, abzurufen unter https://www.destatis.de/DE/Publikationen/WirtschaftStatistik/Aussenhandel/ExportweltmeisterDeutschland.pdf?__blob=publicationFile, abgerufen am 12.07.2013.

Geschichte der KfZ-Steuer, abzurufen unter http://www.kfz-steuer.biz/kfz-steuer-geschichte.html, abgerufen am 12.07.2013.

Grafik des Bundesverbandes der Energie- und Wasserwirtschaft zu Preissteigerungen beim Trinkwasser, abzurufen unter http://www.bdew.de/internet.nsf/id/C125783000558C9FC125766C00056076/$file/Preisveränderungsraten%20beim%20Trinkwasser%20ab%201993.pdf, abgerufen am 12.07.2013.

Grafik des Bundesverbandes der Energie- und Wasserwirtschaft zum Abwassergebührenanstieg, abzurufen unter http://www.bdew.de/internet.nsf/id/63A0950A96BD6D7AC1257AFE0046C4AD/$file/Abwassergebührenanstieg%20schwankend.pdf, abgerufen am 12.07.2013.

Gutachten „PPP im öffentlichen Hochbau“, Band II, Teilband 1, Stand: August 2003, S. , abgerufen unter http://www.bmvbs.de/cae/servlet/contentblob/31810/publicationFile/629/gutachten-ppp-im-oeffentlichen-hochbau-band-2-teilband-1.pdf, abgerufen am 12.07.2013.

Güterverkehrsaufkommen auf der A1-Ausbaustrecke, abzurufen unter http://www.strassenbau.niedersachsen.de/live/live.php?navigation_id=21135&article_id=78500&_psmand=135, abgerufen am 12.07.2013.

Homepage Betreibergesellschaft Ausbau A 1 bzgl. Baukosten, abzurufen unter http://www.a1-mobil.de/hintergrund-finanzierung.php, abgerufen am 12.07.2013.

Internetseite Betreibergesellschaft Ausbau A 1 bzgl. Hintergrund & Finanzierung, abzurufen http://www.a1-mobil.de/hintergrund-finanzierung.php, abgerufen am 12.07.2013.

Kreishaus Unna, http://www.kreis-unna.de/startseite/politik-amp-verwaltung/verwaltung/bauen/ppp-modell-kreishaus-unna/daten-und-fakten-zum-ppp-modell/kreishaus-unna-ppp-modell-sanierung-und-betrieb.html, abgerufen am 12.07.2013.

„Leitfaden Bedarfsbeschreibung", abzurufen unter http://www.bescha.bund.de/SharedDocs/Downloads/Leitfaden_20Bedarfsbeschreibung, templateId=raw,property=publicationFile.pdf/Leitfaden%20 Bedarfsbeschreibung.pdf, S. , abgerufen am 12.07.2013.

Modellbeschreibung A-Modell, abzurufen unter http://www.vifg.de/de/projekte/a-modell/index.php, abgerufen am 12.07.2013.

Mustervertrag des Bundesbauministeriums zum Inhabermodell, abzurufen unter www.bmvbs.de/cae/servlet/contentblob/32280/publicationFile/703/leitfaden-5-inhabermodell.pdf, abgerufen am 12.07.2013.

Mustervertrag des Bundesbauministeriums zum Mietmodell, abzurufen unter http://www.bmvbs.de/cae/servlet/contentblob/32282/publicationFile/704/leitfaden-5-mietmodell.pdf, abgerufen am 12.07.2013.

Pressemitteilung Flugsicherheit: http://beck-online.beck.de/Default.aspx?vpath=bibdata\reddok\becklink\198222.htm&pos=13&hlwords=privatisierung%c3%90luftverkehr#xhlhit, abgerufen am 12.07.2013.

Projektsteckbrief Ausbau A- Modell, Autobahn A 8, abzurufen unter http://www.vifg.de/de/projekte/a-modell/A8-Bayern.php; abgerufen am 12.07.2013.

Sachstandsbericht F-Modell des Bundesministeriums für Verkehr, Bau und Stadtentwicklung, abzurufen unter http://www.vifg.de/_downloads/service/2007_Sachstand_F-Modell_Langfassung.pdf, S. , abgerufen am 12.07.2013.

Schulprojekt Offenbach, PPP-Projekte in Deutschland, PPP-Projektdatenbank, abzurufen unter http://www.ppp-projektdatenbank.de/index.php?id=27&tx_ppp_controller_searchmap%5BprojectId%5D=76&tx_ppp_controller_searchmap%5Baction%5D=showProject; abgerufen am 12.07.2013.

Selbstbeschreibung Bundesrechnungshof, abzurufen unter http://bundesrechnungs hof.de/wir-ueber-uns, abgerufen am 12.07.2013.

Statistik, abzurufen bei der Wasser- und Schifffahrtsverwaltung des Bundes unter http://www.wsv.de/wasserstrassen/, abgerufen am 12.07.2013.

Stellungnahme des Bundesverbandes öffentlicher Banken Deutschlands vom 06.05.2008 zum Sachstand A-Modell, abzurufen unter http://www.vifg.de/_downloads/service/informationen-zu-modellen-und-projekten/080515-Evaluierung-A-Modell-Vorstellung-Zwischenbericht.pdf, S. , abgerufen am 12.07.2013.

Stellungnahme des Bundesvereinigung Mittelständischer Bauunternehmen e.V., abzurufen unter http://www.vifg.de/_downloads/service/informationen-zu-modellen-und-projekten/080515-Evaluierung-A-Modell-Vorstellung-Zwischenbericht.pdf, S. , abgerufen am 12.07.2013.

Stellungnahme des Hauptverbandes der Deutschen Bauindustrie vom 09.05.2008 zum Sachstand A-Modell, abzurufen unter http://www.vifg.de/_downloads/service/informationen-zu-modellen-und-projekten/080515-Evaluierung-A-Modell-Vorstellung-Zwischenbericht.pdf, S. , abgerufen am 12.07.2013.

Studie im Auftrag des Bundesministeriums für Wirtschaft und Technologie, erstellt im Oktober 2009, abzurufen unter http://www.bmwi.de/BMWi/Redaktion/PDF/Publikationen/Dokumentationen/studie-oekonomische-und-oekologische-bewertung-getrennten-sammlung-abfaelle,property=pdf,bereich=bmwi,sprache=de,rwb=true.pdf, abgerufen am 12.07.2013.

Tabelle DIW-Wegekostenstudie, Kurzfassung, Tabelle 6; abzurufen unter http://www.bdi.eu/download_content/InfrastrukturUndLogistik/DIW-Wegekostenstudie_2009_Kurzfassung.pdf; abgerufen am 12.07.2013.

Thermalbad Fürth: http://www.ppp-projektdatenbank.de/index.php?id=28&tx_ppp_controller_searchform%5BprojectId%5D=93&tx_ppp_controller_searchform%5Baction%5D=showProject, abgerufen am 12.07.2013.

Treffen zur Vorstellung des Sachstandsbericht F-Modell des Bundesministeriums für Verkehr, Bau und Stadtentwicklung, abzurufen unter http://www.vifg.de/_downloads/service/071220_Sachstand_F-Modell_zweite_Vorstellung_oeff.pdf, S. , abgerufen am 12.07.2013.

Treffen zur Vorstellung des Sachstandsbericht F-Modell des Bundesministeriums für Verkehr, Bau und Stadtentwicklung, Stellungnahme des Hauptverbandes der deutschen Bauindustrie, abzurufen unter http://www.vifg.de/_downloads/service/071220_Sachstand_F-Modell_zweite_Vorstellung_oeff.pdf, S. , abgerufen am 12.07.2013.

Übersicht Beteiligung des Bundesfinanzministeriums an der Dt. Telekom, abzurufen unter http://www.bundesfinanzministerium.de/Web/DE/Themen/Bundesvermoegen/Privatisierungs_und_Beteiligungspolitik/Deutsche_Telekom_AG/deutsche_telekom_ag.html; abgerufen am 12.07.2013.

Übersicht Gesellschafter Flughafen Hamburg GmbH, abzurufen unter http://www.airport.de/de/u_daten_wirtschaftsdaten.html, abgerufen am 12.07.2013.

Übersicht Gesellschafter Fraport AG, abzurufen unter http://de.wikipedia.org/wiki/Fraport, abgerufen am 12.07.2013.

Verkehrswegetabelle des ADAC, abzurufen unter http://www.adac.de/_mmm/pdf/Tabelle%201%204%20Verkehrswege_43069.pdf, abgerufen am 12.07.2013.

„Vertragsmanagement und –controlling“, abzurufen unter http://www.ppp-nrw.de/oeffentlichkeitsarbeit/veroeffentlichungen/evaluierung_synopse_ppp.pdf, abgerufen am 12.07.2013.

Verwaltungsbau Unna, vgl. http://www.kreis-unna.de/startseite/politik-amp-verwaltung/verwaltung/bauen/ppp-modell-kreishaus-unna/daten-und-fakten-zum-ppp-modell/kreishaus-unna-ppp-modell-sanierung-und-betrieb.html; abgerufen am 12.07.2013.

II. Drucksachen und Bundesgesetzblätter

BT-Drs. 5/ 3040
BT-Drs. 5/3826
BT-Drs. 12/6884
BT-Drs. 13/3609
BT-Drs. 13/4918
BT-Drs. 13/9340
BT-Drs. 14/8447
BT-Drs. 15/5668
BT-Drs. 16/813
BT-Drs. 16/1240
BT-Drs. 16/4356
BT-Drs. 16/5305
BT-Drs. 16/12275
BT-Drs. 17/4979
BT-Drs. 17/4990
BT-Drs. 17/6052

Plenarprotokoll
Plenarprotokoll 14/208

Bundesratsdrucksachen
BR-Drs. 262/09
BR-Drs. 643/01

Landtagsdrucksachen
LT-Drs. BW 12/4769
LT-Drs. NRW 6/810

Bundesgesetzblätter:
BGBl. 1969, Nr. 37, S. 363
BGBl. 2006, Nr. 41, S. 2034

BGBl. 1993, I S. Nr. 73, S. 2378

III. Zeitungsartikel

FAZ vom 28.09.2009, S. 11 „Neue Regierung übernimmt Sanierungsfall“.

FAZ vom 20.05.2010, S. 11 „Mit 9 Punkten gegen die Euro-Krisen; Die Ursachen der Krise“.

Vobel, in FAZ vom 13.07.2003 „Europa droht eine Regulierungsspirale“.

1. Zeitungsartikel analog und online:

„Lübecker meiden Mauttunnel“, Artikel im Hamburger Abendblatt vom 15.11.2005, abzurufen unter http://www.abendblatt.de/region/norddeutschland/article364131/Luebecker-meiden-neuen-Maut-Tunnel.html; abgerufen am 12.07.2013.

„Wasserbranche fürchtet Aufsicht“, Artikel, erschienen im Handelsblatt am 09.04.2009, S. 11, abzurufen auch unter http://www.wiwo.de/unternehmen/kartellbehoerde-wasserbranche-fuerchtet-aufsicht/5533098.html, abgerufen am 12.07.2013.

2. Zeitungsartikel online:

„A1 hat ihren Schrecken verloren“, abzurufen unter http://www.han-online.de/Harburg-Land/article54112/A1-hat-ihren-Schrecken-verloren.html, abgerufen am 12.07.2013.

Atomausstieg der momentanen Bundesregierung mit den schon angekündigten Klagen des Energiekonzerns E.ON („Stromriesen drohen bis zu 22 Milliarden Euro Verluste“, abzurufen unter http://www.spiegel.de/wirtschaft/unternehmen/0,1518,766494,00.html, abgerufen am 12.07.2013.

„Bund beschließt Ausweitung der Lkw-Maut und erteilt Pkw-Maut eine klare Absage“, abzurufen unter http://www.cdu-bordesholm.de/index.php/CDU-OV-Bordesholm/Inhalte/Aktuelles-Presse/Archiv/Bund-beschliesst-Ausweitung-der-Lkw-Maut-und-erteilt-Pkw-Maut-eine-klare-Absage, abgerufen am 23.11.2012.

„EU-Kommission blitzt mit Diesel-Vorstoß ab“, abzurufen unter http://www.spiegel.de/wirtschaft/service/0,1518,756155,00.html, abgerufen am 12.07.2013.

L

„Freie Fahrt zwischen Bremen und Hamburg“, abzurufen unter http://www.ndr.de/regional/niedersachsen/autobahn535.html, abgerufen am 25.11.2012

„Geld, das auf der Straße liegt“, abzurufen unter http://www.sueddeutsche.de/auto/diskussion-um-pkw-maut-geld-das-auf-der-strasse-liegt-1.1130041, abgerufen am 12.07.2013.

„Herrentunnel kostet Lübeck weitere Millionen“, abzurufen unter http://www.welt.de/die-welt/vermischtes/hamburg/article5483581/Herren tunnel-kostet-Luebeck-weitere-Millionen.html; abgerufen am 12.07.2013.

„Neuer Vorstoß für PKW-Maut“, abzurufen unter http://www.stuttgarter-nachrichten.de/inhalt.kauder-gegen-kauder-neuer-vorstoss-fuer-pkw-maut.058b900b-07f9-44f8-a0c8-aab20c9f7410.html, abgerufen am 12.07.2013.

„Tunnelflop bring Maut-Fans in Bedrängnis“, nachzulesen unter http://www.spiegel.de/wirtschaft/0,1518,508539,00.html, Artikel vom 04.10.2007, abgerufen am 12.07.2013.

„Umweltbundesamt für flächendeckende PKW-Maut“, abzurufen unter http://www.focus.de/auto/news/planspiele-umweltbundesamt-fuer-flaechendeckende-pkw-maut_aid_498736.html, abgerufen am 12.07.2013.

IV. Vorträge

Vortrag von Bernd Joachim Romanski, 03.06.2005, Slide 16, „PPP im Kreis Offenbach: Ein Projekt macht Schule“, abzurufen unter http://www.uni-muenster.de/imperia/md/content/agfortbildung/20605_romanski.pdf, abgerufen am 12.07.2013.

Vortrag von Christian Diringer, 30.04.2008, „Erfahrungen A-Modell A 8 – Erwartungen an künftige PPP-Infrastrukturprojekte“, abzurufen unter http://www.bppp.de/media/file/45.20080430_BPPP_Christian_Diringer.pdf, abgerufen am 12.07.2013.

Vortrag von Anja Tobinsky, 28.10.2010, „Leistungsvergütung zwischen Mythos und Realität“, abzurufen unter http://www.uni-goettingen.de/de/194972.html, dort „Vortragsfolien“, abgerufen am 12.07.2013.

Vortrag von Herrn Lutz Hoffmann, technischer Geschäftsführer der A 1 mobil Projektgesellschaft anlässlich eines Besuches des Verfassers auf dem Betriebshof in Sittensen am 26.01.2011.

V. Sonstiges

Bertelsmann Stiftung (Hrsg.), Prozessleitfaden Public Private Partnership, S. , abrufbar unter http://www.bertelsmann-stiftung.de/cps/rde/xbcr/SID-1507AB99-E990D756/bst/xcms_bst_dms_18439_18440_2.pdf, abgerufen am 12.07.2013.

Herbert Baum, „Thesen zur PKW-Maut“ aus dem Jahre 2005, abzurufen unter http://www.vda.de/de/downloads/920/, abgerufen am 12.07.2013.

Karl Vorländer, „Geschichte der Philosophie, Die Philosophie des Altertums“, 1. Auflage, Leipzig 1903, abzurufen unter http://www.textlog.de/6129.html, abgerufen am 12.07.2013.

Verena Rosauer, „Abschätzung der herstellungsbedingten Qualität und Lebensdauer von Asphaltdeckschichten mit Hilfe der Risikoanalyse“, S. , abzurufen unter http://tuprints.ulb.tu-darmstadt.de/2351/2/Rosauer_2010_Dissertation.pdf, abgerufen am 12.07.2013.

Einleitung

Angesichts der seit Jahren anhaltenden Verschuldung der öffentlichen Haushalte, die – nach einer vorübergehenden Entlastung – nun wieder durch die Rettungsmaßnahmen zur Bekämpfung der Auswirkungen der Finanz- und Eurokrise verstärkt wird bzw. wurde[1], könnte die Finanzierung von Infrastruktur- und Daseinsvorsorgeprojekten als Public Private Partnership (PPP) Abhilfe schaffen. In dieser Situation könnte eine Haushaltsentlastung dadurch erreicht werden, dass die Finanzierung von Infrastruktur- und Daseinsvorsorgeprojekten nicht mehr durch den Staat erfolgt (abgesehen ggf. von einer Anschubfinanzierung), sondern durch die Nutzer in Zusammenarbeit mit einem privaten Leistungserbringer im Rahmen einer öffentlich- privaten Partnerschaft (PPP).[2]

Die schon eingeleitete Umstellung der Haushalts- auf eine Privat- bzw. Nutzerfinanzierung[3] wird angesichts von Haushaltsdefiziten bisher ungekannten Ausmaßes weiter voranschreiten, welche den Gestaltungsspielraum zukünftiger Bundes- und Landesregierungen weiter einengen werden.[4] Eine mögliche Lösung stellt eine PPP dar, in welcher der private Leistungserbringer im Auftrag der öffentlichen Hand eine Infrastruktureinrichtung[5] zur Verfügung stellt. Das Entgelt für die Nutzung kann entweder durch den privaten Leistungsanbieter oder durch die öffentliche Hand erhoben werden. Im letzteren Fall würde der Staat das Geld an den Privaten weiterleiten (NPPP).[6]

Ziel der vorliegenden Arbeit ist es zum einen, unter dem Gesichtspunkt der Nutzerfinanzierung von PPP-Projekten die Risiken und rechtlichen Grundlagen dieses speziellen PPP-Modells sowie der verschiedenen Verfahren zu benennen und zu beurteilen, zum anderen zu untersuchen, welche Erfahrungen diesbezüglich bereits gesammelt wurden und welche Verbesserungen der Nutzerfinanzierungsverfahren möglich sind. Zur Veranschaulichung der nutzerfinanzierten

---

1 Siehe z.B. FAZ vom 28.09.2009, S. 11 „Neue Regierung übernimmt Sanierungsfall"; FAZ vom 20.05.2010, S. 11 „Mit 9 Punkten gegen die Euro-Krisen; Die Ursachen der Krise".

2 Weber/ Schäfer/ Hausmann: Neumann/ Szabados, S. 183/184; Rösch, S. 46.

3 Vgl. bzgl. Fernstrassen: FStrPrivFinG; Steiner, NJW 1994, S. 3150 [3150]; Neumann/ Müller, NZBau 2003, S. 299 [299]; Byok/ Jansen, NZBau 2005, S. 241 [241/242]; Uechtritz/ Otting, NVwZ 2005, S. 1105 [1108].

4 Vgl. Meyer-Hofmann/ Riemenschneider/ Weihrauch: Littwin, S. 1, Rn. 1.

5 Öffentlich-Private Zusammenarbeiten beschränken sich natürlich nicht nur auf den Bereich Infrastruktur- und Daseinsvorsorge. Beispiele dafür finden sich bei Wolff/Bachof/Stober: Stober, Bd. 3, § 92, Rn. 7ff.. Beispielhaft sind zu nennen Bundeswehrpartnerschaften, Wirtschaftsverwaltungs- oder auch Kulturpartnerschaften.

6 Siebel/ Röver/ Knütel: Schwarting, S. 462, Rn. 1516.

Verfahrensmodelle einer NPPP soll das nachfolgende, vereinfachte Schaubild beitragen:

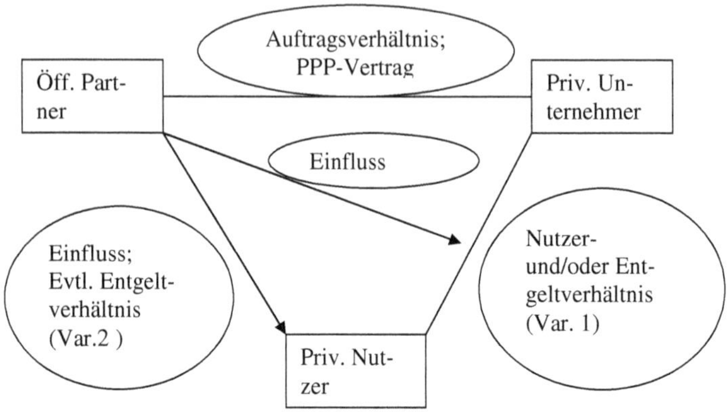

Abb. 1: Grundübersicht NPPP

Die Finanzierung von PPP-Projekten durch ihre (Be-)Nutzer stellt sich für den Privaten, der die Leistung bereitstellen soll, nur dann als lohnendes Projekt dar, wenn er seine Ausgaben im Laufe der Projektzeit decken kann. Darüber hinaus will er eine vernünftige Kapitalverzinsung inklusive Gewinn erreichen, sodass diese Projekte nur dann realisiert werden können, wenn sie eine lohnende Investition darstellen. Neben den allgemeinen Projekt- und Prognoserisiken ist es für ihn daher von entscheidender Bedeutung, dass Klarheit herrscht, welche Vorgaben und Maßstäbe des Rechts die Zahlungsströme, also hier die Entgeltzahlungen beeinflussen können.

Trotzdem ist es unerlässlich, das Verhältnis von öffentlichem Partner und privatem Nutzer sowie öffentlichem Partner und privatem Unternehmer ebenfalls zu untersuchen. Nur wenn feststeht, welche möglichen Rechtsverhältnisse, Bedingungen und Regeln in den einzelnen Beziehungen gelten, kann beurteilt werden, welche Maßstäbe und Verfahren gelten und Bedeutung für das Verhältnis privater Unternehmer und Benutzer und damit auch für das Entgeltverhältnis haben.

Erstes Kapitel: Grundlagen der PPP

Nutzerfinanzierungsmodelle sind in vielen Teilbereichen des Staates im Rahmen der Privatisierung denkbar. Die prominentesten Anwendungsbeispiele sind die Bereiche der Straßeninfrastruktur sowie Daseinsvorsorge im kommunalen Bereich, wozu vor allem die Wasserver- und -entsorgung und Müllentsorgung zu zählen sind.

Um Nutzerfinanzierungsmodelle handelt es sich nach Definition des Gutachtens „PPP im öffentlichen Hochbau" typischerweise um das Konzessionsmodell,[7] auch bezeichnet als Vertragstyp VI, wenn der Private direkt von den Benutzern ein Entgelt erheben darf. Es besteht ein Dreiecksverhältnis zwischen Staat, privatem Leistungserbringer und privatem Nutzer.[8] Dies kann insoweit variiert werden, als der öffentliche Partner das Entgelt bei dem privaten Nutzer erhebt und an den privaten Partner weiterleitet (Var. 2). Je nach Ausgestaltung vor allem des Nutzerverhältnisses und des Entgelterhebungsrechts könnte das Konzessionsmodell als funktionelle oder materielle Privatisierung[9] eingestuft werden. Daneben kann auch eine Form der Organisationsprivatisierung vorliegen, indem die öffentliche Hand eine private Gesellschaft gründet, die die Aufgabe wahrnimmt und an welcher sich ein Privatunternehmen beteiligen kann (sog. Vertragsmodell VII[10]).[11]

Eine korrekte Einordnung in die Privatisierungsmodelle ist wichtig, da sich Unterschiede bei der Anwendung öffentlich-rechtlicher Vorschriften und der Angemessenheit des Benutzerentgelts im Benutzerverhältnis ergeben können. Daher erfolgt eine kurze Einordnung und Entwicklung einer Definition einer Nutzerfinanzierungs-PPP, um zu erkennen, welche Charakteristika nutzerfinanzierte PPP-Modelle aufweisen, auf welche Teilbereiche sie ggf. ausgeweitet werden können und letztendlich, um welche Art der Privatisierung es sich bei einer nutzerfinanzierten Public Private Partnership handelt.

---

7 Gutachten „PPP im öffentlichen Hochbau", Band 2, Teilband 1, Stand: August 2003, S. 134ff., abgerufen unter http://www.bmvbs.de/cae/servlet/contentblob/31810/publication File/629/gutachten-ppp-im-oeffentlichen-hochbau-band-2-teilband-1.pdf, abgerufen am 12.07.2013; Meyer-Hofmann/ Riemenschneider/ Weihrauch: Littwin, S. 6, Rn. 23; Siebel/ Röver/ Knütel: Schwarting, S. 462, Rn. 1516.

8 S.o., Abb. 1, Var. 1.

9 Vgl. Emmerich-Fritsche, BayVBL. 2007, S. 1 [7]; vgl. Fenzel/ Biesecke, LKV 2007, S. 296 [298].

10 Gutachten „PPP im öffentlichen Hochbau", Band 2, Teilband 1, Stand: August 2003, S. 18, abgerufen unter http://www.bmvbs.de/cae/servlet/contentblob/31810/publication File/629/gutachten-ppp-im-oeffentlichen-hochbau-band-2-teilband-1.pdf, abgerufen am 12.07.2013.

11 Maurer, VerwR ,§ 23, Rn. 61.

A. Beschreibung von PPP

Um eine Definition für eine Ausschnittsmaterie im Rahmen einer PPP zu erhalten, ist es zunächst notwendig, den Begriff PPP näher zu definieren, um so durch Schlussfolgerungen vom Allgemeinen auf das Spezielle Erkenntnisse über Nutzerfinanzierungsmodelle zu gewinnen.

Public Private Partnership, oder als deutsche Übersetzung „Öffentlich-Private Partnerschaft", bedeutet grundsätzlich die Zusammenarbeit der öffentlichen Hand mit der privaten Wirtschaft bzw. Privatrechtssubjekten. Wie Abbildung 1 zeigt, schließen die öffentliche Hand und der private Partner auch einen Vertrag über die Erbringung von Leistungen, was, außer im Bereich der verwaltungsrechtlichen Verträge gem. §§ 54ff. VwVfG, zunächst außerhalb der klassischen staatlichen Handlungsalternativen liegt.

I. Begriff und Ursprung

Der „schillernde Begriff" der PPP entzieht sich immer noch präziser normativer Bestimmung.[12] Wie es längst einschlägigen Publikationen zu entnehmen ist, stammt der Begriff und das Phänomen PPP aus dem angloamerikanischen Raum.[13]

Allerdings hat schon *Gebhardt* aufgezeigt, dass die Zusammenarbeit von Staat und Privaten bei der Erledigung öffentlicher Aufgaben keine neue Entwicklung des 20. Jahrhunderts ist.[14]

Vielmehr können Beispiele für eine Kooperation schon in der Antike, im Frankreich des 16. und 19. Jahrhunderts sowie in Preußen im 19. Jahrhundert gefunden werden.[15] Die in Deutschland heutzutage durchgeführten PPP-Projekte haben sich zunächst an US-amerikanischen und später britischen Projekten orientiert, die dort erstmals in den 1940er-Jahren bzw. verstärkt ab den 1970erund 1980er-Jahren angeschoben wurden.[16] Seit PPP-Projekte ab Ende der 1980er-Jahre zunehmend auch in Deutschland realisiert wurden,[17] sind diverse Versuche

12 Erichsen/Ehlers: Gurlit, § 29, Rn. 5;Grabow/Reidenbach/Rottmann/Seidel-Schulze, S. 46; Schoch, DVBl. 1994, S. 962 [962].

13 Heinz (Hrsg.): Heinz, S. 29 [33]; vgl. Gebhardt, S. 41ff..

14 Gebhardt, S. 48ff..

15 Vgl. dazu Gebhardt, S. 48ff. m.w.N. und den dort genannten Beispielen.

16 Roggencamp, S. 64f..

17 So Roggencamp, S. 65 m.w.N..

der Definition, Beschreibung und Festlegung des Begriffs PPP und der damit verbundenen Projekte unternommen worden.[18]

II. Definition einer PPP

Doch bald wurde festgestellt, dass der Begriff „PPP" zu vielschichtig und allgemein zu sein scheint, sodass eine normative Umreißung des Begriffs zur Abgrenzung von „normalen" Kooperationsformen zwischen Privaten und der öffentlichen Hand auf der einen Seite und von einer Einordnung in klassische staatliche Handlungsmuster auf der anderen Seite schwer fiel.[19]

1. Bisherige Definitionsvarianten

Das Phänomen der Handlung der Verwaltung in Form einer „PPP" wurde jenseits der bisherigen rechtswissenschaftlichen Kategorien der staatlichen Handlungsformen verschiedentlich zu erfassen und zu definieren versucht. Daher kann an dieser Stelle festgehalten werden, dass der Private und die öffentliche Hand einen Vertrag zu Erledigung einer Aufgabe schließen.

Stober kommt zu dem Ergebnis, dass ein negativer Arbeitsbegriff zur Erfassung einer „PPP" ausreichen müsse, wonach die „öffentliche Hand und Privatpersonen außerhalb von Beleihung, formeller und materieller Privatisierung zusammenwirken"[20], da eine genauere begriffliche Fixierung nicht möglich sei. Diese Einschätzung *Stober*s scheint jedoch zu wenig charakterisierend und zu weit gefasst zu sein. Denn unbestritten handelt es sich bei einer PPP um ein neu aufgekommenes verwaltungsspezifisches Phänomen (sog. Dritter Weg)[21]. Dieses weist Parallelen zu den herkömmlichen Privatisierungsarten auf; nichtsdestoweniger ist diese Art der Kooperation weiter und anders als die bisherigen Privatisierungsmodelle, da Basis der Zusammenarbeit ein grundsätzlich gleichberechtigt und kooperativ gestalteter Vertrag ist. Eine rein negative Abgrenzung reicht nicht aus. Und selbst wenn es nur eine Mischform von Altbekanntem sein sollte, ist eine spezifischere Definition nötig und möglich, da die von *Stober* eingebrachte Definition fast alle Kooperationen von Staat und Privaten außerhalb Beleihung sowie formeller und materieller Privatisierung erfasst und eine

---

18 Wolff/Bachof/Stober: Stober, Bd. 3, § 92, Rn. 4, 5; Ziekow/Windoffer, NZBau 2005, S. 665 [665f.].

19 Vgl. etwa Wolff/Bachof/Stober: Stober, Bd. 3, § 92, Rn. 4, 5; Budäus/Grüning/Steenbock, S. 24.

20 Wolff/Bachof/Stober: Stober, Bd. 3, § 92, Rn. 5.

21 BT-Drs. 15/5668, S. 10.

engere Eingrenzung nicht hervorbringt. Auch würden nach *Stober* z. B. sog. informelle Kooperationen ohne Vertrag zwischen Staat und privatem Partner unter eine PPP zu subsumieren sein.

Grundlage einer PPP ist aber ein umfangreiches Vertragswerk zwischen öffentlicher Hand und privatem Partner,[22] da meist aufgrund des Umfangs der Projekte eine informelle Zusammenarbeit nicht möglich wäre.[23] Allein dieses Element wäre in eine neue Definition aufzunehmen.

Aber auch *Ziekow* und *Windoffer* gehen davon aus, dass eine begriffliche Definition von PPP schwer zu finden sein wird und begreifen und definieren PPP daher als „spezielle staatliche Interaktionsform", die über einen Katalog positiver und negativer konstitutiver Merkmale zu bestimmen sei,[24] Dazu zählen als positive Abgrenzungskriterien, dass es sich um eine sektorüberschreitende Kooperation zwischen öffentlicher Hand und Privaten handeln müsse und sie sich auf der Ebene der Gleichordnung begegnen müssten. Weiter müsse eine dauerhafte Kooperation vorliegen, die mit einer Lebenszyklus- oder Prozessorientierung einhergehe, es müsse eine öffentliche Aufgabe gemeinsam erfüllt werden und eine Verantwortungsteilung bzw. -gemeinschaft bestehen, wonach der Private ganz oder teilweise die Erfüllung der Aufgabe übernimmt. Der Staat habe die Erledigung sicherzustellen. Gleichzeitig sei charakteristisch, dass gemeinsame Ziele bei gleichzeitiger Verfolgung zumindest komplementärer Individualziele der Akteure bestünden, um gemeinsame Synergieeffekte zu realisieren.[25] Außerdem müssten der Staat und der Private eine Risikogemeinschaft bilden und müsste eine output-, also ergebnisorientierte Leistungsbeschreibung vorliegen.[26]

In negativer Hinsicht dürfe kein Verhältnis der Partner bestehen, welches durch Subordination geprägt sei. Außerdem dürfe die vorrangige „Triebfeder" des Privaten nicht das kommerzielle Interesse sein, da dies Kooperationen ausschließen würde. Weiter müsse ein gesteigertes Aufgaben- und Verantwortungsniveau aufseiten des Privaten vorliegen, damit einmalige Beschaffungsvorgänge, Contracting out bzw. Outsourcing, Sponsoring, reine Finanzierungsmodelle und Kooperationen der öffentlichen Hand mit Akteuren aus dem dritten

---

22 Siehe dazu anschaulich das obige Schaubild sowie den Entwurf eines PPP-Vertrages (Hochbau) bei Roquette/Otto: Roquette/Scherer-Leydecker, G, Rn. 78ff..

23 Siehe dazu z.B. Gutachten zum A-Modell mit Muster-Konzessionsvertrag, Gutachten Konzessionsvertrag, S. 219, bzgl. des Umfanges und der Komplexität der Regelungen; auch im Hinblick auf § 57 VwVfG.

24 Ziekow/Windoffer, S. 25, 166ff.; Ziekow/Windoffer, NZBau 2005, S. 665 [666/668].

25 Ziekow/Windoffer, S. 25, 167.

26 Ziekow/Windoffer, S. 25, 168.

Sektor ausscheiden. Außerdem seien rechtsverbindliche Vereinbarungen erforderlich, um „informelle Handschlag-PPP" auszuschließen.[27]

Auch nach *Roggencamp*[28] sind PPP-Projekte gekennzeichnet durch Akteure, die aus öffentlichen und privaten gesellschaftlichen Sphären kommend, Chancen und Risiken teilen und gleichberechtigt die ihnen in der jeweiligen Partnerschaft zugedachten Rollen ausüben. Es bestehe eine Entscheidungs- und Verantwortungsgemeinschaft, Ressourcen würden gebündelt und es entstehe aus der Komplementarität des „public" und „private" eine Hybridform der öffentlichen Aufgabenerledigung.

Die bei *Schulze Wehninck* gefundene Definition bezeichnet PPP auch als längerfristig (projektbezogene) oder auf Dauer (organisationsbezogene) angelegte Kooperation zwischen öffentlicher Hand und privaten Akteuren, die eine (normativ bestimmte) öffentliche Aufgabe auf Basis einer vertraglichen Vereinbarung erfüllen und auf die Verfolgung komplementärer Ziele sowie die Realisierung von Synergiepotenzialen abzielt.[29] Außerdem sei eine PPP prozessorientiert und es bestünden Unsicherheiten hinsichtlich der zukünftigen Ausgestaltung der Kosten und Leistungen.

Gemeinsam ist den zuvor genannten Autoren die Betonung des kooperativen und vertraglichen Charakters einer längerfristigen Zusammenarbeit der öffentlichen Hand und der Privaten. Allerdings geht sowohl *Roggencamp* als auch *Schulze Wehninck* jeweils nicht gesondert auf die Risikogemeinschaft und -verteilung ein, die zwischen dem öffentlichen und privaten Partner geschaffen werden. Ausweislich des ÖPP-Beschleunigungsgesetzes ist dies aber eines der Charakteristika, welches prägend für eine PPP ist.[30] Roggencamp geht von einer gleichen Verteilung der Risiken aus, während *Schulze Wehninck* und *Gebhardt* Unsicherheiten bei der Ausgestaltung der Leistungen und Kosten anführen, ohne eine Risikoverteilung näher zu bestimmen.

Uechtritz und *Otting* beschreiben PPP daher als meist langfristige, vertraglich geregelte Zusammenarbeit zwischen der öffentlichen Hand und der Privatwirtschaft zur Erfüllung öffentlicher Aufgaben, bei der die erforderlichen Ressourcen in einen gemeinsamen Organisationszusammenhang eingestellt und vorhandene Projektrisiken entsprechend der Risikomanagementkompetenz der Projektpartner angemessen verteilt werden.[31] In die gleiche Richtung geht die aufgabenbezogene Beschreibung von *Diederichs*, der PPP als die organisierte,

---

27 Ziekow/Windoffer, S. 25, 168.

28 Roggencamp, S. 55/56.

29 Schulze Wehninck, S. 26.

30 BT-Drs. 15/5668, S. 10.

31 Uechtritz/Otting, NVwZ 2005, S. 1105 [1105].

langfristige Zusammenarbeit von Personen und Institutionen der öffentlichen Hand und der Privatwirtschaft zur gemeinsamen Bewältigung komplexer öffentlicher Hochbau- und Infrastrukturprojekte bezeichnet.[32] Durch PPP-Vertragsmodelle (Kooperation und Finanzierung) würden die Organisation und Finanzierung sowie das Planen, Bauen, Betreiben und Verwerten der Projekte geregelt.[33] Durch das Zusammenwirken von öffentlichem und privatem Partner würden Effizienzgewinne dadurch freigesetzt, dass jeder PPP-Partner das tue, was er am besten könne.[34] Aufgaben der öffentlichen Hand seien dabei vorrangig die Schaffung von Planungsrecht und Planungssicherheit, die Herstellung politischer und öffentlicher Akzeptanz sowie die Beschleunigung von Genehmigungsverfahren. Aufgaben der privaten Partner seien die Projektentwicklung sowie das Planen, Bauen, Betreiben, Finanzieren, Vermarkten und Verwerten[35].

In diesen letzten beiden Definitionen kommt die idealtypische Vorstellung von PPP zum Ausdruck, wonach jeder Partner das tut, was er am besten kann und auch die Risiken trägt, auf die er den größten Einfluss hat und die er daher am besten handhaben kann.[36] *Gebhardt* dagegen lehnt ein Definitionsmerkmal ab, wonach eine langfristige Zusammenarbeit auf vertraglicher Basis vorliegen solle, da die zeitliche Komponente zu unbestimmt sei und eine Versteifung auf vertragliche Abreden andere Bereiche ausschließe.[37] Stattdessen komme es letztendlich auf die Kooperation zwischen Personen des öffentlichen und privaten Sektors zur Erfüllung einer öffentlichen Aufgabe an.[38]

Dem ist jedoch teilweise zu widersprechen. Eine vertragliche Vereinbarung kommt durch zwei übereinstimmende Willenserklärungen zustande. Wenn also eine Kooperation stattfindet, liegt regelmäßig ein Vertrag vor, sodass, ob es definitorisch gewollt ist oder nicht, Kennzeichen der Kooperation eine vertragliche Übung ist. Diese wiederum nicht schriftlich zu dokumentieren, ist für den öffentlichen Partner, gerade bei hohen Investitionen, fahrlässig und gem. § 57 VwVfG auch nicht vorgesehen. Auch deshalb muss als Definitionsmerkmal hinzugenommen werden, dass eine vertragliche Abrede Bestandteil einer PPP ist. Denn ausgeschlossen werden muss gerade das faktische Verhalten, wonach ein privater Partner dem öffentlichen Partner „zur Hand“ geht.

---

32 Diederichs, NZBau 2009, S. 547 [548].

33 Diederichs, NZBau 2009, S. 547 [548].

34 Diederichs, NZBau 2009, S. 547 [548].

35 Diederichs, NZBau 2009, S. 547 [548].

36 So auch der Definitionsentwurf zum ÖPP-Beschleunigungsgesetz, BT-Drs. 15/5668, S. 10.

37 Gebardt, S. 83ff..

38 Gebhardt, S. 84.

Außerdem ist das Element der Langfristigkeit aufzunehmen. Durch die langfristige Kooperation unterscheidet sich eine PPP von kurzfristigen oder einmaligen Beschaffungsvorgängen oder Zusammenarbeitsvorgängen und ist daher nicht zu unbestimmt. Was letztendlich Langfristigkeit bedeutet – ob 1 Jahr, 5 oder 10 Jahre – mag zunächst unbestimmt erscheinen, nicht jedoch, wenn es im Umkehrschluss betrachtet wird.

Kooperationsverträge der öffentlichen Hand mit einem privaten Partner zur Erledigung einer öffentlichen Aufgabe sind dann langfristig, wenn sie sich nicht in einmaligen Beschaffungsvorgängen oder einmaligen Erfüllungen erschöpfen, sondern über einen längeren Zeitraum die ganzheitliche Erfüllung einer Aufgabe an einen Privaten delegieren. Es ist daher nicht an der Bedeutung des Wortes „Langfristigkeit“ festzuhalten, sondern auf die Vorstellung der Beteiligten abzustellen. Wenn eine langfristige, ggf. dauerhafte Übertragung gewünscht ist und dies in dem geschlossenen Vertrag auch zum Ausdruck kommt, scheiden kurzfristige oder einmalige Vorgänge aus, die nicht dazu bestimmt waren, über einen einmaligen oder mehrmalig begrenzten Kontakt hinaus eine Aufgabe zu erfüllen. Dabei ist die „Langfristigkeit“ im Zusammenhang mit den weiteren Definitionsmerkmalen zu sehen, also Erfüllung einer öffentlichen Aufgabe und Kooperation der Beteiligten, ausgelegt auf einen längeren Zeitraum.

2. Zusammenfassung der Definitionsvarianten

Aus der Vielschichtigkeit der Begrifflichkeiten und Definitionen kann die Erkenntnis gewonnen werden, dass der Begriff „PPP“ so weit gefasst werden kann, dass grundsätzlich viele Arten der öffentlich-privaten Zusammenarbeit (wie es der Name schon sagt) unter PPP subsumiert und definiert werden können.[39] Daher versuchen die zuvor beispielhaft aufgeführten Definitionen das Charakteristische einer PPP, wie sie seit den 1980er-Jahren in Deutschland existiert, zu bestimmen.

Bei allen Unterschieden können aus diesen Definitionen typische Gemeinsamkeiten abgeleitet werden, die kennzeichnend für eine PPP zu sein scheinen und daher auch von der Bundesregierung in ihrer Gesetzesbegründung des ÖPP-Beschleunigungsgesetzes benutzt wurden.[40] Es muss eine langfristige oder dauerhafte vertragliche Zusammenarbeit zwischen der öffentlichen Hand und einem Privaten erfolgen, wobei die vertragliche Beziehung eine Gleichordnung der Partner zur Folge hat. Die Zusammenarbeit muss erfolgen, um Synergiepotentia-

39 Vgl. Wolff/Bachof/Stober: Stober, Bd. 3, § 92, Rn. 5; vgl. Gerstlberger/Schneider, S. 19; vgl. Ziekow/Windoffer, NZBau 2005, S. 665 [665f.].

40 Vgl. BT-Drs. 15/5668, S. 10.

le bzgl. Ressourcen o. ä. zu nutzen. Eine PPP sei gekennzeichnet durch ein sektorüberschreitendes Element durch eine Kooperationsform an der Schnittstelle von Markt und Staat. Die zu erledigende Aufgabe wird überwiegend als öffentliche Aufgabe bezeichnet. Es geht dabei um solche Objekte, Projekte und Leistungen, bei denen es sich bislang als in staatlicher Verantwortung erbrachte öffentliche Leistungen handelte.[41] Die Risiko- und Verantwortungsverteilung soll „gerecht" erfolgen, vor allem orientiert daran, wer die Risiken am besten schultern kann. Außerdem ist eine PPP in relativ vielen Teilbereichen denkbar.[42]

Neben diesem „kleinsten gemeinsamen Nenner" werden außerdem die folgenden Punkte als typischerweise charakteristisch für PPPs angesehen: Der vertragliche Partner erhält meist direkt vom öffentlichen Auftraggeber eine Vergütung. Außerdem besteht Unsicherheit bezüglich der vereinbarten Leistungen (Output) und Kosten. Die Nutzung der bereitgestellten Leistung, Infrastruktur o. ä. erfolgt in der Regel durch die öffentliche Hand,[43] während die Erledigung der Aufgabe durch den privaten Unternehmer erfolgt und sowohl die Sicherstellung der Erledigung als auch die Überwachung dem öffentlichen Partner obliegt.

3. Zwischenergebnis

Zusammenfassend kann eine PPP zunächst wie folgt charakterisiert werden: Der private Unternehmer und der Staat vereinbaren eine langfristige oder dauerhafte vertragliche Partnerschaft zur Erledigung einer öffentlichen Aufgabe bzw. einer Leistung, die bisher durch die öffentliche Hand bereitgestellt wurde, wobei eine PPP grundsätzlich offen ist für viele Anwendungsbereiche. Die Leistung erbringt der private Partner, der öffentliche Partner überwacht die Aufgabenerledigung und/oder nutzt eine geschaffene Infrastrukturanlage im weitesten Sinne selbst und zahlt dem privaten Unternehmer eine Vergütung, die vorher vertraglich vereinbart wurde. Die Zusammenarbeit erfolgt zur Hebung von Synergiepotentialen an einer Schnittstelle zwischen Staat und Markt, sodass für beide Partner eine Win-win-Situation entstehen soll, welche Effizienz- und für den Staat auch Kostenvorteile bei der Erledigung seiner Aufgaben bringen soll. Die Risi-

---

41 BT-Drs. 15/5668, S. 10.

42 BT-Drs. 15/5668, S. 10: Bereiche Schule, Universität, Krankenhäuser, Gefängnisse, Wasserver- und Entsorgung, Pflege, Energieversorgung, Verkehrsinfrastruktur, Verteidigungsbereich, der Entwicklungszusammenarbeit, im Kultur- und Medienbereich und beim Ausbau der Telekommunikation.

43 Dies vor allem im Rahmen von Hochbauprojekten, vgl. Gutachten „PPP im öffentlichen Hochbau", Band 2, Teilband 1, Stand: August 2003, S. 133, abrufbar unter http://www.bmvbs.de/cae/servlet/contentblob/31810/publicationFile/629/gutachten-ppp-im-oeffentlichen-hochbau-band-2-teilband-1.pdf, abgerufen am 12.07.2013.

koverteilung erfolgt gerecht und gleichberechtigt und orientiert sich daran, wer welches Risiko am besten tragen kann. Anhand der nachfolgenden Beispiele wird dargelegt, ob und inwieweit die zuvor hergeleitete Definition den Anforderungen der Praxis standhält.

a. Praxisbeispiel Offenbacher Schulmodell

Das Offenbacher Schulmodell beinhaltet die Erneuerung und Renovierung von 49 Schulen im Kreis Offenbach sowie den anschließenden Betrieb. Es wurde als sog. PPP-Gesellschaftsmodell im Jahre 2004 auf vertraglicher Basis abgeschlossen und beinhaltet zunächst eine vierjährige Renovierungsphase mit einer sich daran anschließenden zehnjährigen Betriebsphase, sodass eine längerfristige Zusammenarbeit erfolgte. Dafür erhält der private Partner ein vertraglich festgelegtes Entgelt vom vertragsschließenden öffentlichen Partner.

Bei dem Betrieb, der Sanierung und der Instandhaltung von Schulen handelt es sich im Rahmen des Schulwesens um einen Bereich, der gem. Art. 7 Abs. 1 GG i. V. m. den jeweiligen Landesschulgesetzen grundsätzlich der öffentlichen Hand zugeordnet ist.[44] Der Effizienz- und Kostenvorteil liegt gegenüber der herkömmlichen Vornahme der Renovierung und des Betriebs bei 18,1%,[45] sodass ein signifikanter Kosten- und Effizienzvorteil erreicht wurde. Außerdem wurde für die Stadt Offenbach in kürzerer Zeit eine höhere Schulgebäudequalität erreicht, welche sich positiv auf das gesamte Schulklima auswirkte.[46]

Die Überwachung durch den öffentlichen Partner erfolgt durch die Mitarbeit in einem Aufsichtsrat, der über die Projektgesellschaft wacht. Auch wurde durch den Kreis eine Controllingstelle zur weiteren Überwachung eingerichtet.[47]

Die Aufgabe des privaten Partners lag in der Sanierung und dem anschließenden Betrieb (Facility-Management) der Schulen, sodass ihm in diesem Bereich auch das Risiko übertragen wurde. Die wesentlichen Charakteristika der

44 Vgl. Maunz/Dürig: Badura, Art. 7, Rn. 49, (47. Lfg. Juni 2006).

45 Siehe PPP-Projekte in Deutschland, PPP-Projektdatenbank, Ergebnis Offenbach, abzurufen unter http://www.ppp-projektdatenbank.de/index.php?id=27&tx_ppp_controller_searchmap%5BprojectId%5D=76&tx_ppp_controller_searchmap%5Baction%5D=showProject; abgerufen am 12.07.2013.

46 Siehe dazu „Empirische Untersuchung der Nutzenwirkungen von PPP Projekten auf den Schulbetrieb am Beispiel der Schulen im Kreis Offenbach", S. 176, abzurufen unter http://www.real-estate.bwl.tu-darmstadt.de/media/bwl9/dateien/arbeitspapiere/arbeitspapier_16.pdf; abgerufen am 12.07.2013.

47 Siehe dazu den Vortrag von Bernd Joachim Romanski, 03.06.2005, Slide 16, „PPP im Kreis Offenbach: Ein Projekt macht Schule", abzurufen unter http://www.uni-muenster.de/imperia/md/content/agfortbildung/20605_romanski.pdf, abgerufen am 12.07.2013.

zuvor dargelegten Definition, also Effizienz, Aufgabe, Kosten und Risikotragung, wurden in diesem Sinne „erfüllt".

b. Praxisbeispiel Herrentunnel

Das Projekt Herrentunnel beschreibt die Querung der Trave in Lübeck durch einen 780 Meter langen Tunnel. Die Stadt Lübeck war aus finanziellen Gründen nicht in der Lage, diese Investition allein vorzunehmen, sodass sie den Auftrag zur Travequerung ausschrieb und anschließend einen Vertrag mit dem privaten Partner abschloss.[48] Den Bau übernahm der private Partner genauso wie den sich nach der Fertigstellung ergebenden Betrieb des Tunnels für die nächsten 30 Jahre. Die Überwachung übernimmt die öffentliche Hand, die auch Eigentümerin des Tunnelbauwerks ist. Die Nutzer des Tunnels zahlen ein Nutzungsentgelt direkt an die Tunnelbetreiber.

Das Zurverfügungstellen von Verkehrsinfrastruktur ist gem. Art. 74 Nr. 22, Art. 90 GG eine Aufgabe, die grundsätzlich dem staatlichen Bereich zuzuordnen ist. Das Risiko der Auslastung und damit ein erheblicher Teil des Refinanzierungsrisikos fallen in den Bereich des privaten Partners, der z. B. über den geleisteten Service auf die Zufriedenheit der Nutzer Einfluss hat, was sich wiederum in der Nutzung des Tunnels widerspiegeln kann. Die Risikoverteilung, wonach der private Betreiber das Risiko der Nutzungsauslastung zu tragen hatte, schien daher zunächst angemessen zu sein.

Durch eine Fehlkalkulation bzw. Fehleinschätzung der täglichen Nutzer,[49] die mit einer als mangelhaft empfundenen Möglichkeit der Einwirkung auf die Nutzungspreise verbunden war, kam es nicht zu einer Win-win-Situation, da einerseits die Mauteinnahmen für den privaten Betreiber wegbrachen und andererseits entgegen der vertraglichen Vereinbarung die Stadt Lübeck für die Stadtverkehrsbusse Maut bezahlen muss und daher auf sie erhebliche Kosten zukommen wird.[50]

Das Projekt kann daher insgesamt als gescheitert betrachtet werden; aus Partnern wurden Gegner,[51] sodass auch der kooperative Ansatz des Projekts gescheitert ist. Allerdings stimmten die Erwartungen und Voraussetzungen grund-

---

48 Vgl. dazu die Betreiberseite der Herrentunnel Lübeck GmbH & Co. KG im Internet, abzurufen unter http://www.herrentunnel.de, abgerufen am 12.07.2013.

49 Statt angenommener 40.000 Fahrzeuge pro Tag sind es nur 8-10.000; Schönwasser, S. 7, in Verfügbarkeitsmodelle im Straßenverkehr.

50 Vgl. dazu Artikel vom 09.12.2009, „Herrentunnel kostet Lübeck weitere Millionen", abzurufen unter http://www.welt.de/regionales/hamburg/article5479043/Herrentunnel-kostet-Luebeck-weitere-Millionen.html; abgerufen am 12.07.2013.

51 „Tunnelflop bringt Maut-Fans in Bedrängnis", abgerufen unter http://www.spiegel.de/wirtschaft/0,1518,508539,00.html, Artikel vom 04.10.2007, abgerufen am 12.07.2013.

sätzlich mit denen überein, die eine PPP kennzeichnen. Jedoch scheiterte das Querungsprojekt an der mangelnden Wirtschaftlichkeit, da sich alle Partner hinsichtlich des tatsächlichen und für die Finanzierung notwendigen Verkehrsaufkommens verkalkuliert hatten.

Letztendlich hat sich darin aber nur ein Projektrisiko verwirklicht, das in den Bereich des Privaten fiel, da dieser auch grundsätzlich als Tunnelbetreiber besser auf dieses Problem reagieren konnte (abgesehen von den mangelnden Möglichkeit einer flexiblen Preisgestaltung sowie dem Problems von Alternativstrecken, welche die Stadt zwischenzeitlich fertig gestellt hat).[52] Daher lag trotz des tatsächlichen Fehlschlags eine Übereinstimmung der Definitionscharakteristika vor.

c. Hochbau

Auch einige in die Projektdatenbank des Bundes aufgenommene Beispiele des Hochbaus zeigen eine praxistaugliche Übereinstimmung der Begriffe. Die Erweiterung und Sanierung eines Schwimmbades in Fürth erfolgte beispielsweise auf Basis eines Konzessionsmodells, sodass zunächst zwischen privatem Partner und öffentlicher Hand ein Vertrag über den Ausbau und Betrieb abgeschlossen wurde. Das Zurverfügungstellen von Schwimmbädern ist eine Angelegenheit der örtlichen Gemeinschaft im Sinne einer Wahlaufgabe gem. Art. 28 Abs. 2 GG und wird i. d. R. durch die Gemeinden ausgeübt, wodurch es eine öffentliche Aufgabe darstellt.

Die Vertragslaufzeit, d.h. die Konzessionslaufzeit und Betriebspflicht für den privaten Betreiber beträgt 30 Jahre. Die Risiken für Planung, Bau, Betrieb und Auslastung liegen bei dem privaten Investor. Um das Mengenrisiko der Nutzer gleichmäßiger zu verteilen, erhält der private Betreiber jährlich zusätzlich einen Fixbetrag als Betriebskostenzuschuss.[53] Effizienzvorteile sind bisher nicht bekannt. Während der Planungsphase wurden aber Zeitvorteile gegenüber einer konventionellen Bauweise erreicht.[54]

Auch die Sanierung eines Verwaltungsbaus aus den 1960er-Jahren in Unna erfolgte als PPP mit einer Vertragslaufzeit von 25 Jahren. Der Vertrag sieht für die Vertragslaufzeit den Betrieb der Gebäude vor. Die Stadt Unna sah sich wie

---

52 Fertigstellung der Nordtangente und Freigabe im März 2008, die die Umgehung des Tunnels zeitlich verkürzt.

53 Siehe für alles Vorstehende: PPP-Projekte in Deutschland, PPP-Projektdatenbank, http://www.ppp-projektdatenbank.de/index.php?id=27&tx_ppp_controller_searchmap%5BprojectId%5D=93&tx_ppp_controller_searchmap%5Baction%5D=showProject, abgerufen am 12.07.2013.

54 Beckers, S. 164.

viele andere Städte und Gemeinden aufgrund leerer Kassen nicht in der Lage, diese Modernisierung zeitnah selbst vorzunehmen. Dabei stellen der Bau und die Sanierung städtischer Gebäude zumindest eine Aufgabe dar, die bisher von der öffentlichen Hand überwiegend in Eigenregie wahrgenommen wurde. Der geplante Effizienzvorteil gegenüber der herkömmlichen Beschaffungsvariante lag bei 6,1%[55], der tatsächliche nach Nutzungsbeginn dann bei 8 %.[56] Das Risiko der Planung, des Baus und des Betriebs lag auch hier beim privaten Partner, da sie von ihm vorgenommen wurden.

Daher zeigen auch die Beispiele aus dem Bereich des Hochbaus eine in wesentlichen Teilen praktische Übereinstimmung mit den theoretisch festgelegten Definitionsmerkmalen einer PPP.

d. Musterverträge

Dieses Ergebnis wird auch gestützt bei kurzer Analyse einschlägiger Musterverträge. So gehen die Musterverträge bei Roquette/Otto und beim sog. Inhabermodell-Mustervertrag des Bundesministeriums für Verkehr, Bau und Stadtentwicklung von einem Vertragsschluss zwischen öffentlicher Hand und privatem Partner mit einer Laufzeit von 25 Jahren aus,[57] und beziehen sich auf Bereiche und Aufgaben, die traditionell durch die öffentliche Hand erledigt werden.[58] Der Bau und Betrieb der Leistung wird jeweils durch den Privaten vorgenommen und durch eine outputorientierte Leistungsbeschreibung bestimmt.[59] Auch die Risiken des Baus und Betriebs liegen im Bereich des Privaten, der für diese Leistung

---

55 Kreishaus Unna, http://www.kreis-unna.de/startseite/politik-amp-verwaltung/verwaltung/bauen/ppp-modell-kreishaus-unna/daten-und-fakten-zum-ppp-modell/kreishaus-unna-ppp-modell-sanierung-und-betrieb.html; abgerufen am 12.07.2013.

56 Kreishaus Unna, PPP-Projekte in Deutschland, PPP-Projektdatenbank, http://www.ppp-projektdatenbank.de/index.php?id=27&tx_ppp_controller_searchmap%5BprojectId%5D=52&tx_ppp_controller_searchmap%5Baction%5D=showProject, abgerufen am 12.07.2013.

57 Roquette/Otto: Roquette/Scherer-Leydecker, G, § 35, Rn. 378; Mustervertrag des Bundesbauministeriums zum sog. Inhabermodell, abrufbar unter http://www.bmvbs.de/cae/servlet/contentblob/32280/publicationFile/703/leitfaden-5-inhabermodell.pdf, S. 27, abgerufen am 12.07.2013.

58 Roquette/Otto: Roquette/Scherer-Leydecker, G, § 1, Rn. 71f.; Mustervertrag des Bundesbauministeriums zum sog. Inhabermodell, abrufbar unter http://www.bmvbs.de/cae/servlet/contentblob/32280/publicationFile/703/leitfaden-5-inhabermodell.pdf, S. 13, abgerufen am 12.07.2013.

59 § 1 des Muster-Inhabermodellvertrages, abzurufen wie in vorangegangener Fußnote; §§ 3, 5 des PPP-Mustervertrages bei Roquette/Otto: Roquette/Scherer-Leydecker, G, Rn. 106ff., 119ff..

verantwortlich ist.[60] Die vertraglich geregelte Vergütung erfolgt jeweils durch den öffentlichen Vertragspartner.[61]

Die kurze Analyse zeigt, dass grundsätzlich von einem Vertrag ausgegangen wird, der in einem Bereich angesiedelt wird, dessen Wahrnehmung und Erfüllung traditionell durch die öffentliche Hand vorgenommen wird. Auch erfolgt eine outputorientierte Leistungsbeschreibung im Gegensatz zur genauen Beschreibung bei Erlass eines Verwaltungsaktes (Bestimmtheitsgebot). Letztendlich spiegeln daher auch die Musterverträge wesentliche Elemente der aufgelisteten Definitionsmerkmale wider.

4. Ergebnis

Die klassische Handlungsform der öffentlichen Hand mit oder gegenüber Privaten ist der Erlass von Verwaltungsakten i. S. v. § 35 VwVfG sowie der Abschluss eines verwaltungsrechtlichen Vertrages gem. §§ 54ff. VwVfG. Diese Handlungsvarianten sind regelmäßig geprägt durch ein Element der Subordination, was durch den Vertragsschluss im Bereich einer PPP nicht vorliegen soll. Beide „Partner“ sollen in der Partnerschaft gleichberechtigt sein, sodass eine Public Private Partnership bei Betrachtung der bisherigen Definitionsvorschläge, Begutachtung von Praxismodellen sowie Untersuchung von Musterverträgen wie folgt zu charakterisieren ist.

Es wird ein kooperativer Vertrag zwischen öffentlicher Hand und privatem Partner geschlossen, in welchem durch outputorientierte Leistungsbeschreibung der Private eine Leistung bereitstellen soll, die zuvor traditionell durch die öffentliche Hand erledigt wurde, um diese zu entlasten. Der öffentliche Partner zieht sich aus einem Bereich zurück, den der private Partner nach den vertraglichen Vereinbarungen ausfüllen soll.

Der Vertrag soll die Risiken und Chancen ausgewogen verteilen und umfasst eine längere Vertragslaufzeit. Diese Vertragslaufzeit, wie die obigen Beispiele zeigen, liegen bei weit mehr als einem Jahr, sodass bzgl. der Langfristigkeit mindestens auf eine 1-Jahres-Frist abgestellt werden kann. Die Vergütung erfolgt durch die öffentliche Hand, wobei die Betrachtung des Herrentunnels zeigt, dass die Vergütung auch auf eine andere Weise erfolgen kann.

60 § 38 des Muster-Inhabermodellvertrages, abzurufen wie zuvor, §§ 14, 25 des PPP-Mustervertrages bei Roquette/Otto: Roquette/Scherer-Leydecker, G, Rn. 202ff., 274ff..

61 § 1, 47 des Muster-Inhabermodellvertrages, abzurufen wie zuvor; §§ 9 (Bau), 27 (Betrieb) des Mustervertrages bei Roquette/Otto: Roquette/Scherer-Leydecker, G, Rn. 150ff., 304ff..

III. Definition Nutzerfinanzierungsmodell

Die erarbeitete Definition sowie die zuvor untersuchten Definitionsbeispiele haben den Schwerpunkt ihres definitorischen Ansatzes aber auf dem Verhältnis Staat – Unternehmer und dem abzuschließenden PPP-Vertrag. Dies spiegelt sich bei der Risikoverteilung, insbesondere aber bei der Vergütung wider.

In der vorliegenden Arbeit ist zu untersuchen, welche Gemeinsamkeiten oder Unterschiede sich ergeben, wenn man das dreipolige Verhältnis eines Nutzerfinanzierungsmodells in den Mittelpunkt der Betrachtung stellt und die Vergütung direkt oder indirekt durch den privaten Drittnutzer erfolgt. Die dort auftretenden, etwaigen Besonderheiten spielen bei den bisherigen Definitionsversuchen im Rahmen einer „normalen" PPP meist nur eine untergeordnete Rolle. Dabei kommt es bei im Folgenden darauf an, eine Begriffsbestimmung zu finden, welche die dreipolige Dimension der Nutzerfinanzierungs-PPP berücksichtigt und über die oben aufgeführten Gemeinsamkeiten weitere Abgrenzungskriterien für Nutzerfinanzierungen benennt, sodass die Dimension der Drittnutzung und Drittfinanzierung mehr in den Mittelpunkt zu stellen ist.

Aus Abbildung 1 ergeben sich vereinfacht die entsprechenden Rechtsverhältnisse und die jeweiligen Einflusssphären. Entscheidend dabei ist vor allem das Nutzerverhältnis, da im Gegensatz zu „herkömmlichen" PPP-Projekten die Bezahlung des privaten Partners nicht durch die öffentliche Hand und damit im Verhältnis öffentlicher Hand – privater Partner erfolgt, sondern im Nutzungsverhältnis oder über die öffentliche Hand mit dem Nutzungsverhalten des Privatnutzers als Abrechnungsmaßstab (Var. 2). Das Entgeltverhältnis kann wiederum nicht ohne eine Analyse des Einflusses der öffentlichen Hand bestimmt werden. Dafür sind die Problembereiche der Privatisierung und der öffentlichen Aufgabe zu betrachten, wenn sich der öffentliche Partner aus einem Bereich zurückzieht, den der private Partner nach den vertraglichen Vereinbarungen ausfüllen soll.

Zunächst muss jedoch die Definition für Nutzerfinanzierungs-PPP geschaffen werden, die über die bisherigen PPP-Definitionen hinausgeht. Zu diesem Zweck erfolgt zunächst ein Blick in die Praxis, um feststellen zu können, in welchen Teilbereichen schon als Nutzerfinanzierungsmodelle bezeichnete Projekte existieren, um Anhaltspunkte für die in diesem Rahmen auftretenden Besonderheiten für eine Definitionsbestimmung und Weiterentwicklung von Nutzerfinanzierungsmodellen zu erhalten.

1. Art der Nutzerfinanzierung

PPP-Modelle, bei denen die Refinanzierung der Investitionen des Privaten über die privaten Nutzer erfolgt, sind in Deutschland in verschiedenen Varianten vorzufinden. Charakteristisch für die Nutzerfinanzierung von PPP-Projekten ist, dass die Nutzer einen nutzungsabhängigen Obolus entrichten müssen.

Die bisher bekannten Arten der Nutzerfinanzierung lassen sich grob in zwei Kategorien unterteilen, je nachdem, an wen zunächst die Zahlung des Benutzungsentgeltes erfolgt. Auf der einen Seite steht dabei das sog. Mautmodell (z. B. das sog. F-Modell im Fernstraßenbereich, Var. 1), wie es in Abbildung 2 zu sehen ist.

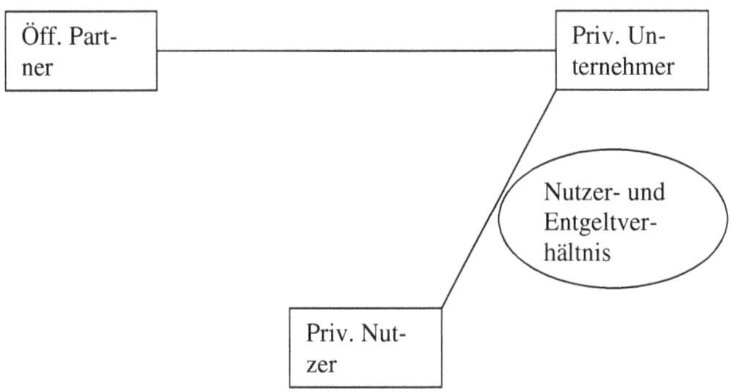

Abb. 2: NPPP-Mautmodell

Auf der anderen Seite gibt es das in Abbildung 3 veranschaulichte sog. Schattenmautmodell mit dem Beispiel der Autobahninfrastrukturfinanzierung über das sog. A-Modell (Var. 2).

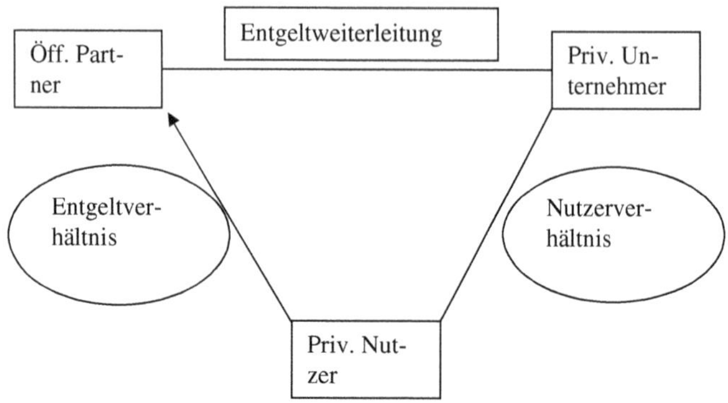

Abb. 3: NPPP-Schattenmautmodell

Beim Schattenmautmodell liegt die Besonderheit darin, dass der Private zwar eine nutzerabhängige Vergütung pro Benutzer der von ihm errichteten Infrastruktur erhält, diese aber nicht direkt vom Nutzer bekommt, sondern der Staat bzw. ein von ihm beauftragtes Unternehmen erhebt die Nutzungsentgelte und leitet diese an den privaten Partner weiter. Zwischen dem privaten Benutzer und privatem Betreiber besteht in diesem Fall kein direktes vertragliches Benutzer-Entgeltverhältnis.

Beim Mautmodell zahlt dagegen der Benutzer direkt sein Nutzungsentgelt an den privaten Partner der von ihm geschaffenen Infrastruktureinrichtung. Prominentestes Beispiel dieser Art der Nutzerfinanzierung ist das sog. F-Modell nach dem Fernstraßenbauprivatfinanzierungsgesetz.

Beide Varianten der Nutzerfinanzierung können z.B. ergänzt werden um eine Beleihung, wenn der Private zur Erhebung einer öffentlichen-rechtlichen Gebühr ermächtigt wird (so wie ursprünglich in § 2 Abs. 1 FStrPrivFinG geschehen). Auch ist es möglich, dass die öffentliche Hand Anschub- und Zwischenzuschüsse neben der reinen Nutzerfinanzierung leistet, um so Start- und Finanzierungsschwierigkeiten zu überwinden.[62]

Die bisherigen Maut- und Schattenmautmodelle lassen sich besonders anschaulich durch die (teilweise) gesetzlich geregelten Fälle des A- und F-Modells darstellen, bei welchen jeweils Straßen-Infrastrukturbereiche erfasst sind. Aber

62 Vgl. dazu das Schwimmbad in Fürth mit jährlichen Zuschüssen in Höhe des letzten Bäderdefizits, PPP-Projekte in Deutschland, PPP-Projektdatenbank, abzurufen unter http://www.ppp-projektdatenbank.de/index.php?id=28&tx_ppp_controller_searchform%5BprojectId%5D=93&tx_ppp_controller_searchform%5Baction%5D=showProject, abgerufen am 12.07.2013.

auch im Bereich des Hochbaus sind Nutzerfinanzierungsmodelle denkbar, wie ein speziell erarbeitetes Gutachten des Bundesministeriums für Verkehr, Bau und Stadtentwicklung zeigt. Das dort beschriebene, sog. Konzessionsmodell oder der Vertragstyp VI beschreibt das Modell der Nutzerfinanzierung, wonach die Nutzer von Gebäuden entweder dem privaten Erbauer/Betreiber ein nutzungsabhängiges Entgelt bezahlen oder dies an den privaten Betreiber weitergeleitet wird (d. h. auch als Schatten"maut"modell denkbar).

2. Bereiche der Nutzerfinanzierung

Der bisherige Vorreiter im Bereich von dreipoligen Nutzerfinanzierungsmodellen in Deutschland ist der Verkehrsbereich, vor allem durch das schon 1994 in Kraft getretene Fernstraßenbauprivatfinanzierungsgesetz. Das Konzessionsmodell nach dem Vertragstyp VI ist dagegen in nahezu sämtlichen Bereichen des öffentlichen Hochbaus möglich, sofern das geschaffene Bauwerk Nutzern zugänglich sein soll und diese dort eine Leistung in Anspruch nehmen, für deren Nutzung sie bezahlen sollen.

Aber auch in anderen kommunalen Bereichen ist eine PPP im Rahmen einer Nutzerfinanzierung denkbar und wird auch vorgenommen. Namentlich im Bereich der Wasser- und Abwasserversorgung oder im Bereich der Müllentsorgung[63] sowie im Bereich der Daseinsvorsorge allgemein. Auch wird zu untersuchen sein, ob Nutzerfinanzierungen im Bereich der so genannten und viel diskutierten PKW-Maut möglich wären, zumal diese immer wieder in der Presse erörtert wird.[64] In weiteren Teilbereichen wie im Bereich Flughafen, Hafen, Wasserstraßen oder auch Schiene könnten Nutzerfinanzierungen eine Lösung sein, was nach Feststellung der Definition einer NPPP überprüft werden wird.

3. Beispiele

Anhand der zuvor genannten Arten und Teilbereiche von Nutzerfinanzierungsmodellen sind diese zunächst in einem folgenden Schritt zu analysieren, um Gemeinsamkeiten zur Bestimmung einer einheitlichen Definition herauszuarbeiten.

---

63 Vgl. § 16 KrW-/AbfG a.F., jetzt § 22 KrwG.

64 Z.B. abrufbar unter „Umweltbundesamt für flächendeckende PKW-Maut", abzurufen unter http://www.focus.de/auto/news/planspiele-umweltbundesamt-fuer-flaechendecken de-pkw-maut_aid_498736.html, abgerufen am 12.07.2013, und „Geld, das auf der Straße liegt", abzurufen unter http://www.sueddeutsche.de/auto/diskussion-um-pkw-maut-geld-das-auf-der-strasse-liegt-1.1130041, abgerufen am 12.07.2013, nachdem zuvor das Umweltbundesamt eine solche Maut gefordert hat.

a. PPP-Vertragstyp VI (Konzessionsmodell)

Als Ausgangspunkt für eine Analyse kann die Beschreibung des Vertragsmodells VI (Konzessionsmodell) in dem Gutachten „PPP im öffentlichen Hochbau"[65], und dem PPP-Leitfaden genommen werden.[66] Ein Konzessionsmodell bedeutet danach, dass der öffentliche Auftraggeber die vom privaten Unternehmer erbrachte Leistung (in diesem Fall typischerweise ein Gebäude), nicht selbst nutzt,[67] sondern Dritten zur Verfügung stellt. Der private Unternehmer „betreibt" das von ihm geschaffene Werk, d. h. sorgt für den Unterhalt und Betrieb während der langfristigen vertraglichen Bindung. Im Gegenzug schließt er, neben dem PPP-Vertrag, mit dem öffentlichen Partner einen Konzessionsvertrag. Dieser erlaubt es ihm, Nutzungsentgelte von den tatsächlichen Nutzern der Anlage zu erheben, oder – als Variante -- der öffentliche Partner erhebt die Entgelte und leitet sie an den Privaten weiter. Daraus ergeben sich folgende, charakteristische Stichpunkte des Konzessionsmodells als Beispiel eines Nutzerfinanzierungsmodells:

Nutzer des durch den PPP-Vertrag geschaffenen Gebäudes ist regelmäßig nicht der Auftraggeber, die öffentliche Hand selbst, sondern eine Vielzahl von weiteren (Dritt)-Nutzern, derentwegen die Herstellung erfolgt.[68] Der private Unternehmer erhält, um sich zu refinanzieren, das Recht, Nutzungsentgelte zu erheben. Es kommt zu einer direkten Vertragsbeziehung zwischen Nutzer und privatem Unternehmer. Oder es kommt in der anderen Variante „nur" zu einer Nutzungsbeziehung zwischen privatem Betreiber und privatem Nutzer. Der öffentliche Partner erhebt das Nutzungsentgelt beim privaten Nutzer und leitet es an den privaten Betreiber weiter.[69]

Ob dabei eine Beleihung erforderlich ist, kann hier noch offen bleiben. In dem Gutachten gehen die Verfasser davon aus, dass eine Beleihung des privaten

65 Gutachten „PPP im öffentlichen Hochbau", Band 2, Teilband 1, Stand: August 2003, S. 17f., 133ff., abrufbar unter http://www.bmvbs.de/cae/servlet/contentblob/31810/publicationFile/629/gutachten-ppp-im-oeffentlichen-hochbau-band-2-teilband-1.pdf, abgerufen am 12.07.2013.

66 PPP-Handbuch: Hoppenberg, Dinkhoff, Schäller, S. 79.

67 In Abgrenzung vor allem zu PPP im Rahmen der Vertragsmodelle I –IV.

68 Gutachten „PPP im öffentlichen Hochbau", Band 2, Teilband 1, Stand; August 2003, S. 133, abrufbar unter http://www.bmvbs.de/cae/servlet/contentblob/31810/publicationFile/629/gutachten-ppp-im-oeffentlichen-hochbau-band-2-teilband-1.pdf, abgerufen am 12.07.2013.

69 Gutachten „PPP im öffentlichen Hochbau", Band 2, Teilband 1, Stand: August 2003, S. 134, 135, abrufbar unter http://www.bmvbs.de/cae/servlet/contentblob/31810/publicationFile/629/gutachten-ppp-im-oeffentlichen-hochbau-band-2-teilband-1.pdf, abgerufen am 12.07.2013.

Partners zur Entgelterhebung nicht erfolgen müsse, da der Private i. d. R. nicht unmittelbar selbst eine öffentliche Aufgabe erfülle, sondern regelmäßig eine Leistung erbringe, die Voraussetzung für die öffentliche Hand zur Erbringung einer öffentlichen Aufgabe sei.[70] Das Mengen- und Nutzungsausfallrisiko liege beim privaten Betreiber. Es kann durch Anfangs- oder Schlusszahlungen des Staates abgemildert werden, was aber nicht dazu führen darf, dass sich die grundsätzliche Risikoverteilung ändert.[71]

Festzuhalten aus diesem Drei-Beteiligten-NPPP-Modell ist, das die Vergütung direkt oder indirekt nutzungsabhängig über den Nutzer erfolgt, sodass das Einnahmenrisiko bei dem privaten Partner liegt. Die Höhe der Vergütung wird in dem Gutachten nicht näher untersucht, sodass eine einvernehmliche Regelung im Rahmen des Konzessionsvertrages zu treffen ist.

b. A- und F-Modell

Weitere Hinweise für typische Merkmale eines Nutzerfinanzierungsmodells ergeben sich aus einer Betrachtung der Modellüberlegungen der sog. A- und der F-Modelle. Diese Modellbezeichnungen beschreiben die einzigen bisher bundesgesetzlich normierten Varianten einer Nutzerfinanzierung von Straßenprojekten.[72] In beiden Fällen handelt es sich um Fernstraßenprojekte (vgl. § 1 FStrPrivFinG, § 1 BFStrMG). Diese sind, wenn man Art. 74 Abs. 1 Nr. 22 und Art. 90 GG als Anhaltspunkt nimmt, dem Aufgabenbereich des Staates zugeordnet und stellen eine im allgemeinen Interesse liegende öffentliche Aufgabe dar, da der Staat die Gewährleistung der Verkehrsinfrastruktur sicherstellt.[73]

Hinter der Chiffre „A-Modell“ verbirgt sich die sog. Mauterhebung für LKW über 12 Tonnen auf Bundesautobahnen nach dem Bundesfernstraßenmautgesetz (BFStrMG), wonach ein Privater Bundesautobahnen i. d. R. mehr-

---

70 Gutachten „PPP im öffentlichen Hochbau“, Band 2, Teilband 1, Stand: August 2003, S. 137, abrufbar unter http://www.bmvbs.de/cae/servlet/contentblob/31810/publication File/629/gutachten-ppp-im-oeffentlichen-hochbau-band-2-teilband-1.pdf, abgerufen am 12.07.2013.

71 Gutachten „PPP im öffentlichen Hochbau“, Band 2, Teilband 1, Stand: August 2003, S. 134, 135, abrufbar unter http://www.bmvbs.de/cae/servlet/contentblob/31810/ publicationFile/629/gutachten-ppp-im-oeffentlichen-hochbau-band-2-teilband-1.pdf, abgerufen am 12.07.2013.

72 Dies ist zutreffend im Bereich des F-Modells aufgrund des FStrPrivFinG; das A-Modell selbst ist gesetzlicht nicht geregelt, sondern nur die LKW-Maut, was aber wesentlich ist im Zusammenhang mit dem A-Modell, aber als umfassendes Modell selbst nicht gesetzlich normiert ist.

73 Epping/Hillgruber: Remmert, Art. 90, Rn. 14; Isensee/ Kirchhof, Bd. IV: Uerpmann-Wittzack, § 89, Rn. 5, 35; Maunz/Dürig: Gröpl, Art. 90, Rn. 77 (49. Lfg. März 2007).

streifig ausbaut und unterhält und im Gegenzug an den Mauteinnahmen beteiligt wird. Es findet eine indirekte Nutzerfinanzierung statt (sog. Schattenmaut), da hier zwischen privatem Betreiber und privatem Nutzer nur eine Nutzungs- und keine Entgeltbeziehung besteht (Var. 2). Das F-Modell dagegen steht für eine Nutzerfinanzierung nach dem sog. Fernstraßenbauprivatfinanzierungsgesetz, wonach private Unternehmer bei Errichtung von Brücken, Tunneln oder ähnlichen Erschwernisstrecken auf Bundesautobahnen oder Bundesstraßen Benutzungsentgelte direkt beim Nutzer erheben dürfen, (Var. 1).

Typische Charakteristika für beide Modelle sind, dass das dreipolige[74] Verhältnis im Vordergrund steht und damit die Nutzung durch und den Betrieb von Privaten sowie die Refinanzierung direkt oder indirekt über die Nutzer erfolgt.[75] Unterschiede zwischen beiden Modellen bestehen daher nur im Rahmen der Erhebung der Nutzungsentgelte.

Im Rahmen des F-Modells erhält der private Hersteller/Betreiber eine Konzession zur Erhebung von Mautgebühren für die Nutzung. Die Mautgebühr kann entweder als öffentlich-rechtliche Gebühr oder privatrechtliches Entgelt durch den Betreiber direkt vom Nutzer verlangt werden, wobei die Mauthöhe genehmigt werden muss.[76]

Beim A-Modell wird der private Betreiber nur prozentual an den anfallenden LKW-Maut-Einnahmen nach dem Bundesfernstraßenmautgesetz beteiligt.[77] Der private Betreiber erhebt diese aber nicht direkt bei den Nutzern, sondern dies erfolgt durch den Staat, der diese Aufgabe gem. § 4 Abs. 3 BFStrMG auf einen weiteren Privaten übertragen kann (toll collect GmbH). Die toll collect GmbH betreibt das Mauterhebungs- und Erfassungssystem.

Auch hat der private Autobahnbetreiber grundsätzlich keinen Einfluss auf die Höhe der Maut (vgl. § 3 Abs. 2 BFStrMG, wonach die Bundesregierung ermächtigt wird, die Höhe der Maut per Verordnung festzulegen). Die Maut, die

---

74 Eigentlich sogar 5 Beteiligte, da der ausbauende Konzern, der Bertreiber der Erhebungseinrichtungen, das ViFG zur Auskehr der Mauteinnahmen, das Bundesamt für Güterverkehr und der private Nutzer beteiligt sind.

75 8 der 14 Paragrafen des FStrPrivFinG haben die Maut als inhaltlichen Schwerpunk (§§2-10), ähnlich im BFStrMG (9 von 15 Paragrafen).

76 § 2 Abs. 1, 3 FStrPrivFinG, § 6 Abs. 1 FStrPrivFinG.

77 Daher hat er theoretisch doch die Möglichkeit, über die Höhe seiner Vergütung mit zu entscheiden, indem der Anteil an der LKW-Maut erhöht würde. Praktisch scheint es aber so zu sein, dass der private Betreiber und Ersteller des Autobahnabschnitts die komplette LKW-Maut weitergeleitet bekommt, sodass die Höhe der Vergütung nach oben gedeckelt ist und praktisch eine Verhandlung über höhere Entgelte pro Nutzer nicht mehr möglich sind, http://www.vifg.de/de/projekte/a-modell/index.php, abgerufen am 12.07.2013.

durch den Benutzer an die bundeseigene Verkehrsinfrastrukturgesellschaft VIFG gezahlt wird und den Teilautobahnabschnitt des privaten Betreibers betrifft, wird an diesen gem. § 2 Abs. 1 VIFGG weiter geleitet.[78]

Gemeinsam haben die beiden A-und F-Modelle sowie die Nutzerfinanzierung nach dem Konzessionsmodell im öffentlichen Hochbau (Vertragstyp VI), dass das Refinanzierungs- und Nutzungsauslastungsrisiko bei dem privaten Betreiber liegt. Eine Steuerung dieses Risikos, z. B. über die Preisgestaltung, ist, wie zuvor gezeigt, nur eingeschränkt möglich.

Als weitere Gemeinsamkeiten können benannt werden:

- Die vorgenommene Aufgabe bzw. bereitgestellte Infrastruktur stellt eine Aufgabe dar, die typischerweise dem öffentlichen Bereich zugeordnet ist und durch die öffentliche Hand bisher erfüllt wurde (Straßenwesen, Art. 74 Abs. 1 Nr. 22, Art. 90 Abs. 1, 2 GG).[79]
- Die Nutzungsentgelte werden entweder als Gebühr oder als privatrechtliches Nutzungsentgelt erhoben, und zwar abhängig vom Nutzerverhalten.
- Der private Investor „betreibt“ den von ihm geschaffenen Infrastruktur“bau“, wobei unter Betrieb beim A-Modell nicht die Erhebung und Erfassung der Mautgebühren zu verstehen ist.

c. Wasserver- und -entsorgung

Weitere Charakteristika einer NPPP können die Betrachtung von PPP im Rahmen der Wasserver- und -entsorgung nicht ergeben, sondern nur den weiten Anwendungsspielraum aufzeigen. Denn die Wasserver- und -entsorgung ist geprägt durch ihren örtlichen Charakter und unterfällt der kommunalen Selbstverwaltungsgarantie gem. Art. 28 Abs. 2 GG.[80]

Trotzdem oder gerade deswegen ist eine Zusammenarbeit mit Privaten im Rahmen einer NPPP möglich,[81] sodass die Anwendung des Konzessionsmodells oder die Gründung eines gemischt-wirtschaftlichen Unternehmens zur Wasserver- und entsorgung und damit die Einrichtung eines dreipoligen Verhältnisses möglich ist. Die öffentliche Hand überwacht die Versorgung, ein privater Partner erbringt die Leistung, der private „Nutzer“ nimmt die Leistung ab.

Allerdings ist der Wassermarkt örtlich geprägt und die Netze in Deutschland sind zerstückelt und überwiegend nicht miteinander verbunden.[82] Das hat zur

78 Roquette/Otto: Roquette/Butcher, Altauflage 2005, F, II, 1, Rn 8; Rösch, S. 51.

79 Epping/Hillgruber: Remmert, Art. 90, Rn. 14; Isensee/ Kirchhof, Bd. IV: Uerpmann-Wittzack, § 89, Rn. 5, 35.

80 Jarass/Pieroth: Pieroth, Art. 28, Rn. 13a; Schmidt, LKV 2008, S. 193 [196].

81 Vgl. Kahl, GewArch 2007, S. 441 [444ff..].

82 Schmidt, LKV 2008, S. 193 [194].

Folge, dass für den lokalen Anbieter kaum Risiken bzgl. der Abnahme des Wassers bestehen, da Konkurrenz vor Ort nur eingeschränkt möglich ist. Ein privater Leistungserbringer trägt zwar auch das Nutzungsrisiko, durch einen Anschluss- und Benutzungszwang[83] und mangelnder tatsächlicher Konkurrenz ist das typische Merkmal des Nutzungsrisikos im Bereich der Wasserversorgung zurzeit jedoch nicht gegeben.

4. Ergebnis

Bei Betrachtung der oben benannten dreipoligen PPP-Modelle können im Hinblick auf eine Arbeitsdefinition für ein nutzerfinanziertes PPP-Projekt folgende konstitutive Gemeinsamkeiten benannt werden:

- Die Leistung durch den privaten Unternehmer stellt oder stellte regelmäßig eine öffentliche Aufgabe dar.
- Der mögliche Anwendungsbereich einer NPPP ist weit und reicht von klassischen Daseinsvorsorgeleistungen bis zu Straßenbauprojekten und kann daher zur Anwendung kommen, sobald die öffentliche Hand und private Partner zusammenarbeiten und ein dritter Privater die geschaffene Leistung nutzt.
- Der Fokus der Modelle liegt auf dem Entgeltverhältnis. Entweder der private Betreiber bekommt das Geld direkt von dem Nutzer, oder er erhält eine benutzungsabhängige Vergütung durch den öffentlichen Partner (bei Infrastrukturprojekten als sog. Schattenmaut bezeichnet).
- Das Nutzungsauslastungsrisiko und damit das Kostenrisiko liegt beim privaten Betreiber (im Gegensatz zu regelmäßig erfolgenden vertraglichen Zahlungen, z. B. bei Errichtung eines Verwaltungsgebäudes).
- Nutzungsentgelte sind nicht durch den privaten Betreiber frei bestimmbar.
- Charakteristisch ist der Zusammenhang zwischen Nutzerauslastung und Refinanzierung.

IV. Einordnung in die Privatisierungsdiskussion

Ein weiteres, wichtiges Kriterium eines Nutzerfinanzierungsmodells ist bisher außer Acht geblieben. Nicht geklärt wurde nämlich, um welche Art von Privatisierung es sich bei einem typischen Nutzerfinanzierungsmodell handelt.

Bisher klang im Bereich der PPP oder auch der NPPP jeweils an, dass der private Partner eine öffentliche Aufgabe oder eine Aufgabe erfüllen würde, die

83 Beispielhaft sei verwiesen auf. § 14 SächsGO; § 26 GO RPF; § 17 GO SH; § 6 HbgAbwG bzgl. Abwasser; § 11 GO BW; § 8 GO Nds.

der öffentliche Partner zuvor selbst erledigt hat. Wenn eine vormals durch die öffentliche Hand erledigte Aufgabe auf Private übertragen wird, stellt dies nach klassischem Verständnis eine Art der Privatisierung dar.

Um zu beantworten, um welche Art einer Privatisierung es sich handelt, muss genauer geprüft werden, welche öffentliche Aufgabe der Private im Rahmen einer PPP und NPPP überhaupt erfüllen soll. Denn, entsprechend differenziert, wird angenommen, dass sog. notwendige öffentliche oder notwendige hoheitliche Staatsaufgaben nicht zu privatisieren seien, sodass manche Aufgabenbereiche nicht durch Private im Rahmen einer NPPP durchzuführen wären und damit aus dem Aufgabespektrum einer NPPP herausfallen würden.

B. Einleitung und Einordnung in die Diskussion der Staats- und öffentlichen Aufgaben

Es ist einerseits wichtig festzustellen, um welche staatliche oder öffentliche Aufgabe es sich bei Nutzerfinanzierungsmodellen typischerweise handelt und handeln kann, die durch Private erledigt wird. Denn unterstellt, nicht alle öffentlichen Aufgaben ließen sich im Rahmen einer NPPP erledigen, wäre dadurch der Anwendungsbereich begrenzt. Andererseits handelt es sich bei einer (N)PPP um eine neue Art oder Form der Privatisierung und ist in die herkömmlichen Privatisierungskategorien möglicherweise einzusortieren, was wiederum in Zusammenhang mit der Bestimmung der zu erledigenden Aufgabe bei einer NPPP steht. Daher muss zunächst geklärt werden, welche Art der öffentlichen Aufgabe oder bisher als öffentliche Leistung erbrachte Aufgabe durch eine NPPP übernommen werden soll.

Neben dem Einfluss auf die Möglichkeit der Privatisierung und damit eines Bestandteils einer Definition einer NPPP können sich weitere Erkenntnisse daraus ergeben, wie das „öffentliche Recht“ Einfluss nehmen muss auf die Nutzerfinanzierungsmodelle, insbesondere in Bezug auf das Entgeltverhältnis und damit den Zugang zur öffentlichen Aufgabe und die Maßstäbe der Nutzerfinanzierung. Dies kann auch davon abhängen, um welche öffentliche Aufgabe es sich handelt, die durch den Privaten wahrgenommen wird. Je strengere Maßstäbe an eine Privatisierung zu stellen sind (beispielsweise mehr bei fakultativen Staatsaufgaben als bei öffentlichen Aufgaben), desto stärker muss die Einflussnahme durch das öffentliche Recht sein.

Es stellt sich die Frage, wie die Aufgaben des Staates zu kategorisieren sind und daher gilt es auch zu untersuchen, ob es sich bei der Wasserver- und -entsorgung, der Straßeninfrastruktur und im Rahmen des Konzessionsmodells

VI, welche zuvor als Praxis-Beispiele einer NPPP genannt wurden, um Bereiche der öffentlichen Aufgaben, der notwendigen oder fakultativen Staatsaufgaben handelt.

Aber ähnlich wie zuvor bei der Definition einer PPP geht es in der vorliegenden Studie nicht um die Formulierung neuer Definitionen einer Staatsaufgabenlehre, sondern darum, auf möglichst breiter Basis eine Grundlage für nutzerfinanzierte PPP-Projekte und deren Entgelterhebungspraxis zu erhalten. Daher sollen Ergänzungen und Klarstellungen vorgenommen werden, sofern dies für die vorzunehmende Beurteilung nötig ist.

I. Staatsaufgabe, öffentliche Aufgaben und Pflichtaufgaben

Die Geschichte des Staates der Bundesrepublik Deutschland ist im Bereich der durch den Staat wahrzunehmenden Aufgaben im Wesentlichen geprägt von zwei sich überschneidenden und ablösenden Phänomenen: Auf der einen Seite steht eine Ausbreitung der vom Staat zu erledigenden Aufgaben.[84] Auf der anderen Seite erfolgt ein Rückzug des Staates aus vielen Aufgaben, was mit der Übertragung der Erledigung der Aufgaben auf Private verbunden ist und mit der Konzentration des Staates auf seine Kernaufgaben einhergehen soll.[85] Daher stellt sich die Frage, was die staatlichen Kernaufgaben[86] oder notwendige Staatsaufgaben sind, die dann durch eine NPPP nicht zu erfüllen sein dürften.

1. Öffentliche Aufgaben

Zunächst ist zu überlegen, ob zwischen Staatsaufgaben und öffentlichen Aufgaben zu unterscheiden ist.[87] Der Begriff der öffentlichen Aufgabe kann dabei als Oberbegriff gelten, da der Anwendungsbereich einer öffentlichen Aufgabe weiter gefasst werden kann.

Dies erfolgt, indem man eine öffentliche Aufgabe als nicht auf die Erledigung durch den Staat beschränkte Aufgabe definiert, sondern als eine solche, deren Erfüllung in einem öffentlichen Interesse liegt.[88] An der Erfüllung dieser

84 Vgl. dazu Sachverständigenrat „Schlanker Staat“, Abschlussbericht, S. 7ff., 44ff.; Weiss, S. 14.

85 Gramm, S. 18.

86 Vgl. Gramm, S. 24f..

87 So Weiss, S. 22 m.w.N..

88 BVerfG, NJW 1975, S. 1265 [1265]; BVerfG, NVwZ 2002, S. 335 [336]; Weiss, S. 22; Maunz/Dürig: Korioth, Art. 30, Rn. 14 (46. Lfg. März 2006).

Aufgabe ist die Allgemeinheit interessiert,[89] welche das öffentliche Interesse definiert und begrenzt und als Ideal als das Gemeinwohl bezeichnet wird. Das „öffentliche Interesse“ bzw. die das öffentliche Interesse verwirklichende Aufgabe selbst kann dabei sowohl durch staatliches als auch durch privates Handeln erfüllt werden.[90] Nimmt also ein Privater eine Aufgabe wahr, die im Interesse der Allgemeinheit liegt, würde er somit eine öffentliche Aufgabe übernehmen.

Als Beispiel dafür kann die Tätigkeit eines Arztes angeführt werden, der einen Patienten kuriert. Er nimmt damit eine Aufgabe wahr, die im öffentlichen Interesse, nämlich dem übergeordneten Interesse der „Volksgesundheit“, liegt. Ein anderes, von *Burgi* genanntes Beispiel für die Erfüllung wichtiger Aufgaben durch Private betrifft die Pressefreiheit und das Pressewesen.[91].Das Bestehen der Pressefreiheit liegt im öffentlichen Interesse, kann aber gleichzeitig nach dem Verständnis einer demokratischen Pressefreiheit keine Staatsaufgabe sein, sondern kann nur durch private Presseunternehmen wahrgenommen werden.

Bull dagegen differenziert zwischen öffentlichen Aufgaben im engeren und im weiteren Sinne. Öffentliche Aufgaben im weiteren Sinne seien nur solche, die Aufgaben des Staates *und* anderer juristischer Personen des öffentlichen Rechts seien. Öffentliche Aufgaben im engeren Sinne seien die Aufgaben der juristischen Personen des öffentlichen Rechts.[92] Eine Trennung der Begriffe der öffentlichen und staatlichen Aufgaben hält er selbst für unzweckmäßig und schlägt vielmehr nur eine Trennung nach staatlichen Aufgaben im weiteren Sinne und kirchlichen Aufgaben vor.[93]

Wie das Bundesverfassungsgericht aber angenommen hat, sind öffentliche Aufgaben solche, an deren Erfüllung ein gesteigertes Interesse der Gemeinschaft besteht, die aber weder allein im Wege privater Initiative wirksam wahrgenommen werden können noch zu den im engeren Sinne staatlichen Aufgaben zählen, die der Staat selbst durch seine Behörden wahrnehmen muss.[94] Offen bleibt bei dieser Bestimmung aber, welche Aufgaben denn zu den engeren staatlichen Aufgaben gehören. So hat *Bull* schon festgestellt, dass eine saubere Trennung der Begriffe „staatliche“ und „öffentliche“ Aufgaben durch das Bundesverfassungsgericht nicht erfolgt ist.[95]Aus der Definition des Bundesverfassungsgerichts kann aber abgeleitet werden, dass es Aufgaben in einer Gemeinschaft gibt,

---

89 Weiss, S. 22; vgl. Maunz/Dürig: Korioth, Art. 30, Rn. 14 (46. Lfg. März 2006).

90 Maunz/Dürig: Korioth, Art. 30, Rn. 14 (46. Lfg. März 2006); Burgi, S. 44f.; Stober, NJW 2008, S. 2301 [2303].

91 Burgi, S. 44.

92 Bull, S. 48f..

93 Bull, S. 48.

94 BVerfG, NVwZ 2002, S. 335 [336]; BVerfG, NJW 1957, S. 1265 [1265].

95 Bull, S. 50; vgl. Burgi S. 42.

deren Erledigung einerseits nicht Aufgabe aller sein kann. Andererseits scheint aber die Erledigung einer öffentlichen Aufgabe stets das Interesse der Mehrheit der Privaten, also der Bürger des Staates, zu erfordern und nicht nur des Einzelnen.

Öffentliche Aufgaben müssen demnach im Interesse der Gemeinschaft liegen. Die Erfüllung der Aufgaben kann aber sowohl durch Private als auch durch den Staat erfolgen. Staatsaufgaben können, wie es der Wortlaut schon vorgibt, nur solche sein, die durch den Staat ausgeübt werden *müssen*.

Wenn aber öffentliche Aufgaben das Interesse der Allgemeinheit widerspiegeln müssen, muss dies erst recht für Staatsaufgaben gelten, zumal der „Staat" gem. Art. 1 Abs. 3 GG dazu verpflichtet wird. Denn der Staat, als Zusammenschluss aller, kann nur solche Aufgaben wahrnehmen, die im Interesse aller liegen. Dabei soll er sich der Staat idealtypischerweise nicht gegen seine eigenen Bürger wenden.

Daraus lässt sich schlussfolgern, dass Staatsaufgaben immer öffentliche Aufgaben sind,[96] da der (demokratische Rechts-)Staat nur solche Aufgaben wahrnehmen darf, die dem Interesse der Gemeinschaft dienen und auf ein Grundbedürfnis der Gemeinschaft zurückzuführen sind.[97] Denn in seinem Grundprinzip ist der Staat eine Organisationseinheit eines Zusammenschlusses von Menschen, die aufgrund gemeinsamer Regeln und Wertvorstellungen in einem Staatsgebiet zusammenleben und die entsprechende Koordination und Einhaltung der Regeln auf einen Dritten, den Staat, übertragen haben, der dabei auch das Gewaltmonopol besitzt.[98]

Der Staat ist die Gemeinschaft und die Gemeinschaft ist der Staat, da sich der eine aus dem anderen durch verschiedenste personelle Verstrickungen im Rahmen der Regierenden und der Regierten bildet. Trotzdem besteht keine Identität zwischen beiden, was vor allem anhand der übertragenen Rechte und Pflichten auf den Staat deutlich wird.[99] Der Staat ist Inhaber des Gewaltmonopols, gleichzeitig aber auch Verpflichteter gem. Art. 1 Abs. 3 GG.

Es zeigt sich aber, dass eine öffentliche Aufgabe im Rahmen des Staatsgebildes notwendige Voraussetzung einer Staatsaufgabe ist.[100] Weitere Abgrenzungsmerkmale, was als Staatsaufgabe anzusehen ist, erfolgt dadurch aber nicht.

---

96 Weiss, S. 25; Maunz/Dürig:Korioth, Art. 30, Rn. 14 (46. Lfg. März 2006).

97 Ähnlich Weiss S. 91 in Bezug auf Staatszwecke und BVerfG, NVwZ 2002, S. 335 [336]; Burgi, S. 43.

98 Vgl. Zippelius/Würtenberger, § 1, Rn. 45, 47; vgl. Maurer, § 1, Rn. 11ff.; Weiss, S. 15.

99 So auch Weiss, S. 418; vgl. Bull, S. 48; vgl. Burgi, S. 43.

100 Burgi, S. 44.

2. Staatsaufgaben

Es kann die Schlussfolgerung gezogen werden, dass Staatsaufgaben immer solche Aufgaben sind, die ein Einzelner nicht in der Lage ist durchzuführen[101] und die Erledigung durch den Staat aufgrund seiner Ressourcen erfordert[102] oder aufgrund ihrer Wichtigkeit oder ihrer Gefährlichkeit nur durch den Staat,[103] d. h. durch die Gemeinschaft und Verantwortung aller erfolgen soll.

Dies sagt allerdings nicht viel darüber aus, welche Aufgaben daher durch den Staat erledigt werden sollten und damit nicht im Rahmen einer NPPP möglicherweise durch Private erfüllt werden können. Die Praxis zeigt, dass in vielen Bereichen Vermischungen vorliegen. Unstreitig dürfte z. B. sein, dass eine Kontrolle des Luftverkehrs erfolgen muss, da mit dem Luftverkehr erhebliche Risiken sowohl für die Passagiere als auch für die Bevölkerung (z. B. Absturz eines Flugzeuges auf ein Atomkraftwerk) verbunden sind. Trotzdem wurde die Luftverkehrsverwaltung gem. Art. 87d GG zumindest formell privatisiert (DFS GmbH), nachdem 2006 eine materielle Privatisierung an verfassungsrechtlichen Hürden scheiterte.[104] Ähnliches gilt im Bereich der inneren Sicherheit, weil in vielen Wohngebieten z. B. private Wachdienste Aufgaben der Polizei übernehmen (selbstverständlich ohne die entsprechende Befugnis zur Gewaltanwendung). Selbst im Bereich der äußeren Sicherheit, welche klassischerweise als eine der ursprünglichen Staatszwecke beschrieben wird,[105] kommen, zumindest bei anderen Staaten, private Söldnerarmeen zum Einsatz.[106]

---

101 Maunz/Dürig: Korioth, Art. 30, Rn. 12 (46. Lfg. März 2006); BVerwG NVwZ 1999, S. 870 [874]: Eine Staatsaufgabe wird als notwendig erachtet, weil ihre Erledigung durch den Staat im Sinne der Gemeinschaft „lebensnotwendig" ist.

102 Zu überlegen wäre in diesem Zusammenhang, ob die Bankenrettung im Jahre 2008/2009 als Staatsaufgabe gesehen werden müsste, da die Rettung laut Aussage der damaligen Bundesregierung im Interesse der gesamten Republik lag, um noch schwerere Schäden und Verwerfungen für das Volk zu vermeiden. Zu einer Rettung in dieser Dimension und mit den finanziellen Ressourcen wäre kein Privater in der Lage gewesen.

103 So Bull für den Bereich des Militärs und militärischer Waffen, da die Auswirkung der Anwendung militärischer Mittel so gravierend ist, dass nur der Staat als Gemeinschaft diese Aufgabe wahrnehmen sollte; Bull, S. 101.

104 Vgl. Pressemitteilung Flugsicherheit über beck-online, abzurufen unter http://beck-onlne.beck.de/Default.aspx?vpath=bibdata\reddok\becklink\198222.htm&pos=13&hlwords=privatisierung%c3%90luftverkehr#xhlhit; abgerufen am 12.07.2013.

105 Isensee/ Kirchhof, Bd. IV: Herzog, § 72, Rn. 8.

106 Vgl. dazu nur die Einsätze von Blackwater, jetzt Xe Services, in Irak und Afghanistan sowie von Aegis Defence Services in Irak. Übersicht über private „Sicherheitsfirmen"

Daher können die Schwere der Aufgabe, die Ressourcen und das Gefährdungspotential Indizien für Staatsaufgaben sein. Um diese zu bestimmen, reichen sie jedoch nicht aus. Aus diesem Grund wird von *Wolff/Bachof* eine Aufgabe auch wie folgt definiert: Ein Inbegriff von sachlich zusammenhängenden Kompetenzen (Kompetenzbereich), also ein Sachgebiet (Sachbereich), auf dem die Zwecke der organisatorischen Einheit (z. B. die Staatszwecke) verwirklicht werden sollen, ist eine Aufgabe.[107] Die Autoren gehen daher auf den Staatszweck ein, welcher die Aufgaben des Staates bestimmen soll. Dies geht, wie bei *Herzog* beschrieben, auf die Gründungsgründe von Staaten bzw. Gemeinschaften zurück, deren Zwecke in der gemeinsamen Gefahrenabwehr, Daseinsvorsorge oder der Herrschaftsaufgabe bestanden.[108] Diese Ziele definierten die Staatsaufgaben, also die Ziele, die sich die Gemeinschaft zur gemeinsamen Erreichung gesetzt hat. Idealisierender gingen damit die Theoretiker einer Staatszwecklehre im Laufe der Jahrhunderte um, die den Zweck des Staates in der „Erziehungsanstalt der menschlichen Gesellschaft (wenn auch nur mit Beziehung auf das hellenische Volkstum durchgeführt) zum höchsten sittlichen Ideal“[109] sahen. Im Mittelalter wurde das Ziel einer herrschaftlichen Tätigkeit weiter und unbestimmter gefasst und mit dem „Gemeinwohl“ beschrieben,[110] Auch daraus kann geschlossen werden, dass die Aufgaben, welche ein Staat verfolgen soll, einem überragenden Zweck dienen und die Aufgaben vom Zweck her bestimmt werden müssen, nämlich dem Gemeinwohl und dem gemeinsamen Besten.[111]

Erst in Zeiten der demokratischen Staaten kann tatsächlich davon ausgegangen werden, dass der Staatszweck von seiner Bevölkerung maßgeblich geprägt und vorgegeben wird und nicht durch einzelne Herrscher. Daher ist, um die Staatsaufgaben bestimmen zu können, nach dem Staatszweck einer Gemeinschaft zu fragen und im Falle der vorliegenden Arbeit nach dem Staatszweck der Bundesrepublik Deutschland im Hinblick auf die durch den Staat zu erledigenden Aufgaben mit Blick auf die Sachgebiete der Nutzerfinanzierungsmodelle.

Bull definiert heutige Staatsaufgaben daher so, dass diese erst dann vorliegen, „wo Verfassung, Gesetz oder Europäisches Gemeinschaftsrecht den Staat

unter http://de.wikipedia.org/wiki/Privates_Sicherheits-_und_Milit%C3%A4runternehmen, abgerufen am 12.07.2013.

107 Wolff/Bachof, Verwaltungsrecht II, 4. (Alt)Aufl., S. 15.

108 Isensee/ Kirchhof, Bd. IV: Herzog, § 72, Rn. 8ff..

109 Vgl. Plato, Politeia, zitiert nach Vorländer, Bd. 1, Kapitel III, VIII, § 25, abzurufen unter http://www.textlog.de/6129.html, abgerufen am 12.07.2013.

110 Bull, S. 20; Merk, S. 3; vgl. Gramm, S. 57ff..

111 Vgl. Merk, S. 3; vgl. Bull, S. 20, 21.

zum verantwortlichen Aufgabenträger bestimmt"[112]. Außerdem müsse die Verfassung eines Gemeinwesens die „hauptsächlichen Bestimmungen" der Staatsaufgaben treffen, da eine Verfassung ohne diese unvollständig wäre.[113] Bei *Gramm* wird die Staatsaufgabe bestimmt als diejenigen Sachbereiche, die der Staat sich selbst unabhängig von der konkreten Organisationsform zulässigerweise zur Aufgabe macht.[114] Auch *Korioth* und *Burgi* nehmen an, dass der erste Zugriff und die Formung zur Staatsaufgaben Sache des Staates sei.[115]

Allerdings muss in einem Rechtsstaat diese Allzuständigkeit begrenzt werden, damit sich der Staat nicht gegen seine Bürger richten kann. Aus diesem Grund könnte zunächst auf den Staats*zweck* abzustellen sein. Denn der Staatszweck wird sich aus dem Interesse der Allgemeinheit, dem Staatsvolk, ableiten und stellt damit den Rahmen und die Grenze staatlicher Aktivität dar. Der Staatszweck weist daher unübersehbare Parallelen zu dem oben beschriebenen Gemeinwohl auf.

Bei *Weiss* erfolgt eine Definition, die die Zulässigkeit der Staatsaufgaben näher betrachtet und einen staatlichen Kreationsakt für die Bestimmung einer staatlichen Aufgabe annimmt, die in Einklang mit der Verfassung (Grundrechten) ist und sich aus den Staatszwecken ableiten muss.[116] Zwar könne der Staat seine Aufgaben selbst bestimmen, er werde jedoch durch die Orientierung auf den Staatszweck in seinem Spielraum ausgerichtet und eingeschränkt.

Dies ist insofern nötig und geboten, als der Staat nicht um des Staates Willen existiert. Wie zuvor angeführt, ist der Staat ein Zusammenschluss von Menschen, die sich ursprünglich zusammengeschlossen haben, um gemeinsam bestimmte Aufgaben besser wahrnehmen zu können, nämlich die Grundaufgaben aller Staaten, die innere und äußere Sicherheit sowie die Daseinsvorsorge,[117] da der Einzelne nicht in der Lage ist, diese Ziele allein zu erreichen. Daher waren die Staatszwecke in diesem Lichte zu entwickeln und daraus die Staatsaufgaben abzuleiten. Denn – wie *Isensee* auch konstatiert und zuvor schon anklang – besteht das Problem der staatlichen Allzuständigkeit und Einmischung,[118] sodass in Anbetracht des Erstzugriffsrechts eine solche Begrenzung bestehen muss.[119]

Deshalb ist der Staatszweck als Begrenzung und Legitimierung einer Staatsaufgabe nötig, um ein Korrektiv gegen die staatliche Allzuständigkeit oder

112 Bull, S. 50, m.w.N..
113 Bull, S. 114.
114 Gramm, S. 31.
115 Maunz/Dürig: Korioth, Art. 30, Rn. 11 (46. Lfg. März 2006); Burgi, S. 51.
116 Weiss, S. 55ff., 451/452.
117 Vgl. Isensee/ Kirchhof, Bd. IV: Herzog, § 72, Rn. 25-27; Burgi, S. 51.
118 Isensee/ Kirchhof, Bd. IV: Isensee, § 73, Rn. 55.
119 Maunz/Dürig: Korioth, Art. 30, Rn. 11 (46. Lfg. März 2006); vgl. Gramm, S. 31.

seine Kompetenz, grundsätzlich jegliche Aufgabe zunächst an sich ziehen zu können, zu schaffen.[120] Daraus kann mit den herausgearbeiteten Erkenntnissen zur öffentlichen Aufgabe geschlossen werden, dass der Staatszweck aus dem öffentlichen Interesse der Gemeinschaft, quasi daraus, was öffentliche Aufgabe ist, abgeleitet werden muss,[121] um so die Bürger vor einer Verselbstständigung des Staates zu schützen. Einen Staat um des Staates Willen gilt es zu vermeiden.

Staatsaufgaben sind mithin solche Aufgaben, die die Wahrnehmung der Gemeinschaft erfordern, wobei dem „Staat" ein Erstzugriffsrecht bei Bestehen eines öffentlichen Interesses und im Rahmen der Verfassung zuzubilligen ist.[122] Die Aufgabenwahrnehmung wird begrenzt durch den Zweck des Staatsgebildes, den sich die Gemeinschaft selbst gibt und welche im Interesse der demokratischen Mehrheit durch den Staat und seiner Verwaltung als Helfer erreicht werden soll. Dadurch erfolgt eine Vermischung eines formalen und materiellen Ansatzpunktes für die Bestimmung der Staatsaufgabe. Dabei ist der „Staat" nicht zur Erreichung bestimmter Ziele oder Zwecke festgelegt, sondern diese unterliegen dem Wandel.[123]

Ausgangspunkt für die so geforderten Staatszwecke kann und muss eine Analyse der Verfassung, also des Grundgesetzes sein,[124] welches anfänglich durch den Parlamentarischen Rat[125] und später durch Veränderungen durch die Volksvertretungen, und damit in demokratischer Legitimation durch das Volk, geprägt ist. Dabei soll es nicht auf eine strikt materielle Begriffsbestimmung ankommen, wonach jede einzelne Staatsaufgabe aus der „Verfassung deduzierbar" sei.[126]

---

120 Vgl. BVerfGE 41, 205 [217]; Maunz/Dürig: Korioth, Art. 30, Rn. 11 (46. Lfg. März 2006).

121 Ähnlich Isensee/ Kirchhof,: Isensee, Bd. IV, Rn. 12, 13.

122 Burgi, S. 50; vgl. Bull, S. 90f..

123 Isensee/ Kirchhof: Bd. IV, Herzog, § 72, Rn. 1.

124 Vgl. Bull, S. 114; beachte dazu aber auch Vobel, in FAZ vom 13.07.2003 „Europa droht eine Regulierungsspirale", wonach Verfassungen einerseits ein klassisches Mittel zur Begrenzung der Macht des Staates sind, andererseits ein Mittel darstellen können, um Macht, die staatliche Institutionen an sich genommen haben, im Nachhinein zu rechtfertigen oder auszubauen.

125 Der Parlamentarische Rat setzte sich aus 11 Ministerpräsidenten der westdeutschen Länder und gewählten Gesandten der Länderparlamente zusammen. Die Länderparlamente ratifizierten dann den Entwurf eines Grundgesetzes, nachdem diese überwiegend im Jahre 1947 im Rahmen von freien, allgemeinen und gleichen Wahlen demokratisch legitimiert wurden (Feldkamp, S. 8) und damit auch im heutigen Sinne die demokratisch gewählten Repräsentanten des Volkes waren.

126 Burgi, S. 49.

a. Verfassungsaufträge

Wie *Herzog* darlegt, lassen sich die Aufgaben heutiger Staaten auf drei wesentliche Kernbereiche zurückführen,[127] die für die Organisation einer Gemeinschaft zum einheitlichen, friedlichen Zusammenleben als wesentlich erachtet werden. Diese drei Bereiche sind die Gefahrenabwehr nach außen, die Sicherung des inneren Friedens sowie die Gesellschaftsgestaltung mit Sozialstaatlichkeit.[128] Diese Kategorien stellen den Ausgangspunkt dar, von welchem man Staatsaufgaben im Lichte der Staatszwecke in der Bundesrepublik Deutschland bei einer Analyse des Grundgesetzes herleiten muss.[129]

b. Aufgaben des bundesrepublikanischen Staates

Staatsaufgaben sind daher solche, die dem Gemeinwohl der Gemeinschaft dienen und in deren Interesse liegen. Begrenzt wird die Zuständigkeit des Staates zur Erledigung der Aufgabe wiederum durch die Interessen der Allgemeinheit. Erkennbar werden die Staatsaufgaben daher durch das Interesse der Allgemeinheit, welches sich in einer gemeinsamen Verfassung manifestiert. Das Grundgesetz selbst schweigt sich aber zu eindeutigen Staatsaufgaben überwiegend aus.[130]

Allerdings können unter Berücksichtigung der Staatszielbestimmungen, der verfassungsrechtlichen Schutzpflichten und Grundstrukturprinzipien unter Zuhilfenahme der juristischen Auslegungsmethoden Aufgaben aus den Vorschriften des Grundgesetzes abgeleitet werden, deren Erfüllung ureigenste Aufgabe des Staates und seines Staatszweckes sein kann und sein soll.

Im Hinblick auf die grundlegende Fragestellung ist das Grundgesetz und seine darin möglicherweise enthaltenen Aufträge und Aufgaben an den „Staat" unter dem Gesichtspunkt der Relevanz für nutzerfinanzierte PPP-Projekte zu untersuchen. Es ist also der Frage nachzugehen, ob es sich bei der Ausführung typischer PPP-Projekte im Rahmen der Daseinsvorsorge und der Infrastruktur um Aufgaben handelt, die dem Staat durch das Grundgesetz als Manifestation des Willens der Allgemeinheit aufgetragen wurde.

aa. Art. 1 Abs. 1 GG

Nach Art. 1 Abs. 1 GG ist die Würde des Menschen unantastbar und sie zu schützen ist Aufgabe aller staatlichen Gewalt. Daraus können zunächst im Hinblick auf eine NPPP kaum etwaige Handlungsformen oder konkrete Staatsauf-

---

127 Isensee/ Kirchhof, Bd. IV: Herzog, § 72, Rn. 25-27.

128 Isensee/ Kirchhof, Bd. IV: Herzog, § 72, Rn. 25-27.

129 Vgl. Bull, S. 149ff..

130 Isensee/ Kirchhof, Bd. IV: Herzog, § 72, Rn. 28ff.; generell: Bull, S. 3.

gaben abgeleitet werden. Die Menschenwürde ist aber oberstes Grundprinzip des Grundgesetzes; alle anderen Bestimmungen, vor allem die Grundrechte, sind in ihrem Lichte auszulegen.[131]

Für die im Rahmen der vorliegenden Arbeit zu untersuchenden Sachverhaltszusammenhänge, insbesondere die Einflussnahme des öffentlichen Rechts auf die Entgeltbeziehungen in NPPP-Projekten, kann die Menschenwürde in Verbindung mit dem Sozialstaatsprinzip gem. Art. 20 Abs. 1 GG relevant werden. Denn sie gebietet dem Staat, die materiellen Mindestvoraussetzungen eines menschenwürdigen Daseins zu sichern.[132] Allerdings werden unter den Begriff des Sozialstaatprinzips grundsätzlich auch Aufgaben der Daseinsvorsorge subsumiert,[133] worunter die zuvor benannten PPP-Projekte im Rahmen der Wasserver- und -entsorgung sowie die Bereitstellung von Verkehrsinfrastruktur jeweils zu fassen sind.

Die Menschenwürde selbst ergibt wenig Konkretes im Hinblick auf die Staatsaufgabenbestimmung der Daseinsvorsorgeprojekte. Allenfalls als Indiz kann gewertet werden, dass über das „Phänomen“ Menschenwürde in Verbindung mit dem Sozialstaatsprinzip in einem weiteren Schritt der Staat auch für die Daseinsvorsorge verantwortlich ist und dafür Sorge tragen muss, dass alle Menschen des Landes Zugang zu Leistungen der Daseinsvorsorge haben.

bb. Art. 20 GG Sozialstaatsprinzip

Wie schon erwähnt, kann die Analyse des Sozialstaatsprinzips als sog. Staatszielbestimmung unter Berücksichtigung der Menschenwürde Berücksichtigung finden. Das Sozialstaatprinzip ist Ausdruck der Verantwortung der staatlichen Ordnung für die soziale Sicherheit der Bürger und die Daseinsvorsorge[134] und kann kurz zusammengefasst werden als die Herstellung oder Erhaltung sozialer Gerechtigkeit und sozialer Sicherheit sowie die Gewährleistung existentieller Daseinsvorsorge. Vom Sozialstaatsprinzip wird unter anderem die staatliche Aufgabe der Daseinsvorsorge erfasst, worunter auch PPP-Projekte im Rahmen der Infrastruktur sowie Wasserver- und -entsorgung subsumiert werden können.[135]

---

131 BVerfGE 6, S. 32 [36]; BVerfGE 109, S. 133 [149]=NJW 2004, S. 999 [1001]; Epping/Hillgruber: Hillgruber, Art. 1, Rn. 1.

132 BVerfGE 82, S. 60 [85]; Dreier: Dreier, Bd. 1, Art 1, Rn 158; Sachs: Höfling, Art 1 Rn 31 f; Jarass/Pieroth: Jarass, Art 1, Rn 15; Epping/Hillgruber: Hillgruber, Art. 1, Rn. 50.

133 Stern, Bd. I, S. 897f.; als ursprüngliche Staatsaufgabe auch Isensee/Kirchof:, Bd. IV: Herzog, § 72, Rn. 9.

134 Vgl. Epping/Hillgruber: Huster/Rux, Art. 20, Rn. 193, 194; Stern, Bd. I, S. 895ff.: Maunz/Dürig: Grzeszick, Art. 20, Rn. 14 (57. Lfg. Januar 2010).

135 Stern, Bd. I, S. 897f..

Aus der angeführten „Definition", wonach eine existentielle Daseinsvorsorge zu gewährleisten ist, kann geschlossen werden, dass es grundsätzlich nicht Aufgabe des Staates ist, jede Art der Daseinsvorsorge zu betreiben,[136] sondern nur die existentielle. Darin liegt auch ein Unterschied zu den Ursprungsaufgaben der ersten Staatengemeinschaften. Dort war die Daseinsvorsorge, z. B. die Versorgung mit Wasser, existentiell für die Bevölkerung und konnte nur durch den Staat erreicht werden. Dies hat sich heute gewandelt; zwar ist die Wasserversorgung nach wie vor existentiell für jedes Leben. Allerdings sind auch heute andere als der Staat in der Lage, diese Aufgabe zu erfüllen.

Die Pflicht des Staates aufgrund des Sozialstaatprinzips wäre daher nur dann wieder aktualisiert, wenn es den Menschen existentiell schwer fallen würde, auf notwendige Angebote der Daseinsvorsorge zurückzugreifen. Wenn also z. B. die örtliche, private Wasserversorgung zusammenbrechen würde, müsste der Staat diese lebensnotwendige Aufgabe erbringen.[137]

Bis dahin kann die Aufgabe unter der Prämisse des Sozialstaatsprinzips auch von anderen erfüllt werden, da eine andere Aufgabe des Staates außer der existentiellen Sicherung der Daseinsvorsorge in das Sozialstaatprinzip nicht hineingelesen werden kann.

Anderes kann gelten, wenn es um die Preisgestaltung im Rahmen der Nutzerfinanzierungsbeziehung geht. Dort gilt es zu überprüfen, ob und wann ggf. Benutzungstarife angepasst werden müssten, um Bevölkerungsgruppen nicht von essentiellen Produkten der Daseinsvorsorge auszuschließen. Allerdings bestimmt das Sozialstaatsprinzip nicht, dass Aufgaben der Daseinsvorsorge durch den Staat vorgenommen werden müssen.

cc. Art. 28 Abs. 2 GG

Artikel 28 Abs. 2 GG ist näher zu betrachten, da die hier zu untersuchenden NPPP-Projekte überwiegend solche der Daseinsvorsorge sind, die i. d. R. der örtlichen Gemeinschaft zugeordnet sind, sodass daraus die Art der Aufgabe, also öffentliche Aufgabe oder Staatsaufgabe, abgeleitet werden können. Nach Artikel 28 Abs. 2 GG muss es den Gemeinden gewährleistet sein, die Angelegenheiten der örtlichen Gemeinschaft selbst zu regeln.

Dabei stellt sich zum einen die Frage, was Aufgaben der örtlichen Gemeinschaften vor dem Hintergrund der Nutzerfinanzierungsmodelle sind, zum ande-

---

136 Stern, Bd. I, S. 933; Epping/Hillgruber: Huster/Rux, Art. 20, Rn. 198; anders Veith in Bezug auf kommunale Schwimmbäder, die in der Bezuschussung der Eintrittspreise den sozialen Aspekt im Rahmen der Daseinsvorsorge, gegründet auf Art. 20 GG sieht, Veith, VBlBW 2004, S. 161 [162].

137 Vgl. Kahl, GewArch 2007, S. 441 [442].

ren, ob mit Art. 28 Abs. 2 GG eine Wertentscheidung der „Bevölkerung" einhergehen soll, dass einige Nutzerfinanzierungsmodelle im Rahmen der örtlichen Gemeinschaft durch die Gemeinde zu erbringen sind, also auf die Gemeinde durch das Grundgesetz übertragene, zu erledigende „Staatsaufgaben" darstellen sollen. Die zweite Frage lässt sich zunächst scheinbar schnell beantworten, da die Gemeinde der Organisation des Staates als Untergliederung der Bundesländer zuzurechnen ist und daher ihre Aufgabenwahrnehmung als „Staatsaufgabe" erfolgt.[138] Demnach müssten Aufgaben, die als solche der örtlichen Gemeinschaft anzusehen wären, als Staatsaufgaben deklariert werden, sodass die Gemeinde ein Zugriffsrecht- und eine Zugriffspflicht auf solche Aufgaben haben könnten.[139] Die Frage jedoch, ob mit allen unter die Definition der Aufgabenerledigung fallenden Angelegenheiten der örtlichen Gemeinschaft verbunden ist, dass diese Angelegenheiten nur durch die Gemeinde durchzuführen sind, ergibt sich daraus nicht und bedarf einer Untersuchung, ob dies insbesondere im Hinblick auf Nutzerfinanzierungsprojekte gelten soll.

Als Angelegenheiten der örtlichen Gemeinschaft gelten solche, die in dieser Gemeinschaft wurzeln oder auf sie einen besonderen Bezug haben und von der örtlichen Gemeinschaft eigenverantwortlich und selbständig bewältigt werden können.[140] In den Aufgabenbereich der örtlichen Gemeinschaft fallen die gemeindlichen Aktivitäten der Daseinsvorsorge,[141] worunter die Energie-[142] und Wasserversorgung sowie die Verkehrsinfrastruktur in örtlichem Rahmen zu subsumieren sind.[143]

Daraus könnte geschlossen werden, dass die meisten der angeführten nutzerfinanzierten PPP-Projekte durch das Grundgesetz und die in den Jahren durch

138 Vgl. Dr. Schmid, Erörterungen des Parlamentarischen Rates zu Art. 28 Abs. 2 GG, in JÖR 1, 1951, S. 254, wonach die Gemeinde „zu allgemeinen Trägern der ersten Stufe der Obrigkeit" zu machen seien; Maurer, DVBl. 1995, S. 1037 [1040]; Karst, DÖV 2002, S. 809 [809]; Gern, S. 102.

139 In der hier vorgenommen Einstufung wird zur Vereinfachung der Beurteilung der Aufgabenart nur eine Unterscheidung der Zuordnung zwischen Staats- und Privataufgabe getroffen, und nicht zwischen gemeindlichen Pflichtaufgaben und freiwilligen Aufgaben.

140 BVerfGE 79, S. 127 [151]; 110, S. 370 [400]; BVerwGE 92, S. 56 [62]; Maunz/Dürig: Maunz, Art. 28 Abs.2, Rn. 50 (67. Lfg. November 2012); Sachs: Nierhaus, Art. 28, Rn. 46.

141 V. Mangoldt/Starck/Klein, Bd. 2: Tettinger, Art. 28, Rn. 207; Maunz/Dürig: Maunz, Art. 28 Abs. 2, Rn. 92 (67. Lfg. November 2012).

142 Vgl. BVerwG: Urteil vom 25.01.2006 - 8 C 13/05 = NVwZ 2006, S. 690 [692] hinsichtlich Fernwärme.

143 Vgl. v. Mangoldt/Starck/Klein, Bd. 2: Tettinger, Art. 28, Rn. 208ff.; Jarass/Pieroth: Pieroth, Art. 28, Rn. 13a.

Rechtsgelehrte, Gesetzgeber und Gerichte erfolgte Auslegung von Art. 28 Abs. 2 GG dazu geführt hat, dass die benannten Projekte grundsätzlich Aufgaben darstellen, die durch die Gemeinde als unterste Staatsebene zu erledigen sind und damit als Staatsaufgaben im vorbezeichneten Sinne einzustufen wären,[144] und zwar deshalb, weil die Aufgabenwahrnehmung der vorbezeichneten Angelegenheiten in einem öffentlichen Interesse i. S. d. Aufgabenerledigung liegt und die Verfassung, damit auch die Gemeinschaft generell, den Gemeinden diese Aufgaben zur Wahrnehmung überantwortet hat.[145] Diese Einordnung lässt dabei zunächst die Unterscheidung der verschiedenen Aufgabenwahrnehmungsarten der Gemeinde außer Acht, was in diesem Fall jedoch unerheblich ist.[146]

Für die hier interessierende Abgrenzung kommt es nur darauf an, ob eine Erledigung einer Aufgabe dem staatlichen oder nicht staatlichen Bereich zugeordnet werden kann. Aufgrund der erwähnten Zuordnung der Gemeinde in den Staatsapparat des Landes ist daher von einer Einordnung in den staatlichen Bereich auszugehen.[147] Daher muss geprüft werden, welche Aufgaben der Nutzerfinanzierungsprojekte tatsächlich in den Bereich der Gemeinden i. S. v. Art. 28 Abs. 2 GG fallen, um sie als Staatsaufgaben zu identifizieren.

(a) Verkehrsinfrastruktur, A- und F- Modelle

Unter den auf *Forsthoff* zurückgehenden Begriff der Daseinsvorsorge[148] werden Verkehrsdienstleistungen[149] oder auch Verkehrsinfrastruktur[150] subsumiert. Jedoch ist es im Bereich der Verkehrsinfrastruktur für überregionale Straßen, aber örtlichen Baumaßnahmen, wie z. B. einem Tunnel, fraglich, ob diese in diesem Zusammenhang noch in den Aufgabenbereich der örtlichen Gemeinschaft fallen. Dies muss für nutzerfinanzierte PPP-Projekte verneint werden, da diese unter den gängigen A- und F-Modellen nur „Bundes"-Straßen erfassen und daher nicht in den Aufgabenbereich der Gemeinden fallen, auch wenn tatsächlich nur örtliche Baumaßnahmen, z. B. ein Tunnel, durchgeführt werden.[151]

---

144 Dies auch insofern, als dass die sog. Staatsaufgaben einem zeitlichen Wandel unterliegen und damit der Auslegung zugänglich sind.

145 In diesen Zusammenhang passt die Aufgabenfindungs- und Wahrnehmungsrecht der Gemeinden, die auf diesem Wege Aufgaben der örtlichen Gemeinschaft freiwillig übernehmen können, Gern, S. 162.

146 Vgl. für die Aufgabendifferenzierung Gern, S. 161ff. und Schaubild auf S. 163.

147 Vgl. auch Epping/Hillgruber: Hellermann, Art. 28, Rn. 21ff.; Burgi, S. 67/68.

148 Forsthoff, Die Verwaltung als Leistungsträger, 1. Auflage 1938, zitiert nach Isensee/Kirchof, Bd. IV: Herzog, § 72, Rn. 70.

149 Vgl. v. Mangoldt/Starck/Klein, Bd. 2: Tettinger, Art. 28, Rn. 208.

150 Epping/Hillgruber: Hellermann, Art. 28, Rn. 41.3.

151 § 1 Abs. 1 FStrPrivFinG.

Auch die bisherigen, nach dem A-Modell vorgenommenen Projekte beziehen sich auf Ausbauten von Autobahnabschnitten, da die Refinanzierung über die LKW-Maut bisher nur auf Autobahnen möglich ist.[152] Bei diesen Bundesstraßen fehlt der Bezug zur örtlichen Gemeinschaft, da gerade Bundesstraßen und Bundesfernstraßen durch ihre Überregionalität geprägt sind. Durch die wesentliche Prägung der Überörtlichkeit einer Fernstraße kommt der örtliche Bezug, der in Art. 28 Abs. 2 GG gefordert wird, nicht zu Geltung. Daher handelt es sich bei den A- und F-Modellen nicht um Daseinsvorsorgeprojekte i. S. d. örtlichen Gemeinschaft.

(b) Abfallentsorgung

Bei der Abfallentsorgung handelt es sich regelmäßig um Pflichtaufgaben der Gemeinde, wie beispielsweise in den §§ 2, 3 NdsAbfG geregelt ist. Diese Aufgabe ist aufgrund der örtlichen Zersplitterung und Besonderheit durch ihren lokalen Bezug geprägt und fällt unter die Angelegenheiten der örtlichen Gemeinschaft.

(c) Wasserver- und -entsorgung

Die Ver- und Entsorgung von Wasser stellt unstreitig eine Aufgabe der örtlichen Gemeinschaft i. S. der Daseinsvorsorge dar.[153]

(d) Schwimmbäder

Für ein NPPP-Projekt kann auch der Bau und Betrieb eines Schwimmbades in Betracht kommen, indem der private Partner die Eintrittsgelder kassieren darf oder sie an ihn weitergeleitet werden. Der Betrieb von Schwimmbädern kann grundsätzlich als Angelegenheit der örtlichen Gemeinschaft gelten.[154] Dabei handelt es sich aber um eine freiwillige Aufgabe, zu deren Erledigung die Gemeinde nicht verpflichtet ist. Sie hat im Bereich der freiwilligen Aufgaben ein Aufgabenfindungsrecht und kann diese Aufgabe übernehmen, muss es aber nicht. Wenn daher die Übernahme der Aufgabe aus Art. 28 Abs. 2 GG freiwillig erfolgen kann, findet sich kein Hinweis darauf, dass es sich um eine Staatsaufgabe in dem Sinne handelt, dass sie durch den Staat, in diesem Fall die Gemein-

---

152 Vgl. http://www.vifg.de/de/projekte/a-modell/index.php; abgerufen am 12.07.2013, mit den aufgelisteten bisherigen und geplanten Projekten.

153 BVerwG, NVwZ 2005, S. 958 [958]; BVerfGE 45, S. 63 [78] = NJW 1977, S. 1960 [1962]; vgl. Gern, S. 164f.; Fischer/ Zwetkow, NVwZ 2003, S. 281 [282]; siehe auch § 50 Abs. 1 WHG.

154 Gern, S. 163.

de, wahrgenommen werden muss und es sich damit um eine Staatsaufgabe handeln würde.

(e) Ergebnis

Zunächst ist festzuhalten, dass sowohl freiwillige Aufgaben als auch Pflichtaufgaben solche Aufgaben sind, bei denen es sich um Angelegenheiten der örtlichen Gemeinschaft i. S. v. Art. 28 Abs. 2 GG handelt.[155] Abgesehen von der überörtlichen Verkehrsinfrastruktur handelt es sich bei den anderen Beispielen jeweils um örtlich, lokale Bereiche der Aufgabenwahrnehmung, die unter Art. 28 Abs. 2 GG als Angelegenheit der örtlichen Gemeinschaft zu subsumieren sind.

Dadurch kommt durch die Regelung im Grundgesetz und die dazu erfolgten Auslegungen zunächst zum Ausdruck, dass diese Bereiche zur Wahrnehmung der Gemeinde überantwortet wurden. Es kann also angenommen werden, dass es sich um Staatsaufgaben handelt, da sie dem Bereich der Gemeinde als staatliche Gliederung überantwortet wurde. Allerdings zeigt dies nicht, ob es sich um eine Verpflichtung handelt, die die Gemeinde wahrnehmen muss, oder aber um eine Aufgabe, die sie wahrnehmen kann.

Sofern sie die Aufgabe wahrnehmen kann, schwächt sich das Argument der Zuordnung zum staatlichen Bereich ab. Denn wenn die Gemeinde die Aufgabe nur übernehmen kann und ansonsten genauso gut ein Privater die Aufgabe übernehmen kann, bleibt von dem Zuordnungsargument des Grundgesetzes nicht mehr viel übrig. Es dürfte dann ein Fall einer öffentlichen Aufgabe vorliegen, die genauso gut von öffentlichen und privaten Stellen erbracht werden kann. Durch das Grundgesetz würde der Gemeinde nur ein Erstzugriffsrecht zugeordnet werden können.

Wenn aber die Gemeinde verpflichtet ist, die Aufgabe wahrzunehmen, kann davon ausgegangen werden, dass eine Zuordnung zum staatlichen Bereich durch das Grundgesetz oder in diese Regelung präzisierenden Gesetzen getroffen wurde. Dann ist von Staatsaufgaben im oben genannten Sinne auszugehen.

Festzuhalten bleibt, dass es sich bei den Bereichen Wasserver- und -entsorgung sowie der Abfallentsorgung um gemeindliche Pflichtaufgaben handelt, die der Gemeinde zur Erledigung aufgegeben werden, sodass aufgrund der Zugehörigkeit zu Angelegenheiten der örtlichen Gemeinschaft mit Art. 28 Abs. 2 GG ein Argument dafür herangezogen werden kann, dass es sich zunächst um Staatsaufgaben handelt. Hinsichtlich der überörtlichen Verkehrsinfrastruktur und bei Schwimmbädern gilt dies nicht; diese sind unter dem Gesichtspunkt von Art. 28 Abs. 2 GG nur als öffentliche Aufgaben anzusehen.

155 Burgi: KR, § 8, Rn. 15.

dd. Art. 30 GG

Art. 30 GG spricht in seinem Wortlaut direkt von „Staatsaufgaben", sodass aus dieser Regelung, der ergangen Rechtsprechung und Auslegung Erkenntnisse erwartet werden könnten.

„Die Ausübung der staatlichen Befugnisse und die Erfüllung der staatlichen Aufgaben" ist Sache der Länder, „soweit dieses Grundgesetz keine andere Regelung trifft oder zulässt"[156].

Aus dem Wortlaut ergibt sich aber nur, dass staatliche Aufgaben vorausgesetzt werden. Eine nähere Definition erfolgt nicht. Daher kommt auch Korioth zu dem Ergebnis, Art. 30 GG begründe selbst keine staatlichen Aufgaben und verteile keine einzelnen Sachkompetenzen auf Bund und Länder, sondern bedeute, dass die Kompetenz, Tätigkeitsbereiche zu neuen staatlichen Aufgaben zu erheben, auf die bundesstaatliche Ebene verteilt werde.[157] In die gleiche Richtung geht auch die Auslegung der Norm bei *März*, der Art. 30 GG für eine lückenlose Regelung des föderativen Geschäftsverteilungsplanes des Grundgesetzes hält.[158] Trotz allem können auch reine Zuständigkeitsbestimmungen materiell-rechtliche Wirkungen enthalten.[159].

Dies gilt jedoch für Art. 30 GG in Bezug auf Staatsaufgaben nur eingeschränkt. Denn Art. 30 GG allein regelt nur, wie der Wortlaut und auch die historische Auslegung ergibt,160 dass die Kompetenz- und Zuständigkeitsaufteilung des Staates in Bezug auf den Bund und die Länder formal fixiert wurde. Dafür spricht auch der ursprüngliche Entwurf des Art. 30 GG des Herrenchiemseer Konvents, wonach Art. 30 GG zunächst wie folgt lauten sollte und erst aufgrund eines Vorschlags des Allgemeinen Redaktionsausschusses vom 16.11.1948 seine heutige Fassung erhielt:

> „Soweit nicht dieses GG die Zuweisung an den Bund anordnet oder zulässt, sind die staatlichen Befugnisse und Aufgaben Sache der Länder und der in ihnen bestehenden Verwaltungen. Dies gilt insbesondere für die Gesetzgebung, die Verwaltung, die Rechtspflege, die Inanspruchnahme von Einnahmequellen und die Bestreitung öffentlicher Ausgaben."[161]

---

156 Art. 30 GG.

157 Maunz/Dürig: Korioth, Art. 30, Rn. 1 (46. Lfg. März 2006).

158 Mandoldt/Starck/Klein, Bd. 2: März, Art. 30, Rn. 1.

159 Bull, S. 152.

160 Vgl. Dr. Seebohm und Dr. Laforet, Erörterungen des Parlamentarischen Rates zu Art. 30 GG, wonach Art. 30 GG die grundlegende Gestaltung des Bundesstaates wiedergebe bzw. die Stellung des Bundes zu den Ländern und umgekehrt festlege, in JÖR 1, 1951, S. 296, 297-298.

161 Vgl. JÖR 1, 1951, S. 295, 296; Sachs: Erbguth, Art. 30, Rn. 1.

Auch daraus kann geschlussfolgert werden, dass es sich bei Art. 30 GG primär um einen Geschäftsverteilungsplan für die Erledigung staatlicher Aufgaben handelt, ohne diese selbst genauer festzulegen, dies vor allem auch dann, wenn man die systematische Stellung zu Art. 31 GG betrachtet, der ebenfalls keine materiell-rechtliche Regelung trifft.[162]

Dies ist insofern konsequent, als die Aufgaben des Staates gerade im Zeitalter zunehmender Privatisierungen teilweise ab- und aufgrund der Globalisierung in anderen Bereichen zunehmen. Daher kann Art. 30 GG nicht mehr als eine Zuständigkeitsregel sein, da Staatsaufgaben einem steten Wandel unterliegen und die Vorschrift selbst gar nicht den Versuch unternimmt, Staatsaufgaben zu definieren. Dies hat zur Folge, dass Art. 30 GG allenfalls bei der Begutachtung der in den Art. 70, 87ff. GG geregelten Materien, z. B. der Wasser- und Bundesstraßen, zu berücksichtigen ist.

ee. Art. 70 ff GG

Die Art. 70ff. GG beinhalten die Gesetzgebungskompetenzen, die beim Staat, also Bund und den Ländern, liegen. Es handelt sich dabei um Kompetenzzuweisungen über die dort normierten Inhalte. Daraus kann zunächst geschlossen werden, dass die Gesetzgebung als Aufgabe dem Staat und nicht dem Bürger übertragen wurde.

Wie *Bull* schreibt, ist die Kompetenzzuweisung nur ein Indiz dafür, dass es sich tatsächlich auch um eine Staatsaufgabe handeln könnte. Hinzukommen müsse eine entsprechende Analyse der Grundrechte,[163] sodass die Kompetenzzuweisungen materiell-rechtliche Bedeutung als Hinweis darauf haben können, dass die so zugewiesenen Inhalte durch den Staat wahrgenommen werden sollten. Ob dafür die Grundrechte zu überprüfen sind, darf bezweifelt werden. Richtig ist aber, dass von der Gesetzgebungskompetenz für eine Materie nicht auf den Aufgabencharakter der Materie selbst geschlossen werden kann. Denn durch die Gesetzgebungskompetenz wird nur ein Rahmen geschaffen, der durch die öffentliche Hand aber auch durch Private gefüllt werden kann. Daher müssen nicht nur die Gesetzgebungskompetenzen, sondern alle anderen Indizien aus dem Grundgesetz sowie weitere gesetzliche Bestimmungen einbezogen werden.

---

162 Vgl. BVerfG, NJW 1999, S. 1095 [1097]; vgl. Maunz/Dürig: Korioth, Art. 31, Rn. 1 (50. Lfg. Juni 2007); vgl. Dr. Hoch, Erörterungen des Parlamentarischen Rates, in JÖR 1, 1951, S. 299.

163 Bull, S. 155; vgl. Ossenbühl, in VVDStRL 29 (1971), S. 138 [154].

(a) Art. 74 Abs. 1 Nr. 22 GG (Straßen)

Nach dieser Vorschrift hat der Bund die Gesetzgebungskompetenz für den „Bau und die Unterhaltung von Landstraßen für den Fernverkehr sowie die Erhebung und Verteilung von Gebühren oder Entgelten für die Benutzung öffentlicher Straßen mit Fahrzeugen". Dies würde ein Indiz dafür darstellen, dass es sich um eine grundsätzlich dem Bund durch das Grundgesetz als Manifestation des Gemeinwillens übertragene Aufgabe handelt, also eine Staatsaufgabe wäre.[164]

Folgerichtig ist heutzutage anerkannt, dass die Vorhaltung eines ausreichenden Wegenetzes zur Daseinsvorsorge zählt[165] und, wie Pabst schreibt, zu den Lebensgrundlagen des modernen Staates zählt.[166] Darüber hinaus sprach die Handhabung in der Praxis des Straßenbaus in der BRD bis in die 1990er-Jahre[167] dafür, den Straßenbau als Staatsaufgabe zu begreifen, da die Aufgabe nur in staatlicher Regie wahrgenommen wurde. Diese Indizwirkung für die Annahme einer staatlichen Aufgabe könnte allerdings durch verschiedene Entwicklungen der letzten Jahre zweifelhaft geworden sein, da auf Grundlage von Art. 74 Nr. 22 GG das Autobahnmautgesetz und das Fernstraßenprivatfinanzierungsgesetz erlassen wurden.[168]

Das Ziel des Fernstraßenprivatfinanzierungsgesetzes ist, Straßenbauprojekte durch Private realisieren zu lassen. Dem Privaten werden die Errichtung, die Erhaltung, der Betrieb und die Finanzierung von Bundesfernstraßen zur Ausführung übertragen.[169] Die Verabschiedung dieses Gesetzes legt es in einem Umkehrschluss nahe, dass es der Bevölkerung nicht darauf ankommt, wer die Aufgabe letztendlich erledigt, obschon das Grundgesetz durch den vermittelten Willen der Bevölkerung diese Annahme nahe legen könnte. Die Indizwirkung aufgrund einer Kompetenzzuweisung wäre widerlegt.

Dafür spricht auch die Analyse des Urteils des Bundesverfassungsgerichts für den Bereich der Energieversorgung in der BRD.[170] Nach Art. 74 Abs. 1 Nr. 11 GG ist die Energiewirtschaft Gegenstand der konkurrierenden Gesetzgebung,

---

164 Vgl. Steiner bei der Beschreibung der traditionellen Erledigung dieser Aufgabe in der BRD, NJW 1994, S. 3150 [3150] und die Geschichte des Autobahnbaus, abzurufen unter http://www.innenministerium.bayern.de/bauen/strassenbau/baukultur/08090/; abgerufen am 26.11.2012; vgl. § 1 Abs. 1 Fernstraßenausbaugesetz, wo von einer hoheitlichen Aufgabe gesprochen wird.

165 So etwas Bull, S. 241; Isensee/ Kirchhof, Bd. IV: Herzog, § 72, Rn. 70f..

166 Pabst, S. 64.

167 Siehe beispielhaft den Einleitungssatz bei Steiner, NJW 1994, S. 3150 [3150] sowie FN 245.

168 Epping/Hillgruber: Seiler, Art. 74, Rn. 85.1.

169 Vgl. BT-Drs. 12/6884, S. 5.

170 BVerfGE 30, S. 292 = NJW 1971, S. 1255.

sodass auch diesbezüglich ein Kompetenztitel als Indiz besteht. Für den Bereich der Energieversorgung stellte das Gericht fest, dass es sich bei der Energieversorgung der BRD um eine „im engeren Sinn staatliche Aufgabe" handelt, da von der „Verantwortung des Staates für den ungestörten Ablauf des wirtschaftlichen Geschehens im ganzen" auszugehen ist.[171] Dafür ist auch eine Indienstnahme Privater möglich, während die Aufgabe selbst eine Staatsaufgabe ist. Daher kann die Kompetenzzuweisung durchaus eine Indizwirkung entfalten, wobei zusätzlich auf die Wichtigkeit der Aufgabe insgesamt abzustellen ist. Dennoch kann aber eine wichtige Staatsaufgabe auch durch Private erfüllt werden. Wenn also zur Erfüllung einer öffentlichen, staatlichen Aufgabe im engeren Sinne die zwangsweise Indienstnahme Privater legitim sein kann, muss dies auch dann gelten, wenn die Indienstnahme freiwillig im Rahmen einer NPPP erfolgt. Mit anderen Worten ausgedrückt, heißt dies, dass die Erfüllung einer staatlichen Aufgabe daher sowohl durch den Staat selbst als auch durch Private erfolgen kann, die der Staat entsprechend beauftragt.

Wie oben schon festgestellt, ist auch das Straßennetz gerade bei einem exportorientierten Land wie der BRD[172] wichtig für den wirtschaftlichen Erfolg, d. h. für die Basis des Zusammenlebens, ähnlich wie im Bereich der Energieversorgung. Daher handelt es sich bei der Bereitstellung der Straßeninfrastruktur um eine durch die Verfassung zum Ausdruck kommende wichtige Aufgabe des Gemeinwesens, mithin also um eine Staatsaufgabe. In Anlehnung an das zuvor zitierte Urteil des Bundesverfassungsgerichts wurde die Energieversorgung als staatliche Aufgabe begriffen, deren Erledigung aber unter Zuhilfenahme von Privaten erfolgen kann. Dies lässt den Schluss zu, dass die Erledigung von Staatsaufgaben wegen ihrer Wichtigkeit auch Privaten obliegen kann (so ja auch im Rahmen der Begründung und Ausführung des FStrPrivFinG).[173]

Wegen der verschiedenen Privatisierungsmöglichkeiten wird es nicht ausreichen, nur zwischen Staats- und öffentlichen Aufgaben zu unterscheiden. Es ist daher eine weitere Entscheidungskategorie einzuführen, die zwischen notwendigen und nicht notwendigen Staatsaufgaben differenziert. Denn wie *Pabst* schreibt, bedeutet die Annahme einer Staatsaufgabe nur, dass der Staat sie wahrnehmen dürfe. Ob er dies auch müsse, sagt darüber nichts aus[174] und findet seine Entsprechung auch in der oben durchgeführten Untersuchung im Rahmen

171 BVErfG, NJW 1971, S. 1255 [1255].

172 Exportweltmeister Deutschland 2003-2008, siehe dazu beispielhaft Artikel des Bundesamtes für Statistik, „Exportweltmeister Deutschland - Titel auf Zeit?", abzurufen unter https://www.destatis.de/DE/Publikationen/WirtschaftStatistik/Aussenhandel/ExportweltmeisterDeutschland.pdf?__blob=publicationFile, abgerufen am 12.07.2013.

173 Vgl. z.B. BT-Drs. 12/6884, S. 5.

174 Pabst, S. 66.

der gemeindlichen Aufgaben gem. Art. 28 Abs. 2 GG. In der Konsequenz bedeutet dies, dass nur solche Aufgaben notwendige Staatsaufgaben sein werden, die nur durch den Staat ausgeführt werden können oder sollen (z. B. innere und äußere Sicherheit).

Die Gesetzgebungskompetenz im Grundgesetz i. V. m. der Beurteilung der Wichtigkeit des Straßenbaus für die Bundesrepublik führt im Rahmen der Auslegung dazu, dass der Straßenbau als wichtige Staatsaufgabe anzusehen ist und dass die Gesetzgebungskompetenz diesbezüglich Ausdruck des Willens der Bevölkerung ist, die Aufgabe als Staatsaufgabe zu bewerten.

(b) Art. 74 Abs. 1 Nr. 24 GG (Abfallwirtschaft)

Unter einen solchen Kompetenztitel fällt auch die physische Abfallentsorgung aller beweglichen Sachen, derer sich der Besitzer entledigt hat oder entledigen will und die entsorgt werden müssen[175] sowie alle damit in Verbindung stehenden Tätigkeiten.[176] Nicht unter diesen Kompetenztitel fällt dagegen die Abwasserentsorgung. Diese ist vielmehr unter dem Kompetenztitel nach Art. 73 Abs. 3 Nr. 5 bzw. Art. 74 Abs. 1 Nr. 32 GG zu subsumieren.[177]

Zusammenfassend gilt auch hier das unter (a) Gesagte, welches durch einen Blick in das Kreislaufwirtschafts- und Abfallgesetz bestätigt wurde. Denn einerseits ist die Abfallentsorgung wichtig für den Erhalt der Umwelt, sodass aufgrund der Kompetenzzuweisung und der Wichtigkeit der Aufgabe auf eine Staatsaufgabe geschlossen werden kann. Andererseits konnte sich aber der Staat zur Erledigung der Aufgabe gem. § 16 KrW-/AbfG Dritter bedienen und die Pflicht gem. § 16 Abs. 2 KrW-/AbfG sogar auf Dritte übertragen. Dies wurde nun durch das neue Kreislaufwirtschaftsgesetz geändert, wonach nur noch die Erfüllung der Pflicht auf Dritte übertragen werden kann. Eine Übertragung der Pflicht selbst, wie dies § 16 Abs. 2 KrW-/AbfG vorsah, ist gem. § 22 S. 2 KrWG nicht mehr möglich,[178] was die Einordnung der der Aufgabe der Abfallentsorgung als Staatsaufgabe untermauert, da die Pflicht selbst nicht mehr zu übertragen ist und gem. §§ 20, 22 KrwG beim öffentlich-rechtlichen Entsorgungsträger verbleibt.

175 Epping/Hillgruber: Seiler, Art. 74, Rn. 88.

176 BT-Drs. 16/813, S. 13.

177 Vgl. v. Mandoldt/Starck/Klein, Bd. 2: Rozek, Art. 75, Rn. 56, noch zur alten Rahmengesetzgebung des Wasserhaushalts, aufgrunddessen das WHG erlassen wurde mit den Regelungskomplexen der Wasserver- und Entsorgung, §§50ff. WHG; vgl. Epping/Hillgruber: Seiler, Art. 74, Rn. 88.

178 BT-Drs. 17/6052, S. 107.

(c) Art. 74 Abs. 1 Nr. 32 GG, Art. 72 Abs. 3 Nr. 5 GG (Wasserhaushalt)

Die Regelung des Wasserhaushalts stellt zunächst eine Bundeskompetenz dar. Die Länder können in Fragen des Wasserhaushalts durch eigene Gesetze, sofern gewünscht, von einer Bundesregelung abweichen.

Unter den Kompetenztitel des Art. 74 Abs. 1 Nr. 32 GG fällt die gesamte Gesetzgebung in Zusammenhang mit dem Wasserhaushalt und umfasst u. a. auch die Ermächtigung zur Festsetzung von Abwassergebühren.[179] Außerdem wurde aufgrund dieses Kompetenztitels bzw. seiner „Vorgänger" das Wasserhaushaltsgesetz erlassen, sodass sowohl für die Wasserver- als auch -entsorgung das oben schon angesprochene Indiz der Kompetenzzuweisung für die Annahme einer Staatsaufgabe streitet.[180] Dies wird auch hier unterstützt durch die Berücksichtigung der Wichtigkeit der Aufgabe, wonach „Wasser" der Ursprung allen Lebens ist.

Allerdings gilt auch hier das zuvor Ausgeführte, da die konkrete Erfüllung der Wasserversorgung Privaten übertragen werden kann,[181] obwohl es sich um eine Aufgabe der Daseinsvorsorge im Sinne von Art. 28 Abs. 2 GG handelt,[182] sodass eine nicht notwendige Staatsaufgabe anzunehmen ist.

ff. Art. 90 GG (Bundesstraßen)

In Art. 90 GG wird festgeschrieben, dass der Bund Eigentümer der früheren Reichsstraßen ist und dass die Länder die Verwaltungskompetenz für Bundesfernstraßen innehaben. Dies kann als Hinweis für die Wichtigkeit der Aufgabe „Straßenbau" und damit die Qualifizierung als Staatsaufgabe zu werten sein, da die Verwaltung der Straßen Aufgabe des Staates und seiner Gliederungen, also entweder Bund oder Länder, ist.

3. Zusammenfassung

Welche Aufgaben der Staat erbringen soll, kann nur aus der manifestierten Willensbildung des Staatsvolkes ermittelt werden. Ausdruck des Willens des Staatsvolkes sind die demokratisch legitimierten, ergangenen Gesetze. An deren oberster Stelle steht das Grundgesetz als die zentrale Ordnungsmacht zur Regelung des Verhältnisses des Staates zu seinen Bürgern. Die ursprünglichen Auf-

179 v. Mandoldt/Starck/Klein, Bd. 2: Oeter, Art. 74, Rn. 192; Stettner in Dreier, Supplementum 2007, Art. 74, Rn. 144.

180 Vgl. Bull, S. 241.

181 BT-Drs. 16/12275, S. 66; Sieder/Zeitler/Dahme/Knopp: Gößl, § 50 WHG, Rn. 3 (42-Lfg., August 2011).

182 Sieder/Zeitler/Dahme/Knopp: Gößl, § 50 WHG, Rn. 3 (42- Lfg., August 2011).

gaben des Staates lagen darin, für innere und äußere Sicherheit zu sorgen sowie die Herstellung der Sozialstaatlichkeit, verstanden als Sicherstellung des Lebensnotwendigen.

Die bisher untersuchten, bekannten und typischen Bereiche der Nutzerfinanzierung befassen sich mit Bereichen, die direkt oder indirekt Eingang in das Grundgesetz gefunden haben und jeweils staatlichen Bereichen zuzuordnen sind. Sofern man die grundgesetzlichen Kompetenzzuweisungen auf der einen Seite, und auf der anderen Seite die Wichtigkeit der NPPP-Projekte im Bereich der Infrastruktur- und Daseinsvorsorge berücksichtigt, ist der Schluss gerechtfertigt, diese Aufgaben als Staatsaufgaben einzuordnen.

Die Erledigung dieser Aufgaben ist für die heutige Bevölkerung in diesem Umfang lebensnotwendig und wichtig, sodass das Gemeinwesen über die Aufgabe wachen, aber nicht zwangsläufig selbst eine Erledigung vornehmen muss, wie der Vergleich der Energieversorgung zeigte. Einzig die Bereiche von Schwimmbädern, Hallen oder Hochbauten, die der mittelbaren Erfüllung einer Staatsaufgabe durch eine PPP[183] dienen, sind davon auszunehmen.

II. Notwendige und fakultative Staatsaufgaben

Die Analyse zeigte, dass eine weitere Abstufung innerhalb der Staatsaufgaben nötig ist, da das Vorliegen einer Staatsaufgabe nichts über die Erfüllung derselben aussagt, wie ein Blick in die legislative[184] und tatsächliche Praxis zeigte. Im Rahmen der Privatisierungswelle stellte sich heraus, dass viele dieser Aufgaben durch Private wahrgenommen werden,[185] sodass einerseits eine Staatsaufgabe nach der zuvor erfolgten Analyse vorliegt, andererseits aber die Erfüllung Privaten obliegt. Beispielhaft seien die Warnow-Querung und der Herrentunnel genannt, welche wichtige Straßeninfrastrukturprojekte darstellen, aber von Privaten hergestellt und betrieben werden. Ähnliches gilt im Bereich der Abfallentsorgung, z.B. in Hamburg, welche durch die Stadtreinigung Hamburg GmbH wahrgenommen wird.[186]

Daher muss es eine weitere Differenzierung innerhalb der Staatsaufgaben geben, nämlich dahingehend, ob es sich um notwendige oder nicht notwendige,

183 Wenn beispielsweise ein Gebäude hergestellt wird, aus welchem heraus die öffentliche Hand ihre Aufgaben erfüllt; beispielsweise die Erstellung eines Gebäudes für die Agentur für Arbeit.

184 Z. B. § 7 Abs. 2 BHO.

185 Stober, NJW 2008, S. 2301 [2302].

186 Wenn auch mit der Stadt Hamburg als 100%tigem Eigentümer als sog. formelle Privatisierung.

also fakultative Staatsaufgaben[187] handelt mit der Konsequenz, dass fakultative Staatsaufgaben dem Bereich des Staates zuzuordnen sind, der Staat sich aber für ihre Erfüllung Privater bedienen darf,[188] Nur notwendige Staataufgaben müssen als solche Aufgaben bezeichnet werden, die durch den Staat selbst erfüllt werden müssten. Sofern daher eine notwendige Staatsaufgabe vorliegen würde, wäre deren Erfüllung im Rahmen einer NPPP nicht möglich und der Anwendungsbereich einer NPPP könnte auf solche Bereiche nicht erweitert werden.

Allerdings ist *Ossenbühl* darin zuzustimmen, dass das Grundgesetz eine solche Differenzierung der Staatsaufgaben nicht kennt und es sich vielmehr um Kategorien der allgemeinen Staatslehre handelt.[189] Trotzdem wird vorgeschlagen, wie folgt zu differenzieren: eine notwendige oder ausschließliche Staatsaugabe soll vorliegen, wenn sie ohne Erledigung des Staates unerledigt bliebe.[190] Diese Definition ist dabei jedoch eindimensional, denn sie stellt nur darauf ab, dass es eine wichtige Aufgabe geben kann, die aber niemand erledigen möchte, z. B. weil sie nicht lukrativ ist. Dennoch besteht ein hohes Interesse der Gemeinschaft an der Erledigung, sodass sie dann notwendigerweise durch den Staat wahrgenommen wird und auch werden muss.

Daneben kann und muss es auch andere Aufgaben geben, die der Staat wahrnehmen muss, unabhängig davon, ob sie sonst unerledigt blieben. Denn sofern es als notwendig angesehen wird, dass der Staat eine entsprechende Aufgabe wahrnimmt, die aufgrund der Analyse des Grundgesetzes ihm zuzubilligen ist, kann die Erfüllung ob ihrer Wichtigkeit nicht durch Private erfolgen. Als Beispiel sei dafür, wie zuvor schon, die äußere und, mit Abstrichen, die innere Sicherheit genannt, die aufgrund des Gewaltmonopols, unabhängig davon, ob auch Dritte die Aufgabe wahrnehmen könnten und wollten,[191] beim Staat verbleiben sollte. Daher sind notwendige Staatsaufgaben diejenigen, deren Gemeinwohlziel nur durch den Staat erreicht werden kann, da sie sonst kein anderer ausfüllen kann oder aufgrund ihrer Wichtigkeit oder Gefährlichkeit nicht soll, weil es sonst dem Gemeinwohl zuwiderlaufen würde.

Die hier untersuchten Praxisbeispiele der NPPP zeigen, dass die Erfüllung einer als Staatsaufgabe einzustufenden Aufgabe sehr wohl durch Private erfüllt werden kann, wie dies auch in der Entscheidung des Bundesverfassungsgerichts

---

187 So z.B. Pabst, S. 62f.; vgl. Bauer, in VVDStRL 54 (1995), S. 243 [255]; Gramm, S. 32, m.w.N..

188 Vgl. Stober, Sicherheitsgewerberecht: Ziercke, S. 79 in Bezug auf Polizeiaufgaben.

189 Ossenbühl, in FS für Lukes, S. 525 [542]; siehe auch Weiss, der eine solche Unterscheidung insgesamt ablehnt, Weiss, S. 417/ 420.

190 Pabst, S. 66; ähnlich Gramm, S. 336.

191 Siehe dazu die privaten Sicherheitsfirmen in anderen Ländern, die Polizei- und Militäraufgaben übernehmen.

zur Energieversorgung zum Ausdruck kam. Das Straßennetz, die Wasserver- und -entsorgung sowie die Sicherstellung von ausreichender Energie sind für ein Staatswesen, seine Bürger und auch seine Wirtschaft sehr wichtig. Das gilt besonders für die Bundesrepublik Deutschland als Transitland. Dabei besteht keine Notwendigkeit, dass der Staat auch der Betreiber dieser Einrichtungen ist. Der Staat muss das Vorhandensein der Infrastruktur sicherstellen und überwachen. Sollte jedoch die Funktion der Einrichtungen durch Private nicht sichergestellt werden können, muss der Staat diese Aufgaben wieder selbst übernehmen (siehe dazu etwa die Privatisierung der englischen Bahnunternehmen in den 1980er-Jahren und die nun erfolgende Rückverstaatlichung)[192].

Daher handelt es sich zwar um Wertentscheidungen des Grundgesetzes hinsichtlich der Beurteilung der Aufgabe, da sie im Bereich einer NPPP überwiegend von einer öffentlichen Aufgabe zu einer Staatsaufgabe „aufsteigen". Dabei ist keine der Aufgaben wiederum so wichtig oder gefährlich, dass sie nur der Staat erledigen sollte. Auch für den Bereich der Abwasserentsorgung ergibt sich nichts anderes.

Der Bereich der Trinkwasserversorgung dagegen stellt für einen Staat und seine Bürger eine Grundvoraussetzung für das Zusammenleben dar. Aber auch hier gilt, dass mancher Landesgesetzgeber durch Regelungen in den jeweiligen Landesgesetzen eine Übertragung auf Private ermöglicht hat,[193] sodass hier von einer fakultativen Staatsaufgabe auszugehen ist, und zwar aufgrund der „Beliebigkeit" der landesgesetzlichen Regelung.

Dagegen dürfte in anderen Bereichen, etwa der Sicherheit, des Militärs oder der Rechtspflege,[194] eine reine Gewährleistungsfunktion nicht ausreichen und diese jeweils unabdingbare Staatsaufgaben darstellen.[195] So scheint es nur schwer vorstellbar, dass private Sicherheitsdienste Polizeiaufgaben und die damit verbundene notwendige Gewaltausübung vornehmen und dabei nur von ei-

---

192 Vgl. Erfahrung bei der Privatisierung der englischen Bahn und der Netze, „Zurück zum Staat", nachzulesen unter http://www.dradio.de/dlf/sendungen/europaheute/649419/, abgerufen am 12.07.2013; vgl. Soldner, S. 292, 298.

193 § 47a LWG NRW; § 146 a LWG LSA; allerdings keine entsprechende Übertragungsmöglichkeit in Schleswig-Holstein, Bremen, Niedersachsen und Hamburg, sodass dort von einer notwendigen Staatsaufgabe ausgegangen werden könnte, wobei eher davon auszugehen ist, dass dann die Regelung von § 50 WHG greift mit der dazugehörigen Gesetzesbegründung, BT-Drs. 16/12275, S. 66.

194 Vgl. dazu Ausnahmen in Bezug auf das private Sicherheitsgewerbe, § 139 GewO und Beschlüsse der Innenministerkonferenz vom 15. 3. 2000 und vom 5. 5. 2000, kurz zusammengefasst unter Stober, NJW 2008, S. 2301 [2303].

195 Siehe Bull, S. 101.

ner Aufsichtsbehörde überwacht würden.[196] Gleiches gilt erst Recht im Bereich des Militärs.

Daher bleibt festzustellen, dass die Bereiche der Nutzerfinanzierungsmodelle wichtige Staatsaufgaben darstellen können. Jedoch zeigt der Blick in die Praxis, dass es sich dabei heutzutage nicht mehr um notwendige Staatsaufgaben handelt. Denn gerade im Bereich der Infrastruktur war es für die Bundesrepublik nach dem Zweiten Weltkrieg essentiell, die zerstörte Infrastruktur schnellstmöglich wieder aufzubauen. Dies zu schaffen, stellte eine notwendige Staatsaufgabe dar, allein schon deshalb, weil niemand anderes in der Lage war, Vergleichbares zu leisten. Dies hat sich in den vergangenen 60 Jahren gewandelt, sodass Nutzerfinanzierungsprojekte allenfalls fakultative Staatsaufgaben betreffen, was durch einen Blick in die Praxis, wie oben geschehen, bestätigt wird.

C. Die Privatisierungsdebatte im Rahmen von PPP

Nachdem dargelegt wurde, um welche Art von Aufgaben es sich typischerweise bei einer NPPP handelt und dies durch die ausgewählten Beispiele konkretisiert wurde, gilt es zu überprüfen, um welche Art der Privatisierung es sich bei einer NPPP handeln könnte. Denn Charakteristikum einer NPPP ist, dass eine öffentliche (Staats-)Aufgabe durch Private vorgenommen wird. Privatisierung wird vereinfacht als die Übertragung von Betätigungen des Staates auf Private bezeichnet.[197] Daher muss eine Einordnung in die Privatisierungsformen vorgenommen werden, da auch um Rahmen einer NPPP eine solche Übertragung im Rahmen der Aufgabenerfüllung stattzufinden scheint, sodass eine NPPP eine Spielart klassischer Privatisierungsarten sein könnte.

I. Privatisierung

Je nach Art der Übertragung haben sich die folgenden Begrifflichkeiten in Anbetracht der Rechtswirklichkeit gebildet, sodass ein Nutzerfinanzierungsmodell idealerweise in eine der klassischen Privatisierungskategorien eingeordnet werden kann, um dadurch auf ein weiteres Definitionsmerkmal des „Phänomens“ zu stoßen.

---

196 Allerdings werden im Bereich des Sicherheitsgewerbes zunehmend Aufgaben ohne hoheitliche Tätigkeit und ohne Befugnis zur Gewaltanwendung auf private Unternehmen oder z.B. Bürgerinitiativen „ausgelagert“.

197 Bauer, in VVDStRL (54), 1995, S. 243 [250]; Weiss, S. 28; Mehde, VerwArch 91 (2000), S. 540 [543].

1. Vermögensprivatisierung und formelle Privatisierung

Bei der Vermögensprivatisierung handelt es sich schlicht um die Trennung bzw. Verkauf von Vermögenswerten der öffentlich-rechtlichen Verwaltungsträger an Private.[198] Bei einer PPP und einem PPP-Nutzerfinanzierungsmodell wird dem Privaten die Erledigung einer Aufgabe übertragen. Ein Verkauf oder die Trennung von Vermögenswerten, z. B. Grundstücken, findet dauerhaft von dem öffentlichen auf den privaten Partner regelmäßig nicht statt, sodass eine NPPP keine Vermögensprivatisierung darstellt. Eine weitere Privatisierungsart ist die sog. Organisations- oder formelle Privatisierung, bei der sich die öffentliche Hand nur der Organisationsform des Privatrechts bedient.[199] Die Form der Tätigkeit der Aufgabe verändert sich, die Verantwortung für die Aufgabe und deren Erfüllung verbleibt aber bei dem Verwaltungsträger.[200]

Trotz Privatisierung wird ein Privater, d.h. eine vorher außerhalb der öffentlichen Verwaltung stehende natürliche oder juristische Person,[201] nicht mit der Wahrnehmung der Aufgabe betraut. Bei Betrachtung dieser Definition kommt man schnell zu dem Ergebnis, dass die oben entwickelte Definition eines Nutzerfinanzierungsmodells nicht mit einer formellen Privatisierung in Einklang gebracht werden kann.

Das Nutzerfinanzierungsmodell legt es gerade darauf an, Private, die außerhalb der Verwaltung stehen, in die Aufgabenerfüllung der öffentlichen Hand mit einzubeziehen, um so deren Know-How einzubinden und Synergieeffekte zu erzielen. Dies ist bei dieser Art der Privatisierung nicht der Fall, wo nur ein Rechtsformwechsel stattfindet und die Aufgabe nicht durch „echte" Private erfüllt wird.

2. Aufgaben- oder materielle Privatisierung

Bei einer materiellen Privatisierung wird eine Aufgabe auf den privaten Träger übertragen, der auch die volle Verantwortung für die Aufgabenerledigung übernimmt.[202] Im Idealfall zieht sich der Staat aus einer vormals selbst wahrgenom-

198 Wolff/Bachof/Stober: Stober, Bd. 3, § 90, Rn. 12; vgl. Bauer, VVDStRL 54 (1995), VVDSTRL (54) S. 243 [251f.]; vgl. Isensee/Kirchhof, Bd. IV: Burgi, § 75, Rn. 1.

199 Wolff/Bachof/Stober: Stober, Bd. 3, § 90, Rn. 11; Isensee/Kirchhof, Bd. IV: Burgi, § 75, Rn. 8.

200 Weiss, S. 30; Chou, S. 103.

201 Vgl. Weiss, S. 30/31.

202 Gramm, S. 108; vgl. Wolff/Bachof/Stober: Stober, Bd. 3, vor § 90, Rn. 13; vgl. Weiss, S. 29.

menen Aufgabe zurück, ohne einen Rest an Verantwortung für die Sachaufgabe zu behalten.[203] Nur dem Privaten obliegt dann die Entscheidung, ob, auf welche Weise, in welchem Umfang und zu welchem Preis die vormals staatliche Aufgabe wahrgenommen werden soll.[204] Anders kann es dann sein, wenn es sich vorher um eine Staatsaufgabe bzw. um eine Pflichtaufgabe der öffentlichen Verwaltung gehandelt hat, sodass aufgrund der Wichtigkeit auf Vollzugsebene Überwachungsinstitutionen geschaffen und mit Regulierungsaufgaben betraut werden, wie z. B. im Falle der Bundesnetzagentur bei der Privatisierung von Telekommunikation und Strom.[205]

a. Aufgabenprivatisierung und Nutzerfinanzierungsmodelle

Die „klassischen" und einzig gesetzlich geregelten PPP-Nutzerfinanzierungsmodelle sind die des A- und F-Modells zur Verbesserung der Straßeninfrastruktur. Als weiteres typisches Nutzerfinanzierungsmodell gilt das sog. Konzessionsmodell,[206] wobei gewisse Überschneidungen mit den A- und F-Modellen vorliegen.

Die oben angeführten Definitionen und Beispiele aus den Bereichen PPP und NPPP zeigen aber, dass zwischen öffentlicher Hand und privatem Partner ein langfristiger Vertrag geschlossen wird und der Private die Aufgabe in dieser Zeit erfüllt. Ein Zurückziehen und eine komplette Ausgliederung und Übertragung der Aufgabe auf den Privaten findet nicht statt; vor allem besteht die Möglichkeit, dass nach Abschluss des Vertrages der öffentliche Partner die Aufgabe wieder selbst erfüllt. Der (N)PPP-Vertrag ist ein befristeter Vertrag.

Allerdings kann der NPPP-Vertrag auch als „Überwachungsinstitution" im oben genannten Sinne ausgestaltet werden, wonach die Aufgabe (zeitlich befristet) komplett auf den Privaten übergeht und die öffentliche Hand in dieser Zeit eine Überwachungsfunktion einnimmt, sodass doch von einer (zeitlich befristeten) Aufgabenprivatisierung gesprochen werden könnte.

---

203 Maunz/Dürig, Art. 86, Rn. 110 (52. Lfg. Mai 2008); Gramm, S. 108.

204 Gramm, S. 108; Burgi, S. 208, 212.

205 Vgl. Isensee/ Kirchhof, Bd. IV: Burgi, § 75, Rn. 9; vgl. Stelkens/Bonk/Sachs: Schmitz, § 1, Rn. 130.

206 Gutachten „PPP im öffentlichen Hochbau", Band 2, Teilband 1, Stand: August 2003, S. 11, abgerufen unter http://www.bmvbs.de/cae/servlet/contentblob/31810/publicationFile/629/gutachten-ppp-im-oeffentlichen-hochbau-band-2-teilband-1.pdf, abgerufen am 12.07.2013.

b. Zwischenergebnis

Eine Einordnung in die bekannten Privatisierungskategorien kann aber nur erfolgen, wenn man weiß, unter welche Privatisierungsfallgruppen eine NPPP fallen könnte. In diesem Fall muss die Abgrenzung zwischen einer funktionalen und materiellen Privatisierung erfolgen, da im Rahmen einer PPP eine formelle oder Vermögensprivatisierung nicht einschlägig ist.[207]

3. Vollzugs- oder funktionale Privatisierung

Bei dieser Art der Privatisierung werden dem Privaten die zur öffentlichrechtlichen Aufgabenerfüllung notwendigen Realhandlungen übertragen, ohne dass die Aufgabenträgerschaft und die Leistungsverantwortung wechseln.[208] Diese verbleibt beim Staat, nur der Vollzug und die Erfüllung wird dem Privaten überlassen.[209] Typischerweise werden unter diese Art der Privatisierung Public-Private-Partnership-Modelle subsumiert[210], sodass es nahe liegt, auch nutzerfinanzierte PPP-Modelle der Gruppe der funktionellen Privatisierungen zuzuordnen. Mitunter wird die funktionale Privatisierung auch als Unterart der Aufgabenprivatisierung verstanden[211] oder als Variante der formellen Privatisierung.[212]

Jedenfalls scheint aufgrund der vielen verschiedenen Varianten und Nuancen von PPP-Modellen eine sichere Zu- und Einordnung schwierig,[213] sodass eher auf den Einzelfall und die konkrete Vertragsgestaltung abzustellen wäre. Daraus ergibt sich das Problem der Einordnung der Nutzerfinanzierungsmodelle.

Wenn schon eine klare Zuordnung von PPP-Modellen nicht unumstritten ist, kann dies auch die Einordnung von Nutzerfinanzierungsmodellen als einen Spezialfall der PPP-Modelle schwierig bzw. einzelfallabhängig machen. Auch *Emmerich-Fritsche* und *Fenzel/Biesecke* gehen z. B. jeweils davon aus, dass je nach Ausgestaltung des Nutzerverhältnisses und des Entgelterhebungsrechts ein Nut-

207 Anders wohl Nickel/Kopf, ZfBR 2004, S, 9 [10], die davon ausgehen, dass eine PPP eine Variationsbreite von der formalen bis zur materiellen Privatisierung habe.

208 Wolff/Bachof/Stober: Stober, Bd. 3, vor § 90, Rn. 16; vgl. Isensee/ Kirchhof, Bd. IV: Burgi, § 75, Rn. 7; Stelkens/Bonk/Sachs: Schmitz, § 1, Rn. 135.

209 Weiss, S. 36; Stelkens/Bonk/Sachs: Schmitz, § 1, Rn. 135; Gutachten Konzessionsvertrag, S. 16.

210 Vgl. etwa Wolff/Bachof/Stober: Stober, Bd. 3, vor § 90, Rn. 16; Burgi, Die Verwaltung 33 (2000), S. 183 [185]; Mehde, VerwArch 91 (2000) 540 [543].

211 Vgl. Bauer, VVDStRL 54 (1995), S. 243 [252].

212 Weiss, S. 38 m.w.N..

213 Ähnlich Gramm, S. 108/109; Nickel/Kopf, ZfBR 2004, S. 9 [10].

zerfinanzierungsmodell entweder als funktionelle oder materielle Privatisierung eingestuft werden könnte.[214]

II. Betrachtung der Aufgaben

Aufgrund der Schwierigkeit der Einordnung des Nutzerfinanzierungsmodells in die gängige Privatisierungsdiskussion werden die oben benannten typischen Nutzerfinanzierungsmodelle betrachtet, um anhand der Praxis Rückschlüsse für die Privatisierung ziehen zu können. Dazu wurde oben schon festgestellt, dass es sich jeweils nicht um notwendige Staatsaufgaben handelt, sodass aus diesem Grund eine materielle Privatisierung nicht ausscheidet.

Betrachtet man daher die Wichtigkeit der wahrzunehmenden Aufgabe im Rahmen einer NPPP, ist festzustellen, dass es solche Aufgabenfelder sind, die für das Zusammenleben der Menschen besonders wichtig sind und regelmäßig eine komplette Ausgliederung auf einen Privaten nicht gewünscht oder möglich ist. Gleichzeitig ist die Zusammenarbeit bei einer NPPP nicht auf fakultative Staatsaufgaben beschränkt. Denn die obigen Beispiele zeigen auch, dass die Anwendung einer NPPP selbst dann erfolgen kann, wenn „nur" eine öffentliche Aufgabe vorliegt.

Eine Ausnahme gebietet einzig die Wasserversorgung. Ein Vergleich der Rechtslage vor und nach Änderung des Wasserhaushaltsgesetzes, bezogen auf den alten § 18 a Abs. 2a WHG a. F., ergibt, dass dort eine Pflichtenübertragung auf Private unter den dort genannten weiteren Voraussetzungen möglich war. Diese Regelung wurde nun abgeschafft, jedoch mit dem Willen, die Bestimmung der Voraussetzungen für die Pflichtenübertragung auf den Landesgesetzgeber zu übertragen.[215] Für die Wasserversorgung wird nur positiv festgelegt, dass es sich gem. § 50 WHG um eine wichtige öffentliche Aufgabe und eine Aufgabe der Daseinsvorsorge handelt, was aber die Erfüllung durch Private nicht ausschließen soll.[216]

Aufgrund des Vergleichs der alten und der neuen Fassung des WHG sowie aufgrund des Vergleichs der Regelung zur Abwasserentsorgung[217] muss angenommen werden, dass es (noch) nicht im Sinne des Gesetzgebers war, eine materielle Privatisierung zuzulassen. Andernfalls hätte man im Gesetz den gleichen Wortlaut wie bei der Abwasserentsorgung verwenden können. Darüber hinaus

214 Emmerich-Fritsche, BayVBL. 2007, S. 1 [7]; Fenzel/ Biesecke, LKV 2007, S. 296 [298]; auch Nickel/Kopf, ZfBR 2004, S, 9 [10].

215 BT-Drs. 16/12275, S. 68.

216 BT-Drs. 16/12275, S. 66.

217 Zacharias, DÖV 2001, S. 454 [458] zu § 18a Abs. 2a WHG a.F..

wird in der Gesetzesbegründung auch nur von der Erfüllung der Aufgabe der Wasserversorgung gesprochen, nicht aber von der Übertragung der Pflicht wie in § 18 a Abs. 2a WHG a.F. oder der Begründung zu § 50 und §56 WHG.[218]

Im Bereich der Wasserversorgung ist daher nur von einer funktionalen Privatisierung auszugehen, da die gesetzlichen Grundlagen für eine komplette Ausgliederung aus dem staatlichen Bereich nicht geschaffen wurden. Bei allen anderen Aufgabenbereichen wurde jedoch festgestellt, dass es sich um fakultative Staatsaufgaben (mit Ausnahme des Hochbaus zur mittelbaren Aufgabenerfüllung und der Schwimmbäder) handelt und eine vollständige Ausgliederung, die über die Erfüllung der Aufgabe durch Private hinausgeht, aufgrund der Regelungen des Gesetzgebers bisher nicht möglich ist. Sowohl im Verkehrsinfrastrukturbereich als auch im Bereich der Wasserver- und -entsorgung ist eine vollständige, endgültige Ausgliederung daher nicht möglich.[219]

Im Bereich der Abfallwirtschaft sah es wiederum anders aus, da dort nach § 16 KrW-/AbfG eine komplette Pflichtenübertragung möglich war, sodass eine Ausgliederung aus dem staatlichen Bereich erfolgen konnte.[220] Dies wurde nun durch das neue Kreislaufwirtschaftsgesetz, und dort § 22 KrWG, geändert, sodass eine Pflichtenübertragung auf Dritte nicht mehr möglich ist.[221] Zwar kam es auch vorher aufgrund des abzuschließenden NPPP-Vertrages im Bereich der Abfallentsorgung nicht zu einer vollständigen, endgültigen Ausgliederung im Sinne einer Pflichtenübertragung. Denn durch den NPPP-Vertrag behält und behielt die öffentliche Hand regelmäßig Kontroll- und Einflussrechte, was einer Ausgliederung aus dem staatlichen Bereich im Sinne einer materiellen Privatisierung widerspricht. Daher erfolgte auch in diesem Bereich keine Übertragung i. S. v. § 16 Abs. 2 KrW-/AbfG, sondern eine Erfüllung auf Zeit durch eine NPPP im Rahmen des abzuschließenden Vertrages, was nun, mangels Möglichkeit, umso mehr gilt, da eine Erfüllungsübertragung auf Dritte gem. § 22 S. 1 KrWG möglich bleibt. Die Bereiche einer NPPP umfassen keine notwendigen Staatsaufgaben, da dann eine Erfüllung durch Private nicht möglich wäre. Allerdings sind Aufgabenfelder relevant, die sowohl notwendige, fakultative als auch „nur" öffentliche Aufgaben betreffen, sofern man die Kategorisierung im Hinblick auf die Übertragungsmöglichkeiten auf Private betrachtet.

218 BT-Drs. 16/12275, S. 66, 68.

219 Art. 90 GG, §§ 50, 56 WHG.

220 Vgl. Landmann/Rohmer: Beckmann/Kersting, § 16 KrW-/AbfG, Rn. 50, 74ff. (Altauflage, 32. Ergänzungslieferung Oktober 1999); Wiesemann, NVwZ 2005, S. 391 [392].

221 BT-Drs. 17/6052, S. 107.

III. Betrachtung der NPPP

Auch die sonstigen Charakteristika einer NPPP sind zu betrachten. Typisch für eine NPPP ist, dass die Erfüllung einer Aufgabe während der langfristigen Vertragslaufzeit auf einen Privaten übertragen wird. In diesem Vertrag sichert sich der öffentliche Partner aufgrund der zu erledigenden öffentlichen oder fakultativen Staatsaufgabe Kontroll-, Informations- und Einflussrechte. Wenn der Vertrag ausläuft, fällt die Erfüllung wieder zurück auf die öffentliche Hand. Daher liegt eine komplette Ausgliederung aus dem Bereich der öffentlichen Hand nicht vor.

Nutzerfinanzierte PPP sind offen für viele Teil- und Anwendungsbereiche, wie die erwähnten Beispiele zeigen. Aufgrund der befristeten Zusammenarbeit und weil ein privater Partner als verwaltungsexterner Dritter agiert, kann eine Organisationsprivatisierung ausgeschlossen werden.

Da eine NPPP regelmäßig eine längerfristige vertragliche Zusammenarbeit bedeutet, scheidet eine Aufgabenprivatisierung bei Erledigung der Aufgabe durch eine „NPPP" aus, auch wenn eine solche, wie z. B. im Bereich der kommunalen Schwimmbäder. möglich wäre. Nur wenn eine zeitlich befristete Aufgabenprivatisierung mit einer staatlichen Gewährleistungsfunktion angenommen werden würde, käme auch eine Aufgabenprivatisierung in Betracht.

Allerdings findet auch dann keine Ausgliederung aus dem staatlichen Bereich statt aufgrund des kooperativen Vertragsansatzes und der gegenseitigen Rechte und Pflichten. Sofern es zu dem Abschluss eines NPPP-Vertrages kommt, liegt daher nur eine funktionale Privatisierung vor, da eine endgültige, dauerhafte Ausgliederung aufgrund der charakteristischen, vertraglichen Kooperation auf Zeit nicht erfolgt.

D. Zusammenfassung

Eine Definition von typischen Nutzerfinanzierungsmodellen im Rahmen einer PPP ist daher unter Berücksichtigung des unter Kapitel 1, A-C festgestellten Teils wie folgt zu ergänzen:

Aufbauend auf der Definition einer PPP, erfolgt eine Zusammenarbeit eines privaten Partners mit der öffentlichen Hand zur gemeinsamen Realisierung eines Projektes aufgrund der besseren Effektivität, Kostensenkung und Hebung von Synergiepotentialen im Querschnittsbereich zwischen Markt und Staat.[222] Dieser Querschnittsbereich bezeichnet regelmäßig öffentliche Aufgaben, die in diesen

222 S.o. Kapitel 1, A, II und III, 4.

Fällen konkret dem Bereich der Staatsaufgaben und, in weiterer Unterteilung, den fakultativen Staatsaufgaben zugeordnet werden können, deren Erfüllung im Rahmen der vertraglichen Vereinbarung auf Zeit der Private übernimmt.

Charakteristisch für ein nutzerfinanziertes PPP-Projekt ist, dass die Refinanzierung direkt oder indirekt durch den Nutzer erfolgt und von seinem individuellen Verhalten, also der Inanspruchnahme der Leistung, abhängt. Das Risiko der Nutzerauslastung geht regelmäßig zulasten des privaten Partners, obwohl dieser nicht immer hinreichenden Einfluss auf die Preisgestaltung für die Nutzung der angebotenen Leistung hat. Die Anwendungsbereiche für ein Nutzerfinanzierungsmodell sind ähnlich offen wie bei einer PPP, sodass neben dem Bau-Infrastrukturbereich z. B. auch Dienstleistungen, wie die Wasserver- und -entsorgung oder der Betrieb von Schwimmbädern, erfasst sind.

Festzuhalten bleibt daher, dass eine NPPP offen ist für nutzerfinanzierte Aufgaben im Schnittstellenbereich zwischen öffentlicher Hand und Privaten, wenn eine ursprünglich durch den Staat zu erfüllende fakultative Staatsaufgabe durch Private wahrgenommen werden soll. Vorläufig, wenn die Aufgabe und deren Erfüllung betrachtet werden, liegt eine funktionale Privatisierung vor.

E. Einordnung in die Handlungsweisen der Verwaltung

Der Abschluss eines NPPP-Vertrages und die damit geregelte Erfüllung einer fakultativen Staatsaufgabe stellen sich für die öffentliche Hand nicht als eine Form der klassischen Aufgabenerledigung und Handlungsweisen dar. Diese wären der Erlass eines Verwaltungsaktes, der durch ein Über- und Unterordnungsverhältnis geprägt ist oder der Erlass von Rechtsverordnungen, schlichtes Handeln oder verwaltungsprivatrechtliches Handeln. Allen Handlungsformen eigen ist, dass die öffentliche Hand direkt gegenüber Dritten agiert und Handlungsperson bleibt.

Eine Ausnahme besteht nur bei Abschluss eines öffentlich-rechtlichen Vertrages gem. §§ 54ff. VwVfG. Allerdings wird der Vertrag nicht abgeschlossen, damit auf dieser Grundlage ein Privater gegenüber Dritten zur Erfüllung einer öffentlichen Aufgabe tätig wird. Vielmehr betrifft es regelmäßig nur ein Zwei-Personen-Verhältnis, also das des öffentlichen und des privaten Partners. Kennzeichnend für eine NPPP ist aber, dass der private Partner aufgrund einer Vereinbarung mit dem öffentlichen Partner zur Erfüllung einer öffentlichen Aufgabe gegenüber Dritten tätig wird. Diese Vereinbarung erfolgt auf gleicher Ebene, sodass ein NPPP-Vertrag nicht unter die herkömmlichen Handlungsvarianten der öffentlichen Hand subsumiert werden kann (anders als ggf. ein PPP-Projekt) und auch anders ist als ein öffentlich-rechtlicher Vertrag, da dieser nicht darauf gerichtet ist, eine öffentliche Aufgabe gegenüber Dritten durch den privaten Partner zu erfüllen. Daher ist eine NPPP in Ergänzung des 1. Kapitels, A, III, 4 als Handlungsweise der öffentlichen Hand einzuordnen, die nicht mit bisherigen Handlungsweisen in Einklang gebracht werden kann, jedoch gleichberechtigt ist.

Zweites Kapitel: Bereiche der Nutzerfinanzierung

Nachdem eine Definition der NPPP gefunden und anhand von bekannten Bereichen geprüft wurde, ist nun zu untersuchen, in welchen weiteren Bereichen eine Nutzerfinanzierung möglich, sinnvoll und zweckmäßig ist und welchen rechtlichen Rahmenbedingungen, Möglichkeiten und Beschränkungen sie unterliegen.

A. Allgemeine PKW-Maut

In regelmäßigen Abständen wird in diesem Zusammenhang die Einführung einer allgemeinen PKW-Maut, angelehnt an die LKW-Maut, diskutiert, um anschließend jedoch meist aus politischen Gründen wieder zu von der Tagesordnung genommen zu werden.[223] Zu prüfen ist daher, ob eine solche Einführung rechtlich und tatsächlich möglich wäre und Aussicht auf Erfolg hätte.

Eine NPPP wird nach oben entwickelter Definition bestimmt als Zusammenarbeit zwischen öffentlicher und privater Hand zur Erfüllung einer öffentlichen Aufgabe (fakultative Staatsaufgabe). Basis ist eine vertragliche Regelung im Rahmen einer funktionalen Privatisierung, wobei die Leistung durch den privaten Partner erbracht wird. Als Besonderheit gegenüber PPP-Projekten erfolgt die Refinanzierung über ein vom Dritt-Nutzer zu entrichtendes Entgelt, worüber sich der private Leistungserbringer refinanziert (Maut-oder Schattenmaut).

Die PKW-Maut und die bekannten Modelle des A-und F-Modells würden insofern auch als NPPP anzusehen sein, da die genannten Abgrenzungskriterien genauso erfüllt würden wie im Bereich des A-und F-Modells. Daher geht es hier nur darum zu prüfen, ob rechtliche Gründe für oder gegen eine PKW-Maut sprechen.

---

223 Zuletzt Volker Kauder (CDU) im Gespräch gegenüber den Stuttgarter Nachrichten im Zusammenhang mit dem in der Nähe stattfindenden CDU-Parteitag„Neuer Vorstoß für PKW-Maut“, abzurufen unter http://www.stuttgarter-nachrichten.de/inhalt.kauder-gegen-kauder-neuer-vorstoss-fuer-pkw-maut.058b900b-07f9-44f8-a0c8-aab20c9f7410.html, abgerufen am 12.07.2013; Rösch, S. 255, m.w.N. aus der Tagespresse im Jahre 2005 sowie BT-Drs. 16/5305, S. 4, Frage 18 der Bundestagsfraktion BÜNDNIS/90 DIE GRÜNEN und die entsprechend ablehnende Antwort der damaligen Bundesregierung.

I. Grundgesetz

Entsprechend Art. 74 Abs. 1 Nr. 22 GG ist die Erhebung von Mautgeldern auf öffentlichen Straßen als Gebühr oder Entgelt möglich. Die Erhebungsmöglichkeit gilt für Fahrzeuge aller Art, da es eine Kompensationsmöglichkeit für die Nutzung einer öffentlichen Straße darstellen soll.[224]

Im Hinblick auf die Entstehungsgeschichte des Art. 74 Abs. 1 Nr. 22 GG lässt sich der gesetzgeberische Wille ableiten, keine Differenzierung hinsichtlich einer bestimmten Fahrzeugart oder hinsichtlich privaten oder gewerblichen Verkehrs vorzunehmen. Denn bei Einfügung von Art. 74 Abs. 1 Nr. 22 GG im Jahre 1969[225] wurde zunächst diskutiert, eine Einschränkung des Gebührenerhebungsrechts auf Fahrzeuge des Straßengüterverkehrs vorzunehmen, da sonst die Möglichkeit bestünde, den „gesamten Fahrzeugverkehr einer Straßenbenutzungsgebühr zu unterwerfen".226 Diese Einschränkung wurde im Rahmen des angerufenen Vermittlungsausschusses besprochen, ohne dass es zu einer entsprechenden Änderung kam.227 Stattdessen wurde die ursprünglich vorgeschlagene Fassung Gesetz, welche die Möglichkeit, den gesamten Fahrzeugverkehr einer Straßenbenutzungsgebühr zu unterwerfen, vorsieht. Dies wurde 2006 noch um die Möglichkeit der Erhebung privatrechtlicher Entgelte erweitert, ohne gleichzeitig eine Einschränkung vorzunehmen.[228] Daher ergeben sich nach dem Grundgesetz keine Hinderungsgründe, eine Automaut einzuführen. Vielmehr wurde eine solche Maut ausdrücklich nicht ausgeschlossen.

II. Europarecht RL 99/62/EG, RL 2006/38/EG

Auch europarechtliche Vorschriften stehen einer Automaut nicht entgegen. Ziel der Richtlinie 2006/38/EG, die auf der RL 99/62/EG aufbaut und diese verändert, ist es, Wettbewerbsverzerrungen zwischen den Verkehrsunternehmen der Mitgliedstaaten auf dem transeuropäischen Straßennetz abzubauen und gerechtere Mechanismen zur Erhebung der Gebühren einzuführen.

Auf die Einführung einer PKW-Maut hat sie allerdings keinen Einfluss, da sie nur anwendbar ist für Kraftfahrzeuge im Güterkraftverkehr über 3,5 Tonnen.[229] Dies wird in Art. 7 Abs. 1 S. 2 der Richtlinie ausdrücklich klargestellt,

---

224 BT-Drs. 16/813, S. 22.

225 BGBl. 1969, Nr. 37, S. 363 [363].

226 BT-Drs. 5/3826, S. 2, 3.

227 BT-Drs. 5/3896, S. 12.

228 BGBl. 2006, Nr. 41, S. 2034 [2035].

229 Art. 2 RL 99/62/EG.

indem das Recht der Mitgliedstaaten unberührt bleibt, Maut- und/oder Benutzungsgebühren auf nicht zum transeuropäischen Straßennetz gehörenden Straßen oder auf dem transeuropäischen Straßennetz für andere als in Art. 2 genannte Fahrzeuge erheben zu dürfen. Im Bereich des Privatverkehrs bestehen daher nur die allgemeinen, europarechtlichen Vorgaben, sodass nach Art. 72 EGV eine unzulässige Diskriminierung vorliegen würde, wenn einseitig ausländische PKW oder LKW belastet würden.[230]

III. Art. 3 GG

Das Grundgesetz ist weiter dahingehend zu überprüfen, ob eine Pflicht oder ein Verbot zur Einführung einer PKW-Maut aus Gleichheitsgründen besteht. Eine Pflicht zur Einführung könnte sich aus Gleichbehandlungsgründen nach Art. 3 GG ergeben, da auf Bundesautobahnen nur eine LKW-Maut eingeführt wurde und die formal-rechtlichen Voraussetzungen zur Einführung einer Maut für alle Fahrzeugtypen und Verkehre möglich wäre, Art. 74 Abs. 1 Nr. 22 GG.

Eine entsprechende Pflicht der Gleichbehandlung und damit ein Handlungsbedarf besteht aber nur dann, wenn gleiche Sachverhalte willkürlich ungleich oder ungleiche Sachverhalte willkürlich gleich behandelt würden,[231] wobei zu berücksichtigen wäre, dass die Ungleichbehandlung auch durch Abschaffung der Mautpflicht insgesamt erreicht werden kann. Diese Variante dürfte aber der Richtlinie RL 99/62/EG widersprechen, sodass die Gleichbehandlung durch Einführung einer allgemeinen Maut zu erreichen wäre.

Daher ist zu prüfen, ob die auf Auto und LKW bezogene Maut eine willkürliche Ungleichbehandlung darstellt. Bisher gibt es in der Bundesrepublik die Möglichkeit, im Rahmen des A- und des F-Modells Maut oder Benutzungsentgelte von Straßennutzern zu verlangen, sodass diese Modelle in Bezug auf eine PKW-Maut zu überprüfen sind.

Während bei dem A-Modell nur LKW mautpflichtig sind, ist es beim F-Modell jedes Fahrzeug, welches die Erschwernisstrecke passiert. Daher kann nur die Frage gestellt werden, ob auch auf „normalen“ Autobahnen eine PKW-Maut erhoben werden muss. Dabei gibt es zwei zu unterscheidende Sachverhalte und Vergleichsgruppen, anhand derer beurteilt werden muss, ob eine Ungleichbehandlung vorliegt.

Einerseits ist es die Differenzierung zwischen PKW und LKW im Rahmen des A-Modells, wobei weitergehend eine Differenzierung innerhalb der Gruppe

230 Uechtritz/Deutsch, DVBl. 2003, S. 575 [577].

231 Epping/Hillgruber: Kischel, Art. 3, Rn. 14, 28.

der Nutzfahrzeuge über 12 Tonnen erfolgt und die LKW ausschließlich für den Güterkraftverkehr bestimmt sein müssen.

Andererseits gilt die Mautpflicht für alle Fahrzeuge, insbesondere PKW, beim F-Modell. Für die Prüfung muss erstens eine Gleich- oder Ungleichbehandlung vorliegen, zweitens sind die gleichen und ungleichen Elemente der betroffenen Sachverhaltskonstellationen zu sammeln, um drittens zu fragen, ob die (Un-)Gleichbehandlung im Hinblick auf diese gleichen und ungleichen Elemente zu rechtfertigen ist.[232]

1. Differenzierung A- und F-Modell

Beim A-Modell gem. § 1 Abs. 1 S. 2 BFStrMG sind nur diejenigen Fahrzeuge mautpflichtig, die für den Güterkraftverkehr bestimmt sind und deren zulässiges Gesamtgewicht mindestens 12 Tonnen beträgt. Der Anwendungsbereich ist beschränkt auf Bundesautobahnen und das hier interessierende NPPP-Modell (A-Modell) mit der Basis des Bundesfernstraßenmautgesetzes, sodass es bisher nur auf Ausbaustrecken schon bestehender Bundesautobahnen zur Anwendung kommt.

Nach § 3 Abs. 1 FStrPrivFinG kann dagegen eine alle Fahrzeuge umfassende Maut für die Benutzung von Bundesfernstraßen mit sog. Erschwernisabschnitten verlangt werden. Daher besteht der offensichtliche Unterschied zwischen beiden Modellen darin, dass einerseits alle Fahrzeuge mautpflichtig sind, andererseits nur Fahrzeuge des Güterverkehrs die über 12 Tonnen wiegen. Somit liegt zunächst eine Ungleichbehandlung bei der Benutzung verschiedener Strecken durch PKW vor.

Beide PKW-Sachverhalte, also im Bereich A-Modell einerseits, im Bereich F-Modell andererseits, sind vergleichbar, da es bei beiden generell um die Benutzung von Bundesautobahnen/-fernstraßen durch Personenkraftwagen geht. Eine i. S. v. Art. 3 GG relevante Grundrechtsverletzung liegt nur dann vor, wenn nicht ein sachlicher Grund für die Ungleichbehandlung gefunden werden kann und die Rechtfertigung auch einer Verhältnismäßigkeitsprüfung standhält.[233]

Der Grund für die Ungleichbehandlung liegt darin, dass es sich im Bereich des F-Modells um solche Streckenabschnitte handelt, die besondere Erschwernisse aufweisen. Dies bedeutet, dass die Errichtung und Unterhaltung dieser Abschnitte besonders teuer und der Nutzen für die Benutzer besonders hoch ist, z. B. Tunnelbauwerke, Gebirgspässe oder Brücken.[234] Das A-Modell bezieht sich

232 Epping/Hillgruber: Kischel, Art. 3, Rn. 14.

233 Epping/Hillgruber: Kischel, Art. 3, Rn. 30.

234 Vgl. BT-Drs. 12/6884, S. 5.

dagegen auf „normale“ Autobahnabschnitte ohne besondere Erschwernisse, sodass die Kosten für den Mehrstreifenausbau einer „normalen“ Autobahn geringer sind.

Eine ausnahmsweise Berücksichtigung aufgrund besonderer Erschwernisumstände von PKW ist deshalb gerechtfertigt, da einerseits der Nutzen höher ist, andererseits aber auch die Kosten für den Bau und den Unterhalt höher liegen.[235] Von daher ist für die Differenzierung der Wegekosten im A- und F-Modell für PKW ein sachlicher Grund gegeben, sodass im Bereich des A-Modells keine PKW-Maut erhoben wird.

2. Differenzierung PKW – Nutzfahrzeuge innerhalb des A-Modells

Allerdings könnte eine sachlich ungerechtfertigte Ungleichbehandlung im Rahmen des A-Modells vorliegen, indem dort nur LKW, die für den Güterverkehr geeignet und bestimmt sind sowie ein zulässiges Gesamtgewicht von mehr als 12 Tonnen aufweisen, eine Mautgebühr für die Benutzung einer Autobahn entrichten müssen. Die Benutzung der Autobahn durch PKW ist dagegen mautfrei. In beiden Fällen handelt es sich um die Nutzung einer Bundesautobahn durch Kraftfahrzeuge, sodass die Sachverhalte innerhalb des A-Modells grundsätzlich vergleichbar sind, was die Frage nach einem sachlichen Grund für die Differenzierung aufwirft.

Abgestellt werden kann dafür einerseits auf eine unterschiedliche Kostenverursachung im Rahmen der Wegekosten, also der Kosten für Bau und Unterhalt einer Straße, andererseits darauf, ob mit der Differenzierung ein weiterer Zweck verfolgt wird, der einen tauglichen sachlichen Grund darstellen könnte. Bei Begutachtung der Wegekosten für das Jahr 2007 fällt auf, dass die Benutzung von Bundesstraßen durch PKW und LKW über 12 Tonnen bis 18 Tonnen insgesamt kostendeckend ist. Es wird sogar jeweils ein Überschuss „erwirtschaftet“, wobei zu berücksichtigen ist, dass für den Wegekostendeckungsgrad alle durch die Kfz-Halter zu entrichtenden Zahlungen berücksichtigt werden (Kfz-Steuer, Mineralölsteuer etc.).

235 Die Kosten für das Projekt „Warnow-Tunnel“ beliefen sich insgesamt auf ca. 220 Millionen Euro bei einer Länge des Tunnels von 790 Metern. Der Bau eines Autobahnabschnitts nach dem A-Modell im Rahmen des Ausbaus der A8 beträgt dagegen für 53 KM ca. 250 Millionen Euro, Projektsteckbrief Ausbau A- Modell, Autobahn A 8, abzurufen unter http://www.vifg.de/de/projekte/a-modell/A8-Bayern.php; abgerufen am 12.07.2013.

Allerdings ist der Deckungsgrad im Bereich der PKW höher und nimmt mit zunehmendem Gewicht der Fahrzeuge ab.[236] Der sachliche Grund in der Differenzierung der Mauterhebung kann daher zunächst in den individuellen Wegekosten gesehen werden. Der erhöhte „Beitrag“ für die Benutzung der Autobahnen und Fernstraßen durch LKW über 12 Tonnen zulässigem Gesamtgewicht kann einerseits durch die erhöhte Abnutzung und Belastung der Straße durch das höhere Gewicht gerechtfertigt werden. Andererseits kann unterstellt werden, dass jeder LKW im Güterverkehr jedes Jahr ca. 150.000 km auf deutschen Fernstraßen zurücklegt, sodass der höhere „Beitrag“ neben den höheren Schäden durch das Gewicht auch auf die größere Nutzung zurückzuführen wäre.

Dies überzeugt aber nicht. Denn bei in Deutschland fast 15 Mal mehr zugelassenen PKW als LKW[237] ist die tatsächliche Kilometerleistung der PKW auf den Fernstraßen insgesamt höher als die aller LKW.[238] Trotzdem liegen die Wegekosten für in- und ausländische PKW im Fernverkehr pro Jahr bei insgesamt 4,897 Milliarden Euro, während es beim mautpflichtigen LKW-Verkehr 6,020 Milliarden Euro sind.[239] Daher sind die höheren Wegekosten zurückzuführen auf die individuell höhere Beschädigung der Fernstraßen durch schwere LKW. Ein sachlicher Grund für die ausschließlich erfolgende Belastung des LKW-Güterverkehrs mit einem zulässigen Gesamtgewicht von mehr als 12 Tonnen ist daher erkennbar.

Als weitere Rechtfertigung für die Ungleichbehandlung ist die beabsichtigte Verlagerung des Güterverkehrs von der Straße auf die Schiene als übergeordneter Lenkungszweck des Gesetzgebers zu nennen, was bei PKW entfällt.[240] Außerdem soll eine Harmonisierung der Abgabenlasten im Bereich des europäischen Wettbewerbs erreicht werden, sodass neben der reinen Kosten- und Ver-

---

236 Vgl. Tabelle DIW-Wegekostenstudie, Kurzfassung, Tabelle 6; abzurufen unter://www.bdi.eu/download_content/InfrastrukturUndLogistik/DIW-Wegekostenstudie_2009_Kurzfassung.pdf; abgerufen am 12.07.2013.

237 Ca. 2,8 Millionen zu 40 Millionen PKW in Privathaushalten; Pressemitteilung des Statistischen Bundesamtes vom Nr.123 vom 26.03.2009.

238 Gesamtlaufleistung aller PKW auf Bundesfernstraßen: ca.317453 Millionen Kilometer; Gesamtlaufleistung aller mautpflichtigen LKW: 23024 Millionen Kilometer; Laufleistungen der mautfreien Nutzfahrzeuge: ca. 30000 Millionen Kilometer: DIW-Wegekostenstudie, Langfassung, abzurufen unter http://www.bdi.eu /download_content/InfrastrukturUndLogistik/DIW-Studie-Wegekosten_Langfassung.pdf; abgerufen am 12.07.2013.

239 DIW-Studie, abzurufen unter http://www.bdi.eu/download_content/Infrastruktur UndLogistik/DIW-Studie-Wegekosten_Langfassung.pdf; abgerufen am 12.07.2013.

240 BR-Drs. 643/01, S. 15; Uechtritz/Deutsch, DVBl. 2003, S. 575 [578].

ursacherbetrachtung weitere Rechtfertigungsgründe ins Feld geführt werden können.[241]

3. Ergebnis

Eine ungerechtfertigte Ungleichbehandlung liegt insgesamt im Bereich des F-Modells im Verhältnis zum A-Modell in Bezug auf PKW nicht vor. Auch im Bereich PKW-LKW beim A-Modell ist kein Gleichheitsverstoß zu erkennen, sodass weder eine PKW-Maut eingeführt werden muss noch sich eine Einführung verbietet.

IV. Einschränkung des Gemeingebrauchs?

Zu fragen ist jedoch, ob eine PKW-Maut den Gemeingebrauch der Straßennutzung verhindern und sie so möglicherweise ausscheiden könnte. Zur Bestimmung des Gemeingebrauchs kommt es auf die Widmung der Straße an, die diese durch den Straßenbaulastträger erfährt. Der Widmungszweck einer öffentlichen Straße ist regelmäßig die Benutzung durch Nutzer zur Fortbewegung.[242]

Entgegen der Entscheidung des Bundesverwaltungsgerichts aus den 1950er-Jahren[243] schließt die Nutzung einer Straße im Rahmen des Gemeingebrauchs nicht die Erhebung einer Benutzungsgebühr aus,[244] Verdeutlicht wird dies durch die Änderung von Art. 74 Abs. 1 Nr. 22 GG, wonach der Bund die konkurrierende Gesetzgebungskompetenz u. a. zur Einführung von Gebühren und Entgelten für die Benutzung öffentlicher Straßen hat. Dadurch wird eine Entscheidung durch den Gesetzgeber zum Ausdruck gebracht, wonach der Gemeingebrauch einer öffentlichen Straße keine Gebührenfreiheit voraussetzt.

V. Tatsächliche Realisierungschance einer PKW-Maut

Die tatsächlichen Realisierungschancen einer PKW-Maut sind eher gering. Denn bezugnehmend auf eine Studie des englischen Transportministeriums,[245] wäre in Großbritannien eine netzweite elektronische Mauterhebung erst frühes-

241 Vgl. BR-Drs. 643/01, S. 16 mit Überlegungen, warum eine Erhöhung der Mineralölsteuer ausländische LKW bevorzugen würde.

242 BVerwG, DVBl. 1968, S. 808[809]; B/K/L: Löhr, § 127, Rn. 12.

243 BVerwGE 4, S. 342 [345].

244 Erichsen/Ehlers: Papier, § 41, Rn. 47/48, Rösch, S. 88.

245 Department for Transport, S. 42f..

tens Mitte dieses Jahrzehnts aufgrund der sehr hohen Mauterhebungskosten durchführbar, sodass darauf spekuliert wird, dass diese Kosten sinken mit technischen Weiterentwicklungen sinken.[246]

Ähnliche Probleme gäbe es in Deutschland, da die Mauterhebungskosten bis zu 20% der Einnahmen verschlingen würden. Außerdem sprächen gegen die Einführung einer PKW-Maut sowohl technische (Datenflut bei ca. 46 Millionen PKW) als auch datenschutzrechtliche und sicherheitsrelevante (Verlagerung von Verkehr ins nachgeordnete Netz) Gründe.[247] *Kugle* argumentiert, dass schon 1997 ein PKW-Wegekostendeckungsgrad von 218 %, auf Autobahnen sogar von über 460 % erreicht worden sei, sodass eine (erwartete) Verteuerung der PKW-Nutzung nicht zu rechtfertigen wäre.[248]

Obschon sich der Wegekostendeckungsgrad im Jahre 2007 im Vergleich zu 1997 etwas verschlechterte (Gesamtstraßen: 208 %, Autobahnen: 415 %)[249], hat der Bereich PKW insgesamt nach Zweirädern den höchsten Wegekostendeckungsgrad. Eine Notwendigkeit, diesen weiter zu erhöhen, besteht in Anbetracht der Gesamtbelastung für PKW-Halter (KfZ-Steuer, Mineralölsteuer, Pflichthaftpflichtversicherung) nicht. Daneben gilt eine PKW-Maut in Deutschland (noch) als politisch nicht durchführbar.

B. Weitere Teilbereiche

Zu analysieren ist, in welchen weiteren Schnittstellenbereichen Nutzerfinanzierungsmodelle Anwendung finden könnten. Dafür ist die zuvor in Kapitel 1, A, III, 4 gefundene Arbeitsdefinition auf die tatsächlichen Bereiche anzuwenden.

I. Justizvollzugsanstalten

Zu überlegen wäre, ob der Bereich der Strafvollstreckung durch ein NPPP-Modell durchgeführt werden könnte, wofür die oben gefundene Definition anzu-

246 Kugele, DÖV 2009, S. 709 [712]; Baum, Thesen zur PKW-Maut, abzurufen unter http://www.vda.de/de/downloads/920/, abgerufen am 12.07.2013.

247 Kugele, DÖV 2009, S. 709 [712]; Baum, Thesen zur PKW-Maut, abzurufen unter http://www.vda.de/de/downloads/920/, abgerufen am 12.07.2013.

248 Kugele, DÖV 2009, S. 709 [712].

249 DIW Wegekostenstudie 2009, Kurzfassung, S. 18, abzurufen unter http://www.diw.de/sixcms/detail.php?id=diw_01.c.342172.de; abgerufen am 12.07.2013.

setzen ist.[250] Der Bereich der Strafvollstreckung einer Freiheitsstrafe fällt zunächst in den Bereich der öffentlichen Hand, sodass die Verlagerung auf einen Privaten eine (funktionale) Privatisierung nach sich zieht.

Unabhängig von der Frage, wie die tatsächliche Ausgestaltung der Aufgabenerfüllung inklusive der Ausübung hoheitlicher Gewalt erfolgen könnte und dürfte, stellt sich die Frage der nutzerfinanzierten Refinanzierung. Ohne deren Sicherstellung kann ein Gefängnis als NPPP außer Acht bleiben.

Die Kosten des Strafverfahrens und der Strafvollstreckung können grundsätzlich gem. §§ 465, 464a StPO von einem verurteilten Straftäter zurück gefordert werden.[251] Diese Möglichkeit der Rückforderung wird durch weitere Regelungen näher konkretisiert, beispielsweise durch § 50 StVollzG. Danach erhebt die Strafvollzugsanstalt von dem Insassen einen Haftkostenbeitrag.

Daher könnte die Vergütung im Rahmen eines NPPP-Gefängnismodells an die Haftkostenbeiträge gem. § 50 StVollzG gekoppelt werden. Diese orientieren sich an den Kosten der Unterbringung und der Verpflegung, sodass der Insasse für die Bereitstellung der Leistung „Verpflegung und Unterkunft" eine Gegenleistung für die Nutzung bezahlt.[252] Dadurch könnten grundsätzlich die tatsächlichen und rechtlichen Voraussetzungen vorliegen, eine nutzerabhängige Vergütung an einen Privaten zu zahlen. Dessen Aufgabe wäre in diesem Projekt der Bau und Betrieb einer Justizvollzugsanstalt, wobei, zur Ausübung öffentlicher Gewalt, auch Justizvollzugbeamte in der JVA beschäftigt werden müssen. Insgesamt könnte sich der Bereich der durch den Privaten zu erbringenden Leistung auf Gebäudemanagement (Instandhaltung, Wartung und Reinigung), das Versorgungsmanagement (Küche, Wäsche, Gesundheit), das Betreuungsmanagement (Arbeit, Ausbildung, Freizeitgestaltung, soziale Beratung, Betreuung) und Teile des Bewachungsmanagements (Kontrolle von technischen Sicherheitssystemen, Objektschutz) erstrecken.[253]

Allerdings steht bei der Strafvollstreckung der Grundsatz der Resozialisierung im Vordergrund.[254] Dies hatte früher i. V. m. § 10 JVKostO zur Folge, dass der Haftkostenbeitrag nur von Arbeitsverweigerern und solchen Insassen erho-

---

250 Zusammenarbeit zwischen öffentlicher und privater Hand zur Erfüllung einer öffentlichen Aufgabe (fakultativen Staatsaufgabe) auf Basis einer vertraglichen Regelung im Rahmen einer funktionalen Privatisierung, wobei die Leistung durch den Privaten erbracht wird. Als Besonderheit gegenüber PPP-Projekten erfolgt die Refinanzierung über ein vom Dritt-Nutzer zu entrichtendes Entgelt, worüber sich der private Leistungserbringer refinanziert (Maut-oder Schattenmaut).

251 Vgl. Karlsruher Kommentar StPO: Gieg, § 465, Rn. 3; derselbe § 464a, Rn. 5.

252 § 50 Abs. 2 StVollzG i.V.m. § 17 Abs. 1 Nr. 4 SGB IV.

253 Roquette/Otto: Roquette/Butcher, Altauflage 2005, F, I, Anhang.

254 § 2 S. 1 StVollzG.

ben wurde, die über Einkünfte von außerhalb des Gefängnisses verfügten.[255] Zwischenzeitlich wurde die bisher bestehende Erhebungsregel gem. § 10 JVKostO aufgehoben, sodass zwar immer noch der Resozialisierungsgedanke im Vordergrund steht, dieser aber nicht mehr mit den Kosten der Strafvollstreckung direkt verknüpft wird.[256]

Es gilt nun primär § 50 StVollzG, der allerdings auch in § 50 Abs. 1 S. 5 StVollzG eine entsprechende Wiedereingliederungsklausel enthält, wonach eine Einforderung des Haftkostenbeitrags dann nicht erfolgen soll, wenn es der Resozialisierung nicht dienlich ist. Das hat dazu geführt, dass nach wie vor in vielen Fällen der Haftkostenbeitrag nicht eingezogen wird.[257] Dadurch entsteht für einen Privaten aber keine sichere Grundlage, auf der er seine Einnahmen anhand der konkreten Belegungszahlen (Nutzer) und des zu entrichtenden Haftkostenbeitrags berechnen könnte. Denn auch wenn das Gefängnis voll belegt wäre, wäre es höchst fraglich, ob er überhaupt eine Vergütung angelehnt an den Haftkostenbeitrag erhalten würde. Ein auf dem Haftkostenbeitrag basierendes NPPP-Modell dürfte, unabhängig von den weiteren sich ergebenden Problemen, nicht attraktiv sein, da die Zahlungsströme höchst ungewiss sind und auch hinsichtlich ihrer Höhe zur Refinanzierung nicht taugen.

Als Alternative wäre daran zu denken, dass der öffentliche Partner nach der Anzahl der Gefangenen einen von deren Haftkostenbeitrag unabhängigen Obolus an den privaten Partner entrichten würde. Dies wäre ein Modell der Schattenmaut, ohne dass der „Nutzer" finanziell tatsächlich belastet würde. Dies wäre aber mit der festgelegten Definition der NPPP nicht zu vereinbaren, wonach es zu einer Entrichtung von Geld durch den Nutzer kommt – entweder direkt an den öffentlichen oder den privaten Partner und die Schattenmaut eine Weiterleitung betrifft. Daher ist ein solches Projekt zu vernachlässigen.

II. Schiene

Der Bereich des Schienenverkehrs wurde in den letzten Jahren vor allem im Zusammenhang mit der „weiteren" Privatisierung im Rahmen des geplanten Börsengangs der Bahn diskutiert. Zu überlegen wäre, auch im Bereich des Schienenpersonenverkehrs ein NPPP-Projekt zu installieren[258].

Eine NPPP kommt dann zur Anwendung, wenn eine frühere öffentliche oder staatliche Aufgabe, überwiegend im Wege der funktionalen Privatisierung durch

---

255 Vgl. beispielhaft, LT-Drs. BW 12/4769, S. 3.

256 Volckart/Grünebaum, S. 314, Rn. 543.

257 Volckart/Grünebaum, S. 314, Rn. 543.

258 So auch Uechtritz, DVBl. 2002, S. 739 [743ff.].

Private, übernommen oder erfüllt werden soll, um so die Effektivität zu steigern, Kosten zu senken und Synergien zu heben. Die Refinanzierung erfolgt durch den Nutzer und das Risiko der Nutzerauslastung geht regelmäßig zu Lasten des privaten Partners.

Der Bereich der Schiene und die zu betrachtende Personenbeförderung stellt eine Infrastrukturleistung dar, die als Bestandteil der staatlichen Daseinsvorsorge bis Anfang der 1990er-Jahre durch staatseigene Eisenbahnen durchgeführt wurde.[259] Der Schienenverkehr und die dazugehörigen Instand- und Wartungsarbeiten wurden durch die Deutsche Bundesbahn als Sondervermögen des Bundes und Bestandteil der bundeseigenen Verwaltung gem. Art. 87 Abs. 1 S. 1 a.F. GG durchgeführt.[260] Durch die Zusammenführung mit der Deutschen Reichsbahn der DDR im Jahre 1994 durch das Eisenbahnneuordnungsgesetz[261] und die Umwandlung in eine Aktiengesellschaft mit dem Bund als Alleineigentümer erfolgte eine formelle Privatisierung der Eisenbahn.[262]

Es handelt sich bei dem (Personen)-Schienenverkehr auch um eine öffentliche Aufgabe, da die Bereitstellung und Durchführung von Schienenverkehr und Personenschienenverkehr im Interesse der Gesellschaft liegt, da darüber einerseits Waren transportiert werden können, andererseits dies die Mobilität von Personen erhöht. Damit ist der Schienenverkehr für das Wirtschaftswachstum der Bundesrepublik von entscheidender Bedeutung.

Man befindet sich in einem Schnittstellenbereich zwischen Staat und privater Tätigkeit, was ein Anwendungskriterium einer PPP sein kann. Der Schienenpersonenverkehr käme für eine NPPP auch in Betracht, weil durch die Fahrgäste Nutzer auftreten würden, die eine nutzerbezogene Refinanzierung ermöglichen. Während der Personenschienenverkehr durch Private ausgeübt werden kann, müssen der Bau, die Unterhaltung und der Betrieb von Schienenwegen nach Art. 87e Abs. 3 S. 2, 3 GG im Eigentum des Bundes bleiben.[263] Der Zugverkehr ist daher von Bau und Betrieb der Strecke zu trennen.[264]

Dies führt zu zweierlei Problemen im Bereich der NPPP, weil das Wesensmerkmal der NPPP die Refinanzierung über den Nutzer als Maut oder als Schattenmautmodell ist. Wenn der Bau und Betrieb von der Beförderung getrennt werden muss, dürfte die Verknüpfung mit der Personenbeförderung hinsichtlich der Refinanzierung schwierig werden.

---

259 § 1 Abs. 1 RegG.

260 v. Mandoldt/Starck/Klein, Bd. 3: Gersdorf, Art. 87e, Rn. 1.

261 BGBl. 1993, Nr. 73, S. 2378 [2395].

262 Vgl. Hermes/Sellner: Suckale/Hermes, Einf. C, Rn. 26ff., 44; v. Mandoldt/Starck/Klein, Bd. 3: Gersdorf, Art. 87e, Rn. 3.

263 Maunz/Dürig: Möstl, Art. 87e, Rn. 112, (48. Lfg. November 2006).

264 Maunz/Dürig: Möstl, Art. 87e, Rn. 111, (48. Lfg. November 2006).

Charakteristisch für ein NPPP-Projekt ist der Bau und Betrieb einer Anlage, auf welcher oder mit welcher die öffentliche Aufgabe erfüllt würde. Bei der Bahn wäre es aber so, dass der Bau und Betrieb durch den Bund „gesteuert“ werden müsste,[265] sodass nur eine funktionale Privatisierung möglich, aber auch ausreichend wäre. Gleichzeitig muss das jeweilige Land beispielsweise den Personennahverkehr „bestellen“, also Personennahverkehrsleistungen anfordern und ausschreiben, während der Personenfernverkehr „autark“ betrieben werden würde. Beim Personenverkehr würde aber nicht nur eine bloße Nutzung der Schienenstrecke erfolgt, sondern für die Nutzung selbst der Betrieb der Schienenstrecke durch Bereitstellung von Zügen notwendig sein.

Wenn der Bau und der Betrieb von dem darauf erfolgenden Verkehr unabhängig ist, die Ermöglichung des Verkehrs aber voraussetzt, dass eine zusätzliche Dienstleistung vorgenommen wird, führt dies dazu, dass in diesem NPPP-Vertrag zwei Dienstleistungen abzugelten wären: auf der einen Seite der Bau und Betrieb der Strecke, auf der anderen Seite das Transportieren von Personen oder Gütern.

Auch wäre der NPPP-Vertrag aufseiten der öffentlichen Hand von mindestens zwei Parteien zu unterschreiben, nämlich dem Bund und dem Land oder den Ländern. Mit der Vergütung und Refinanzierung allein durch die Fahrpreise müssten dann der Bau und Betrieb sowie die Dienstleistung abgegolten werden. Diese Konstellation ist zwar grundsätzlich bei einer NPPP möglich, allerdings insofern unpraktisch und kompliziert, als mehrere Parteien den NPPP-Vertrag abschließen müssten und eine Verknüpfung der Leistungen Bau und Betrieb sowie Schienenverkehr stattfände, die eigentlich getrennt sein sollten.

Daher wäre es sinnvoller, für den Bau und Betrieb einer Schienenstrecke eine normale PPP-Vereinbarung zu treffen, während über den Personenverkehr eine NPPP-Vereinbarung möglich wäre. Dadurch wäre sichergestellt, dass die gewünschte Trennung zwischen Bau und Betrieb des Netzes sowie des Schienenverkehrs erfolgte. Daher eignet sich der Bereich „Schiene“ im Rahmen des Baus und Betriebs für PPP-Modelle sowie der Bereich Personenbeförderung für eine NPPP.

III. Wasserstraßen

Verkehrswasserstraßen könnten sich, ähnlich wie Autobahnen, für die Einrichtung von NPPP-Projekten eignen, allerdings anders als im Bereich Schienenverkehr, da bei Wasserstraßen der Transport durch die Nutzer wieder selbst durch-

---

265 Art. 87 e Abs. 3 S. 2, 3 GG.

geführt wird. § 7 Bundeswasserstraßengesetz schreibt vor, dass der Betrieb einer Wasserstraße eine hoheitliche Aufgabe darstellt, die nicht übertragen werden kann. Allerdings können Dritte mit der Erfüllung des Betriebs beauftragt werden, sodass wieder eine funktionale Privatisierung möglich ist.[266] Gleiches gilt in Bezug auf den Bau von Wasserstraßen gem. § 12 Abs. 1, 5 WaStrG, wonach auch im Einzelfall Dritte mit der Erfüllung beauftragt werden können. Daraus wird ersichtlich, dass es sich bei Wasserstraßen sowie deren Betrieb, Bau und Unterhaltung um fakultative Staatsaufgaben handelt, sodass eine funktionale Privatisierung in Betracht kommt.

Für die Übertragung der Erfüllung einzelner Aufgaben sprechen genauso Effizienz- und Kostensenkungsgesichtspunkte wie in allen anderen Bereichen, in denen eine Privatisierung möglich ist.

Dadurch, dass bisher auch schon Schifffahrtsabgaben erhoben werden, ist darüber hinaus auch eine Verknüpfung mit einem NPPP-Modell und der Refinanzierung über diese Abgaben denkbar.[267] Allerdings liegen die erzielten jährlichen Einnahmen aus der Schifffahrtsabgabe bei nur ca. 60 Millionen Euro bei einer Wasserstraßenlänge von 7.350 km.[268] Für dieses Geld kann kaum eine Wasserstraße ausgebaut oder betrieben werden, sodass nicht nur eine Anschubfinanzierung durch den Staat notwendig wäre, sondern auch erhebliche zusätzliche Zuschüsse, was dem Sinn der NPPP entgegenstehen würde, dass möglichst eine Refinanzierung komplett über die Nutzer erfolgt. Nach nur kurzer Betrachtung der Problematik bei Bundeswasserstraßen ist deren Betrieb, Bau und Ausbau grundsätzlich geeignet, sofern entsprechende Einnahmen durch Abgaben der Nutzer erzielt werden können.

IV. Flughäfen

Auch bei Flughäfen kann überlegt werden, ob Private einen Flugplatz bauen und betreiben und sodann ein Entgelt pro abgefertigtem Fluggast (Möglichkeit 1) oder pro abgefertigtem Flugzeug (Möglichkeit 2) erhalten. Nach Art. 73 Abs. 1 Nr. 6 GG hat der Bundesgesetzgeber die ausschließliche Gesetzgebungskompetenz für den Luftverkehr, was umfassend u. a. auch für Regelungen zum Bau und Betrieb von Flughäfen gilt.[269] Wie oben festgestellt, kann dies zwar nur als

266 § 7 Abs. 2 WaStrG.

267 Allerdings besteht für die Erhebung der Schifffahrtsabgabe keine taugliche Ermächtigungsgrundlage nach Erkenntnis von Kreuter, NordÖR 2007, S. 271ff..

268 Statistik abzurufen bei der Wasser- und Schifffahrtsverwaltung des Bundes unter http://www.wsv.de/wasserstrassen, abgerufen am 12.07.2013.

269 Maunz/Dürig: Uhle, Art. 73, Rn. 136 (58. Lfg. April 2010).

Indiz dafür gelten, dass es sich auch um eine staatliche Aufgabe handelt. Aufgrund der Wichtigkeit des Luftverkehrs für die BRD mit ihren Flughäfen und deren lokaler Infrastruktur ist von einer öffentlichen Aufgabe auszugehen, die nun durch einen Privaten erfüllt werden soll. Nach § 6 des Luftverkehrsgesetzes kommt es für den Betrieb eines Flughafens aber nur darauf an, dass eine Genehmigung erteilt wird. Dass ausschließlich ein hoheitlicher Betrieb erfolgen soll, ist nicht ersichtlich, sodass der Bau und Betrieb im Rahmen der durch den Bund erlassenen Gesetze und Genehmigungen durch Private erfolgen kann und auch eine materielle Privatisierung anzunehmen sein dürfte.

Hinsichtlich der Wichtigkeit der Flugverkehrsinfrastruktur für die Bundesrepublik gelten die gleichen Argumente wie für die Verkehrsinfrastruktur.

Die Flughäfen werden von Millionen von Passagieren aufgesucht, sodass eine Refinanzierung für den Bau und Betrieb eines Flughafens an das Passagieraufkommen geknüpft werden kann, da die Nutzung der Infrastruktur als Referenzwert zur Verfügung steht. (N)PPP-Projekte sind in diesem Bereich daher auch möglich, zumal die Betriebsgesellschaften vieler Flughäfen in öffentlichem Eigentum stehen und daher eine weitergehende Privatisierung zur Erreichung von Effizienz- und Kostenvorteilen möglich erscheint.[270] Die Einführung von NPPP-Modellen im Bereich von Flughäfen wäre möglich und würde der gefundenen Definition entsprechen.

V. BID

Ein weiterer Anwendungsbereich könnte ein sog. Business-Improvement-District sein, bei welchem es sich aufgrund der Kooperationsform zwischen Privaten und öffentlicher Hand um eine „Spielart“ einer PPP handelt.[271] Kennzeichnend für einen BID ist, dass sich Private zusammenschließen, um die Attraktivität einer Geschäftsstraße oder Nachbarschaft (Innovationsbereich) zu steigern.[272]

270 51% an der Flughafen Hamburg GmbH gehören der Stadt Hamburg, abzurufen unter http://www.airport.de/de/u_daten_wirtschaftsdaten.html, abgerufen am 12.07.2013; dagegen ist das Land Hessen als letzter verbliebener öffentlicher Eigentümer an der Fraport AG nur noch mit gut 31% beteiligt, abzurufen unter http://de.wikipedia.org/wiki/Fraport, abgerufen am 12.07.2013.

271 Kuntze-Kaufhold/Schläwe, BB 2007, S. 949 [949]; Bauer/Jensen, NordÖR 2009, S. 191 [191].

272 Siehe beispielsweise § 2 GSED (Hamburger BID-Gesetz), § 171 f BauGB.

Die Initiative zur Schaffung eines BID geht von den privaten Grundstücksanliegern bzw. Eigentümern aus.[273] Die öffentliche Hand kommt ins Spiel, um die einzufordernden Abgaben der Betroffenen bzw. Profitierenden einzusammeln und um den Innovationsbereich festzulegen. Zur Veranschaulichung dient das vereinfachte Schaubild in Abbildung 4. Grundlage dafür war das entsprechende Hamburger BID-Gesetz.

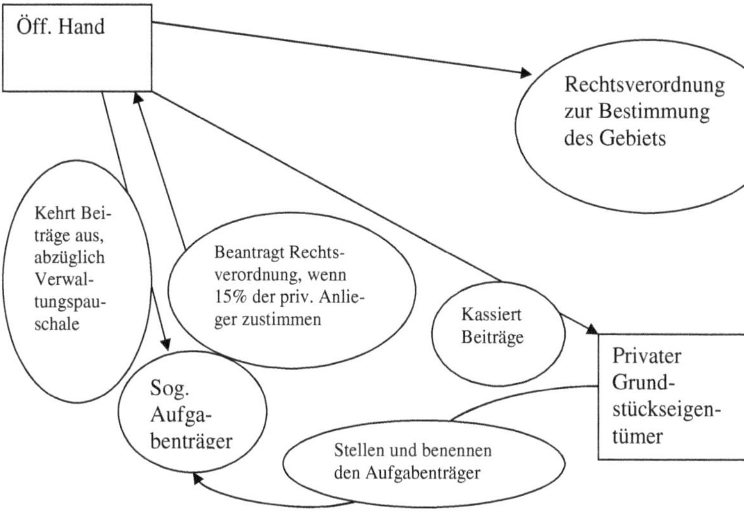

Abb. 4: Schema Hamburger BID-Modell

Die Gemeinsamkeit mit den zuvor genannten Nutzerfinanzierungsmodellen kann darin gesehen werden, dass auch ein dreipoliges Verhältnis besteht und die Nutzer (Nutznießer, in diesem Fall die Grundstückseigentümer) einen Beitrag zur Re-Finanzierung des Vorhabens leisten müssen. Allerdings ist schon fraglich, ob es sich – trotz des Schaubildes mit drei Akteuren – wirklich um ein dreipoliges Verhältnis handelt, das mit den zuvor beschriebenen Nutzerfinanzierungsmodellen vergleichbar ist. Denn der Aufgabenträger, also vergleichbar mit dem privaten Unternehmer bei PPP-Projekten, kommt direkt aus dem Kreis der Nutzer und wird von ihnen benannt. Es könnten tatsächlich also nur zwei Akteure sein, vor allem, wenn man berücksichtigt, dass gem. § 8 Abs. 4 GSED der Aufgabenträger bei Nichtverwendung der eingesammelten Mittel diese zu erstatten, also an die Eigentümer auszukehren hat. Die sonst so typische Dreiecks-

273 Bauer/Jensen, NordÖR 2009, S. 191 [191].

konstellation mit öffentlicher Hand, privatem Unternehmer und privatem Nutzer verschwimmt, da hier die privaten Eigentümer gleichzeitig auch den Aufgabenträger bestellen und private Unternehmer sowie als Anlieger auch die Nutzer (Nutznießer) des verbesserten Umfelds sind.

Auch ist es fraglich, ob eine Vergleichbarkeit hinsichtlich der Finanzabgaben besteht. Denn bei den oben angeführten Beispielen des A- und F-Modells obliegt jedem einzelnen Nutzer die Entscheidung, ob er die kostenpflichtige Leistung in Anspruch nimmt. Er bezahlt sie dann aufgrund seines individuellen Nutzungsverhaltens.

Im Hamburger BID-Modell ist es so, dass mit den Stimmen von 15 bzw. 33 % der Grundstückseigentümer in einem Bereich eine „Sonderabgabe" verlangt wird, die, da die Beitragspflicht durch die Eigentümerstellung einer Immobilie ausgelöst wird, keine Bezahlung aufgrund individueller Benutzung darstellt. Es obliegt in diesem Fall nicht der Entscheidung des Einzelnen, ob er die „Leistung" in Anspruch nehmen oder nutzen will, da, wenn sein Grundstück in dem Innovationsbereich liegt, er mit der *Im*mobilie nicht umziehen kann. Ein Nutzungsauslastungsrisiko ist nicht erkennbar, zumal erhobene, nicht genutzte Beiträge an die Beitragszahler wieder auszukehren sind.

Insgesamt kann geschlussfolgert werden, dass zumindest Parallelen bestehen in Bezug auf eine „Schattenmaut"[274] und der durchzuführenden öffentlichen Aufgabe. Allerdings ist in der weiteren Bearbeitung der Business Improvement District zu vernachlässigen, da das prägende Element der Nutzerfinanzierung, Abhängigkeit von der individuellen Nutzung, hier nicht vorliegt.

C. Ergebnis

NPPP-Projekte sind in den Bereichen Flughäfen und Wasserstraßen sowie der Müllentsorgung denkbar. Im Bereich der Schieneninfrastruktur gilt dies auch, allerdings ist eine Trennung zwischen dem Bau und Betrieb und der Beförderung vorzunehmen und PPPs jeweils separat in diesen Bereichen festzulegen. Der Bereich der Justizvollzugsanstalten scheidet aus, da ein NPPP-Modell dort nicht sozialadäquat wäre. Daher ist die allgemeine NPPP-Definition auch um das Praktikabilitätskriterium „Sozialadäquanz" zu ergänzen.

Auch kann im Bereich der Verkehrsinfrastruktur festgestellt werden, dass eine NPPP auf den Bau und Betrieb beschränkt sein sollte, sofern die eigentliche Transport-Dienstleistung nicht durch den Nutzer selbst erfolgt (Auto, Schiff,

274 Abgesehen davon, dass man die hier vorliegende Abgabe nur mit einigem argumentativen Aufwand als benutzerabhängig beschreiben kann.

Flugzeug). Wenn der NPPP-Unternehmer auch die Transport-Dienstleistung mit übernimmt, wird die haushaltsferne Refinanzierung aufgrund von Abgaben des Nutzers nicht erreicht werden können, da die Abgaben zu niedrig sind im Verhältnis zur Komplexität der zu erfüllende, zwei Dienstleistungen.

Daher muss eine NPPP-Definition in zweierlei Hinsicht ergänzt werden:

- Erstens ist das Element der Sozialadäquanz hinzuzunehmen, da Projekte nur dort durchführbar sind, in denen eine Benutzerabgabe auch sozial und gesellschaftliche akzeptiert ist.
- Zweitens sollte der Nutzer im Bereich der Verkehrsinfrastruktur die Transportleistung selbst vornehmen.

Drittes Kapitel: Verfahren, Möglichkeiten und Rahmen der Nutzerfinanzierung

Die Verfahren der Nutzerfinanzierung befassen sich mit der Frage, wie und auf welche Weise die Vergütung in dem Dreiecksverhältnis des NPPP-Modells erfolgt.

Im Rahmen der vorliegenden Arbeit stellt sich daher die Frage, welche Verfahren der Nutzerfinanzierung schon angewandt werden und ob es weitere, praxistaugliche Nutzerfinanzierungsvarianten geben kann: entweder als neues Modell oder als Kombination bisher bekannter Modelle unter Berücksichtigung aufgetretener Praxisprobleme. Dabei ist der Fokus weniger auf die Modelle selbst zu legen, sondern sind die mit den alten und neuen Modellen auftretenden rechtlichen Probleme im Rahmen der Vergütungsverfahren zu untersuchen.

Dabei sind auch die bisher gesammelten praktischen Erfahrungen der Akteure zu betrachten, zu bewerten sowie auf ihre praktische und rechtliche Umsetzbarkeit zu überprüfen.

A. PPP-Mustervergütungen

Ausgangspunkt für die Überprüfung der rechtlichen Rahmenbedingungen der Verfahren der Nutzerfinanzierungen können die bisherigen *PPP*-Modellvergütungen aus dem Gutachten „PPP im öffentlichen Hochbau" und die dort entwickelten Vertragsmodelle sein.[275]

Zu beachten ist dabei, dass es sich bei den Modellen in dem Gutachten um solche handelt, die speziell für PPP-Hochbauprojekt entwickelt wurden.

I. Vertragsmodelle I bis V

Keine Erkenntnisse bieten die Modelle I bis IV, da sie weder direkt noch indirekt auf dem Nutzerfinanzierungsgedanken beruhen. Einzig in Bezug auf die Bestimmung von Auslegungsmerkmalen und Vertragsregelungen, die auch bei NPPP-Modellen gelten, lohnt sich eine kurze Begutachtung der Modelle, sodass stellvertretend die Musterverträge dafür untersucht werden. Das Modell V bein-

275 Gutachten „PPP im öffentlichen Hochbau", Band 2, Teilband 1, Stand August 2003, S. 76ff., abrufbar unter http://www.bmvbs.de/cae/servlet/contentblob/31810/publication File/629/gutachten-ppp-im-oeffentlichen-hochbau-band-2-teilband-1.pdf, abgerufen am 12.07.2013.

haltet ein sog. Active-Management-Konzept, wonach die Vergütung von der Erreichung bestimmter Energiesparziele bei Gebäuden abhängt.

1. Musterverträge Inhaber- und Mietmodell

Daher ist bei der Analyse der (Entgelt-)Verfahren in den durch das Bundesbauministerium zur Verfügung gestellten Musterverträgen für das Miet- und das Inhabermodell im Hinblick auf NPPP-Modelle nur zu berücksichtigen, dass die pauschal beschriebenen Vergütungsmechanismen im Einzelfall vertraglichen Ausgestaltungen, Abänderungen und Risikoverschärfungen/-minderungen zugänglich sind.

Diese Mechanismen sollen die Effektivität der Arbeit erhöhen und Flexibilisierungen sowie Anreize schaffen.

Bemerkenswert ist an dem Mustervertrag zum Inhabermodell (Vertragsmodell IV), dass ein Bonus- und Malussystem bei der Vergütung empfohlen wird.

Nach §§ 49, 10.1.1, lit. e) des Mustervertrages[276] erhält der private Betreiber ein Bonusentgelt zuzüglich zu dem pauschalen monatlichen oder jährlichen Entgelt,[277] wenn besondere Einsparungen bei den Betriebs- und Verbrauchskosten erreicht werden oder wenn ein vorher bestimmter Servicelevel eingehalten wird.[278] Der Bonus reduziert sich, wenn z. B. der Servicelevel nicht gehalten wird.[279] Wie der Service-Level bestimmt wird, ergibt sich aus der vertraglichen Regelung selbst.

Daneben gibt es auch eine sog. Malusvereinbarung, wonach Vertragsstrafen fällig werden, wenn bestimmte Fertigstellungstermine nicht erreicht werden. Es gibt allerdings keine Regelung, bei der z. B. bei Unterschreitung eines bestimmten Service-Levels nicht nur der Bonus komplett gestrichen würde, sondern z. B. auch anteilig ein Teil der fixen Vergütung gestrichen würde.[280]

Auch in dem Mustervertrag „Mietmodell“ (Vertragstyp III) des Bundesbauministeriums werden auf Seite 39 Bonus-Mietzahlungen mit dem Erreichen

---

276 Abrufbar unter http://www.bmvbs.de/cae/servlet/contentblob/32280/publicationFile/703/leitfaden-5-inhabermodell.pdf, abgerufen am 12.07.2013.

277 Das Entgelt wird entrichtet für den Bau bzw. Sanierung bestehender Gebäude, Planung und den Betrieb.

278 Vgl. Mustervertrag des Bundesbauministeriums zum sog. Inhabermodell, abrufbar unter http://www.bmvbs.de/cae/servlet/contentblob/32280/publicationFile/703/leitfaden-5-inhabermodell.pdf, S. 76-79, abgerufen am 12.07.2013; es findet eine Verknüpfung mit dem Vergütungsmodell des Vertragstyp V statt.

279 § 49 Abs. 4 des Mustervertrages.

280 So § 49 des Mustervertrages.

bestimmter, vertraglich vereinbarter Service-Level verknüpft.[281] Außerdem werden auf Seite 46/47 Vertragsstrafen bei nicht fristgerechter Erstellung der Gebäude bzw. Bauabschnitte fällig. Allerdings erfolgt auch bei diesem Vertrag beim Absinken unter das vereinbarte Service-Level keine Reduzierung des kontinuierlich zu zahlenden Entgelts an den privaten Partner.

Außerdem besteht bei diesem Mustervertrag für den öffentlichen Partner die Möglichkeit, die Gebäude fremden Dritten, entgeltlich oder unentgeltlich, zur Verfügung zu stellen. Über die Auswirkungen auf das Entgelt in Bezug auf Mehr- und Minderkosten für den Betreiber haben sich die beiden Parteien dann zu verständigen,[282] sodass eine (anteilige) Drittfinanzierung für den öffentlichen Partner möglich ist.

2. Auswertung

Die Variationen und Anreizmechanismen in der Vergütung sind auf den partnerschaftlichen Charakter von PPP-Modellen zurückzuführen. In dieser Hinsicht sind die getroffenen Regelungen auf NPPP-Modelle zu übertragen und dort hinsichtlich der damit zusammenhängenden rechtlichen Probleme zu untersuchen.

Für die Sinnhaftigkeit und Praxistauglichkeit der Vereinbarung von Anreizsystemen können schon jetzt die vorliegenden Erfahrungen sprechen, wonach die öffentlichen Partner die schnelle Reaktions- und Behebungszeiten der Betreiber bei Mängeln besonders hervorheben sowie die Servicequalität in den bisher durchgeführten Projekten loben.[283] Dies wird auf die Vereinbarung insbesondere der Bonus-Regelungen zurückzuführen sein, die dem Privaten einen Anreiz geben, möglichst wenige Mängel zu „produzieren" und diese dann wiederum schnellstmöglich abzustellen. Im Interesse des privaten Partners ist es, möglichst wenige „Mängel" zu haben, um so die Bonuszahlungen als zusätzlichen Anreiz zu der regelmäßigen Vergütung zu erhalten, sodass von vornherein auf eine hohe Qualität beim Bau gesetzt wird.

---

281 Vgl. Mustervertrag des Bundesbauministeriums zum Mietmodell, abrufbar unter http://www.bmvbs.de/cae/servlet/contentblob/32282/publicationFile/704/leitfaden-5-mietmodell.pdf, S. 39, abgerufen am 12.07.2013.

282 Vgl. Mustervertrag des Bundesbauministeriums zum Mietmodell, abrufbar unter http://www.bmvbs.de/cae/servlet/contentblob/32282/publicationFile/704/leitfaden-5-mietmodell.pdf, S. 47, abgerufen am 12.07.2013.

283 Beispielhaft die im Auftrag der PPP-Taskforce NRW durchgeführte Evaluierung durch die Technische Universität Bergakademie Freiberg zu dem Thema „Vertragsmanagement und –controlling", abrufbar unter http://www.ppp-nrw.de/oeffentlichkeitsarbeit/veroeffentlichungen/evaluierung_synopse_ppp.pdf, S. 2, abgerufen am 12.07.2013.

Diese Erfahrungen sind auch auf NPPP-Modelle zu übertragen und im Rahmen der NPPP-Modelle auf deren rechtliche Vereinbarkeit und Probleme zu überprüfen.

II. Vertragsmodelle VI und VII

Die Vertragsmodelle VI und VII beziehen sich auf das sog. Gesellschafts- und das Konzessionsmodell. Bei dem Gesellschaftsmodell, Vertragstyp VII, werden die gleichen Planungs-, Bau- und Betriebsleistungen realisiert wie in den Modellen I bis V.[284]Diese Leistungen werden sowohl in diesen Modellen als auch bei dem Gesellschaftsmodell jeweils durch den privaten Auftragnehmer erbracht. Der Unterschied des Modells VII liegt nun darin, dass der öffentliche Partner zusammen mit einem privaten Partner eine privatrechtliche Gesellschaft gründet, die eben diese beschriebenen Leistungen als „Privater“ durchführt.[285]

Bezüglich der Vergütung gilt, dass diese analog zu allen anderen Modellen variabel ausgestaltet werden kann,[286] aber eben auch als Nutzerfinanzierung.

Das Vertragsmodell VI unterscheidet sich als Nutzerfinanzierungsmodell wesentlich von den anderen Modellen, wie dies oben[287] schon beschrieben wurde, sodass insoweit auch zur Beschreibung dahin verwiesen werden kann.

III. Zusammenfassung

Die Verfahrens- und Vergütungsmodelle sind im Modell V und VI wesentlich anders als in den anderen Modellen. Das Modell V beinhaltet ein Active-Management-Konzept, das Modell einer Nutzerfinanzierung, was jeweils deren Besonderheiten beschreibt, da daran auch die Vergütung des privaten Partners

---

284 Gutachten „PPP im öffentlichen Hochbau“, Band 2, Teilband 1, Stand: August 2003, S. 138, abrufbar unter http://www.bmvbs.de/cae/servlet/contentblob/31810/publicationFile/629/gutachten-ppp-im-oeffentlichen-hochbau-band-2-teilband-1.pdf, abgerufen am 12.07.2013.

285 Gutachten „PPP im öffentlichen Hochbau“, Band 2, Teilband 1, Stand: August 2003, S. 138, abrufbar unter http://www.bmvbs.de/cae/servlet/contentblob/31810/publicationFile/629/gutachten-ppp-im-oeffentlichen-hochbau-band-2-teilband-1.pdf, abgerufen am 12.07.2013.

286 Gutachten „PPP im öffentlichen Hochbau“, Band 2, Teilband 1, Stand: August 2003, S. 138, abrufbar unter http://www.bmvbs.de/cae/servlet/contentblob/31810/publicationFile/629/gutachten-ppp-im-oeffentlichen-hochbau-band-2-teilband-1.pdf, abgerufen am 12.07.2013.

287 S.o. 1. Kapitel, A, III, 3, a.

anknüpft. Den Modellen I bis V ist gemein, dass i. d. R. die öffentliche Hand selbst Nutzer der „beauftragten" Gebäude ist und „aus den Gebäuden heraus" i. d. R. seine öffentliche Aufgabe wahrnimmt. Die Vergütung des privaten Partners erfolgt in während der Vertragslaufzeit gleichbleibenden Raten. Ob das Gebäude letztendlich genutzt wird, ist hier zweitrangig. Die Grundvergütungs- und Verfahrensmechanismen der Modelle I bis IV sind daher relativ einfach: die Bau- Betrieb und Planungskosten des Privaten werden in gleichbleibenden, kontinuierlichen Raten durch den öffentlichen Partner zurückgezahlt. Eine Begutachtung der Musterverträge zum Inhaber- und Mietmodell zeigt, dass die Varianten I bis IV Variationen zugänglich sind, was darauf zurückzuführen ist, dass PPP-Modellen der partnerschaftliche Charakter in der Vertragsgestaltung eigen ist.[288]

B. Nutzerfinanzierung

Nutzerfinanzierungsmodelle können zunächst vereinfacht in zwei verschiedene Vergütungsverfahren unterteilt werden, nämlich in das Schattenmaut- und das Mautmodell. Exemplarisch stehen dafür in Deutschland A- und F-Modelle sowie das Vertragsmodell VI. Typisch ist, wie oben schon mehrfach beschrieben, dass ein „aktives" Drei-Personen-Verhältnis vorliegt und die Refinanzierung der Investitions- und Betriebskosten von dem Nutzungsverhalten eines privaten Drittnutzers abhängt, der ein Nutzungsentgelt entrichten muss.

Bei den A-und F-Modellen handelt sich um die einzigen, teilweise kodifizierten Modelle, die als A-Modell (teilweise kodifiziert, da die Mauterhebung auf Grundlage des BFStrMG erfolgt) eine Schattenmaut und als F-Modell (Kodifiziert im FStrPrivFinG) eine direkte Maut betreffen.

C. Rechtsrahmen der Verfahrensmodelle der Nutzerfinanzierung – Untersuchung der Verfahren und Lösungsmöglichkeiten aus der Praxis

Um die rechtlichen Probleme im Rahmen des A- und F-Modells stellvertretend für die Verfahren der nutzerfinanzierten Maut- und Schattenmautmodelle zu a-

288 Vgl. Häfner, der eine Normierung von PPP vorschlägt unter Bewahrung der Vorteile der Flexibilität, LKV 2005, S. 340 [341]; PPP-Handbuch: Hoppenberg/ Dinkhoff/ Schäller, S. 140.

nalysieren sowie weitere Nutzerfinanzierungsverfahren zu untersuchen, sind die Erfahrungsberichte hinsichtlich der A- und F-Modelle zu überprüfen. Denn bei beiden Modellen handelt es sich, wie beschrieben, um die bisher einzig weitgehend kodifizierten Modelle einer nutzerfinanzierten PPP, sodass die Untersuchung der Modelle Modellcharakter auch für andere NPPP-Modelle hat.

Allerdings muss in einem ersten Schritt dafür zunächst der Rechtsrahmen bestimmt werden, in dem sich Nutzerfinanzierungsmodelle bewegen. Wenn dieser Rechtsrahmen zuverlässig bestimmt wurde, können die Erfahrungsberichte zum A- und F-Modell untersucht und die möglichen Lösungsmöglichkeiten zur Verbesserung der Modelle auf ihre tatsächliche, vor allem aber rechtliche Durchführbarkeit hin überprüft werden.

I. Rechtsnatur des PPP- und Konzessionsvertrags im A- und F-Modell

Um die rechtlichen Grenzen, Probleme und Rahmen des PPP- und Konzessionsvertrages ermitteln zu können, in dessen Rahmen verbesserte Verfahrensmodelle entwickelt und geprüft werden können, muss festgestellt werden, welchem rechtlichen Regime ein solcher Vertrag unterliegen würde.

Die Schwierigkeit der Bestimmung der Rechtsnatur des A-Modell- und F-Modellvertrages liegt darin, dass er sowohl öffentlich- als auch privatrechtliche Elemente enthält bzw. öffentlich- oder privatrechtlich ausgestaltet sein könnte. Dies rührt daher, dass die Erfüllung öffentlicher Aufgaben und fakultativer Staatsaufgaben durch die öffentliche Hand sowohl in zivilrechtlicher als auch privatrechtlicher Form erfolgen kann und sich der PPP-Vertrag in einem Bereich ansiedelt, der die Erfüllung einer öffentlichen Aufgabe durch einen Privaten betrifft, während die Nutzung durch einen privaten Dritten erfolgt.[289] Es ist der beschriebene Schnittstellenbereich zwischen öffentlicher und privater Aufgabenerledigung.

Betrachtet man einerseits die dem privaten Partner obliegenden Aufgaben – (Aus-)Bau, Betrieb und Unterhaltung eines Autobahnabschnittes – im A-Modell, sind dies typische Elemente eines privatrechtlichen Werkvertrages gem. § 631ff. BGB. Gleichzeitig wird in diesem Vertrag i. d. R. Bezug genommen auf die Entgelterhebung und die Entgelte, die der Private nutzerabhängig bekommt.[290] Auch dies sind eigentlich Regelungen, die man in zivilrechtlichen Verträgen er-

289 Rösch, S. 173.

290 Beispielsweise §§ 38-42 des Musterkonzessionsvertrages „Konventionelle Planung", Gutachten Konzessionsvertrag, S. 241ff..

wartet. Andererseits wird im Rahmen des A-und F-Modells eine öffentliche, fakultative Staatsaufgabe durch einen Privaten regelmäßig im Rahmen der funktionellen Privatisierung erledigt. Die „Materie“, in dessen Spannungsfeld sich die Modelle bewegen, sind daher vom Grundsatz her als auf „dem Gebiet des öffentlichen Rechts“ liegend einzuordnen. Auch erfolgt die Entgelterhebung beim A-Modell nicht im Verhältnis von privatem zu öffentlichem Partner, sondern von öffentlichem Partner zu privatem Nutzer. Dieser Entgelterhebung liegt das Bundesfernstraßenmautgesetz zugrunde, wonach eine Benutzungsgebühr erhoben wird, sodass im Entgeltverhältnis ein öffentlich-rechtlicher Vorgang vorliegt (Benutzungsgebühr, § 1 BFStrMG). Dagegen wird beim F-Modell das Benutzungsentgelt direkt durch den privaten Partner erhoben, und zwar entweder als Gebühr oder als privatrechtliches Entgelt. Sofern das Entgelt als Gebühr erhoben wird, kann und muss der private Partner entsprechend § 2 Abs. 1 FStrPrivFinG dazu beliehen werden, sodass im Verhältnis privater Partner und privater Nutzer dann auch ein öffentlich-rechtliches Rechtsverhältnis vorliegt.

Eine sichere rechtliche Klassifizierung des Vertrages muss erfolgen, da davon „unterschiedliche materielle Gestaltungsspielräume, unterschiedliche Formvorschriften (vgl. § 57291), die Zulässigkeit des Zivil- oder Verwaltungsrechtswegs und der unterschiedlichen Prozessmaximen von ZPO und VwGO“292 abhängen.

Bei der Beurteilung, ob ein Vertrag dem öffentlichen oder privaten Recht unterliegt, gilt zunächst der Grundsatz der einheitlichen Beurteilung, wonach der Vertrag entweder dem öffentlichen oder privaten unterliegt, ohne hinsichtlich einzelner Vertragsteile zu differenzieren.[293]

Der Grundsatz der einheitlichen Beurteilung schließt nicht aus, zusammengesetzte Verträge anzuerkennen, in denen zivilrechtliche und öffentlichrechtliche Rechtsverhältnisse zusammengesetzt werden.[294] In diesen Fällen unterliegen die jeweiligen Rechtsverhältnisse „ihrem“ jeweiligen Regime und der Vertrag als solches unterliegt nicht zusammen einem einheitlichen Rechtsregime.[295] Dies gilt aber dann nicht, wenn die Teile in Bezug zueinander stehen und einen Schwerpunkt aufweisen; dann richtet sich das Rechtsregime nach diesem Schwerpunkt.[296]

291 Gemeint ist § 57 des Verwaltungsverfahrensgesetzes.

292 Stelkens/Bonk/Sachs: Bonk, § 54, Rn. 73; Gutachten Konzessionsvertrag, S. 62f..

293 Kopp/ Ramsauer, § 54, Rn. 29.

294 Kopp/ Ramsauer, § 54, Rn. 30.

295 Kopp/ Ramsauer, § 54, Rn. 30.

296 Kopp/ Ramsauer, § 54, Rn. 31.

Ein öffentlich-rechtlicher Vertrag liegt gem. § 54 VwVfG vor, wenn „ein Rechtsverhältnis auf dem Gebiet des öffentlichen Rechts … durch Vertrag begründet, geändert oder aufgehoben werden" soll.

Der typische A-und F-Modell- PPP-Vertrag beinhaltet auf der einen Seite die oben beschriebenen zivilrechtlichen Merkmale. Auf der anderen Seite befasst sich der Vertrag mit einem Themenbereich, der zuvor typischerweise in den Bereich der öffentlichen Verwaltung im Rahmen der Erledigung öffentlicher Aufgaben fiel.[297] Allerdings sagt dies nichts darüber aus, welchem Rechtsgebiet ein solcher Vertrag zuzuordnen wäre, denn die Erledigung öffentlicher Aufgaben kann sowohl in öffentlich-rechtlicher als auch in Privatrechtsform erfolgen.[298] Denn mit einem Vertrag zur Erledigung einer öffentlichen Aufgabe geht nicht einher, dass dieser automatisch als öffentlich-rechtlicher Vertrag einzustufen ist; es kommt darauf an, welches Rechtsregime ihm sein Gepräge gibt.[299] Dazu gehört auch, dass der Zweck des Vertrages in Bezug genommen wird.[300]

Für die weitere Bestimmung ist daher zu ermitteln, was der objektive Gegenstand, der Schwerpunkt des Vertrages und die Rechtsnatur des konkreten Rechtsverhältnisses sind, die durch den Vertrag begründet, geändert oder aufgehoben werden sollen.[301]

Der PPP-Vertrag im A-und F-Modell weist zunächst, wie oben geschrieben, werkvertragliche Elemente auf. Zentrales Anliegen des Vertrages ist es, das der private Partner einen Autobahnabschnitt oder Erschwernisabschnitt herstellt, erweitert und für längere Zeit betreibt.

Neben den werkvertraglichen Teilen liegen auch Elemente einer Dienstleistungs- oder Baukonzession i. S. von § 99 GWB bzw. § 22 VOB/A vor. Eine Konzession (in Abgrenzung zu einem öffentlichen Auftrag) liegt vor, wenn der Vertragspartner die (finanziellen) Nutzungsrisiken trägt und ihm das Recht eingeräumt wird, die von ihm erbrachte Leistung Dritten in Rechnung zu stellen.[302] Dabei handelt es sich um eine Gestattung zur Nutzung der baulichen Anlage durch den Konzessionär, also den privaten Partner.[303]

Dies ist beim A-Modell teilweise, beim F-Modell erst recht, der Fall, da die Vergütung des Privaten davon abhängt, wie viele Mautgebühren während der

297 Art. 90 GG.

298 Vgl. Kopp/ Ramsauer, § 54, Rn. 40d.

299 Stelkens/Bonk/Sachs: Bonk, § 54, Rn. 76.

300 Stelkens/Bonk/Sachs: Bonk, § 54, Rn. 76.

301 BVerwGE 74, S. 368 [370]; BVerwGE S. 22, 138 [138/140]; Stelkens/ Bonk/ Sachs: Bonk, § 54, Rn. 75; Maurer, VerwR, § 14, Rn. 11.

302 Vgl. Pünder/ Schellenberg: Wegener, § 99 GWB, Rn. 47.

303 Kapellmann/Messerschmidt: Merkens, VOB/A, § 22, Rn. 11.

Vertragslaufzeit „generiert" werden und damit (anteilig) an den privaten Partner weitergeleitet werden. Allerdings „nutzt" der private Partner weder die von ihm erbrachten Dienstleistungen noch Bauwerke selbst, sondern stellt sie Dritten zur Verfügung für deren Nutzungsverhalten Mautentgelte erhoben werden, die an den Bereitsteller der Leistung ausgekehrt werden. Er erhält das Recht, nutzerabhängig vergütet zu werden. Dies erfolgt beim F-Modell im Unterschied zum A-Modell dergestalt, dass er dort ein eigenes Entgelterhebungsrecht gem. § 2 Abs. 1 FStrPrivFinG erhält.[304] In diesem Sinne nutzt der private Partner das Bauwerk.

Daher enthält der Vertrag im A-Modell, mehr aber noch im F-Modell typische Elemente einer Konzession, wobei der PPP-Vertrag über eine reine Beschaffung hinausgeht, da unmittelbar eine öffentliche Aufgabe erfüllt wird.

1. Bau- und Dienstleistungskonzessionsvertrag

Die Abgrenzung zwischen Dienstleistungs- und Baukonzession fällt dagegen mitunter schwer, da einerseits eine Infrastruktur hergestellt oder ausgebaut werden soll, andererseits die Strecke danach weiter betrieben wird und die Instandhaltung, die Instandsetzung und der Winterdienst mit ausgeführt wird.

Nach Art. 1 Abs. 3 VKR bzgl. der Richtlinie 2004/18/EG sind Baukonzessionen (auch in Abgrenzung zu Bauaufträgen) „Verträge, die von öffentlichen Bauaufträgen nur insoweit abweichen, als die Gegenleistung für die Bauleistungen ausschließlich in dem Recht zur Nutzung des Bauwerks oder in diesem Recht zuzüglich der Zahlung eines Preises besteht." Die Dienstleistungskonzession umfasst gem. § 1 Abs. 4 VKR „Verträge, die von öffentlichen Dienstleistungsaufträgen nur insoweit abweichen, als die Gegenleistung für die Erbringung der Dienstleistungen ausschließlich in dem Recht zur Nutzung der Dienstleistung oder in diesem Recht zuzüglich der Zahlung eines Preises besteht."

Der Schwerpunkt in finanzieller Hinsicht (Investitionskosten) liegt bei den Nutzerfinanzierungsmodellen auf dem Bereich Bau. Außerdem ist die Vergütung an die Benutzung der Straße geknüpft, weniger an die Inanspruchnahme von Serviceleistungen, die nur „der Strecke" dienen, sodass eher von einer Baukonzession ausgegangen werden dürfte. Ob nun eine Bau- oder Dienstleistungskonzession vorliegt, hilft im Rahmen der Bestimmung der Rechtsnatur nicht weiter. Denn in der einschlägigen Literatur wird zum Teil die Auffassung vertreten, dass ein Bau- oder Dienstleistungskonzessionsvertrag, sofern unterstellt wird, dass man beim A-und F-Modell von einem solchen Konzessionsvertrag

---

304 Bzgl. des F-Modells siehe BT-Drs. 12/6884, S: 5; Schmitt, S. 128; zum A-Modell siehe Rösch, S. 170.

sprechen könnte, einen zivilrechtlichen Vertrag darstellen würde.[305] Denn bei Abschluss des Vertrages zwischen der öffentlichen Hand und dem privaten Partner würde dieser regelmäßig als Verwaltungshelfer aufgrund eines privatrechtlichen Vertrages (PPP-Vertrag) tätig und der Vertrag rechtfertige es, ihn wie jeden anderen Vertrag zur Errichtung eines Bauwerks als zivilrechtlich einzustufen[306].

Das Argument, dass der private Partner bei Nutzerfinanzierungsmodellen als Verwaltungshelfer tätig wird, passt aber nicht.

Unbestritten befindet man sich zwar im Bereich der funktionellen Privatisierung. So wird angenommen, dass der Private bei einer funktionalen Privatisierung als Verwaltungshelfer tätig wäre und die vertragliche Vereinbarung, hier also der PPP-Vertrag, i. d. R. privatrechtlicher Natur sei.[307] Gleichzeitig wird nach herkömmlicher Ansicht unterstellt, dass der Verwaltungshelfer nicht rechtlich nach außen auftritt und er nur Hilfstätigkeiten im Auftrag und nach Weisung der Behörde wahrnimmt.[308] Aber weder beim A- noch beim F-Modell übernimmt der private Partner reine Hilfstätigkeiten, da er für den Bau und Betrieb einer Strecke sowie der ganzheitlichen Erfüllung einer öffentlichen Aufgabe verantwortlich ist. Daher hinkt die Einordnung unter die herkömmliche Kategorie des Verwaltungshelfers, zumal die zuvor angeklungenen Definitionsmerkmale, vor allem die „Hilfstätigkeit“, einem Wandel unterliegt.[309] Zur Beurteilung, ob eine Hilfstätigkeit vorliegt, ist vielmehr entscheidend, ob die Zuständigkeit und die Verantwortung und damit die abschließende rechtliche Entscheidung bei der öffentlichen Hand als Verwaltung liegt.[310]

Dieses Differenzierungskriterium ist in Bezug auf das NPPP-Modell nur schwer zu bestimmen. Denn dem PPP-Projekt liegt der partnerschaftliche Gedanke zugrunde, sodass eine Letztentscheidungskompetenz beim öffentlichen Partner bei Abschluss eines Vertrages auf „Augenhöhe“ nicht passt. Zwar hat die öffentliche Hand diese Kompetenz aufgrund der bisher nicht zu übertragenden Baulast.[311] Allerdings handelt es sich eher um eine formale Rechtsposition, die tatsächlich keine Bedeutung hat und vielmehr nur als Auffangverantwortung für die Erfüllung der Aufgabe zu verstehen ist, während die tatsächliche Erfüllung und Regelung der öffentlichen Aufgabe während der Vertragslaufzeit durch

305 Motzke/Pietzcker/Prieß: Reidt/Stickler, § 32, Rn. 13ff., a.F.; Kapellmann/Messerschmidt: Merkens, § 22, VOB/A, Rn. 11.

306 Motzke/Pietzcker/Prieß: Reidt/Stickler, § 32, Rn. 13, a.F..

307 Maurer, VerwR, § 23, Rn. 59; Erichsen/Ehlers: Burgi, § 10, Rn. 32ff..

308 Maurer, VerwR, § 23, Rn. 59.

309 Maurer, VerwR, § 23, Rn. 59.

310 Maurer, VerwR, § 23, Rn. 59.

311 Rösch, S. 173.

den Privaten im Rahmen des partnerschaftlich abgeschlossenen Vertrag erfolgt. Auch tritt der private Partner im Rahmen des PPP-Vertrages nach außen auf und ist nicht weisungs- sondern nur vertraglich gebunden. Er ist selbstständiger und selbstbewusster sowie in der Erledigung der Aufgabe unabhängig, was nicht zu einem weisungsgebundenen Verwaltungshelfer, sondern zu dem partnerschaftlichen Charakter des PPP-Vertrages passt. Es handelt sich um eine andere Art der Zusammenarbeit der funktionalen Privatisierung, die sich nicht unter die herkömmlichen Tätigkeitsdefinitionen von Privaten für die öffentliche Hand subsumieren lässt und keinen Hinweis darauf gibt, welche Rechtsnatur der PPP-Vertrag haben könnte.

Eine Einordnung als zivilrechtlicher Vertrag, dass im Rahmen einer Konzession der Private als Verwaltungshelfer tätig werden würde, ist daher nicht zutreffend.

2. Konzessionselemente

Entgegen der oben genannten Literaturmeinung bzgl. der Rechtsnatur von Konzessionsverträgen gibt es Gerichtsentscheidungen, die generell Anlass zum Zweifel an der zivilrechtlichen Einordnung der von Bau- oder Dienstleistungskonzessionsverträgen geben, wenn die öffentliche Hand und Private Vertragspartner sind.

Das OVG NRW geht in einem Beschluss davon aus, dass der Konzessionsvertrag über Betrieb und Verwaltung kommunaler Parkflächen als öffentlichrechtlich einzustufen sei, da das zivilrechtlich geprägte Pachtelement hinter die Vertragsteile zur Sicherstellung der Erfüllung einer öffentlichen Aufgabe zurücktritt.[312]

Das Bundesverwaltungsgericht kommt dagegen in einem späteren Beschluss zu dem Ergebnis, dass für das Vergabeverfahren öffentlicher Aufträge unterhalb der Werte der Vergabeordnung der Zivilrechtsweg eröffnet sei, da sich der Staat bei der Vergabe öffentlicher Aufträge als Nachfrager am Markt betätigt und sich in der Rolle als „Nachfrager“ nicht wesentlich von anderen privatrechtlichen Marktteilnehmern unterscheide.[313] Diese Begründung ist jedoch insofern fraglich, wie *Burgi* schreibt, als private Nachfrager am Markt weder haushalterischen Vorschriften noch regelmäßig vergaberechtlichen Normen unterliegen.[314] Es fehlt an der Vergleichbarkeit zu einem Beschaffungsvorgang zwischen zwei

312 OVG NRW, Beschluss vom 04.05.2006, Az.: 15 E 433/06; anders noch Tettinger, DVBl. 1991, S. 786 [787f.].

313 BVerwG, Beschluss vom 2.5.2007, Az.: 6 B 10/07.

314 Burgi, NVwZ 2007, S. 737 [738/739].

privatrechtlichen Unternehmen, die nur ihren Gesellschaftern/Aktionären Rechenschaft schuldig sind. Im Umkehrschluss hat das OVG NRW in einem Beschluss aus dem Jahr 2011 gefolgert, dass im Bereich der Dienstleistungskonzession Streitigkeiten bzgl. des Vergabeverfahrens öffentlich-rechtlich seien.[315]

In anderen Entscheidungen wird festgestellt, dass das Vergabeverfahren selbst, welches dazu dient, die Erfüllung einer öffentlichen Aufgabe per Vertrag auf einen Privaten zu übertragen, öffentlich-rechtlicher Natur sei, unabhängig davon, welchem Rechtsregime der zu vergebende Vertrag selbst unterliegen würde.[316]

Alle Entscheidungen beziehen sich aber nicht ausdrücklich auf den abzuschließenden Vertrag, sondern darauf, welche Rechtsnatur das Vergabeverfahren, insbesondere bei Konkurrentenstreitigkeiten hat. Dabei ist bei den einzelnen Entscheidungen zu berücksichtigen, dass die zugrunde liegenden Sachverhalte teilweise Dienstleistungskonzessionen, teilweise öffentliche Aufträge, ober- und unterhalb der Schwellenwerte liegend, betrafen und daher nur eingeschränkt Rückschlüsse auf die abzuschließenden PPP-Verträge gezogen werden können. Das Bundesverwaltungsgericht hat allerdings bei einem öffentlichen Auftrag unterhalb des Schwellenwertes angenommen, dass „die Entscheidung über die Auswahl zwischen mehreren Bietern im Regelfall unmittelbar durch den Abschluss eines privatrechtlichen Vertrages“ erfolge[317], also der Vertrag zwischen öffentlichem und privatem Partner zivilrechtlich sei. Das OVG NRW hat in einem vorherigen Beschluss entschieden, dass der Abschluss eines Dienstleistungskonzessionsvertrages öffentlich-rechtlich sein wird, da die zivilrechtlich geprägten Elemente hinter den öffentlich-rechtlichen Elementen zurückstehen. Da die Entscheidung des Bundesverwaltungsgerichts nur Aufträge, keine Konzessionen in Bezug nimmt und der Begründung aus den von *Burgi* genannten Gründen nicht zu folgen ist, ergibt sich Folgendes: Wenn die vertraglichen Verpflichtungen qualitativ dominieren, die die Erfüllung der öffentlichen Aufgabe sicherstellen, ist der abzuschließende Konzessionsvertrag als öffentlich-rechtlich einzustufen.

a. Quantitative Betrachtung

Neben dem Konzessionselement, der Bezahlung durch Nutzer, machen die zivilrechtlichen, werkvertraglichen Elemente, also der Bau, die Instandhaltung und der Betrieb von Autobahnabschnitten, einen wesentlichen Teil der Vertragsbe-

---

315 OVG Münster: Beschluss vom 07.02.2011, Az.: 15 E 1485/10.

316 VG Münster: Beschluss vom 09.03.2007, Az.: 1 L 64/07.

317 BVerwG, NVwZ 2007, S. 820 [823].

ziehung zwischen öffentlichem und privatem Partner aus[318]. Diese rein quantitative Feststellung wird bei qualitativer Betrachtung nicht unbedingt bestätigt. Zwar sind die wesentlichen, entgeltrechtlichen Regelungen auch nicht im Vertrag anzutreffen, sondern im BFStMG bzw. FStrPrivFinG, sodass im PPP-Vertrag nur Details (Höhe der Weiterleitung im A-Modell, ggf. Anschubfinanzierungen) geregelt werden.

Daher könnte man zu dem Schluss kommen, dass der PPP-Vertrag in wesentlichen Teilen dem Zivilrecht unterfällt und damit aufgrund des zivilrechtlichen Schwerpunktes insgesamt unter zivilrechtlichem Regime steht.[319] Dem ist jedoch entgegenzuhalten, dass sich wesentliche Teile des Vertrages mit der Herstellung der Infrastruktur, deren Instandhaltung, Qualitätsstandards, Serviceintervallen und Reaktionszeiten befassen, die oft malusbewehrt sind. Mithin spricht viel dafür, dass die zivilrechtlichen Vertragsteile hinter den Vertragsteilen zur „Sicherstellung der Erfüllung einer öffentlichen Aufgabe“320 zurücktreten. Dies ist auch deshalb zu bejahen, weil der PPP-Vertrag über den bloßen Beschaffungsvorgang einer Leistung hinausgeht, indem die Erfüllung einer öffentlichen Aufgabe nicht bloß „beschafft“, sondern geleistet wird und daher entgegen der Ansicht des Bundesverwaltungsgerichts keine vergleichbare Situation mit privatrechtlichen Nachfragern besteht.[321]

b. Sinn und Zweck

Der Sinn und Zweck des PPP-Vorhabens kommt bei einer zivilrechtlichen Einordnung des PPP-Vertrages nicht angemessen zum Tragen!

Dieser liegt darin, einen für die öffentliche Hand effektiveren und kostengünstigeren Beschaffungsvorgang im Vergleich zur herkömmlichen Beschaf-

318 Der Musterkonzessionsvertrag umfasst beispielhaft 57 Paragraphen. Davon beschäftigen sich 29 mit dem Ausbau, Betrieb und Erhalt der Konzessionsstrecke, während sich 5 mit den Regelungen zur Finanzierung beschäftigt. Der zentrale Paragraf ist dabei § 40, im welchem geregelt wird, wann, in welcher Höhe und wie die LKW-Maut weiter geleitet wird.

319 So Roth, NVwZ 2003, S. 1056 [1059], der ausführt, dass der Schwerpunkt der vertraglichen Leistungen bei Bau- und Dienstleistungen liege, die „unverdächtig“ dem Bereich des Privatrechts zugeordnet werden könnten; vgl. auch Reidt/ Stickler, BauR 1997, S. 365 [365], bezogen auf den Teil Bau, Betrieb und Unterhaltung im Rahmen des F-Modells, welches in diesem Punkt identisch mit dem A-Modell ist, bevor es im Rahmen der jeweiligen Vergütung zu Unterschieden kommt.

320 OVG NRW, Beschluss vom 04.05.2006, Az.: 15 E 433/06.

321 So auch Schmitt, S. 135, m.w.N. in Bezug auf das in diesem Punkt identische F-Modell und den zugrunde liegenden Vertrag.

fung zu installieren,[322] und gleichzeitig eine öffentliche Aufgabe, die Bereitstellung und Schaffung von Verkehrsinfrastruktur, zu erfüllen.[323] Daher wird angeführt, dass der PPP-Vertrag darauf abziele, einen Privaten in die Erfüllung der sog. Straßenbaulastaufgaben einzubinden. Wie *Rösch* schreibt, bleibt beim A-Modell die Letztverantwortung und die Straßenbaulast beim öffentlichen Partner.[324] Gleiches gilt beim F-Modell. Und wie zuvor beschrieben[325], übernimmt der Private nur die Erfüllung einer dem Staat obliegenden Aufgabe, deren vollständige Übertragung des Baus, der Finanzierung und des Betriebs des Bundesfernstraßennetzes nach jetzigem Gesetzesstand nicht möglich wäre.[326] Nichtsdestoweniger handele es sich bei der Erfüllung der dem öffentlichen Partner obliegenden Aufgabe des Baus, des Betriebs und der Finanzierung um das Tragen der sog. Straßenbaulasten, die Last selbst verbleibt beim öffentlichen Partner, sodass der damit zusammenhängende Sachverhalt, also auch der dies regelnde PPP-Vertrag, dem öffentlichen Recht zuzuordnen wäre, auch wenn die Straßenbaulast nur eine formale Rechtsposition bezeichnet.[327] Denn wenn die Verwaltung als öffentlicher Partner die Aufgaben der Straßenbaulast selbst erfüllen würde, würde sie nach Ansicht *Rösch*s öffentlich-rechtlich tätig werden.[328] Dies wiederum hätte zur Folge, dass der hier interessierende Vertrag eine ursprünglich dem öffentlichen Recht zuzuordnende Materie regeln würde, sodass der Gegenstand des Vertrages zum öffentlichen Recht gehören könnte.

Ähnlich argumentiert *Schmitt* in Bezug auf das F-Modell, denn der F-Modellvertrag ziele auf eine Erfüllung der Straßenbaulastaufgaben unmittelbar durch den Privaten ab, der Bau, Betrieb und Instandhaltung während der Vertragslaufzeit verantwortet und über reine Hilfstätigkeiten hinausgeht.[329] Dies rechtfertige es, aufgrund der engen „Beziehung zwischen den verwaltungsrechtlichen Pflichten des Straßenbaulastträgers und den vom Privaten übernommenen Verpflichtungen“ die vertragliche Vereinbarung zwischen beiden Parteien als öffentlich-rechtlich einzustufen.[330]

---

322 Also Herstellung und Bau durch Ausschreibung oder ggf. durch Eigenbetriebe, Betrieb durch Bauhöfe o.ä..

323 Vgl. BT- Drs. 15/5668, S. 1, 10.

324 Rösch, S. 173.

325 S.o., 1. Kapitel, C, II.

326 Maunz/Dürig: Gröpl, Art. 90, Rn. 77 (49. Lfg. März 2007).

327 So auch Rösch, S. 173.

328 Rösch, S. 173.

329 Schmitt, S. 134.

330 Schmitt, S. 134; ggf. einzelfallabhängig, Gutachten Konzessionsvertrag, S. 62f., S. 65, S. 210.

Beide würden daher den NPPP-Vertrag sowohl im F- als auch im A-Modell dem öffentlichen Rechtsregime unterwerfen.

c. Rückschlüsse aus anderen Verträgen

Für die Annahme eines gesamt-öffentlich-rechtlichen Vertrages liefert das Gutachten zum A-Modell-Konzessionsvertrag schlagkräftige Argumente:

So weise der Unternehmervertrag im Rahmen der Tierkörperbeseitigung nach dem Tierkörperbeseitigungsgesetz Parallelen zum NPPP-Vertrag im A-Modell auf,[331] was auch im F-Modell gelten muss. In beiden Fällen könnten staatliche Pflichten nicht auf einen Privaten übertragen werden, er erfülle sie nur. Dies gelte im Bereich der Tierkörperbeseitigung, obwohl nach der neueren Gesetzesfassung eine Übertragung der Beseitigungspflicht auf den Privaten gem. § 4 Abs. 1, 4 TierKBG möglich ist, da das Gesetz an der prinzipiellen Aufgabenerfüllung durch öffentlich-rechtliche Körperschaften festhalte.[332] Die jeweiligen Tätigkeiten blieben aufgrund der öffentlichen Aufgabe in das öffentlich-rechtliche „Pflichtennetz" eingebunden und der Abschluss des jeweiligen Vertrages setze zwingend voraus, dass der Konzessionsgeber Träger hoheitlicher Gewalt sei. Dementsprechend habe das Bundesverwaltungsgericht mit Urteil vom 26.01.1995 entschieden, dass ein Unternehmervertrag zur Tierkörperbeseitigung zwischen dem Hoheitsträger und dem privaten Unternehmer öffentlich- rechtlicher Natur ist.[333] Aufgrund der Parallelen müsse dies auch beim A-Modell-Vertrag,[334] und auch beim F-Modell gelten.

Dagegen lässt sich zwar anführen, dass, wenn sowohl die Pflicht als auch die Erfüllung einer öffentlichen Aufgabe auf Private übertragen werden kann, wie dies im Falle der Tierkörperbeseitigung offensichtlich möglich zu sein scheint, der Vertrag auch zivilrechtlich gestaltbar sein muss. Denn im Fall der Pflichtenübertragung findet eine materielle Privatisierung statt. Wenn in einem solchen Fall der dies regelnde PPP-Vertrag nicht zivilrechtlicher Natur sein sollte, fragt sich, wann es sonst der Fall wäre, da kaum noch eine Einbindung in ein öffentlich-rechtliches Pflichtennetz bestünde.

Allerdings ist ein Vergleich mit § 16 Abs. 1 KrW/-AbfG möglich, auch wenn diese Vorschrift mittlerweile durch § 22 KrWG ersetzt wurde, ohne das damit diesbezüglich eine Änderung einhergehen sollte.[335] Nach dieser Vorschrift kann der öffentlich-rechtliche Entsorgungsträger die Erfüllung der öffentlichen

331 Gutachten Konzessionsvertrag, S. 64f..
332 Gutachten Konzessionsvertrag, S. 64 f..
333 BVerwG, NVwZ 1996, S. 171 [171f.].
334 Gutachten Konzessionsvertrag, S. 65.
335 BT-Drs. 17/6052, S. 90.

Entsorgungspflicht per Vertrag auf einen Dritten übertragen. Zwar ist dieser i. d. R. als zivilrechtlicher Vertrag einzustufen. Wenn jedoch der Inhalt des Vertrages die selbstständige Erfüllung der öffentlichen Entsorgungsaufgabe/Pflicht ist, kann auch ein öffentlich-rechtlicher Vertrag vorliegen,[336] und zwar immer dann, wenn die geschuldete Leistung des Privaten gerade die öffentlich-rechtliche Verpflichtung darstellt.[337] Außerdem konnte die Übertragung zur Erfüllung nur mit Zustimmung des öffentlich-rechtlichen Entsorgungsträgers stattfinden, sodass, unter Beachtung der Entscheidung des Bundesverwaltungsgerichts, keine Entlassung aus dem öffentlich-rechtlichen Pflichtennetz erfolgt.

Wenn also im Falle der Tierkörperbeseitigung die Übertragung nach Anhörung des öffentlich-rechtlichen Entsorgungsträgers erfolgen kann, und der Private trotzdem in das öffentlich-rechtliche Pflichtennetz eingebunden bleibt, muss dies erst recht gelten, wenn die Übertragung nur nach Zustimmung des Verpflichteten erfolgen kann. Denn in beiden Fällen wird die primäre Entsorgungspflicht dem öffentlichen Recht zugeordnet und die Klassifikation als öffentliche Aufgabe aufgrund der Wichtigkeit (Seuchengefahr) nicht aufgehoben.[338] In beiden Fällen muss die Erledigung genauso erfolgen, als wenn der öffentliche Entsorgungsträger die Aufgaben selbst wahrnimmt,[339] selbst bei einer Art der Privatisierung, bei der eigentlich der Staat aus seiner Gewährleistungsfunktion üblicherweise entlassen ist. Daher kann von einer verbleibenden Einbindung in das öffentlich-rechtliche Pflichtennetz dann ausgegangen werden, wenn die Erfüllung der Aufgabe genau die dem Übertragenden aufgegebene Verpflichtung darstellt und die Übertragung nur mit Zustimmung des Verpflichteten erfolgt.

Dadurch wird einerseits die öffentliche Aufgabe erfüllt, andererseits erfolgt durch das Zustimmungsbedürfnis keine Entlassung aus dem öffentlichen Pflichtennetz, sodass der Vertrag auch dem öffentlichen Recht entsprechen kann. Im Umkehrschluss, bezogen auf die NPPP-Verträge im Straßenbau, muss dieses erst recht bedeuten, dass aufgrund der mangelnden Übertragungsmöglichkeit der Pflicht auf Private noch eine stärkere Einbindung in das öffentlich-rechtliche Pflichtennetz vorliegt, sodass der NPPP-Vertrag öffentlich-rechtlich wäre. Dies gilt unter der Geltung des neuen § 22 KrWG auch für die Abfallentsorgung, da eine komplette Entlassung, also Übertragung der Pflicht auf Dritte, nicht mehr möglich ist.

336 Giesberts/Reinhardt: Dippel, § 16 KrW/-AbfG, Rn. 4; Giesberts/Reinhardt: Dippel, § 22 KrwG, Rn. 4.

337 J/P/W: Schink, Bd. 2, § 16 KrW/-AbfG, Rn. 47 (5. Lfg., August 1998).

338 Siehe BVerwG, NVwZ 1996, S. 171 [171f.].

339 Siehe BVerwG, NVwZ 1996, S. 171 [171f.].

d. Bewertung

Diese Parallele kann jedoch nicht darüber hinwegtäuschen, dass hinsichtlich der Einordnungen Unsicherheiten bestehen, und zwar einerseits bezüglich der zivil- und der öffentlich-rechtlichen Vertragsteile, andererseits, ob überhaupt eine einheitliche Bewertung erfolgen kann oder soll.

Die Argumentation von *Rösch* zur Einordnung des A-Modell-Vertrages ist kritisch zu hinterfragen. Sie geht von einem öffentlich-rechtlichen Vertrag aus, da der öffentliche Partner die Aufgaben der Straßenbaulast, nimmt er sie selbst vor, öffentlich-rechtlich tätig wird.[340] Dem öffentlichen Partner stehe aber ein Wahlrecht „hinsichtlich der Mittel zu, derer" der öffentliche Partner sich zur Erfüllung seiner Aufgaben bedienen könne.[341] Daher könne der öffentliche Partner das betroffene Rechtsverhältnis, „die Erfüllung der Aufgaben aus der Straßenbaulast", öffentlich-rechtlich oder zivilrechtlich bestimmen und damit Einfluss auf die Rechtsnatur des Vertrages nehmen.[342] Daher soll der Vertrag, der den Privaten in die Erfüllung der Straßenbaulast einbindet, öffentlich-rechtlicher Natur sein, da die „öffentliche Hand unstreitig öffentlich-rechtlich tätig wird"[343].

Dieser Begründung ist nicht zu folgen, denn sie würde bedeuten, dass, wenn der öffentliche Partner eine öffentliche Aufgabe selbst erfüllt und dies in öffentlich-rechtlicher Form geschehen würde, die Erfüllung der Pflicht durch private Dritte auf Basis eines Vertrages auch immer öffentlich-rechtlich sein müsse. Dagegen spricht schon, dass die öffentliche Hand ihre Aufgaben sowohl in zivil- als auch öffentlich-rechtlicher Form erbringen kann, sofern keine öffentlich-rechtlichen Vorschriften entgegenstehen. Zwar kann die Straßenbaulast durch den öffentlichen Partner aufgrund von Art. 90 GG nicht auf einen Privaten übertragen werden. In welcher Form die Straßenbaulast durch den öffentlichen Partner erfüllt wird, ist dagegen nicht vorgeschrieben. Diese kann mit öffentlich-rechtlichen Mitteln im Rahmen der Hoheitsverwaltung vorgenommen werden oder auch als schlicht hoheitliches Handeln.[344]

Darüber hinaus sind nicht alle Tätigkeiten privater Unternehmen, die mit dem Straßenbau zusammenhängen und „die irgendwie von Behörden veranlaßt werden", hoheitlicher Natur und damit öffentlich-rechtlich.[345] „Das gilt insbesondere nicht, wenn Arbeiten von privaten Unternehmern selbständig … ausge-

340 Rösch, S. 173.

341 Rösch, S. 173.

342 Rösch, S. 173.

343 Rösch, S. 174.

344 Maunz/Dürig: Gröpl, Art. 90, Rn. 45 (49 Lfg. März 2007).

345 BGH NJW 1973, S. 1650 [1651].

führt werden."[346] Dies bedeutet im vorliegenden Fall der nutzerfinanzierten A- und F-Modelle, da es sich um einen partnerschaftlichen PPP-Vertrag zwischen den Parteien handelt, dass der private Partner bei seinen Maßnahmen nicht weisungsgebunden ist, wie dies zu erwarten wäre, wenn er reiner Verwaltungshelfer oder aufgrund eines Verwaltungsaktes tätig wäre.

e. Zusammenfassung

Trotzdem sind die Argumentationslinien von *Rösch* und *Schmitt* sowie der Entscheidung des Bundesverwaltungsgerichts wieder aufzunehmen und weiterzuentwickeln.

Die Erfüllung der Aufgabe muss komplett, nicht nur in einzelnen Aspekten, auf den privaten Partner übertragen werden. Er muss die Aufgabe selbst, direkt und unmittelbar erfüllen. Der öffentliche Partner darf nur dann „auftreten", wenn er seiner formalen Gewährleistungsfunktion gerecht werden müsste. Wenn dann der öffentliche Partner in der Aufgabenerfüllung durch den privaten Partner komplett ausgetauscht ist, muss dieser Vertrag dem öffentlichen Recht zugeordnet werden. Dies ist jeweils in den Fällen des Tierkörperbeseitigungsgesetzes und war bei der Abfallbeseitigung unter Geltung von § 16 Abs. 2 KrW-/AbfG der Fall.[347] Dass das Kreislaufwirtschafts- und Abfallgesetz geändert wurde, ändert an der Einordnung nichts. Denn die Aufgabe erfüllt jeweils unmittelbar der Private, während der öffentliche Partner im Verhältnis zum privaten Drittnutzer nicht (kaum) in Erscheinung tritt, gleichzeitig aber alles „überwacht".

Dies gilt für die A- und F-Modelle, ist aber grundsätzlich anders als im Bereich des Hochbaus. Dort kommt das Gutachten zu PPP im öffentlichen Hochbau zu dem Ergebnis, dass der PPP-Vertrag zur Erstellung von Hochbauvorhaben dem privaten Recht unterliegt, da Gegenstand der Verträge nicht die unmittelbare Erfüllung einer öffentlichen Aufgabe durch den Privaten ist, sondern der öffentliche Partner zur eigenen Erfüllung der Pflicht erst durch die Leistung des Privaten in die Lage versetzt wird.[348] Beim A- und F-Modell wird dagegen die Pflicht direkt durch den privaten Partner erfüllt; und dies beim F-Modell sogar so weit, dass der öffentliche Partner nach außen gar nicht mehr auftritt. Aber

346 BGH NJW 1973, S. 1650 [1651].

347 Dies bleibt auch so bei Geltung von § 22 KrWG, da die Erfüllung, also das Agieren nach außen, auf Dritte übertragen werden kann, gleichzeitig aber die bisherigen Pflichtenübertragungen gem. § 72 KrwG bestehen bleiben.

348 Vgl. Gutachten „PPP im öffentlichen Hochbau", Band 2, Teilband 1, Stand: August 2003, S. 137, abrufbar unter http://www.bmvbs.de/cae/servlet/contentblob/31810/publicationFile/629/gutachten-ppp-im-oeffentlichen-hochbau-band-2-teilband-1.pdf, abgerufen am 12.07.2013.

auch im A-Modell tritt der öffentliche Partner nur noch indirekt über die VIFG GmbH nach außen in Erscheinung.

Der private Partner rangiert vor dem öffentlichen Partner und erfüllt die Pflicht selbst und unmittelbar. Bei dieser Pflicht handelt es sich um eine öffentliche Pflicht, da eine öffentliche Aufgabe bzw. fakultative Staatsaufgabe erfüllt wird. Dadurch rechtfertigt es sich, dass der private Partner gegenüber den privaten Nutzern in das öffentlich-rechtliche Pflichtennetz so eingebunden bleibt, als wenn der öffentliche Partner selbst die Aufgabe erfüllen würde. Der abgeschlossene NPPP-Vertrag ist dem Gebiet des öffentlichen Rechts zuzuordnen, da sonst der öffentlichen Hand eine Flucht ins Privatrecht gelingen würde und nur auf sekundärer Ebene, also zwischen öffentlichem und privatem Partner, direkt öffentliches Recht beachtet werden würde.

Ansprechpartner nach außen bleibt der private Partner; ein Nutzerkontakt findet für den öffentlichen Partner gar nicht mehr statt bzw. beim A-Modell nur indirekt über die eigene VIFG GmbH und das von der VIFG GmbH zur Erfassung eingesetzte privatrechtliche Unternehmen „toll collect".

f. Verwaltungskooperationsrechtlicher Vertrag

Gerade in Bezug auf die konzessionsrechtlichen sowie werkvertraglichen Elemente des Vertrags bestehen Unsicherheiten bei der Einordnung des Rechtsregimes, genauso hinsichtlich der Tatsache, dass eine Einbindung in ein öffentliches Pflichtennetz zwar besteht, der öffentliche Partner nach außen kaum mehr auftritt. Daher ist die Idee eines neuen öffentlich-rechtlichen Vertragstypus aufzugreifen und anzuwenden, um die Tätigkeit des Privaten im A-und F-Modell im Besonderen und bei PPP im Allgemeinen auf rechtssichere (kodifizierte) Füße zu stellen.[349] So wurde schon im Jahre 2004 ein Musterentwurf für die Änderung und Ergänzung des Verwaltungsverfahrensgesetzes beschlossen, der einen neuen § 54 Abs. 3 und § 56a VwVfG zur Normierung eines Kooperationsvertrages beinhalten sollte.[350]

Dieser ursprüngliche Entwurf stieß auf Kritik und ist bis heute nicht verabschiedet[351]; trotzdem kann der PPP-Vertrag bei Anwendung des zuletzt vorliegenden Wortlauts darunter subsumiert werden, zumal die Auflistung der Vertragstypen in § 54ff. VwVfG nicht abschließend ist,[352] und der Entwurfswortlaut dementsprechend (bisher) nur eine Definitionshilfe darstellt:

349 So auch der Vorschlag von Rösch, S. 174/175.

350 Schmitz, DVBl. 2005, S. 17 (21); Schmitz, KWI 2008, S. 51 (53ff.).

351 Schmitz, KWI 2008, S. 51 (54/59).

352 Ziekow, § 54, Rn. 36.

- *§ 54 Abs. 3 VwVfG: Die Behörde kann einen öffentlich-rechtlichen Vertrag auch schließen, um Private an der Erfüllung ihrer öffentlichen Aufgaben zu beteiligen; hoheitliche Befugnisse können nur übertragen werden, soweit dies durch Rechtsvorschrift zugelassen ist.*
- *§ 56 a VwVfG: Ein öffentlich-rechtlicher Vertrag im Sinne des § 54 Abs. 3 kann geschlossen werden, wenn die Behörde sicherstellt, dass ihr ein hinreichender Einfluss auf die ordnungsgemäße Erfüllung der öffentlichen Aufgabe verbleibt[353]. (…).*

Wie oben beschrieben, wird im A-Modell und dem dazugehörigen NPPP-Vertrag der Private mit der Erfüllung der dem öffentlichen Partner obliegenden Aufgabe betraut. Hoheitliche Aufgaben werden nicht übertragen, die Straßenbaulast als solche bleibt beim öffentlichen Partner und darf auch nicht übertragen werden. Der hinreichende Einfluss einerseits und die ausreichende Unabhängigkeit und Freiheit des Privaten bei der Erledigung seiner Aufgabe andererseits werden durch den abzuschließenden Vertrag sichergestellt. Eine klassische Einordnung in die Kategorie des Verwaltungshelfers erfolgt nicht.

Daraus ergibt sich, dass ein solcher zwischen den Parteien geschlossener Vertrag genau den Regelungsbereich treffen würde, den ein Verwaltungskooperationsvertrag regeln würde.[354] Dieser Vertrag wäre als öffentlich-rechtlicher Vertrag einzustufen.[355]

---

353 So nachzulesen bei Schmitz, DVBl. 2005, S. 17 (21).

354 So auch Rösch, S. 175; Gutachten Konzessionsvertrag, S. 65.

355 Dies könnte ein weiteres Argument aus dem allgemeinen Verwaltungsrecht möglicherweise bestätigen. In letzter Zeit ist der „Megatrend Rekommunalisierung" als Gegenbewegung zur Privatisierung aufgekommen (Bauer, DÖV 2012, S. 329 [329]). Daher führt Bauer aus, dass für die Rekommunalisierung ähnliche (heuristische) Rekommunalisierungstypologien bestimmen ließen, wie es umgekehrt bei der Privatisierung der Fall wäre Bauer, DÖV 2012, S. 329 [334, 337]). Wenn Bauer dann davon ausgeht, dass die verbindende dogmatische Klammer zwischen Privatisierung und Rekommunalisierung das Verwaltungskooperationsrecht, insbesondere das (öffentlich-rechtliche) Verwaltungsvertragsrecht ist (Bauer, DÖV 2012, S. 329 [337/338]), bedeutet dies im Umkehrschluss für die Privatisierung und die dortigen Vertragsverhältnisse, dass diese öffentlich-rechtlich sein müssen, wenn man den actus-contrarius-Gedanken auf diesen Fall übertragen würde. Jedoch setzt sich diese Herangehensweise dem Vorwurf des Zirkelschlusses aus, da, im Gegensatz zur actus-contraius-Theorie, nicht von der ersten Maßnahme auf die zweite Maßnahme geschlossen wird, sondern genau umgekehrt: von der zweiten Maßnahme auf die erste Maßnahme, sodass dieses Argument, trotz des richtigen Ansatzes, zu vernachlässigen ist.

Daraus ist der Wille (bisher nur) der Exekutiven[356] abzuleiten, diesen Sachverhalt einem öffentlich-rechtlichen Regime zu unterstellen, um der Bedeutung der Aufgabe und der Regelungsmaterie bei PPPs Rechnung zu tragen.

II. Zwischenergebnis A-Modell

Als Rückschluss für das Rechtsregime kann gefolgert werden, dass vieles dafür spricht, den A-Modell-PPP-Vertrag einem öffentlich-rechtlichen Regime zu unterwerfen. Zwar trägt der Vertrag wesentliche Elemente zivilrechtlicher Vertragstypen in sich, und auch die Mitwirkung an der Erledigung öffentlicher Aufgaben auf vertraglicher Basis macht diesen nicht automatisch zu einem öffentlich-rechtlichen Vertrag.[357] Trotzdem sprechen zunächst die oben aufgeführten Parallelen dafür, dass ein öffentlich-rechtlicher Vertrag vorliegt.[358] Der Private hilft nicht nur bei der Erfüllung einer öffentlichen Aufgabe mit, sondern die Straßenbaulast und die damit verbundenen Aufgaben stellen eine fakultative Staatsaufgabe dar, die unmittelbar durch ihn erfüllt wird. Dadurch ist auch der Schwerpunkt des Vertrages im Bereich des öffentlichen Rechts anzusiedeln und auch anders einzustufen als nur die Herstellung eines Gebäudes o. Ä, aus welchen heraus dann der öffentliche Partner eine öffentliche Aufgabe wahrnimmt. Denn während die werkvertraglichen Elemente allein die tatsächliche Ausübung und Erfüllung der Aufgabe betreffen, schwebt über allem die öffentliche Aufgabe: diese gibt dem Vertrag sein Gepräge, sie sorgt dafür, dass der öffentliche Partner eine Gewährleistungsverantwortung behält und mit Kontroll- und Einflussrechten ausgestattet ist, sodass die zivilrechtlichen Vertragselemente hinter diejenigen zurücktreten, welche die Erfüllung der öffentlichen Aufgabe garantieren. Nicht zuletzt ist zu berücksichtigen, dass ein (ggf. später normierter) Kooperationsvertrag genau diese Schnittstellenmaterie abdecken und damit solche Verträge dem öffentlichen Recht zuordnen soll. Diese Wertung ist aus den bisherigen Entwürfen und Stellungnahmen herauszulesen,[359] und ihr schon entsprechend vorab Rechnung zu tragen, da, wie geschrieben, die §§54ff. VwVfG keinen numerus clausus der Vertragstypen beinhalten, sodass schon jetzt ein Ver-

356 Der Bund/Länder-Entwurf beruht auf einer Konferenz der Verfahrensrechtsreferenten. von Bund und Länder.

357 Kopp/Ramsauer, § 54, Rn. 40bff..

358 Auch im Bereich der Tierkörperbeseitigung ist der Beseitigungsvorgang und die damit zusammenhängenden Tätigkeiten, Aufgaben und Pflichten typischerweise Charakteristika von Werkverträgen.

359 Schmitz, DVBl. 2005, S. 17 (18ff.); Schmitz, KWI 2008, S. 51 (52ff.); Reicherzer, DÖV 2005, S. 603 [603/604]; eingeschränkt: Kopp/Ramsauer, § 54, Rn. 40d.

waltungskooperationsvertrag i. S. v. § 54 VwVfG angenommen werden kann, auch deswegen, weil so der Kooperations- und Partnerschaftsgedanke des NPPP-Vertrages betont wird.

III. Zwischenergebnis F-Modell

Dies gilt auch im Bereich des F-Modells, wobei beim F-Modell genauer zu trennen ist.

Denn gem. § 1 Abs. 2 FStrPrivFinG schließen der öffentliche und der private Partner einen Vertrag über den Bau, Betrieb, Finanzierung und Erhaltung eines sog. Erschwernisabschnittes, während die Mauterhebungsberechtigung per Beleihung durch Rechtsverordnung gem. § 2 FStrPrivFinG erfolgt[360].

Der Akt der Beleihung ist unstreitig als öffentlich-rechtlich zu deklarieren.

Schmitt kommt daher zu dem Ergebnis, es handele sich insgesamt um einen öffentlich-rechtlichen Vertrag.[361]

Dem ist zuzustimmen, auch wenn es sich bei dem F-Modell mehr noch als beim A-Modell um eine Baukonzession i. S. v. § 22a VOB/A handelt,[362] sodass zivilrechtlich geprägte Elemente, vor allem werkvertragliche, in den Vertrag einbezogen werden.

Allerdings, wie oben schon zum A-Modell beschrieben, besteht eine enge Verknüpfung mit den Aufgaben des Staates, auch wenn die Straßenbaulast nicht mit übertragen werden kann. Trotzdem ist aufgrund der Mauterhebung und der damit verbundenen, möglichen Beleihung die Verbindung mit dem öffentlichen Recht noch stärker und der Private wird noch mehr in die Erfüllung von Hoheitsaufgaben eingebunden, sodass dies dafür spricht, den Vertrag insgesamt auch dem öffentlichen Recht trotz zivilrechtlichen Einschlags zuzuordnen.

Dabei gilt, ebenso wie beim A-Modell, dass auch das F-Modell unter den neu zu schaffenden Verwaltungskooperationsvertrag zu subsumieren wäre.[363]

---

360 BT-Drs. 12/6884, S. 5.

361 Schmitt, S. 134.

362 Schmitt, S. 134/ 135 noch zum vorherigen § 32, a VOB/B, ebenso wie Horn, ZfBR 2004, S. 665 [670]; vgl. auch BT-Drs. 12/6884, S. 5.

363 § 54 Abs. 3 VwVfG: Die Behörde kann einen öffentlich-rechtlichen Vertrag auch schließen, um Private an der Erfüllung ihrer öffentlichen Aufgaben zu beteiligen; hoheitliche Befugnisse können nur übertragen werden, soweit dies durch Rechtsvorschrift vorgesehen ist. Der Private würde an der Erfüllung der Straßenbaulast beteiligt; die Letztverantwortung liegt beim öffentlichen Partner mangels Möglichkeit der materiellen Privatisierung. Zusätzlich sind die Voraussetzungen geschaffen, eine Beleihung vorzunehmen.

Denn der Verwaltungskooperationsvertrag liegt vor, wenn Behörden und private Partner die gemeinsame Durchführung von Aufgaben und Projekten im öffentlichen Interesse außerhalb einer Subordination vereinbaren,[364] wie dies im Rahmen der Infrastrukturerstellung bei einem F-Modell der Fall ist. Daher ist die in dem Vertrag zu regelnde Materie dem öffentlichen Recht zuzuordnen, da der Bau, Betrieb und Erhalt von Bundesfernstraßen gem. Art. 90 GG als Aufgabe dem Bund/ Land zugeordnet ist.

Zwar ist bislang ein kooperationsrechtlicher Vertrag noch nicht gesetzlich geregelt, so lange sollen solche Verträge jedenfalls den koordinationsrechtlichen Verträgen zuzuordnen sein und damit dem öffentlichen Recht unterfallen.[365]

IV. Übertragbarkeit auf andere NPPP-Bereiche?

Nachdem oben festgestellt wurde, dass die Modellverträge beim A-und F-Modell als öffentlich-rechtliche verwaltungskooperationsrechtliche Verträge einzustufen sind, gilt dies nun auch für die anderen möglichen, zuvor schon angesprochenen Modelle der Nutzerfinanzierung.

1. Wasserver- und -entsorgungsverträge

Die Wasserver- und -entsorgung stellt einen Bereich dar, in dem zwar eine Pflichtenübertragung möglich ist, tatsächlich dafür aber regelmäßig die rechtlichen Voraussetzungen auf Landesebene fehlen. Dies bedeutet, dass der öffentliche Partner überwiegend seine formale Gewährleistungsfunktion behält und eine Ausgliederung aus dem öffentlichen Pflichtennetz nicht erfolgt, da eine fakultative Staatsaufgabe erfüllt wird. Auch spricht für eine Einordnung als öffentlich-rechtlicher Vertrag, dass der sog. verwaltungskooperationsrechtliche Vertrag auch in diesem Fall der Zusammenarbeit der einschlägige Vertragstyp wäre, der die Zusammenarbeit definitorisch am besten fasst.

2. Verträge im Bereich Schwimmbäder

Ähnlich verhält es sich im Bereich der Schwimmbäder. Allerdings ist die Ausprägung der Erledigung einer öffentlichen Aufgabe nicht so stark, wie dies bei der Abfallentsorgung oder der Infrastruktur der Fall ist. Daher besteht auf der einen Seite kein ausgeprägtes öffentlich-rechtliches Pflichtennetz, auf der ande-

364 Vgl. Kopp/Ramsauer, § 54, Rn. 49a; vgl. Bader/Ronellenfitsch: Kämmerer, § 54, Rn. 86.

365 Bader/Ronellenfitsch: Kämmerer, § 54, Rn. 86.

ren Seite wird trotzdem von der Erledigung einer öffentlichen Aufgabe auszugehen sein. Dies wiederum bedeutet, dass die Definition eines verwaltungskooperationsrechtlichen Vertrages auch in diesem Fall die Zusammenarbeit zwischen öffentlicher Hand und Privat am besten umschreibt.

So lange der verwaltungskooperationsrechtliche Vertrag nicht normiert ist, ist daher aufgrund des schwächeren öffentlich-rechtlichen Pflichtennetzes zwar mit obiger Argumentation auf einen öffentlich-rechtlichen Vertrag abzustellen. Allerdings wird der Einzelfall dabei näher zu betrachten sein, also welche öffentlichen Aufgaben im Rahmen des Schwimmbadbetriebes tatsächlich erfüllt werden (z. B. allgemeiner Schul- und Vereinssport). Je mehr das Schwimmbad für andere Dinge genutzt wird, desto weniger ist von einem Pflichtennetz und einer Zuordnung zu einem öffentlich-rechtlichen Sachverhalt, also auch einem öffentlich-rechtlichen Vertrag auszugehen sein.

3. Abfallentsorgung

Wie oben schon erwähnt, können Abfallentsorgungsverträge sowohl zivil- als auch öffentlich-rechtlicher Natur sein. In Abfallentsorgungsverträgen konnte der Entsorgungspflichtige unter Geltung von § 16 KrW-/AbfG die Erfüllung der Entsorgung sowie die Entsorgungspflicht selbst auf Dritte übertragen. Unter Geltung des neuen Kreislaufwirtschaftsgesetzes ist gem. § 22 KrwG nur noch eine Beauftragung Dritter zur Erfüllung der Aufgabe möglich, während die Laufzeit der Verträge, in denen eine Pflichtenübertragung gem. § 16 Abs. 2 Krw-/AbfG vorgenommen wurde, gem. § 72 KrWG nicht berührt wird.

Aufgrund der Wichtigkeit der Abfallentsorgung für das Zusammenleben aller in einer intakten und von gefährlichem Müll entlasteten Umwelt, handelt es sich um eine öffentliche Aufgabe.

Mit derselben Argumentation ist daher auch in diesem Fall davon auszugehen, dass für die Erfüllung oder vormals möglichen Übernahme der Pflicht selbst, da diese auch nur mit weiteren Voraussetzungen nach § 16 Abs. 2 KrW-/AbfG möglich war, was gem. § 72 KrWG auch weiter gilt, eine Eingebundenheit in das öffentliche Pflichtennetz bestehen bleibt. Denn die Vorschriften des Kreislaufwirtschaftsgesetzes, also die dort normierten öffentlich-rechtlichen Pflichten kommen auch zur Anwendung, wenn ein Privater die Aufgabe erfüllt, da sie einerseits die entsprechende gem. § 22 S. 3 KrWG Zuverlässigkeit besitzen müssen, andererseits der öffentlich-rechtliche Entsorgungsträger für den Abfall verantwortlich bleibt, und allein deshalb die ihm obliegenden Pflichten auf den Privaten weiterleitet. Ein verwaltungskooperationsrechtlicher Vertrag wäre einschlägig. Daher müsste auch hier ein NPPP-Vertrag dem öffentlichen Recht zuzuordnen sein.

V. Rechtsnatur NPPP-Verträge

Insgesamt ist daher festzuhalten, dass NPPP-Verträge überwiegend als öffentlich-rechtliche Verträge einzuordnen sind. Einzelfallabhängig kann auch ein zivilrechtlicher Vertrag vorliegen, da zivilrechtliche Elemente immer Bestandteil eines NPPP-Vertrages sein werden, da sie den Bau und Betrieb einer Infrastrukturdienstleistung im weitesten Sinne zum Gegenstand haben.

Öffentliche oder fakultative Staats-Aufgaben werden aber unmittelbar durch den Privaten erfüllt, während der öffentlichen Hand regelmäßig eine Gewährleistungsfunktion obliegt. Dadurch werden die Aufgabe und deren Erfüllung nicht aus dem öffentlich-rechtlichen Pflichtenkreis entlassen, sodass der private Partner diesen Pflichten weiterhin unterliegt und sie im NPPP-Vertrag durch die öffentliche Hand immer festgeschrieben werden (müssen). Demnach ist der wesentliche Bestandteil des Vertrages und damit der Vertrag insgesamt dem öffentlichen Recht zuzuordnen. Die gefundene Definition einer NPPP ist insoweit zu ergänzen.

D. Haushalterische Einordnung der NPPP-Projekte

Zur Analyse der NPPP-Modellverfahren nach Feststellung der Rechtsnatur des NPPP-Vertrages gehört auch, eine haushalterische Einordnung vorzunehmen, und zwar insbesondere dann, wenn mögliche Verfahrensverbesserungen in einem weiteren Schritt zu prüfen sind. Denn die NPPP-Projekte sind entstanden, um eine bessere, schnellere und effektivere Erfüllung öffentlicher Aufgaben zu gewährleisten. Entstehen NPPP bedingt oder begünstigt durch die allgemeine Haushaltslage, muss überprüft werden, ob und wie sie i. S. d. Haushaltsrechts zu bewerten und einzuordnen sind.

Dabei sind die (N)PPP-Elemente, Boni und Verfügbarkeitselemente im Rahmen der Wirtschaftlichkeitsprüfung zu begutachten, welche, wie oben festgestellt, Bestandteil der Musterverträge sind und auch auf NPPP-Verträge zu übertragen sein dürften, sowie eine Einordnung im staatsschuldenrechtlichen Sinne vorzunehmen.

I. Wirtschaftlichkeitsuntersuchung

Bei Abschluss des PPP-Vertrages bzw. bei der Entscheidung für eine PPP hat der öffentliche Partner seine haushalterischen Vorschriften zu beachten. So sind die Gebote der Wirtschaftlichkeit und Sparsamkeit beim Handeln der öffentlichen Hand zwingend.[366]

Dies umfasst gem. § 7 Abs. 1 S. 2 BHO auch, ob die Erfüllung einer Aufgabe durch einen Privaten nicht günstiger und effizienter ist als die Eigenerledigung durch den Staat. Dabei soll die Ausrichtung jeglichen Verwaltungshandelns an dem Grundsatz der Wirtschaftlichkeit die bestmögliche Nutzung von Ressourcen bewirken.[367] Dies bedeutet, dass die Entscheidung für eine (N)PPP diesen Kriterien genügen muss und, wenn es um die konkrete, typische, optimale Vertragsgestaltung geht, die benannten haushalterischen Grundsätze eingehalten sind.

Dazu dient zunächst eine Wirtschaftlichkeitsuntersuchung, ob eine Eigendurchführung oder eine (N)PPP die wirtschaftlichere Variante der Erfüllung ist.[368]

Dabei wird in dieser Untersuchung unterstellt, dass bei (N)PPP-Projekten die vertragliche Ausgestaltung einzelner Projekte individuell ist und je nach Projektart und -größe sehr unterschiedlich ausfallen kann, jedoch regelmäßig sinngemäß ähnliche oder gleichlautende Elemente aufgenommen werden. Dabei gilt es in dieser Analyse zu überprüfen, ob und welche vertraglichen Konstruktionen und Besonderheiten in eine Wirtschaftlichkeitsuntersuchung einzubeziehen sind und wie sie sich haushalterisch bei der Begutachtung für und gegen NPPP auswirken.

1. Anschubfinanzierungen

Im Rahmen der Wirtschaftlichkeitsprüfung ist schon von Beginn an die Möglichkeit einer Anschubfinanzierung zu berücksichtigen. Damit wird das Risiko des privaten Partners in Anbetracht des hohen Investments gerade zu Beginn abgemildert. Zu einer solchen Anschubfinanzierung kann sich der öffentliche Partner im Rahmen des Vertrages auch verpflichten.[369]

Durch das ÖPP-Beschleunigungsgesetz wurde klargestellt, dass eine Risikoverlagerung von dem öffentlichen auf den privaten Partner in den Wirtschaftlichkeitsuntersuchungen angemessen zu berücksichtigen ist, „wenn das Risiko

---

366 § 6 Abs. 1 HGrG, § 7 Abs. 1 S. 1 BHO.

367 Vgl. Gutachten Bund/Länder-Arbeitsausschuss „Haushaltsrecht und Haushaltssystematik" zu „Haushaltsrechtliche und haushaltssystematische Behandlung von ÖPP-Projekten", S. 18, abrufbar unter http://www.oepp-plattform.de/media/attachments/FMK_Leitfaden_Haushaltsrecht1.pdf, abgerufen am 12.07.2013.

368 § 7 Abs. 1, 2 BHO sowie im kommunalen Bereich beispielsweise § 75 Abs. 2 GO S-H, § 107 Abs. 1 Nr. 3 GO NRW.

369 Siehe beispielsweise § 3 Abs. 3 FStrPrivFinG.

von dem privaten Partner über eine Entgeltberechnung der öffentlichen Hand in Rechnung gestellt wird“[370].

Da diese Zahlung bei einer entsprechenden Verpflichtung fällig ist, muss sie auch schon auf der ersten Stufe der Wirtschaftlichkeitsuntersuchung berücksichtigt werden.

2. Bonusvereinbarung

Durch den Abschluss des PPP-Vertrages verpflichtet sich der öffentliche Partner, während der Vertragslaufzeit die Vergütung zuzüglich ggf. eines Bonus auszuzahlen, wie dies die Betrachtung der obigen Musterverträge zeigte. Bei einem NPPP-Projekt verpflichtet sich der öffentliche Partner dagegen regelmäßig nicht, ein Entgelt an den privaten Partner zu zahlen. Allerdings kann auch im Rahmen eines NPPP-Vertrages die Einführung von Bonus- oder Verfügbarkeitselementen eine sinnvolle Variante einer teilweisen, adäquaten Anreizvergütung zur Verbesserung der laufenden Betriebsobliegenheiten darstellen, sodass auch Bonusvereinbarungen im Hinblick auf NPPP-Projekte zu prüfen sind.

Bonuszahlungen sind in den Wirtschaftlichkeitsvergleich (PSC) dann einzustellen, wenn ein „Risiko von dem privaten Partner über eine Entgeltberechnung der öffentlichen Hand in Rechnung gestellt wird“[371].

Für die regelmäßig zu erfolgenden Entgeltzahlungen des öffentlichen Partners bei einer regulären PPP an den Privaten ist dies klar, da dieser das Risiko für die Errichtung, die Finanzierung und den Betrieb beispielsweise einer neuen Immobilie oder Infrastruktureinrichtung trägt, sich dies entsprechend vergüten lässt und über das Entgelt refinanziert.

Fraglich ist aber, ob auch die Vereinbarung einer Bonuszahlung ohne weiteres in den PSC mit eingestellt werden muss, und zwar sowohl bei einer PPP als auch bei einer NPPP.

Der typische Fall der Bonuszahlung ist die Verknüpfung mit und Abhängigkeit von der Einhaltung von Qualitätsstandards, sog. Service-Level-Agreements. Wie die Qualitätsstandards definiert werden, obliegt den Vertragsparteien, wie es am Beispiel des Vertragsmodells V beschrieben wurde. Bei den oben vorgestellten (N)*PPP*-Modellen obliegt der Betrieb während der Vertragslaufzeit dem privaten Partner. Dafür bekommt er eine regelmäßige Vergütung von dem öf-

370 Vgl. BT-Drs. 15/5668, S. 16.

371 Vgl. BT-Drs. 15/5668, S. 16.

fentlichen Partner oder den Nutzern, die auch die Betreiberkosten mit abdecken soll.[372]

Dadurch wird das Risiko für die Instandhaltung und die Einhaltung der Qualitätsstandards in den Bereich des Privaten verlagert. Dies ist in das regelmäßig zu zahlende Entgelt eingepreist bzw. dem durch Maut- und Schattenmaut zu erzielenden Entgelt, sodass die Risikoverlagerung des Betriebes mit der Vergütung verknüpft wird. Denn in der herkömmlichen Beschaffungsvariante obläge auch der Betrieb eines Gebäudes oder Einrichtung dem öffentlichen Partner.

Zu fragen ist jedoch, wie eine Bonus-Vereinbarung zu behandeln ist, die neben den „normalen" Betreiberobliegenheiten und der Vergütung ein zusätzliches Entgelt verspricht und dies für eine Leistung, die möglicherweise schon über das Betreiberentgelt (bei regulärer PPP) vergütet wird und darüber hinaus bei einem NPPP-Modell von dem öffentlichen Partner zu entrichten wäre. Eine derartige Aufteilung von Vergütungen ist aus dem Arbeitsrecht bekannt.

So kann bei Erfüllung der vertraglichen Leistung eine Zielvereinbarung erfüllt werden, die eine Zusatzvergütung fällig werden lässt, die als Arbeitsentgelt gilt und damit dem Synallagma „Arbeit gegen Lohn" entspringt.[373] Über Sonderzahlungen i. S. v. § 4a EFZG können beispielsweise andere Dinge belohnt werden, die nicht dem synallagmatischen Arbeitsverhältnis direkt entspringen, damit aber zusammenhängen, z. B. Anwesenheitsprämien.[374] Dementsprechend könnte damit auch eine vertragliche Übererfüllung honoriert werden.

a. „Normale" Vertragserfüllung

Die Musterverträge bzgl. des Inhaber- und Miet-PPP-Modells unterscheiden formal zwei Bonusregelungen derselben Kategorie: Zum einen soll die Bonuszahlung vom Unterschreiten bestimmter Mangelquoten bei Erfüllung der vereinbarten Betriebsleistungen abhängen, zum anderen von vorzunehmenden Service-Bewertungen, die wiederum auch auf einzuhaltende Mangelquoten abstellen.

Bei beiden Modellen soll grundsätzlich nur sichergestellt werden, dass die *Betreiber*aufgaben gut erfüllt werden, was mit einer Verknüpfung von vordefinierten Mängeln und Mängelbehebungsintervallen im (N)PPP-Vertrag sichergestellt wird und Bonuszahlung reduzieren kann. Werden die Mängelquoten unter-

372 Vgl. dazu z.B. Gutachten „PPP im öffentlichen Hochbau", Band 2, Teilband 1, Stand: August 2003, S. 128, 95, abrufbar unter http://www.bmvbs.de/cae/servlet/content blob/31810/publicationFile/629/gutachten-ppp-im-oeffentlichen-hochbau-band-2-teilband-1.pdf, abgerufen am 12.07.2013.

373 Dieterich/Hanau/Schaub: Preis, § 611 BGB, Rn. 494, 504.

374 Dieterich/Hanau/Schaub: Dörner/Reinhard, § 4a EFZG, Rn. 5ff..

schritten, wird neben der regulären Vergütung der Bonus fällig. Werden die Mängelquoten überschritten, fällt zunächst nur der Bonus weg. Dieser soll daher nur Anreiz geben, die ohnehin vertraglich geschuldete Leistung auch ordnungs- und vertragsgemäß zu erfüllen, deren Erfüllung über die regelmäßigen PPP-und Nutzerentgelte schon vergütet wird.

Diese Art der Bonusregelungen sind bei der Bewertung in den PSC mit einzustellen bei der Beurteilung, ob die Übernahme einer Aufgabe durch einen Privaten im PPP oder NPPP-Modell erfolgt.

Die Bonusvergütung wird fällig, wenn die vereinbarten Betreibertätigkeiten ordnungsgemäß ausgefüllt werden. Dies bedeutet, dass bei 100%iger Erfüllung der vereinbarten Betreiberobliegenheiten der Bonus zusätzlich zur regulären Vergütung für den Betrieb ausgezahlt wird. Denn einerseits ist die vertraglich geschuldete Leistung nur erfüllt, wenn die Betreiberleistung zu 100 % erbracht wurde (also keine Schlechtleistung im zivilrechtlichen Sinne). Dies wird ermittelt durch „Service-Bewertungen“, mit denen festgelegt wird, was als Erreichen der Betreiberleistung gilt. Dabei kann Bezug genommen werden auf einzuhaltende Mängelquoten, die sich zusammensetzen aus Auftreten, Art und Schwere der Mängel sowie Zeit bis zur Behebung,[375] oder auf andere Maßstäbe, die die Ordnungsgemäßheit der Erfüllung der Betreibertätigkeit bewerten können. Wird dies in der vertraglich vereinbarten Zeit durchgeführt, gilt die Betreiberleistung als erfüllt.

Zusätzlich wird ein Bonus ausgekehrt, der zusätzlich zur regulären Betreiber-Vergütung fällig wird. Bei NPPP-Projekten würde dies bedeuten, dass die öffentliche Hand diesen Bonus selbst auskehren müsste oder im Schattenmautmodell eine höhere Entgeltweiterleitung erfolgen müsste. Dies wäre entweder mit höheren Ausgaben oder mit Einnahmeeinbußen der öffentlichen Hand verbunden. Wird aber in der „Service-Bewertung“ nicht die volle Punktzahl erreicht, bleibt die Grundvergütung grundsätzlich gleich (auch wenn eigentlich eine Schlechtleistung vorliegt, sodass eine weitere Reduzierung i. S. v. §§ 280ff. BGB möglich wäre, vgl. § 49.5 des Mustervertrages zum Inhabermodell[376]), aber der Bonus wird ganz oder teilweise gestrichen.

Auf den ersten Blick scheint es paradox, dass diese Bonusvereinbarung in den PSC eingestellt werden soll. Denn die Aufgaben des ordentlichen, vertraglich vereinbarten Betriebs sind auf den Privaten übertragen, sodass er das Risiko

375 So im Mustervertrag zum Inhabermodell, abzurufen unter Abzurufen unter http://www.bmvbs.de/cae/servlet/contentblob/32280/publicationFile/703/leitfaden-5-inhabermodell.pdf, abgerufen am 12.07.2013.

376 Mustervertrag zum Inhabermodell, abzurufen unter http://www.bmvbs.de/cae/servlet/contentblob/32280/publicationFile/703/leitfaden-5-inhabermodell.pdf, abgerufen am 12.07.2013.

dafür tragen muss und entsprechend zunächst durch die normale, ordentliche Vergütung entlohnt wird, die in den PSC eingestellt wird[377]

Die Bonusvergütung nur für den Fall, dass die Betreiberleistungen ordentlich, also vertragsgemäß erfüllt werden, fällt daher zunächst nicht in den PSC, da einerseits kein „Mehr“ in Bezug auf die zu leistenden Aufgaben vereinbart und erwartet wird, sondern nur das „Ob“ und das „Wie“ der vertraglichen Leistung durch ein Anreizmechanismus abgesichert werden soll. Eine zusätzliche Risikoverlagerung auf den Privaten, rückvergütet über Boni, die im PSC zu berücksichtigen wären, findet von der Aufgabe her betrachtet nicht statt, da nur die ordentliche, vertraglich geschuldete Aufgabenerfüllung zusätzlich zur vertraglichen Erfüllung mit Anreizen versehen werden soll. Und dieses Risiko der regulären Vertragserfüllung ist durch die Einbeziehung des regelmäßigen Betreiberentgeltes in den PSC berücksichtigt. Die darüber hinausgehende Zahlungsverpflichtung eines Bonus, also eine Vergütung von 100 % plus X, wäre nicht erfasst, da dem Bonus X keine zusätzliche Risikoverlagerung auf den Privaten gegenübersteht, die nicht schon berücksichtigt wäre.

Dieses Ergebnis ist unbefriedigend, da auf der einen Seite nur eine Leistung steht, als Gegenleistung aber zwei Arten der Vergütung möglich sind, wobei die Grundvergütung die Risikoverlagerung schon abdeckt, der Bonus dann darüber hinausgeht, ohne eine zusätzliche Leistung und Risikoverlagerung zu erfassen. Es könnte daher ein Ungleichgewicht zwischen Leistung und Gegenleistung angenommen werden. Auch erscheint es unbefriedigend, dass die Bonuszahlungen deshalb in dem PSC nicht berücksichtigt werden sollen, weil keine *zusätzliche* Risikoverlagerung auf den Privaten stattfindet, die über Bonusverpflichtungen auf den öffentlichen Partner rückwirkt. Dies könnte dazu benutzt werden, dass die Grundvergütung geringer angesetzt wird und damit der PSC positiver ausfallen würde. Die Vergütungskompensation für den Privaten würde über einen Bonus erfolgen, der formal einfacher zu erreichen sein wird und die Risikoverlagerung der regulären Tätigkeit mit abdecken wird, ohne dass dies entsprechend im PSC berücksichtigt werden würde. Denn die ordentliche, vertragliche Erfüllung obliegender Leistung dürfte allein deshalb im Interesse des privaten Partners sein, um nicht schadensersatzpflichtig wegen einer Schlechtleistung zu werden. Daher wäre es widersinnig, die Grundvergütung herabzusetzen, um sie dann mit einem Bonus auf das Normalmaß wieder hinaufzusetzen, dessen Erreichung ja gerade vertraglich geschuldet ist und daher einer Bonifikation entgegensteht.

Zugegebenermaßen ist für diese Art der Betrachtung entweder eine kollusive Vorgehensweise der Vertragspartner nötig, was dem partnerschaftlichen Charakter des PPP-Modells widerspricht. Oder der private Partner würde über seine

---

377 BT-Drs. 15/5668, S. 16.

Entgeltkalkulation täuschen, also ob die Grundvergütung im Rahmen der allgemeinen Risikoverlagerung deckend wäre oder nicht, was erst recht dem partnerschaftlichen Charakter widersprechen würde.

Dies findet auch Unterstützung bei Betrachtung einer schleswig-holsteinischen, landesrechtlichen Regelung, wonach gem. § 5 des Gesetzes über die öffentlich-private Zusammenarbeit, ÖffPrivZusG, „sämtliche Kosten und Lasten sowie die Risikoverteilung in den Projektphasen der Planung, Realisierung und Abwicklung nach Vertragsbeendigung" in den PSC einzustellen sind.

Diese Definition geht über die in der Begründung des ÖPP-Beschleunigungsgesetzes hinaus, indem auch alle Kosten und Lasten erfasst werden. Dies deckt sich mit der gefundenen Lösung und dem Sinn und Zweck einer Wirtschaftlichkeitsuntersuchung, wonach die optimale Lösung zur Erfüllung einer öffentlichen Aufgabe gefunden werden soll.[378] Die Entscheidung darüber wäre unvollständig, wenn nicht alle tatsächlichen oder möglichen Kosten Berücksichtigung fänden. Daher scheint es gerecht, Bonuszahlungen, die der Absicherung und dem Anreiz vereinbarter Service-Levels dienen, in dem PSC auch dann zu berücksichtigen, wenn der Bonus originär keine *zusätzliche* Leistung belohnt, sondern nur das „Wie" der Leistung prämiert. Denn der PSC dient der Entscheidung darüber, welche Art der Beschaffung, also auf herkömmliche Weise oder durch PPP, billiger, besser und effektiver ist.[379] Dazu muss auch gehören, gerade im Hinblick auf haushalterische Vorschriften, alle tatsächlichen und möglichen Kosten zu erfassen, die im Rahmen der Vertragslaufzeit der PPP auftreten können. Nur so sind ein zutreffender Vergleich und eine richtige Entscheidung möglich.

Einfacher ist dabei die Beurteilung für NPPP-Projekte. Denn bei diesen erfolgt die Refinanzierung über die Nutzerentgelte. Der öffentliche Partner hat die Aufgabe des Betriebes auf den privaten Partner ausgelagert, ohne selbst dafür ein Kostenrisiko übernommen zu haben. Wenn er nun aber im Rahmen des NPPP-Vertrages Service-Level-Agreements hinsichtlich des Zustandes und des Betriebs einer Einrichtung trifft und dies mit Boni für die normale Erfüllung prämiert, obschon der private Partner die Nutzerentgelte erhält, findet eine Risikoverlagerung aufgrund der nutzerabhängigen Refinanzierung auf den Privaten statt, die durch Boni, zu zahlen durch den öffentlichen Partner, abgemildert wird. Daher sind in einem NPPP-Verfahren die Boni-Verpflichtungen klar in den PSC einzubeziehen.

Einzig stellt sich die Frage, in welcher Höhe die Boni in den PSC einzustellen sind. Die Gesamthöhe der Belastung, die sich durch die Boni ergeben kann,

---

378 BT-Drs. 15/5668, S. 10.

379 BT Drs. 15/5668, S. 10.

ist bekannt. Wie hoch sie tatsächlich ausfallen werden, hängt von der Ausführung des Privaten während der Vertragslaufzeit ab und ist durch den öffentlichen Partner nicht mehr zu beeinflussen. Dementsprechend ist es angemessen, in den Wirtschaftlichkeitsvergleich die Bonuszahlung nur in Höhe von 2/3 der maximal möglichen Vergütung zu berücksichtigen, da es nicht realistisch ist, dass der Bonus immer und in voller Höhe erreicht wird. Sonst würde der Charakter der Boni verändert und es sich um eine reguläre Vergütung handeln.

b. Zusatzleistung

Unberücksichtigt bleibt, wie es zu bewerten wäre, wenn zusätzliche Erfolge durch Bonusvereinbarungen vergütet würden, wenn also nicht die Erfüllung der regulären Betreiberleistungen und belohnt werden würde, sondern ein darüber hinausgehender Erfolg im Rahmen eines Bonus vergütet würde. Dann wäre der Bonus nicht nur als Prämie für die Normalleistung, sondern auch als Bonus für eine darüber hinausgehende Leistung zu definieren. Es würde die Übererfüllung der vertraglich geschuldeten Leistung durch Anreize belohnt.

Eine solche Regelung findet sich in § 42 des Musterkonzessionsvertrags des A-Modells.[380]

Danach soll belohnt werden, wenn Vertragsfristen vorzeitig erfüllt werden oder ein höherwertiger Zustand als vertraglich vereinbart erreicht wird. Die Auslobung eines Zusatzbonus für Leistung oberhalb der vertraglich vereinbarten Standard-Leistung, betrifft das „Ob" der Zusatzleistungen und nicht mehr das „Wie" der Erfüllung der vertraglichen Leistung.

Vorstellbar wäre das bei Immobilien, z. B. wenn im Vertragsmodell V eine Einsparung von 20 % der Energie- und Wärmekosten vorausgesetzt wird. Dass Erreichen der Einsparung sichert die Grundvergütung ohne Abschläge und kann zu einem Bonus führen, der das tatsächliche Erreichen der vertraglich geschuldeten Leistung zusätzlich belohnt. Wird eine Einsparung von z. B. 30 % erreicht, könnte für den überschießenden Teil ein „neuer" Bonus fällig werden, da der private Partner zu mehr als 100 % seine vertragliche Leistung erbracht hat, da zusätzliche 10 %, die nicht geschuldet, aber wünschenswert aus Sicht des öffentlichen Partners sind, erreicht werden.

In anderen Bereichen könnte dies z. B. mit dem schnelleren Erreichen von Fertigstellungsterminen oder der Verfügbarkeit von Infrastruktur erreicht werden. Der „normale" Bonus wäre fällig, wenn die Infrastruktur vertraglich vereinbart an 90 % der Tage zu 90 % zur Verfügung[381] steht. Steht die Leis-

380 Gutachten Konzessionsvertrag, S. 247.

381 Die Verfügbarkeit wäre dann zu definieren; ggf. über Stauzeiten oder Baustellen auf der Strecke. Pro Kilometer Stau gäbe es Maluspunkte, die die Verfügbarkeit der Strecke re-

tung/Infrastruktur dann an 100 % der vereinbarten Tage zur Verfügung oder mit einer Benutzbarkeit von 95 %,[382] wäre ein Bonus fällig, der eine Übererfüllung anregen soll, die letztendlich im Nutzen und Interesse des öffentlichen Partners ist.

Die dadurch möglicherweise zusätzlich auf den öffentlichen Partner zukommenden Kosten sind aber nur dann in den PSC mit einzustellen, wenn eine Risikoverlagerung auf den privaten Partner stattfindet, die dieser sich vergüten lässt, um eine ehrliche Abwägung zwischen der öffentlichen oder privaten Erledigung zu ermöglichen.[383] Eine Risikoverlagerung ist aber nur dann anzunehmen, wenn eine Leistung, die normalerweise bei Eigenerfüllung durch die öffentliche Hand erfüllt wird, auf einen Privaten übertragen wird, der dafür eine Vergütung erhält. Dementsprechend gibt es zwei Probleme, nämlich einerseits, ob überhaupt eine Verlagerung stattfindet und andererseits, wie dann der mögliche Bonus bei PPP und NPPP-Projekten zu beurteilen ist.

Zunächst spräche schon gegen eine Risikoverlagerung, dass die typischen Risikoverlagerungen die Bereiche Finanzierung, Bau, Betrieb und Kosten betrifft. Die Übererfüllung einer vertraglich vereinbarten Leistung ist darunter nur schwer zu subsumieren, da die normale vertragliche Erfüllung die Erfüllung der risikoverlagerten Grund-Leistung betrifft, ähnlich wie im Fall der „normalen" Vertragserfüllung. Eine Übererfüllung geht darüber hinaus und betrifft nicht mehr die vertragliche Basis der vereinbarten Leistung, da der öffentliche Partner im Eigenbetrieb eine Übererfüllung nicht (kaum) belohnt.[384] Die Übererfüllung der risikoverlagerten vertraglichen Leistung stellt ein aliud dar, da bei der Erledigung einer Aufgabe durch den öffentlichen Partner eine Anreizstruktur so[385]

---

duzieren. Fehlen diese, steht die Strecke zu 100% zur Verfügung, während vertraglich geschuldet eine geringere Prozentzahl erwartet wird (dies ist vereinfachend dargestellt; es bleibt außer Betracht, dass ggf. ein Verschulden oder höhere Gewalt Einfluss haben könnten).

382 Die Prozentzahlen bzgl. der Nutzbarkeit wären dann auch über Mängelprotokolle und Service Agreements mit entsprechenden Mechanismen vertraglich festzulegen.

383 BT Drs. 15/5668, S. 10.

384 Allenfalls im Rahmen der Budgetierung, vgl. dazu nachfolgende Fußnote.

385 Das Neue Steuerungsmodell und der damit eingebrachte Punkt der Budgetierung ist mit den Anreizmaßnahmen der freien Wirtschaft nicht vergleichbar. So schreibt Schuppert, dass es verschiedene Handlungsformen der Verwaltung gibt, u.a. auch ein Anreizsystem. Allerdings stellen diese Handlungsformen und Anreizmechanismen auf das Verhältnis Bürger – Staat ab und setzen dort den Anreiz, nicht aber im Verhältnis Staat – Staat (Schuppert, S. 135ff.). Das auf Flexibilisierung im Verhältnis Staat-Staat angelegte Neue Steuerungsmodell stellt haushalterisch auf das Instrument der Budgetierung ab (vgl. § 6a HGrG), um eine Flexibilisierung gegenüber dem starren Haushaltsvollzug anhand von Plänen und Einzeltiteln zu erlangen (Schuppert, S. 704). Der dadurch gesetzte

nicht möglich ist.[386] Es fehlt in der Regel der eigennützige Vorteil für den öffentlichen Partner bei bonusprämierter Eigenerledigung,[387] sodass ein Bonus im Sinne der Belohnung einer Übererfüllung nicht (kaum) existiert. Daher ist die Übererfüllung eine bonusprämierte Leistung, die kein Pendant in der Eigenerfüllung des öffentlichen Partners hat.

Wenn also eine Übererfüllung bei der Eigenerfüllung nicht existiert, kann dies, wenn dies beim privaten Partner belohnt wird, keine Risikoverlagerung darstellen. Denn es wird nichts verlagert, sondern nur ein neu geschaffenes Aufgabenfeld belohnt und zusätzlich entlohnt.

Ohne entsprechende Risikoverlagerung wäre die dafür entrichtete Vergütung auch nicht in den PSC einzustellen.[388] Diese Einschätzung gilt sowohl im Bereich von PPP als auch von NPPP-Projekten.

Anreiz betrifft aber aufgrund des Besoldungs- und Beamtenrechts zunächst keine persönliche Gratifikation der Amtsträger, sondern soll z.B. die Übertragbarkeit von Haushaltstiteln in das neue Haushaltsjahr ermöglichen. Also bei Einsparungen und Übererfüllung in Form einer Ressourcenschonung (Geld), ist es dem „Fachamt" möglich, die Haushaltstitel mit in das neue Haushaltsjahr zu nehmen, anstatt sie „verfallen" zu lassen oder auszugeben (Dezemberfieber) (vgl. Schuppert, S. 705). Dadurch entsteht ein Anreizsystem für die einzelne Verwaltungseinheit, ihre Pflichten aus dem Haushalt ressourcenschonend zu exekutieren, um so die ersparten Mittel im nächsten Haushaltsmittel zusätzlich zur Verfügung zu haben. Die Überbonuszahlungen können auch nur aufgrund der Budgetierung wirksam vereinbart werden. Denn normalerweise muss der Haushaltsplan vollständig sein, d.h. alle Eventualverbindlichkeiten müssen abgebildet sein, sodass auch die Boni in voller Höhe eingestellt werden müssten. Würde dann kein Bonus anfallen, würde dieser Haushaltstitel verfallen und könnte nicht ins nächste Haushaltsjahr übertragen werden (Thieme, S. 474f.), sodass jedes Jahr das Problem bestünde, wie weiter damit verfahren werden sollte. Einerseits würde der nicht genutzte Bonus verfallen, andererseits dürfte er auch nicht niedriger angesetzt werden, da der Haushaltsplan vollständig sein muss und es sein kann, dass 100% des Bonus fällig würden.

386 Zu beachten ist trotzdem die Bundesleistungsbesoldungsverordnung, die es ermöglicht, einem Amtsträger aufgrund langfristig guter Arbeit sowohl einen Bonus in Form einer Gehaltserhöhung zu gewähren als auch für einmalige besonders gute Leistung eine Prämie (Bonus) zuzuerkennen, §§ 3ff. BLBV. Allerdings beispielhaft bisher in Niedersachsen, wo nur in der W-Besoldung Leistungskomponenten erfasst sind, während bei Tarifbeschäftigten keine Leistungskomponente erhalten ist (Vortrag von Anja Tobinsky, 28.10.2010, „Leistungsvergütung zwischen Mythos und Realität", abzurufen unter http://www.uni-goettingen.de/de/194972.html, abgerufen am 12.07.2013) Beim Bund sollen dagegen in 98% der Dienststellen für Tarifbeschäftigte Leistungskomponenten aufgenommen worden sein (Vortrag von Anja Tobinsky, 28.10.2010, „Leistungsvergütung zwischen Mythos und Realität", abzurufen wie zuvor).

387 Änderungen können sich evtl. durch die Praxis der BLBV ergeben.

388 Vgl. BT-Drs. 15/5668, S. 16.

Allerdings kann die Übererfüllung der vertraglichen Leistung nicht darüber hinwegtäuschen, dass eine Grundverknüpfung mit der vertraglich vereinbarten, ursprünglichen Leistung besteht, da sie auf der ursprünglich vereinbarten Leistung beruht. Typischerweise werden Standards festgeschrieben, die im Rahmen des Betriebs zu erreichen sind. Werden sie übertroffen, wird der Zusatzleistungsbonus gemäß § 42 des Musterkonzessionsvertrages fällig. Daher bestünden grundsätzlich die oben schon skizzierten Gefahren, dass bei nicht nutzerfinanzierten *PPP*-Projekten die Grundvergütungen wegen Risikoverlagerung künstlich niedrig gerechnet würden, tatsächlich aber durch nur teilweise im PSC zu berücksichtigende Bonuszahlungen kompensiert würden, und dies einerseits durch Bonuszahlungen zur Erreichung der vertraglich geschuldeten Maßnahme als zusätzlicher Anreiz und andererseits als Bonus für die Übererfüllung der vertraglich geschuldeten Leistung.

Darüber hinaus ist aufgrund der Grundverknüpfungen der Leistungen nicht zu begründen, warum dieser Bonus nicht in den PSC gestellt werden sollte, da dieser für die öffentliche Hand auch ein monetär zu berücksichtigendes Risiko bildet. Dies gilt ebenfalls im Bereich der NPPP, da auch dieser Bonus zu Mehrausgaben (Mautmodell) oder Mindereinnahmen (Schattenmautmodell) des öffentlichen Partners führen würde.

Daher würde es nicht dem Willen des Gesetzgebers entsprechen, die Bonuszahlungen nicht in dem PSC zu berücksichtigen, da ohne ihre Berücksichtigung keine Aussage über die wirtschaftlichere Erledigung einer öffentlichen Aufgabe gemacht und sinnvoll entschieden werden kann. Denn Sinn und Zweck des PSC ist es, eine Vergleichbarkeit zwischen Eigen- und Fremderledigung von öffentlichen Aufgaben sicherzustellen.[389] Dazu gehört es vor allem, die Gesamtkosten gegeneinander abzuwägen und vergleichbar zu machen, um so entscheiden zu können, welche Erledigungsart wirtschaftlicher und ressourcenschonender ist.[390]

Dem würde es widersprechen, versteckte Kosten, soweit ermittelbar, nicht einzubeziehen.

Das wäre jedoch der Fall, wenn die Bonuszahlungen insgesamt, gleich ob PPP oder NPPP-Projekt, nicht miterfasst würden.

Wie schon ausgeführt, lässt es sich rechtfertigen, Boni nicht in voller Höhe zu berücksichtigen, da sie variabel sein können. Eine andere Vorgehensweise wäre auch im Hinblick auf § 6 Abs. 2 HGrG und § 7 Abs. 2 BHO nicht möglich, wonach für alle finanzwirksamen Maßnahmen Wirtschaftlichkeitsuntersuchungen durchzuführen sind. Dies bestätigt auch der oben schon beschriebene Blick in § 5 des Gesetzes über die öffentlich-private Zusammenarbeit.

---

389 Vgl. BT-Drs. 15/5668, S. 10, S. 16.

390 Vgl. BT-Drs. 15/5668, S. 10, S. 16.

c. Ergebnis

Fazit ist, dass Bonusvereinbarungen immer in den PSC einzubeziehen sind, ggf. mit einem Abschlag. Damit hat der öffentliche Partner bei der Prüfung eines PPP-Modells und der Vergütungsvereinbarung dies zu berücksichtigen.

3. Verfügbarkeitselemente

Eine ähnliche Problematik ergibt sich, wenn Partner von NPPP-Projekten im Rahmen des Vergütungsmechanismus eine (ergänzende) Honorierung für die Bereitstellung der zu leistenden Aufgabe vereinbaren.

Es wird für das Verfügbarhalten einer Strecke oder eines Gebäudes ein Entgelt entrichtet. Dies geschieht unabhängig davon, ob das Gebäude oder die Strecke genutzt wird, denn die Entlohnung für die Herstellung der Leistung ist mit seinem bzw. ihrem Zustand verknüpft, sodass es sich um die oben beschriebenen Boni handelt, nur nicht mehr als Bonus, sondern als Hauptvergütungsvereinbarung. Wenn nun bei einer Nutzerfinanzierung ein Verfügbarkeitselement einbezogen wird, indem der Private Anspruch auf eine Teilvergütung hat, wenn er bestimmte Strecken oder Gebäude in Bezug auf Betrieb, Service und Qualität, also die zu definierende Verfügbarkeit in dem vereinbarten Zustand nutzerunabhängig hält, wird ein Teil der Risikoverlagerung durch die an sich ausschließliche Nutzerfinanzierung wieder dem öffentlichen Partner „in Rechnung" gestellt. Die strikte Nutzerfinanzierung und Risikoverteilung wird aufgeweicht. Zwar hat der private Partner keinen regelmäßig wiederkehrenden vertraglichen Vergütungsanspruch, wie dies bei den Vertragsmodellen I bis IV der Fall ist. Trotzdem kann der Private die Vergütung erreichen, wenn er die Voraussetzungen, also seine „Leistung" erfüllt, ohne dass der öffentliche Partner darauf Einfluss nehmen könnte.

Daher rechtfertigt es sich, eine zumindest anteilige Verfügbarkeitsvergütung auch in die Wirtschaftlichkeitsuntersuchung einzubeziehen. Denn das Verfügbarhalten einer Strecke oder eines Gebäudes wird nun doch nicht mehr ausschließlich durch die Nutzer refinanziert, sondern das Refinanzierungsrisiko wird zum Teil auf den öffentlichen Partner abgewälzt, da dieser sich nutzerunabhängigen Verfügbarkeitsentgelten gegenübersieht und sich so die haushaltsferne Finanzierung relativiert.

Dabei gilt auch hier, dass diese Vergütung den Charakter einer Bonuszahlung haben sollte. Denn das Verfügbarkeitselement soll nicht die reguläre Nutzerfinanzierung ersetzen und stellt sich faktisch als „normaler" Bonus im oben beschriebenen Sinne dar.

4. Zwischenergebnis

Bei der Entscheidung, ob es zu einer Durchführung eines NPPP-Projektes kommt, sind alle entgeltrelevanten Parameter in eine Wirtschaftlichkeitsuntersuchung und den Wirtschaftlichkeitsvergleich einzubeziehen. Dies umfasst bei NPPP-Projekten auch etwaige Anschubfinanzierungen sowie Vergütungsverpflichtungen durch Bonus- oder Verfügbarkeitsabreden.

II. PPP-Entgelte, Boni und Verfügbarkeitszahlungen im Lichte des Haushaltsrechts

Ein weiteres Problem ist die haushalterische Bewertung der Finanzierung sowohl der Bonusvereinbarung als auch des regelmäßig zu entrichtenden Entgelts für (N)PPP-Projekte.[391]

Es stellt sich die Frage, ob die Vergütung und Bonusgewährung bei (N)PPP-Projekten als Kredite im Sinne von Art. 115 GG anzusehen sind. Das hätte zur Folge, dass die Kosten des PPP-Vertrages auf die Gesamtschuldenhöhe des öffentlichen Partners anzurechnen wären, losgelöst von den Investitionen[392], sodass der gesamte (N)PPP-Vertrag dem Gesetzesvorbehalt unterliegen würde und ausdrücklich durch das Parlament gem. Art. 115 Abs. 1 GG zu bewilligen wäre.[393]

Dies ist in zweierlei Hinsicht zu untersuchen, nämlich einerseits, ob der öffentlichen Partner selbst Kredite i. S. v. Art. 115 GG aufnimmt (zur Entgeltentrichtung und/oder Bonizahlung bei NPPP-Projekten) oder ob ihm ggf. die Kreditaufnahme des privaten Partners für die Infrastruktur- bzw. Aufgabenerledigung zugerechnet werden muss, mit den umfassenden, eben beschriebenen Konsequenzen. Die erste Variante, hinsichtlich der Entgeltzahlungen, ist als Exkurs relevant zunächst nur für PPP-Projekte, während Bonusvereinbarungen, Verfügbarkeitselemente und die Kreditaufnahme des Privaten auch bei NPPP-Projekten bedeutsam sind.

Nach Art. 115 GG unterliegt die Aufnahme von Krediten dem Gesetzesvorbehalt gem. Abs. 1.

---

391 Im Bereich der hier schwerpunktmäßig zu betrachtenden NPPP-Projekte sind die Bonuszahlungen relevant sowie ggf. zu leistende Anschubfinanzierungen und Verfügbarkeitszahlungen.

392 So wie dies bei Art. 115 Abs. 1 S. 2 GG a.F. der Fall war; vgl. BR-Drs. 262/09, S. 11; vgl. Epping/Hillgruber: Reimer, Art. 115, Rn. 27.

393 V. Mangoldt/Starck/Klein, Bd. 3: Wendt, Art. 115, Rn. 17.

Damit soll das Ausgabenbewilligungs- und Budgetrecht des Parlaments abgesichert und zusätzlich verhindert werden, dass der Haushalt für Jahre im Voraus belastet und über den Umweg der Verschuldung das Haushaltsrecht des Parlaments umgangen wird.[394] Deshalb sind nach Absatz 2 S. 1 Ausgaben „grundsätzlich ohne Einnahmen aus Krediten auszugleichen" und die Neuverschuldung auf 0,35 vom Hundert des Bruttoinlandsproduktes begrenzt.

Allen *PPP*-Projekten eigen ist, dass sie einen Lebenszyklusansatz verfolgen und der private Partner i. d. R. eine Leistung erstellt, die er privat per *Kredit* vorfinanziert[395] und dann aufgrund regelmäßiger Vergütungssätze durch den öffentlichen Partner refinanziert. Zu klären ist, ob die Entgeltzahlungen (verstanden als PPP-Entgelte und Entgelte aufgrund von Verfügbarkeitsvereinbarungen bei NPPP-Projekten sowie Anschubfinanzierungen) und Boni als Kredite mit den oben benannten Folgen einzustufen sind. Diese Frage kann zunächst einfach beantwortet werden.

Ein Kredit im Sinne von Art. 115 Abs. 1 GG[396] kann für die öffentliche Hand als die rechtsgeschäftliche Beschaffung von Geldmitteln definiert werden, die nach einem bestimmten Zeitablauf, in der Regel nebst Zins, zurückgezahlt werden muss,[397] und zur Finanzierung von Haushaltsausgaben benutzt wird oder unmittelbar die Leistung von Haushaltsausgaben erspart.[398] Sie begründen Finanzschulden.[399]

Im Rahmen eines (N)PPP-Projekts nimmt der öffentliche Partner für die Erstellung der Infrastruktur wegen Fremderstellung keinen Kredit auf, sondern der Private für seine Leistungserbringung. Nimmt der öffentliche Partner für die Zahlung der Entgelte und Boni nicht selbst „Kredite" auf[400], um diese an den Privaten bezahlen zu können, fallen diese Zahlung als solche zunächst nicht unter die Kreditdefinition des Art. 115 GG.

---

394 BerlVerfGH, NVwZ-RR 2003, S. 537 [538]; Maunz/Dürig: Kube, Art. 115, Rn. 62f. (56. Lfg. Oktober 2009).

395 Vgl. PPP-Handbuch: Hopfe, Napp, Bergmann, Keckeis, S. 162.

396 Genauso in den entsprechenden Landesverfassungen.

397 Vgl. BerlVerfGH, NVwZ-RR 2003, S. 537 [538]; vgl. Maunz/Dürig: Kube, Art. 115, Rn. 68 (56. Lfg. Oktober 2009); vgl. Gutachten PPP im öffentlichen Hochbau, Band 2, Teilband 1, Stand: August 2003, S. 148, abzurufen unter http://www.bmvbs.de/cae/servlet/contentblob/31810/publicationFile/629/gutachten-ppp-im-oeffentlichen-hochbau-band-2-teilband-1.pdf, abgerufen am 12.07.2013.

398 RhPfVerfGH, NVwZ-RR 1998, S. 145 [147]; Jahndorf, NVwZ 2001, S. 620 [621].

399 BT-Drs. 5/ 3040, Tz. 129.

400 Durchaus aber möglich, vgl. Antwort der Bundesregierung auf die Kleine Anfrage der Bundestagsfraktion von BÜNDNIS/90 DIE GRÜNE, BT-Drs. 16/5305, S. 6, Frage 31.

1. PPP- und Verfügbarkeitselemente und Anschubfinanzierungen

Dies könnte jedoch insofern unbillig sein, als dass der Sinn und Zweck der haushalterischen Vorschriften darin liegt, das Budgetrecht des Parlaments zu wahren und zukünftige Generationen und Politikträger nicht vorab schon in ihrer finanziellen Entscheidungsfreiheit zu vielen Bindungen zu unterwerfen.[401] Auch wenn der öffentliche Partner selbst keine Kredite aufnimmt, verpflichtet er sich doch über lange Jahre oder gar Jahrzehnte zu regelmäßigen Zahlungen – ob als Entgelt (PPP) oder Boni (PPP/NPPP) –, die budgetwirksam sind.

Daher ist zu prüfen, wie die eingegangenen Zahlungsverpflichtungen einzustufen sind, also ob die im PPP-Vertrag begründeten Verpflichtungen Finanzschulden i. S. v. Art. 115 GG sind und damit als Kredite einzuordnen wären.

Dies wäre der Fall, wenn die langjährig eingegangenen vertraglichen Zahlungsverpflichtungen nicht als Verwaltungsschulden eingestuft würden, obwohl keine Bezahlung aus Krediten erfolgt, sondern mit allgemeinen Haushaltsmitteln. Dann wäre zu prüfen, ob die regelmäßigen Zahlungen (Boni, Anschubzahlung, Verfügbarkeitsentgelt oder als reguläre Vergütung) doch als Kredite i. S. v. Art. 115 GG zu werten wären, da es sich um Finanzschulden statt Verwaltungsschulden handeln könnte, die nicht unter Art. 115 GG fallen würden.

Verwaltungsschulden sind Verbindlichkeiten, die aus der laufenden Verwaltungs- und Geschäftstätigkeit erwachsen, das sind u. a. Verbindlichkeiten, die bei der Abwicklung gegenseitiger Verträge entstehen, z. B. Vergütungsforderungen oder Kaufpreisansprüche.[402] Es sind Verbindlichkeiten, die im Gegensatz zu Finanzschulden nicht der Einnahmenbeschaffung dienen,[403] und keine Finanzierungsfunktion haben.[404] Verwaltungsschulden sind außerdem eine unmittelbare Folge der Gesetzgebung selbst oder eine notwendige Konsequenz der Verwaltungstätigkeit und bedürfen daher keiner besonderen Autorisierung zur Übernahme der Schulden.[405]

---

401 Maunz/Dürig: Maunz, Art. 110, Rn. 2 (19. Lfg.).

402 Laband, in Hirth´s Annalen 1873, Sp. 405 [439]; v. Mangoldt/ Starck/ Klein, Bd. 3: Wendt, Art. 115, Rn. 22; Isensee/ Kirchhof, Bd. V: Pünder, § 123, Rn. 20; Maunz/ Dürig: Kube, Art. 115, Rn. 70 (56. Lfg. Oktober 2009).

403 Isensee/ Kirchhof, Bd. V: Pünder, § 123, Rn. 20; Maunz/ Dürig: Kube, Art. 115, Rn. 70 (56. Lfg. Oktober 2009).

404 Vgl. Maunz/ Dürig: Kube, Art. 115, Rn. 71(56. Lfg. Oktober 2009); vgl. Epping/ Hillgruber, Reimer, Art. 115, Rn. 15f..

405 Laband, in Hirth´s Annalen 1873, Sp. 405 [435/436], unter Nennung von Entschädigungsgeldern als Beispiel, wobei gleichzeitig eine damalige Umgehungsmöglichkeit aufgezeigt wird, wonach bzgl. der Kreditaufnahme rein nach formellen Gesichtspunkten unterschieden wird, Sp. 437.

Es kommt also darauf an, ob die im PPP-Vertrag eingegangenen Zahlungsverpflichtungen für den *öffentlichen Partner* Finanzierungsfunktion haben. Denn ein Kredit i. S. v. Art. 115 Abs. 1 GG liegt auch dann vor, wenn private Investoren Gegenstände vorfinanzieren und die öffentliche Hand durch regelmäßige Zahlungen automatisch das Wirtschaftsgut erwirbt.[406] Die Verpflichtungen werden im Rahmen der Erledigung einer öffentlichen Aufgabe durch Private (funktionelle Privatisierung) eingegangen. Sie sichern die Erfüllung dergestalt ab, dass sie die Erfüllung selbst (PPP) sowie die gute Erfüllung (Boni) anregen und belohnen und eine Risikoverlagerung weg von der reinen Nutzerfinanzierung (Boni) hin zu einer stärkeren Beteiligung der öffentlichen Hand bedingen, sodass die Erfüllung durch den Privaten durch anteilige Zahlungen der öffentlichen Hand (Boni) sichergestellt wird.

Damit ist die schon oft benannten Schnittstelle zwischen öffentlichem und privatem Bereich erreicht, sodass einerseits die Verpflichtungen nicht außerhalb der geregelten Aufgaben des Staates liegen, andererseits die Zahlungsverpflichtungen als eingegangene „Schulden" nicht unmittelbare Folge der Gesetzgebung sind.[407] Denn es gibt zwar ein ÖPP-Beschleunigungs- und ein Fernstraßenbauprivatfinanzierungsgesetz, aber die eingegangenen Verbindlichkeiten werden aufgrund des partnerschaftlichen Charakters durch einen gegenseitigen Vertrag begründet, nicht aufgrund gesetzlicher Regelung. *Höfling* stellt aber schon fest, dass *Laband* diesem Prinzip der Aufteilung keine unmittelbar normative Wertung zumisst, sondern, wie *Höfling* schreibt, auf die Form der Kreditaufnahme mehr abstellt als „auf den der terminologischen Differenzierung zugrunde liegenden materiellen Aspekt"[408].

Trotzdem stellt sich jeweils die Frage, ob historische Auslegungen und Vergleiche hier weiter helfen, wenn man annimmt, dass die Bezahlung der laufenden Entgeltzahlungen und Boni nicht durch Aufnahme eines Kredites erfolgt, wie dies aber bei *Laband* ausgelegt zu sein scheint. Daher sind weitere Definitions- und Unterscheidungsansätze zu überprüfen.

Stein, auf den *Laband* Bezug nimmt,[409] unterscheidet zwischen „Finanzcredit" und „Staatsschuld".[410] Der Finanzcredit ist bei *Laband* die Verwaltungsschuld, und die Staatsschuld bei *Laband* die Finanzschuld. Der Finanzkredit ist

---

406 Epping/Hillgruber: Reimer, Art. 115, Rn. 16, 18.

407 Laband nennt als Beispiel die Zahlung von Entschädigungsgeldern, Laband, in Hirth´s Annalen 1873, Sp. 405 [435/436], also beispielsweise Zahlungen im Rahmen des Lastenausgleichgesetzes nach dem Zweiten Weltkrieg.

408 Höfling, S. 34.

409 Laband, in Hirth´s Annalen 1873, Sp. 405 [435].

410 Stein, Lehrbuch der Finanzwissenschaften 2. Auflage 1871, S. 618ff., 630ff., 661ff., zitiert nach Höfling, S. 36.

der Kredit, der zum Zwecke einer fälligen Zahlung eröffnet wird, während die Staatschuld dasjenige sei, was für eine Verwaltungsaufgabe des Staates benutzt werde.[411] Der Erstere habe seine Deckung in den Einnahmequellen der Finanzen, der Zweite in denen der Volkswirtschaft.[412]

Auch diese Differenzierung bzw. frühere, weitere Ausdifferenzierung führt bei (N)PPP-Projekten nicht weiter, da die Besonderheit der Schnittstellenproblematik im vorvorigen Jahrhundert keine Berücksichtigung fand. Denn die eingegangenen Verpflichtungen im Rahmen der PPP dienen der Erledigung einer Staatsaufgabe, also im weitesten Sinne einer „Verwaltungsaufgabe". Darüber hinaus wird bei dem „Finanzcredit" darauf abgestellt, dass ein Kredit aufgenommen wird zur Begleichung einer fälligen Zahlung. Hier interessiert jedoch, wie die Eingehung der Zahlung, die Verpflichtung selbst, einzustufen ist.

a. Österreich

Höfling nimmt, zur weiteren Ausdifferenzierung und Unterscheidung der Begriffe Finanz- und Verwaltungsschulden, einen Rechtsvergleich mit Österreich vor.[413]

Nach § 65 des österreichischen Bundeshaushaltsgesetzes[414] dürfen Finanzschulden nur eingegangen werden aufgrund besonderer gesetzlicher Erlaubnis. Dies könnte daher den Regelungen in Art. 115 Abs. 1 GG entsprechen, wonach „Kreditaufnahmen" einer besonderen gesetzlichen Ermächtigung bedürfen. Des Weiteren werden Finanzschulden legaldefiniert „als Geldverbindlichkeiten des Bundes, die zu dem Zwecke eingegangen werden, dem Bund die Verfügungsmacht über Geld zu verschaffen", Abs. 1, sowie gem. Abs. 3 Nr. 2 als Geldverbindlichkeiten des Bundes aus Rechtsgeschäften, „die zwar nicht zu dem im Abs. 1 angeführten Zweck abgeschlossen werden, bei denen aber dennoch dem Bund außergewöhnliche Finanzierungserleichterungen dadurch eingeräumt werden, daß die Fälligkeit der Gegenleistung des Bundes auf einen mehr als zehn Jahre nach dem Empfang der Leistung gelegenen Tag festgesetzt oder hinausgeschoben wird, wobei sich die Fälligkeit im Falle der Erbringung der Gegenleistung in mehreren Teilbeträgen nach der Fälligkeit des letzten Teilbetrages richtet."

411 Vgl. dazu Höfling, S. 36.

412 Stein, Lehrbuch der Finanzwissenschaften 2. Auflage 1871, S. 618, zitiert nach Höfling, S. 36.

413 Zur Darstellung der österreichischen Gesetzeslage siehe Höfling, S. 37ff..

414 In dieser Form eingeführt schon 1986!

Wie Höfling entsprechend feststellt, ist in Österreich eine positivrechtliche Abgrenzung der Begriffe vorgenommen worden,[415] die auch bei „modernen Finanzierungsinstrumenten" und PPP-Projekten eine Zuordnung ermöglicht.

aa. Entgeltentrichtung in PPP-Projekten

Für PPP-Projekte würde es sich nach österreichischem Recht wie folgt darstellen:

Im Rahmen des normalen PPP-Vertrages verpflichtet sich der private Partner, ein Bauwerk herzustellen oder eine Leistung vorzunehmen. Der private Partner finanziert seine zu erbringende Bauleistung i. d. R. durch Aufnahme eines Kredites bei einer Bank. Im Gegenzug dafür verpflichtet sich der öffentliche Partner bei PPP-Projekten, eine regelmäßige monatliche oder jährliche Vergütung an den privaten Partner zu entrichten. Diese Entgelte sind dabei typischerweise so bemessen, dass sie die Abschreibung, Verzinsung, Verwaltung (ggf. Betrieb), Steuern und Gewinnzuschläge umfassen.[416]

Die Zahlungen des öffentlichen Partners sind in dem Lebenszyklusansatz des PPP-Modells auf einen Zeitraum von 20 Jahren angelegt, sodass der Entgeltbestandteil, welcher sich auf die Herstellung des Bauwerkes bezieht, über den Zeitraum von z. B. 20 Jahren abbezahlt wird.

Durch den Abschluss des PPP-Vertrages verschafft sich der öffentliche Partner, der Bund, aber keine Verfügungsmacht über Geld. Denn „Geld" fließt aufgrund der aufgenommenen Kredite nur an den privaten Partner.

Um die eingegangene Zahlungsverpflichtung trotzdem als Finanzschuld und damit dem Vorbehalt des Gesetzes unterliegend einzuordnen, reicht es nach österreichischem Recht, wenn dem Bund durch Eingehung der Verbindlichkeit eine Zahlungserleichterung dergestalt eingeräumt wird, dass es sich um eine Finanzierungserleichterung handeln muss.

Wie beschrieben, nimmt der private Partner einen Kredit auf, deren Tilgung durch die regelmäßigen Entgeltraten des öffentlichen Partners erfolgt. Grundsätzlich wäre die Vergütung bezogen auf die Herstellung der Leistung fällig mit Fertigstellung oder Abnahme des Bauwerks gem. § 641, 646 BGB bzw. § 1170 ABGB Österreich. Nun wird aber in den Verträgen regelmäßig vereinbart, dass

---

415 Höfling, S. 42.

416 Vgl. v. Mangoldt/ Starck/ Klein, Bd. 3: Wendt, Art. 115, Rn. 25; vgl. für die verschiedenen PPP-Hochbauprojekte: Gutachten „PPP im öffentlichen Hochbau", Band 2, Teilband 1, Stand: August 2003, S. 82f., S. 100f., (Ausnahme Mietvertragsmodell, S. 110), S. 117, S. 128f., abrufbar unter http://www.bmvbs.de/cae/servlet/contentblob/31810/publicationFile/629/gutachten-ppp-im-oeffentlichen-hochbau-band-2-teilband-1.pdf, abgerufen am 12.07.2013.

die Gesamtvergütung des privaten Partners, bezogen auf den Bauwerksteil, nicht sofort, sondern ähnlich wie die Betriebsentgelte, in regelmäßigen Raten über die Dauer der gesamten, lebenszyklusbezogenen Vertragslaufzeit gezahlt werden.

Dies stellt die klassische Form einer Kreditfinanzierung dar, wenn auf der einen Seite ein Betrag ausgezahlt wird (hier wird kein Betrag an den öffentlichen Partner ausgezahlt, sondern eine Leistung zur Verfügung gestellt) und auf der anderen Seite die Rückzahlung des Gegenwertes über mehrere Jahre erfolgt.

Durch die Herstellung der Leistung auf der einen Seite, die sonst durch die Aufnahme i. d. R. eines Kredits und Eigenerstellung erfolgen würde,[417] und die gestaffelte Rückzahlung durch die PPP-Entgelte an den privaten Partner, der die Finanzierung des Bauwerks bzw. der Leistung übernimmt, auf der anderen Seite, erhält der öffentliche Partner eine Finanzierungserleichterung in Form der ratenfinanzierten Erledigung einer öffentlichen Aufgabe durch Dritte, anstatt selbst sofort bei Fertigstellung des Bauwerkes dieses komplett bezahlen zu müssen.

Auch bei einem Vergleich zum sog. Mogendorfer Modell würde die Beurteilung so ausfallen, da zwar der private Partner die Gesamtkosten sofort durch die finanzierende Bank zurückerhält, der öffentliche Partner aber die regelmäßigen Raten dann an die Bank direkt entrichtet. Aus Sicht des öffentlichen Partners ist die Einschätzung bzgl. der Finanzierungserleichterung die gleiche.

Ob nun aber tatsächlich eine Vorfinanzierung einer öffentlichen Aufgabe durch einen Privaten erfolgt oder ob es sich weniger um eine Finanzierung als um eine alternative Beschaffungsvariante handelt,[418] ist bezogen auf das österreichische Recht zweitrangig. Denn dort wird nur von einer Finanzierungserleichterung gesprochen, die für die Einordnung als Finanzschuld ausreichen muss. Und dass in den beschriebenen PPP-Konstellationen eine Finanzierungs*erleichterung* in Form der ratenweise zu zahlenden Entgelte anstatt der kreditfinanzierten oder selbst mit Haushaltsmitteln erfolgenden Eigenerstellung mit sofortiger Fälligkeit und Zahlung der Werkleistung liegt, dürfte unstreitig sein. Auch erfolgen die Zahlungen in den PPP-Modellen regelmäßig über einen Zeitraum von mehr als 10 Jahren, sodass nach österreichischem Recht das Eingehen der Zahlungsverpflichtungen in einem PPP-Vertrag als Finanzschulden zu werten wären und damit einerseits dem Vorbehalt des Gesetzes unterlägen, andererseits defizitwirksam sind.

---

417 PPP-Handbuch: Hopfe, Napp, Bergmann, Keckeis, S. 153.

418 So PPP-Handbuch: Hopfe, Napp, Bergmann, Keckeis, S. 153.

bb. Boni und Verfügbarkeitsentgelte bei PPP-und NPPP-Projekten

Auch bei NPPP-Projekten verpflichtet sich der private Partner, ein Bauwerk herzustellen oder eine Leistung vorzunehmen. Auch hier finanziert der private Partner seine zu erbringende Bauleistung i. d. R. durch Aufnahme eines Kredites bei einer Bank. Für das Zurverfügungstellen der Leistung verpflichtet sich der öffentliche Partner bei PPP-Projekten zur Zahlung der PPP-Entgelte. Bei NPPP-Projekten besteht aber gerade der Unterschied darin, dass diese synallagmatische Verbindung nicht besteht. Denn die Refinanzierung erfolgt über den Nutzer.

Durch die die Einführung von Vergütungen für das Zurverfügungstellen einer Leistung bei NPPP-Projekten wird aber die Abhängigkeit der Refinanzierung des Privaten von den Nutzerströmen verringert und der öffentliche Partner geht eine Zahlungsverpflichtung ein für den Fall, dass die Leistung tatsächlich angeboten wird. Der Private erhält dadurch eine doppelte Vergütung, also einerseits die Nutzerfinanzierung, andererseits eine Prämie dafür, dass die Leistung (in bestimmter Qualität) vorhanden ist. Damit bekommen sie aber eine anteilige Refinanzierungsfunktion, da dies bei NPPP-Projekten eine Konstante ist, die der private Partner einkalkulieren kann, da nur er sie steuern kann. Daher gilt für Verfügbarkeitsentgeltanteile bei NPPP-Projekten nach österreichischem Recht die gleiche Feststellung wie bei „echten" Zahlungsverpflichtungen bei PPP-Modellen.

Primäres Ziel von Bonus-Vereinbarungen ist die Sicherung der (guten) Erfüllung der öffentlichen Aufgabe. Prinzipiell verfolgen sie einen anderen Zweck als Verfügbarkeitselemente, jedoch, da durch den privaten Partner beeinflussbar, haben sie auch eine Refinanzierungsfunktion und weisen Gemeinsamkeiten mir den Verfügbarkeitselementen auf. Denn letztendlich wird der Bonus, wie oben geschrieben, an den Zustand oder die Qualität der Strecke, der Infrastruktur oder des Betriebes der öffentlichen Aufgabe geknüpft. Bei den oben sog. „normalen" Boni handelt es sich daher auch um faktische Verfügbarkeitsvereinbarungen, die das Schicksal dieser Vereinbarungen teilt.

Bei Boni, die ausgeschüttet werden, weil eine Übererfüllung der vertraglich vereinbarten öffentlichen Leistung belohnt wird, ist es aber anders. Die nach § 65 BHO Österreich geforderte Finanzierungserleichterung liegt im Unterschied zu dem normalen Bonus und einer Verfügbarkeitsvereinbarung nicht vor, da sowohl der normale Bonus als auch die Verfügbarkeit gezahlt wird für die normale Erfüllung, die Bereitstellung der vertraglich geschuldeten Leistung, die sonst durch den öffentlichen Partner bereitgestellt werden müsste. Diese Funktion fehlt bei Boni, die dafür entrichtet werden, dass eine Übererfüllung der vertraglich geschuldeten Leistungen erfolgt, sodass keinerlei Refinanzierungsfunktion und Erleichterung damit einhergeht.

b. Rückschlüsse für Deutschland

Aus dem Rechtsvergleich mit Österreich zieht Höfling die Schlussfolgerung, dass Finanz- und Verwaltungsschulden als „heuristische Kategorien“ nur beschränkte Präjudizwirkung haben; sie blieben sinnvoll, sofern sie „Normallagen“ beschreiben.[419] In der Haushaltspraxis ergäben sich aber neue Konstellationen, die eine „problemgerechtere Lösung“ verlangten als die bisherigen Unterscheidungsmerkmale.[420] Daher folgert er für den Kreditbegriff von Art. 115 Abs. 1 S. 1 GG a. F., dass der Fristigkeit der Verbindlichkeit eine Indizwirkung zukäme sowie dass das Eingehen von sog.

> „Verwaltungsschuldenverbindlichkeiten, die ... dem Staat finanziell eine außergewöhnliche, materiell mit der vorübergehenden Erschließung einer Geldquelle vergleichbare Position verschaffen, als Kreditaufnahme“

gelten müssten.[421] Danach müsste mit Höfling die Verpflichtung zu regelmäßigen Entgeltzahlungen grundsätzlich als Kredit i. S. v. Art. 115 GG eingestuft werden. Denn statt auf einmal mehrere Millionen Euro nach Abnahme eines Bauwerkes entrichten zu müssen oder bei Eigenerstellung dem Etat zu entnehmen, wird dieser Betrag auf die Laufzeit des PPP-Vertrages aufgeteilt, sodass man einen Liquiditätsvorteil bekommt.

Die in § 65 BHG Österreich vorgenommene Abgrenzung geht über eine bloß heuristische Funktion hinaus, zumal auch Höfling für die Beurteilung der Finanzschulden maßgeblich auf die Fristigkeit der eingegangenen Verbindlichkeit (vgl. § 65 Abs. 3 Nr. 2 BHG) sowie darauf abstellt, ob eine der Erschließung einer Geldquelle vergleichbare Position vorliegt. Daher würde, wie oben beschrieben, in Österreich eine PPP-Verpflichtung als Finanzschuld zu werten sein.

Das Ergebnis in Deutschland lautet trotzdem (zunächst) anders. Denn obwohl im Jahre 2009 der Art. 115 GG geändert wurde und viele damit im Zusammenhang stehende Vorschriften erlassen worden sind, wurde eine ähnliche Regelung wie in Österreich, trotz der vorhandenen Kritik in der Literatur, die gerade Umgehungsgeschäfte und neue Finanzierungsformen erfasst wissen wollte, nicht aufgenommen. Daher stellt sich die Frage, ob und inwieweit der Kreditbegriff gem. Art. 115 GG einer entsprechenden Auslegung im Hinblick auf eine Finanzierungsfunktion zugänglich ist.

Wie oben gezeigt, müssten die Zahlungsverpflichtungen der PPP-Projekte nach § 65 BHG Österreich gem. der Vertragsmodelle I, II, IV und V dem Geset-

419 Höfling, S. 42.

420 Höfling, S. 42.

421 Höfling, S. 43.

zesvorbehalt gem. Art. 115 GG unterliegen und als Finanzschulden einzuordnen sein, da der öffentliche Partner, vertraglich verpflichtet, ein regelmäßiges Entgelt während der Vertragslaufzeit des PPP-Vertrages zahlt. Dadurch wird die Zahlung des Gesamtentgeltes auf den Lebenszyklus verteilt.

Gleiches gilt in Bezug auf Verfügbarkeitsentgelte und „normale" Boni auch bei NPPP-Projekten. Denn auch wenn die Refinanzierung primär über die Nutzer erfolgt, verschafft sich der öffentliche Partner anteilig eine Finanzierungserleichterung, da er zwar dadurch nicht die komplette Infrastruktur finanziert, auf den Lebenszyklus verteilt dafür aber eine anteilige Refinanzierung übernimmt. Denn die zusammengerechneten möglichen Entgelte über normale Boni und Verfügbarkeitsentgelte können, je nach Ausgestaltung des NPPP-Vertrages, einen nicht unerheblichen Teil der Gesamtinvestitionen ausmachen, deren Bezahlung über den Lebenszyklus verteilt wird.

Aber eine Regelung wie § 65 BHG gibt es in Deutschland nicht, sodass sich erneut die Frage stellt, ob die eingegangenen Zahlungsverpflichtungen zunächst als Finanzschulden zu werten sind. In Deutschland dürfte die aktuelle Rechtslage einen solchen Schluss nicht ohne weiteres zulassen. Denn während in Österreich das Vorliegen einer Finanzierungs"*erleichterung*" ausreicht und eine normative, wirtschaftlich orientierte Interpretation des Finanzschulden- und damit Kreditbegriffs erfolgt, fehlt eine solche Regelung in Deutschland. Auch das Gesetz über die Zusammenarbeit zwischen Trägern der öffentlichen Verwaltung und Privaten in Schleswig-Holstein enthält dazu keine Ausführungen. Es lässt sich aber nicht leugnen, dass zumindest die Gefahr besteht, durch Begründung von „Verwaltungsschulden" mit langen Verpflichtungszeiten ähnliche Bindungen und Einschränkungen in der Haushaltsfreiheit zu begründen, als wenn der öffentliche Partner selbst einen Kredit aufnimmt.[422]

Daher stellt *Pünder* auf den Finanzierungsaspekt zur Unterscheidung der Finanz- und Verwaltungsschulden ab.[423] So soll im Rahmen einer notwendigen wirtschaftlich orientierten Auslegung des Kreditbegriffs von Art. 115 GG ein Kredit bzw. Finanzschulden vorliegen, wenn der öffentliche Partner zur Finanzierung öffentlicher Aufgaben privates Kapital nutzt, dabei langfristig laufende Zahlungsverpflichtungen eingeht und der Finanzierungsaspekt im Vordergrund steht.[424]

Unstreitig werden im Rahmen von (N)PPP-Verträgen langfristige Zahlungsverpflichtungen eingegangen, sowohl im Bereich des regulär zu zahlenden Ent-

422 V. Mangoldt/ Starck/ Klein, Bd. 3: Wendt, Art. 125, Rn. 25.

423 Isensee/ Kirchhof, Bd. V: Pünder, § 123, Rn. 21.

424 Isensee/ Kirchhof, Bd. V: Pünder, § 123, Rn. 21; ähnlich auch Maunz/Dürig: Kube, Art. 115, Rn. 71 (56. Lfg. Oktober 2009); Epping/ Hillgruber: Reimer, Art. 115, Rn. 16.

gelts, der Betreibervergütung, als auch im Bereich der Boni und Verfügbarkeitsentgelte. (N)PPP-Projekte mögen zwar auch eine Finanzierungsfunktion haben; der Sinn und Zweck liegt jedoch nicht in der Finanzierung sondern der Beschaffung.[425] Unbestritten haben PPP-Projekte in einer Zeit an Popularität gewonnen, als der Staat mit der Finanzierung der öffentlichen Aufgaben an seine Grenzen stieß.

Aber es geht bei PPP-Projekten nicht in erster Linie um die auch mögliche Finanzierungsfunktion, dies aus Sicht des öffentlichen Partners umso weniger, wenn es als NPPP erfolgt. Denn alle Gesetzesbegründungen und auch die vorgeschaltete Wirtschaftlichkeitsprüfung stellen nicht darauf ab, wie es finanziert wird, sondern wie die effektivste und ggf. günstigste Methode aussieht, eine Leistung anzubieten oder herzustellen: entweder in Eigen- oder Fremdherstellung.[426] Es gibt keinen Automatismus zugunsten einer PPP oder zur Eigenherstellung.[427]

Zwar haben sich die PPP-Modelle aufgrund der schwierigen Haushaltslage verstärkt,[428] und wurden in der Entwicklung beschleunigt. Triebfeder ist aber, wie eine öffentliche Aufgabe am besten und am effektivsten erledigt werden kann - natürlich auch deshalb, weil der Staat nicht mehr so leistungsfähig ist, was seinerseits selbstredend nicht Ausfluss eines Naturgesetzes ist.

Es soll ein Wettbewerb der „Beschaffungsvarianten“[429] stattfinden, was nunmehr sogar zu eine „Rekommunalisierung“, also Rückübertragung kommunaler bzw. öffentlicher Aufgaben auf die öffentliche Hand, führt[430].

Daher stellt Wendt auch weniger auf die Finanzierungsfunktion ab, sondern darauf, dass der am Ende eintretende haushalterische Effekt der gleiche ist wie bei einer eigenen Kreditaufnahme.[431] Der „haushaltspolitische Handlungsspielraum“ wäre ähnlich stark beschränkt, sodass die PPP-Zahlungsverpflichtungen als kreditwirksam gem. Art. 115 GG einzustufen seien.[432]

Trotzdem liegt der in Deutschland durch den Gesetzgeber intendierte Zweck des PPP-Projekts in der möglichen Beschaffungsalternative. Die mögliche Fi-

425 BT- Drs. 15/5668, S. 1, 10.

426 BT- Drs. 15/5668, S. 10.

427 BT- Drs. 15/5668, S. 10.

428 BT- Drs. 15/5668, S. 1, 10.

429 BT- Drs. 15/5668, S. 10.

430 Bauer, DÖV 2012, S. 329 [329f.].

431 V. Mangoldt/ Starck/ Klein, Bd. 3: Wendt, Art. 115, Rn. 25.

432 Vgl. v. Mangoldt/ Starck/ Klein, Bd. 3: Wendt, Art. 115, Rn. 25; vgl. auch Maunz/Dürig: Kube, Art. 115, Rn. 71 (56. Lfg. Oktober 2009); Sachs: Siekmann, Art. 115, Rn. 21.

nanzierungsfunktion oder Erleichterung ist ein bloßer Reflex und steht daneben, sodass eine Einordnung unter Art. 115 GG auf Anhieb nicht gelingen kann.

c. Beurteilung der PPP-Entgelte bei PPP-Projekten

Dass dieses Ergebnis nicht befriedigend ist, liegt auf der Hand.

Denn durch PPP-Verträge mit weit in die Zukunft reichenden Zahlungsverpflichtungen kann der Handlungsspielraum zukünftiger Regierungen einerseits und das parlamentarische Budgetrecht zukünftiger Parlamente andererseits wesentlich eingeschränkt werden. Aber gerade davor soll die Einordnung von Verpflichtungen unter Art. 115 GG schützen. Darüber hinaus tragen PPP-Projekte Charakteristika einer Finanzierung öffentlicher Aufgaben durch Private, die einem Kredit i. S. v. Art. 115 GG ähnlich sind, sodass die Zahlungsverpflichtungen Finanzschulden darstellen könnten mit der Folge, sie als Kreditaufnahme zu behandeln.

PPP-Projekte haben daher *auch* eine Finanzierungsfunktion für den Staat, die sich daraus ergibt, dass die „Finanzierungsprobleme öffentlicher Haushalte, die erheblichen Vorbelastungen aus Schuldendiensten, das hohe Leistungsniveau des Staates und der erhebliche Bedarf an öffentlichen Infrastrukturen“[433] dazu führen, über andere *Alternativen der Beschaffung* öffentlicher Leistungen nachzudenken.

Daher liegt die Ursache von PPP auch in den knappen Mitteln der öffentlichen Haushalte; ein PPP-Projekt selbst ist jedoch primär keine alternative Finanzierungsart, sondern eine alternative Beschaffungsvariante, welche als Nebeneffekt, wenn eine regelmäßige Zahlung über Jahre hinweg erfolgt, auch Elemente einer Finanzierung hat. Jedoch steht die Beschaffung im Vordergrund, was durch den Wirtschaftlichkeitsvergleich betont wird. Denn es soll geprüft werden, welche Variante die beste, effektivste und günstigste Alternative ist. Ginge es um eine bloße Finanzierung, wäre ein Wirtschaftlichkeitsvergleich nicht erforderlich, da ein (N)PPP-Projekt aufgrund der ratenweise erfolgenden Vergütung stets eine Finanzierungserleichterung darstellen würde.

Eine Lösung des Konflikts der Einordnung könnte aber ähnlich wie in anderen Bereichen von „Misch“verhältnissen danach erfolgen, auf welchen Schwerpunkt abzustellen ist, hier also auf die Finanzierungs- oder die Beschaffungsfunktion.

Diesbezüglich hat sich der Gesetzgeber aber eindeutig positioniert, weil er als „die entscheidende Legitimation für ÖPP…das Erzielen von Effizienzgewinnen und damit Kosteneinsparungen gegenüber den traditionellen Beschaffungs-

---

433 BT- Drs. 15/5668, S. 10.

methoden und der Eigenrealisierung des Staates“[434] angesehen hat. „Finanzierungs- und Liquiditätsengpässe des Staates sind dagegen zweitrangig“[435]. Eine Änderung dieser Einschätzung erfolgte auch dann nicht, als im Jahre 2009 die staatshaushalterischen Vorschriften von Art. 109, 115 GG und weitere geändert wurden.[436] Zu diesem Zeitpunkt wäre es ein Leichtes gewesen, die entsprechenden in der Literatur nach den Entscheidungen des Rheinland-Pfälzischen[437] und Berliner Verfassungsgerichtshofs[438] und der bekannten Rechtslage in Österreich geforderten Änderungen vorzunehmen. Dies geschah nicht, sodass sich die Frage stellt, ob es überhaupt notwendig sein müsste, das Parlament und sein Budgetrecht durch eine Auslegung von Art. 115 Abs. 1 GG zu schützen, wenn der „Betroffene“ in Kenntnis des Streit- und Meinungsstandes eine Änderung versäumte.

Dies bestätigt die Intention des Gesetzgebers, in Anbetracht knapper Kassen eine alternative Beschaffungsvariante zu installieren, die effektiver, effizienter und auch kostengünstiger ist, und zwar nicht nur bezogen auf die reine Herstellung, sondern auch auf die gesamte Lebensdauer des Projektes, weshalb auch die Wirtschaftlichkeitsuntersuchung vorab durchgeführt werden muss.[439]

Bei der Bewertung ist zu berücksichtigen, dass die PPP-Verpflichtungen und Zahlungen für die Erstellung der Leistungen i. d. R. als Investitionen i. S. v. Art. 115 Abs. 1, S. 2 GG zu werten sind, da mit PPP-Projekten oft in die Infrastruktur der Region investiert wird.[440]

---

434 BT-Drs. 15/5668, S. 10.

435 BT-Drs. 15/5668, S. 10, eingebracht und beschlossen durch die damaligen Mehrheitsfraktionen im Bundestag von SPD und BÜNDNIS 90/ DIE GRÜNEN.

436 Vgl. BT-Drs. 16/12400, eingebracht und beschlossen durch die damaligen Mehrheitsfraktionen im Bundestag von CDU/CSU und SPD.

437 RhPfVerfGH, NVwZ-RR 1998, S. 145ff., Ausführungen zu dem Urteil, siehe unten.

438 BerlVerfGH, NVwZ-RR 2003, S. 537ff..

439 Dies mag bei Einführung des FStrPrivFinG als erster PPP auf gesetzlicher Grundlage evtl. noch nicht deutlich genug hervorgehoben worden sein. Denn in BT-Drs. 12/6884, S. 5, heißt es, dass die Möglichkeit zur privaten Verwirklichung von Straßenbauvorhaben geschaffen werde, die z.Z. wegen anderer Priorisierungen im Rahmen der normalen Haushaltsfinanzierung nicht verwirklicht werden könne. Mit dem ÖPP-Beschleunigungsgesetz manifestierte sich aber der Wille des Gesetzgebers, eine echte Beschaffungsalternative zu schaffen. Dies ergibt sich auch aus einer Antwort der Bundesregierung bezogen auf Verkehrsinfrastruktur, wonach ausdrücklich eine Beschaffungsvariante neben der herkömmlichen Haushaltsfinanzierung geschaffen werden soll, BT-Drs. 16/4356, S. 3.

440 Investitionen wurden in diesem Zusammenhang definiert als solche Ausgaben, die bei makroökonomischer Betrachtung die Produktionsmittel der Volkswirtschaft erhalten,

Daher kann zunächst nur konstatiert werden, dass Zahlungsverpflichtungen im Rahmen von PPP, bezogen auf die Abgeltung für die Erstellung einer Leistung, in Deutschland nicht als Finanzschulden anzusehen sind, da ihnen der dafür notwendige Finanzierungscharakter fehlt. Schwerpunkt ist die Schaffung alternativer Beschaffungsvarianten, bei denen aufgrund der Ausgestaltung der Verträge eine Finanzierungserleichterung als Reflex enthalten sein kann.

Die unstreitig bestehenden erheblichen Zahlungsverpflichtungen können daher, der anfänglichen Unterscheidung folgend, nur als Verwaltungsschulden anzusehen sein.

Dass dieses Ergebnis unbefriedigend bleibt, da es einerseits dem Budgetrecht und der Gewaltenteilung nicht gerecht wird und andererseits die Handlungsspielräume zukünftiger Generationen einengt, bedarf einer weiteren Betrachtung.

d. Beurteilung der Boni und des Verfügbarkeitsentgeltes bei (NPPP-)Projekten

Bei der Betrachtung von Boni- und Verfügbarkeitselementen bei NPPP-Projekten ist zwischen den „normalen" Boni und Verfügbarkeitsentgelten sowie den Boni für eine Übererfüllung einer Leistung zunächst zu differenzieren.

Bei den hier interessierenden NPPP-Projekten kommt es in Bezug auf die Boni für eine übermäßige Erfüllung der vertraglich geschuldeten Leistungen nicht zu den regelmäßigen, über den Lebenszyklus erfolgenden Zahlungen des öffentlichen an den privaten Partner für den Bau, Betrieb und Herstellung einer Infrastruktur. Diese Re-Finanzierung erfolgt über den Nutzer. Trotzdem verpflichtet sich der öffentliche Partner aber auch auf Jahre hinaus zu Zahlungen, die zwar nicht regelmäßig entstehen, aber allein von der Leistung des Privaten abhängen und letztendlich ähnliche Leistungen vergütet wie die regelmäßigen Entgelte im Rahmen einer normalen PPP. Und dies egal, ob es eine „normale" Erfüllung oder eine Übererfüllung ist.

Man kann die jeweiligen Verpflichtungen vergleichen, ob normaler Bonus, Belohung einer darüber hinausgehenden Leistung oder regelmäßiges PPP-Entgelt, weil der öffentliche Partner auf den Eintritt der Zahlungsverpflichtung keinen Einfluss nehmen kann, da Boni und Verfügbarkeitsentgelte vom Verhalten des privaten Partners abhängen und der private Partner bei einer „normalen" PPP zur regelmäßigen Entgeltzahlung vertraglich verpflichtet ist. Dadurch entstehen Beschränkungen des zukünftigen Budgets, bei Betreiberentgelten nur re-

---

vermehren oder verbessern, Maunz/Dürig: Kube, Art. 115, Rn. 40 (56. Lfg. Oktober 2009).

gelmäßiger als bei Boni, da sowohl für die regelmäßigen Entgelte als auch für mögliche Boni-Auszahlungen Reserven bereitstehen müssen.[441]

Allerdings haben Boni für eine Übererfüllung keine direkte Refinanzierungsfunktion für den Bau, Betrieb und die Unterhaltung einer Leistung, da sie die Beschaffung optimieren sollen. Sie dienen nicht der Abgeltung bzw. als Gegenleistung für die Erstellung eines Bauwerks oder einer vertraglich geschuldeten Leistung. Dies ist bei dem normalen Bonus und dem Verfügbarkeitsentgelt etwas anders. Allerdings liegt auch ihr Schwerpunkt sowie ihr Sinn und Zweck auf bzw. in der Schaffung eines zusätzlichen Anreizes zur guten Erfüllung der *vertraglich* geschuldeten Leistungen und nicht auf einer Refinanzierung. Aber, da der jeweilige Eintritt ausschließlich von der Leistung des Privaten abhängt, ist als Reflex eine Refinanzierungsfunktion nicht zu leugnen, da der Private die eigene Leistung besser steuern und beurteilen kann als das Nutzerverhältnis der Drittnutzer.

Daher sind die Boni-Verpflichtungen zwar nicht als Finanzschulden zu werten, dessen ungeachtet schränken sie aber das Budgetrecht zukünftiger Parlamente ein und binden Ressourcen zukünftiger Generationen, indem immer damit gerechnet werden muss, Boni/ Verfügbarkeitsentgelte leisten zu müssen; und dies egal ob als Abgeltung für eine Übererfüllung oder für die „normale" Erfüllung der geschuldeten Leistung.

2. Schlussfolgerung

Daraus folgt, dass weder die Verpflichtungen zur regelmäßigen Zahlungen bei „normalen" PPP-Projekten an den privaten Partner noch die Boni-Verpflichtungen Kredite oder Finanzschulden i. S. v. Art. 115 GG darstellen. Dennoch sind sie wegen der möglichen, tatsächlichen Verpflichtung und der erforderlichen Vorsorge einem Finanzkredit und einer Finanzierungsfunktion ähnlich.[442]

Folgerichtig hat eine Bund-Länder-Arbeitsgruppe hinsichtlich der regelmäßigen Entgelte bei „normalen" PPPs festgestellt, dass „ÖPP-Vertragsmodelle" dem Staat alternativ „zur direkten kreditfinanzierten Investition die Finanzierung

441 Natürlich sind die Verpflichtungen zu Boni-Zahlungen und die damit verbundenen Beschränkungen nicht so hoch wie bei regelmäßigen, vertraglichen Entgeltzahlungen bei normalen PPP-Projekten. Allerdings besteht nur eine Unterscheidung in der jeweiligen Höhe der Beschränkung, nicht aber in der Beschränkung an sich.

442 So betrachtet das Finanzgericht Berlin-Brandenburg, Urteil vom 14.06.2012, Az.: 7 K 7320/08 die Ratenzahlung des Kaufpreises, bezeichnet als „Vermietung" für die Errichtung eines Gebäudes über 30 Jahre als umsatzsteuerlich selbstständig zu behandelnde, umsatzsteuerfreie Kreditgewährung.

von Staatsaufgaben“ erlauben, „indem er auf private Dritte zurückgreift, die sich u. a. auch zur Finanzierung bereit erklären“.[443]

Daher scheint die Betonung der Beschaffungsalternative in der Gesetzesbegründung zum ÖPP-Beschleunigungsgesetz abgeschwächt zu werden.

Dem ist jedoch entgegenzuhalten, dass dies bei PPP-Projekten gelten mag. Bei NPPP-Projekten erfolgt insofern keine Refinanzierung, als aus den Verfügbarkeitselementen oder Boni nur eine geringe, anteilige Haushaltsbelastung resultiert und der Schwerpunkt der Refinanzierung auf den Nutzerentgelten beruht, was gerade die Besonderheit und das wesentliche Charakteristikum einer NPPP ist. Die eingegangenen Zahlungsverpflichtungen aufgrund von Verfügbarkeitselementen und Boni haben nur einen geringen, reflexartigen Refinanzierungspart bei NPPP-Projekten. Trotzdem müssen die durch die Exekutive eingegangenen Zahlungsverpflichtungen Niederschlag im Haushaltsplan finden; sonst würde nicht nur das Budgetrecht des Parlaments umgangen, sondern wäre der Grundsatz der Haushaltsvollständigkeit, d. h. das Erfassen aller Ein- und Ausnahmen, verletzt.[444] Das diesbezüglich einschlägige haushaltstechnische Instrument ist die sog. Verpflichtungsermächtigung.

Die einfachgesetzlich ausgestaltete Verpflichtungsermächtigung erlaubt der Exekutiven, Verpflichtungen einzugehen, die ggf. erst später „fällig“ werden, wenn der Grund der Verpflichtung im Haushaltsplan, also durch Gesetz, durch die Legislative festgestellt wurde.[445]

Zu diesen Zahlungsverpflichtungen gehören neben den regelmäßig zu erbringenden Zahlungen auch mögliche Boni, da auch dies Verpflichtungen in die Zukunft sind und ein erhebliches Ausmaß mit „Erdrückungscharakter“ für zukünftige Generationen haben können. Die Entgeltzahlungen und Bonusverpflichtungen müssen daher durch einfachgesetzliche Verpflichtungsermächtigungen gedeckt werden, um so dem oben geäußerten unbefriedigenden Ergebnis Rechnung zu tragen, wonach das scharfe Schwert des Gesetzesvorbehaltes i. S. v. Art. 115 GG nicht eingreift mangels schwerpunktmäßigen Refinanzierungscharakters, trotzdem aber durch mannigfaltige Verbindungen Spielräume zukünftiger Generationen und des Parlamentes eingeengt werden.

Deshalb müssen der (N)PPP-Vertrag und die eingegangenen Verpflichtungen über eine Verpflichtungsermächtigung über mehrere Jahre im Rahmen des Haushaltsplanes durch das Parlament abgesegnet werden. Darin scheint ein (un-

443 Vgl. Gutachten Bund/Länder-Arbeitsausschuss „Haushaltsrecht und Haushaltssystematik“ zu „Haushaltsrechtliche und haushaltssystematische Behandlung von ÖPP-Projekten“, S. 20, abrufbar unter http://www.oepp-plattform.de/media/attachments/FMK_Leitfaden_Haushaltsrecht1.pdf, abgerufen am 12.07.2013.

444 Vgl. Maunz/Dürig: Maunz, Art. 110, Rn. 32 (19. Lfg.).

445 §§ 5, 22 HGrG, §§ 6, 16, 22 BHO.

beabsichtigter?) Kompromiss zum Tragen zu kommen, nämlich dergestalt, dass bei Eingehung der Verpflichtungsermächtigung die Kreditgrenzen gem. Art. 115 GG unberücksichtigt bleiben, obschon das Parlament den (N)PPP-Verträgen über die Verpflichtungsermächtigungen zustimmen muss und diese haushaltswirksam gemäß § 16 BHO auf der Ausgabenseite zu erfassen sind. Sie erhöhen dadurch die Ausgabenseite, sodass bei einem Ungleichgewicht von Einnahmen und Ausgaben Kredite aufgenommen werden müssen. Deren Auswirkung auf den Gesamthaushalt muss bei Abschluss eines (N)PPP-Vertrages einerseits in Bezug auf die notwendige parlamentarische Verpflichtungsermächtigung, andererseits als haushaltswirksame Erhöhung der Ausgabenseite berücksichtigt werden.

3. Die Kreditaufnahme des Privaten

Es wurde festgestellt, dass die eingegangenen Zahlungsverpflichtungen des öffentlichen Partners im (N)PPP-Vertrag als regelmäßiges Entgelt oder Bonus, nicht aber als Kredit und defizitwirksam i. S. v. Art. 115 GG einzustufen sind. Sie sind „nur“ als Verpflichtungsermächtigungen im Haushaltsplan zu berücksichtigen.

Es stellt sich aber die weitergehende Frage, ob die Kreditaufnahme des Privaten zur eigenen (Vor-)Finanzierung der Infrastruktur selbst dem öffentlichen Partner zugerechnet werden kann und somit doch der gesamte (N)PPP-Vertrag der parlamentarischen Zustimmung bedarf.

a. Public Private Partnership

Wann eine solche Zurechnung der Kreditaufnahme erfolgen soll, ist bisher nicht abschließend geklärt. Einigkeit besteht nur in den Fällen, in denen Kredite für Regierungsprogramme oder gesetzlich zu leistende Ausgaben durch Dritte im Auftrag und für Rechnung des Bundes aufgenommen werden (Kreditauftrag). Oder der „Bund beauftragt eine juristische Person, an der er maßgeblich beteiligt ist, im eigenen Namen und für eigene Rechnung Kredite zur Finanzierung öffentlicher Aufgaben aufzunehmen, und übernimmt den Schuldendienst“[446].

Im „normalen“ PPP-Projekt[447] erfolgt die Kreditaufnahme durch den Privaten, die Vergütung erfolgt durch den öffentlichen Partner für die Leistung. Bei (N)PPP-Projekten ist die Finanzierung für den Privaten im Verhältnis zu seiner Bank gleich, da der Kredit von der Bank an den Privaten ausgezahlt wird. Einzig die „Geldquelle“ für die Rückzahlung ist eine andere, nämlich die jeweiligen

446 Jahndorf, NVwZ 2001, S. 620 [622] m.w.N..

447 Beispielsweise die Vertragsmodelle I-V.

Nutzer im Gegensatz zum regelmäßigen Entgelt des öffentlichen Partners bei PPP-Projekten.[448]

Dieser Unterschied kann aber bei der Beurteilung, ob die Kreditaufnahme des Privaten dem öffentlichen Partner zugerechnet werden kann, außer Acht gelassen werden, da die Kreditaufnahme und Rückzahlung jeweils grundsätzlich im Verhältnis von privatem Partner und der Bank erfolgen. Daher liegt nach den oben aufgeführten Merkmalen keine dem öffentlichen Partner zurechenbare Kreditaufnahme vor, da der private Partner unabhängig ist und nur Partei in einem partnerschaftlich abgeschlossenen Vertrag ist.

In Ergänzung der oben angeführten Definition[449] findet nämlich grundsätzlich eine zurechenbare Kreditaufnahme auch nur bei dem aufnehmenden jeweiligen Rechtsträger statt; nur ein Rechtsträger kann für sich selbst defizitwirksam Kredite aufnehmen, sodass eine Zurechnungen von einem Rechtsträger zu einem anderen grundsätzlich nicht stattfinden kann. Bei der öffentlich-privaten Partnerschaft nimmt die öffentliche Hand keinen Kredit auf, sondern ein privater Dritter, sodass auch aus dieser formalen Position betrachtet, die Zurechnung ausscheiden würde.

Die Kreditaufnahme des Privaten ist keine Kreditaufnahme des öffentlichen Partners, da Art. 115 Abs. 1 GG eine Trennung nach dem Rechtsträgerprinzip voraussetzt.[450] Der Private erhält Kreditzusage wie Mittel und leistet die Tilgung, sodass aufgrund der Trennung nach dem Rechtsträgerprinzip der Kredit des Privaten dem öffentlichen Partner nicht zugerechnet werden kann.

aa. Rechtsträger, Urteil BerlVerfGH

Dementsprechend hat der Berliner Verfassungsgerichtshof entschieden, dass sogar die Kreditaufnahme durch juristische Personen des öffentlichen Rechts nicht vom Regelungsgehalt des landesverfassungsrechtlichen Gebots gem. Art. 87 Abs. 1 BerlVerf erfasst wird, also dem Land zugerechnet wird, und „selbst dann nicht, wenn die juristischen Personen vom Land finanziert werden oder das Land kraft ausdrücklicher Garantie oder seiner Anstaltslast für ihre Verbindlichkeiten haftet“[451]. Denn Art. 87 Abs. 1 BerlVerf stehe in engem Zusammenhang mit Art. 85 Abs. 1 BerlVerf, woraus sich ergäbe, dass alle Einnahmen und Aus-

448 Dies unterschiedlich in der Gestalt, dass entweder eine direkte oder eine Schattenmaut stattfindet.

449 S.o., 3. Kapitel, D, II.

450 Vgl. Maunz/Dürig: Kube, Art. 115, Rn. 60 (56. Lfg. Oktober 2009).

451 BerlVGH, NVwZ-RR 2003, S. 537 [538].

gaben für jedes Rechnungsjahr in dem Haushaltsplan veranschlagt werden, der durch das Haushaltsgesetz festgestellt wird.[452]

Die Vorschrift beträfe aber nur die Einnahmen und Ausgaben des Rechtssubjekts „Land Berlin", wie auch Art. 110 Abs. 1 GG nur die Einnahmen und Ausgaben des Rechtssubjekts „Bund" erfasste. Juristische Personen des öffentlichen Rechts seien aber rechtlich verselbstständigte Rechtssubjekte mit selbstständiger Wirtschaftsführung eigener Haushaltswirtschaft und Haushalt, der als solcher vollständig sei und deshalb nicht von Art. 110 Abs. 1 GG erfasst wäre.[453]

Dies bedeutet, auf den Fall einer (N)PPP übertragen, dass, wenn eine Zurechnung der Kreditaufnahme von Personen des öffentlichen Rechts zu dem „öffentlichen Partner", dem Land/Bund, nicht erfolgt bzw. erfolgen kann wegen der formalen Personenverschiedenheit,[454] dies erst recht für einen Kredit eines Privaten gilt. Denn das zwischen juristischen Personen des öffentlichen Rechts und des privaten Rechts formal eine wesentlich größere Trennung der „Haushalte" und Vermögen besteht, dürfte unstreitig sein.

bb. Mogendorfer Modell, Urteil RhPfVerfGH

Eine weitere, sich mit der Materie beschäftigende und oben schon genannte Entscheidung stammt aus dem Jahre 1996. Der Verfassungsgerichtshof des Landes Rheinland-Pfalz hatte darüber zu entscheiden, ob die Einnahmen des Privaten aus dem Finanzierungskredit im Rahmen des Mogendorfer Modells als „Immobilienleasing" oder „Vorfinanzierung von Straßenbauvorhaben" sich als Krediteinnahmen für den öffentlichen Partner darstellen.[455]

Das Gericht hat hier eine Zurechnung als Krediteinnahme abgelehnt, da der private Dritte und nicht das Land jeweils „Empfänger dieser Einnahmen" sei. Das in der Entscheidung in Rede stehende Land erschließe sich keine „Geldquelle zum Zwecke des Haushaltsausgleichs" sodass der Umstand, es würde ein „- im wirtschaftlichen Sinne - kreditfinanzierten Gegenstand" nutzen, weder

452 BerlVGH, NVwZ-RR 2003, S. 537 [538].

453 BerlVGH, NVwZ-RR 2003, S. 537 [538ff.] m.w.N..

454 Allerdings wird wiederum die Ausklammerung der öffentlichen Sondervermögen unter die Schulden- und Kreditbestimmungen als einer der Gründe für die exorbitant gestiegene Staatsverschuldung zwischen 1969 bis 2009 angesehen (v.Mangoldt/Starck/Klein, Bd. 3: Wendt, Art. 115, Rn. 8ff.; Tappe, DÖV 2009, S. 881 [882f., 888]), sodass zunehmend fraglich sein könnte, ob dieser formale Erst-Recht-Schluss nach wie vor noch weiter verfolgt werden kann. Dem muss jedoch noch entgegen gehalten werden, dass Art. 115 GG das Verhältnis des Staates betrifft und evtl. auf Sondervermögen ausgeweitet werden sollte, nicht aber auf Private, wie dies hier der Fall wäre.

455 RhPfVerfGH, NVwZ-RR 1998, S. 145ff..

zum Vorliegen einer Kreditaufnahme im Sinne der Verfassung noch zu einer Unterwerfung des gesamten Rechtsgeschäfts unter den staatsschuldenrechtlichen Gesetzesvorbehalt.[456]

Auch resultiere aus der bei dem Modell typischen Abgabe der Schuldurkunden als Bautestat keine andere Einschätzung, da bei Abgabe der Testate an den privaten Unternehmer die Forderungen noch nicht fällig seien, sondern gestundet und innerhalb der nächsten 20 Jahre an die Bank zu zahlen, sodass eine eigene Schuld aus abgetretenem Recht getilgt würde.[457]

Diese Entscheidung stieß in der Wissenschaft nicht auf ungeteilte Zustimmung.[458] So wurde zweiseitig argumentiert und angeführt, dass u. a. bei Leasingmodellen, Veräußerungsgeschäften und Betreibermodellen die eingegangenen Verpflichtungen den haushaltspolitischen Handlungsspielraum ebenso einengen würden wie bei einer klassischen Kreditaufnahme durch den öffentlichen Partner.[459] Daher müsse, wenn schon die eingegangenen Verpflichtungen des öffentlichen Partners nicht als Kredit i. S. v. Art. 115 GG anzusehen wären, ihm jedenfalls die Kreditaufnahme des Privaten zugerechnet werden, da nur durch diesen „Kunstgriff“ eine eigene Kreditaufnahme unterbliebe und haushaltsrechtliche Sachverhalte verschleiert würden.[460] Als zweites vorgebrachtes Argument sei die Vergabe von Bautestaten als Finanzschuld einzustufen, ohne dass es einer Zurechnung der privaten Kreditaufnahme bedürfe, da das Bautestat eine Schuldurkunde zur Abgeltung von Zahlungsansprüchen sei und damit eine Kreditaufnahme darstelle.[461]

Durch die Begebung von Schuldurkunden können zwar Finanzschulden begründet werden, jedoch trat schon der rheinland-pfälzische Gerichtshof der Beurteilung entgegen, bei den Bautestaten handele es sich um Schuldurkunden im staatsschuldenrechtlichen Sinne.[462] Begründet wird dies damit, dass die Werklohnforderung des privaten gegenüber dem öffentlichen Partner nicht fällig sei und die Bautestate „keine abstrakten, vom bestehenden Schuldgrund gelösten

---

456 RhPfVerfGH, NVwZ-RR 1998, S. 145 [147].

457 RhPfVerfGH, NVwZ-RR 1998, S. 145 [147].

458 Jahndorf, NVwZ 2001, S. 620 [644]; vgl. Maunz/Dürig: Kube, Art. 115, Rn. 69 (56. Lfg. Oktober 2009).

459 Vgl. v. Mangoldt/Starck/Klein: Wendt, Bd. 3, Art. 115, Rn. 25; vgl. Jahndorf, NVwZ 2001, S. 620 [622ff.]; Maunz/Dürig: Kube, Art. 115, Rn. 71 (56. Lfg. Oktober 2009) m.w.N..

460 Jahndorf, NVwZ 2001, S. 620 [622].

461 Jahndorf, NVwZ 2001, S. 620 [622].

462 RhPfVerfGH, NVwZ-RR 1998, S. 145 [147].

Verbindlichkeiten“ verbrieften, sondern es wird bestätigt, dass bestimmte Werkleistungen vertragsgerecht erbracht wurden.[463]

Jahndorf führt dagegen ins Feld, dass die Hingabe der Bautestate eine Leistung an Erfüllungs Statt i. S. v. § 362 Abs. 2 BGB sei, die zum Erlöschen der Werkvertragsansprüche führe, sodass Zahlungsansprüche getilgt würden.[464] Durch das Bautestat würde die Werklohnforderung des Privaten verbrieft, sodass dieser es als Wertpapier an die finanzierende Bank verkaufen könnte[465]. Der öffentliche Partner zahlt dann bei Vorlage der Bautestate an die Bank.

Einigkeit herrscht insofern, als sich der Begriff der Kreditaufnahme auch auf die ausgabenersparende Abgeltung von Ansprüchen durch die Hingabe von Schuldtiteln erstreckt.[466]

Im Falle des Begebens von Bautestaten ist die regelmäßige Vertragsgestaltung so, dass die dem privaten Partner zustehende Vergütung durch die Testate an seine finanzierende Bank verkauft und abgetreten wird, sodass dann die Bank den Zahlungsanspruch gegen den öffentlichen Partner erwirbt. Die Zahlungsverpflichtung in den Testaten bestimmt, dass eine Ratenzahlung – i. d. R. über 20 Jahre – stattfindet, während die Bank aufgrund des Forderungskaufes an den privaten Partner sofort den Gesamtbetrag auszahlt.

Durch die Hingabe der Testate werden aber keine Ausgaben für den öffentlichen Partner erspart, sondern einzig Finanzierungserleichterungen für den Privaten geschaffen, damit dieser ähnliche Konditionen wie ein öffentlicher Kreditnehmer erhält, indem in Bezug auf den Kreditvertrag der öffentliche Partner als Schuldner fungiert. Außerdem werden keine Ausgaben durch die Hingabe der Schuldtitel erspart, da die Zahlungen sowohl dem Grunde als auch der Höhe nach gegenüber der Bank erfolgen, genauso, als wenn der öffentliche Partner direkt einen Kredit aufnehmen würde. Einzig sind die Forderungen gestaffelt, also gestundet, sodass eine Finanzierungserleichterung eintritt im Vergleich zur sofortigen Fälligkeit der Werklohnforderung. Aber auch dies führt nicht zu einer anderen Einschätzung. Denn Kern des PPP-Vertrages ist das auf eine alternative Beschaffungsvariante bezogene Lebenszeit-Modell, wonach die Verträge für einen Lebenszyklus abgeschlossen werden. Selbst wenn der Private keinen Kredit aufnehmen würde, um die Leistung bereit- und herzustellen, würden die Zahlungen innerhalb des Lebenszyklus erfolgen. Und dann gilt das oben schon Ausgeführte, dass es sich insbesondere aufgrund der vorab durchzuführenden Wirt-

---

463 RhPfVerfGH, NVwZ-RR 1998, S. 145 [147].

464 Jahndorf, NVwZ 2001, S. 620 [623].

465 Jahndorf, NVwZ 2001, S. 620 [623].

466 Epping/Hillgruber: Reimer, Art. 115, Rn. 15, 19ff.; Maunz/Dürig: Kube, Art. 115, Rn. 69 (56. Lfg. Oktober 2009) m.w.N..

schaftlichkeitsprüfung primär um eine Beschaffungsvariante handelt, nicht um eine Maßnahme mit dem Zweck der Finanzierungserleichterung. Die Finanzierungserleichterung ist nur bezweckt für den privaten Partner; für den öffentlichen Partner kann sie nur ein Reflex darstellen.

Typisch für die Annahme einer Leistung an Erfüllungs Statt ist auch, dass durch die Hingabe einer anderen Leistung die ursprüngliche Schuld getilgt ist.[467] Dies ist im Verhältnis privater und öffentlicher Partner die Werklohnforderung, die durch Geld zu bezahlen ist. Für die Leistung an Erfüllungs Statt erfolgt die Hingabe eines anderen Wert"mittels" oder einer anderen Leistung, was die Forderung gegenüber dem öffentlichen Partner erlöschen lässt.

Dies ist hier jedoch gerade nicht der Fall, da die Forderung dem Grund und der Höhe nach bestehen bleibt; einzig findet ein Gläubigerwechsel statt, der gemäß § 389 BGB grundsätzlich ohne Zustimmung des Schuldners möglich ist. Nur die Ansprüche zwischen Bank und privatem Partner bzgl. der Kreditrückzahlung „erlöschen" im Hinblick auf die Bautestate; im Verhältnis von öffentlichem zu privatem Partner erlischt keine Forderung.

Bei dieser Wertung und Einstufung ist zu beachten, dass die Entscheidungen der Gerichte und die einschlägigen Beiträge in der Fachliteratur erfolgten, bevor sich der Gesetzgeber mit der Überarbeitung der Art. 109ff. GG auseinandersetzte. Daher ist es wahrscheinlich, auch im Hinblick auf die oben geführte Diskussion zu dem österreichischen Vergleich, dass die Gerichtsentscheidungen heute nicht anders ausfallen würden.

Denn wenn schon die regelmäßige Zahlungsverpflichtung an den Privaten kein Kredit im staatsschuldenrechtlichen Sinne bedeutet, gilt dies auch dann, wenn aus Sicht des Schuldners (öffentlicher Partner) der Zahlungsempfänger bzw. Gläubiger nur getauscht wird, um dem *privaten* Partner Finanzierungserleichterungen zu verschaffen. Daher handelt es sich um eine alternative Beschaffungsvariante, deren Konstruktion nicht der Umgehung von Schuldengrenzen geschuldet ist, sondern der Finanzierungserleichterung des privaten Partners dient.

cc. Beschluss BVerfG

In einem Eilverfahren hatte sich auch das Bundesverfassungsgericht dergestalt mit einem ähnlichen Problembereich zu befassen, ob Einnahmen aus dem sog. Liegenschaftsmodell als Kredite zu werten seien.

467 MüKo: Wenzel, Bd. 2, § 364, Rn. 4.

Das Liegenschaftsmodell[468] betraf die Veräußerungen von Liegenschaften an eine landeseigene Investitionsbank. Der Kaufpreis wird durch die Investitionsbank durch Kredit aufgenommen und an das Land bezahlt. Das Land mietet die Liegenschaften zurück. Die zu beurteilende Frage ist, ob die Krediteinnahme der Investitionsbank, welche als Kaufpreis an das Land ausgekehrt wird, als eigene Kreditaufnahme des Landes zu werten ist.

Das Verfahren ist nicht bis ins Hauptverfahren gelangt, sondern hat sich nach dem Beschluss im einstweiligen Rechtsschutz auf andere Art erledigt. Daher können aus der Begründung des Beschlusses nur bedingt Rückschlüsse gezogen werden, da einerseits das Gericht selbst feststellte, dass mit seiner Entscheidung, „etwaige Einnahmen aus dem Liegenschaftsmodell so zu behandeln, als seien sie Einnahmen aus Kredit", kein Präjudiz über das Modell verbunden wäre[469]. Andererseits bestehen zwischen dem Liegenschaftsmodell und (N)PPP-Projekten Unterschiede, die eine Vergleichbarkeit und mögliche Rückschlüsse begrenzen würden.

Die Eilentscheidung des Gerichts, die *Einnahmen* aus dem Immobilienverkauf als Kredite für den öffentlichen Partner anzusehen, wird damit begründet, dass bei einer solchen Einordnung der „zukünftige politische Gestaltungsraum für zukünftige Haushalte weniger belastet wird als durch den Verzicht auf eine solche einstweilige Anordnung"[470]. Es erfolgt eine Veräußerung von Vermögen an eine landeseigene Bank, die den Kaufpreis über einen Kredit finanziert. Aufgrund der oben schon mehrfach beschriebenen Rechtsträgertrennung wäre die Kreditaufnahme der landeseigenen Bank daher eigentlich unbeachtlich.

Allerdings war es in dem zu entscheidenden Fall so, dass die gekauften Immobilien durch die landeseigene Bank zwar bewirtschaftet wurden, die tatsächlichen Entscheidungen hingen aber aufgrund landesgesetzlicher Organisationsvorgaben für die Bank maßgeblich vom Willen der Landesregierung ab.[471] Auch zusätzliche Gesetzes- und Vertragsregelungen, die die Berufung und Abberufung der Geschäftsführung der Landesbank regelte, sorgten dafür, dass diese maßgeblich von deren Willen abhing.[472] Die Landesregierung konnte sogar einen Gewinnvorschuss verlangen, sodass das zivilrechtliche Eigentum der Landesbank an den Immobilien insgesamt ausgehöhlt wurde und die Landesregie-

---

468 So der zu entscheidende Fall aus Schleswig-Holstein; Kurzbeschreibung des Sachverhalts bei Kirchhof, DÖV 1999, S. 242 [243].

469 BVerfG, NVwZ 1999, S. 173 [174].

470 BVerfG, NVwZ 1999, S: 173 [174].

471 Kirchhof, DÖV 1999, S. 242 [247] mit Verweis auf das Investitionsbankgesetz.

472 Kirchhof, DÖV 1999, S. 242 [247] mit Verweis auf das Investitionsbankgesetz.

rung faktisch die Investitionsbank beherrschte und damit (wirtschaftlicher) Eigentümer blieb.[473]

Die Schlussfolgerung aus diesem Urteil, bezogen auf PPP-Projekte und Art. 115 GG, lautet daher, dass dem öffentlichen Partner die Einnahmen aus einem Verkauf (wie in dem zu entscheidenden Fall) oder die Kreditaufnahme eines Dritten dann selbst zugerechnet werden müssen, wenn der öffentliche Partner maximalen Einfluss auf den Vertragspartner hat. Übertragen auf ein PPP-Projekt würde dies bedeuten, dass jedenfalls dann, wenn der öffentliche Partner durch die Vertragsgestaltung solchen Einfluss auf das zu errichtende und zu betreibende Objekt hätte wie bei einem Eigenbetrieb, nur ohne die dazugehörigen Risiken, dem öffentlichen Partner auch die Kreditaufnahme des privaten Partners zugerechnet werden müsste. Zurechnungspunkt wäre die Einflussnahme des öffentlichen Partners; er müsste den privaten Partner beherrschen. Dies widerspricht aber dem partnerschaftlichen Charakter eines PPP-Vertrages und dürfte derart offen kaum zu erkennen sein.

dd. Gesamtbeurteilung

Zu dem Ergebnis, dass dem öffentlichen Partner der Kredit des privaten Partners zugerechnet werden kann, kann man nur gelangen, wenn der Sinn und Zweck der Regelung von Art. 115 GG in Bezug genommen wird, wie dies zuvor bei der Untersuchung der Entgelt- und Bonuszahlungen geschehen ist. Der übergeordnete Sinn von Art. 115 GG ist, die öffentlichen Haushalte zu schützen und das parlamentarische Budgetrecht nicht leer laufen zu lassen. Der Schluss aufgrund der obigen Urteile und der unterbliebenen Rechtsänderungen im Zuge der Föderalismusreform ist, dass die formale Trennung der Kreditaufnahme eine Zurechnung verhindert. Es gilt das Rechtsträgerprinzip.

Auch aufgrund ökonomischer Betrachtung kann eine Zurechnung nicht erfolgen, weil der Gesetzgeber sich bei der Neufassung von Art. 115 GG dagegen entschieden hat.

Einzig die Fälle, in denen eine rechtsmissbräuchliche, bewusste Umgehung zur Aushöhlung der Vorschrift des Art. 115 GG vorliegt, öffnet Art. 115 GG einer weitergehenden Auslegung und damit Zurechnung. Daher wurden Kriterien entwickelt, um die Aushöhlung der Regeln gem. Art. 115 GG bei einer Kreditaufnahme durch Dritte zu verhindern, und umfasst Fälle, in denen aufgrund einer rechtsmissbräuchlichen Umgehung der Vorschriften eine Schuldenanrechnung trotz Kreditaufnahme des privaten Partners beim öffentlichen Partner zur Folge hat.

473 Kirchhof, DÖV 1999, S. 242 [247] mit Verweis auf das Investitionsbankgesetz.

Einigkeit besteht in solchen Fällen, in denen Kredite für Regierungsprogramme oder gesetzlich zu leistende Ausgaben durch Dritte im Auftrag und für Rechnung des Bundes aufgenommen werden,[474] oder wenn die öffentliche Hand eine juristische Person, an der sie maßgeblich beteiligt ist, beauftragt, im eigenen Namen und für eigene Rechnung Kredite zur Finanzierung öffentlicher Aufgaben zu übernehmen und die öffentliche Hand dann den Schuldendienst übernähme .[475]

Die erste Variante ist im Falle von PPP nicht einschlägig, da die Finanzierung der zu erledigenden Aufgabe dem jeweiligen privaten Partner obliegt und nicht Gegenstand des PPP-Vertrages ist (wenn, nur indirekt über die Vergütungsvereinbarung).[476]

Bezüglich der Beteiligungsgrenze ist fraglich, wann von einer maßgeblichen Beteiligung gesprochen werden kann, um eine rechtsmissbräuchliche, dem öffentlichen Partner zuzurechnende Kreditaufnahme angenommen werden kann. Dies kann relevant werden, wenn im Vertragsmodell VII ein gemischtwirtschaftliches Unternehmen die Leistungen ausführt.

Um gesellschaftsrechtliche Maßstäbe anzunehmen, muss eine Beteiligung mindestens 25 %[477] oder 45 %[478] betragen, um eine Sperrminorität zu erhalten. Um aber von einer maßgeblichen Beherrschung sprechen zu können, wird eine Beteiligung von mehr als 50 % notwendig sein.

Bis zu einer Beteiligung von unter 50 % kann daher kaum von einer maßgeblichen Beteiligung gesprochen werden. Aber selbst wenn die Hürde der maßgeblichen Beteiligung genommen wird, müsste der öffentliche Partner den Schuldendienst der in seinem Auftrag aufgenommenen Kredite übernehmen.

Dies ist nicht der Fall. Denn der öffentliche Partner verpflichtet sich auch bei dem PPP-Gesellschaftsmodell, entsprechende Zahlungen für die Herstellung und den Betrieb der Anlage (dann gegenüber der Gesellschaft) zu leisten. Die Gesellschaft bzw. der private Partner tilgt dann wiederum seine eigenen Kreditverbindlichkeiten, nicht aber der öffentliche Partner direkt.

Aber selbst beim sog. Mogendorfer Modell ergibt sich nichts anderes. Denn dort zahlt zwar der öffentliche Partner den Kredit, den der private Partner zur

474 Jahndorf, NVwZ 2001, S. 620 [622] m.w.N..

475 Jahndorf, NVwZ 2001, S. 620 [622] m.w.N..

476 Vgl. dazu die Musterverträge bzgl. Inhaber- und Mietmodell, abzurufen unter http://www.bmvbs.de/cae/servlet/contentblob/32282/publicationFile/704/leitfaden-5-mietmodell.pdf; http://www.bmvbs.de/cae/servlet/contentblob/32280/publicationFile/703/leitfaden-5-inhabermodell.pdf, abgerufen am 12.07.2013.

477 Vgl. dazu beispielhaft die Annahme im Aktienrecht: §§ 262 Abs. 1 Nr. 2, 179 Abs. 2 AktG.

478 Vgl. dazu Art. 16 EUV bzgl. der Mehrheitserfordernisse im Rat.

Finanzierung der Leistung aufgenommen hat, an die finanzierende Bank zurück. Jedoch fand in Bezug auf den Kredit kein Schuldnerwechsel statt, sondern in Bezug auf den Werkvertrag ein Gläubigerwechsel. Daher zahlt der öffentliche Partner nicht den Kredit zurück, sondern erfüllt die Zahlungsverpflichtung aus dem Werkvertrag gegenüber der Bank. Hätte der Private die Bautestate nicht an die finanzierende Bank, sondern an eine dritte Bank verkauft und würde nun der öffentliche Partner die Werklohnforderung an diese entrichten, käme das vermeintliche Problem sowieso nicht zum Tragen.

Auch ein sich mit dem Problem beschäftigender Bund/Länder-Ausschuss „Haushaltsrecht und Haushaltssystematik“[479] kam zu dem Ergebnis, dass grundsätzlich keine Kreditaufnahme des öffentlichen Partners oder eine Zurechnung erfolge, sondern nur weitere Kriterien vorliegen müssen, die eine ausnahmsweise Zurechnung rechtfertigen würden: Die dort aufgeworfenen Kriterien[480] decken sich weitestgehend mit den oben untersuchten Fallgestaltungen.

Das entscheidende Kriterium muss daher sein, ob gegenüber dem Staat, wie bei einem Kredit, eine Finanzierungsform vorgenommen wird und dies deshalb erfolgt, um die formalen Kreditvorschriften zu umgehen. Außerdem muss dem öffentlichen Partner, eben um die genannte Umgehung durchführen zu können, eine wesentliche Einflussnahme auf den Privaten möglich sein. Als Ansatzpunkt wurde vielfach in der Literatur § 39 AO genannt, also wer tatsächlich wirtschaftlicher Eigentümer einer Sache ist. Dies zielt auf die Beurteilung ab, ob der private Partner, ähnlich wie in dem durch das Bundesverfassungsgericht zu beurteilenden Fall, maßgeblichen Einfluss auf den Privaten hat und dieser nur als „Marionette“ angesehen werden muss.

Dies ist für ein PPP-Projektes aber zu verneinen. Der partnerschaftliche Ansatz dieser Beschaffungsvariante vermeidet eine solche Steuerung durch den öf-

---

479 Bund/Länder-Arbeitsausschuss „Haushaltsrecht und Haushaltssystematik“ zu „Haushaltsrechtliche und haushaltssystematische Behandlung von ÖPP-Projekten“, S. 20, abrufbar unter http://www.oepp-plattform.de/media/attachments/FMK_Leitfaden_Haushaltsrecht1.pdf, abgerufen am 12.07.2013.

480 Die Kriterien waren maßgebliche Beteiligung bzw. Einflussmöglichkeit des Staates hinsichtlich des Dritten ist, ob der Dritte im Auftrag des Staates handelt, ob der Dritte dem Staat Geldmittel zur Verfügung stellt oder erhaltene Geldmittel weiter leitet, ob der Staat die Geldmittel als Einnahmen in den Haushalt einstellt oder verwendet, oder ob der Staat sie zur Finanzierung von Aufgaben, die herkömmlicherweise mit etatisierten Einnahmen bezahlt werden verwendet oder ob der Staat übernimmt wirtschaftlich den Finanzdienst (Tilgung und/oder Zinsen), Bund/Länder-Arbeitsausschuss „Haushaltsrecht und Haushaltssystematik“ zu „Haushaltsrechtliche und haushaltssystematische Behandlung von ÖPP-Projekten“, S. 20, abrufbar unter http://www.oepp-plattform.de/media/attachments/FMK_Leitfaden_Haushaltsrecht1.pdf, abgerufen am 12.07.2013.

fentlichen Partner, was auch durch einen Blick in die Musterverträge – sowohl des A- und F-Modells als auch der oben genannten Vertragstypen – bestätigt wird. Diese sind jeweils so zugeschnitten, das derjenige die Risiken trägt, die er am besten handhaben kann. Weisungs- und Informationsrechte des öffentlichen Auftraggebers beziehen sich jeweils nur auf die Sicherstellung der Erfüllung der Aufgabe[481]. Dabei handelt es sich also eher um solche Weisungen, die die technische Ausführung betreffen, also das „Wie" der Erfüllung. Ähnliche Rechte, beispielsweise Vorab-Gewinnausschüttungen, sind davon nicht erfasst. Beide Vertragsparteien sind unabhängig und im Rahmen des Vertragsablaufs, abgesehen von den eben benannten Kontroll- und Weisungsrechten, in ihrer Vertragsausführung frei. Eine Beherrschung liegt nicht vor.

b. NPPP

Für NPPP-Projekte gilt das Gleiche, nur mit Anpassung an die speziellen Gegebenheiten der Nutzerfinanzierung. Eine Zurechnung der Kreditaufnahme des Privaten findet nicht statt. Denn die Refinanzierung der Investition soll gerade durch die Nutzer erfolgen. Dass möglicherweise Bonuszahlungen und Verfügbarkeitsentgelte sowie Anschubfinanzierung auch dafür benutzt werden, kann eine Zurechnung nicht begründen, wie sich schon aus den oben ausgeführten Überlegungen zur „normalen" PPP ergibt.

Sofern bei NPPP- oder PPP-Projekten Bonusvereinbarungen geschlossen werden, kommt ihnen nur eine eingeschränkte Finanzierungsfunktion zu, dies auch nur dann, wenn es sich um Boni für die „normale" Erfüllung der Leistung als besonderer Anreiz handelt.

Um zu einer Umgehung von Art. 115 GG zu kommen, müssten die Boni als Vergütung eingeordnet werden, mit denen die Kreditaufnahme des Privaten teilweise refinanziert werden sollte. Eine Umgehung von Art. 115 GG kann kaum vorliegen, da die Bonusvereinbarungen nur einen reflexartigen, nicht beabsichtigten, noch dazu geringen Refinanzierungscharakter haben und überwiegend der Sicherstellung der Erfüllung oder Übererfüllung der Leistung dienen, sodass eine Zurechnung der Gesamtkredite des Privaten aufgrund von geringen Bonusleistungen der öffentlichen Hand abwegig erscheint.

Die Anreize durch die Boni stellen jedenfalls nicht derartige Kontrollmechanismen gegenüber dem privaten Partner dar, die es weiter rechtfertigen würden, dass dieser als „Marionette" angesehen werden würde und das Rechtsträgerprinzip durchbrochen werden müsste.

481 Siehe dazu beispielhaft § 12 des Mustervertrages zum sog. Inhabermodell, abzurufen unter www.bmvbs.de/cae/servlet/contentblob/32280/publicationFile/703/leitfaden-5-inhabermodell.pdf, abgerufen am 12.07.2013.

Gleiches gilt in Bezug auf Verfügbarkeitselemente und deren Vergütung, da sie ähnlich wirken wie der Bonus für die „normale" Vertragserfüllung. Sie haben damit anteilige Refinanzierungsfunktion für den Privaten, stellen aber auch keine Umgehung des Art. 115 GG dar, die es rechtfertigen würde, die Kreditaufnahme des Privaten dem öffentlichen Partner zuzurechnen.

III. Ergebnis

Ein (N)PPP-Vertrag, in dem regelmäßige Entgelte, Boni- oder Verfügbarkeitsverpflichtungen vereinbart werden, stellt keine Kreditaufnahme des öffentlichen Partners dar. Dies gilt sowohl direkt als auch indirekt, da die Kreditaufnahme des Privaten dem öffentlichen Partner aufgrund des partnerschaftlichen Charakters nicht zugerechnet werden kann.

Allerdings geht damit einher, dass sich der öffentliche Partner zur Zahlung von Entgelten während des *(N)PPP*-Verfahrens verpflichtet, sodass diese Verpflichtungen als Verpflichtungsermächtigung in den Haushalt einzustellen und zu berücksichtigen sind und damit indirekt defizitwirksam i. S. v. Art. 115 GG werden können. Nur wenn im Rahmen des A-Modells eine Zusicherung bzgl. einer bestimmten Höhe der weiterzuleitenden Entgelte an den privaten Partner gegeben wird, ist dies defizitwirksam i. S. v. Art. 115 GG mit der Folge, dass dazu eine Ermächtigung durch ein Parlamentsgesetz notwendig ist, weil nur eine Verpflichtungsermächtigung nicht ausreicht.

E. Erfahrungen mit Nutzerfinanzierungsmodellen

Im Folgenden geht es darum, Erfahrungen mit den Maut- und Schattenmautmodellen zu betrachten und deren Verfahren auf mögliche Umsetzungsprobleme und Verbesserungsmöglichkeiten sowohl in Bezug auf konkrete Projekte als auch in Bezug auf Maut- und Schattenmautmodelle allgemein zu überprüfen. Da bisher die sog. A- und F-Modelle die einzigen, teilweise kodifizierten Modelle sind, liegen einerseits auch nur zu diesen Modellen ausführliche Erfahrungsstudien vor, andererseits haben sie aufgrund der Kodifizierung Modellcharakter für andere NPPP-Projekte.

I. Erfahrungen der Schattenmaut (A-Modell)

Bei der Evaluierung eines Sachstandberichts zum A-Modell wurde durch die beteiligten privaten Partner und Verbände festgestellt, dass die A-Modell-Pilotprojekte positiv vom „Markt“ aufgenommen wurden.[482]

Trotzdem besteht in Teilbereichen des hier interessierenden Vergütungsverfahrens und Vergütungsmodells noch Verbesserungsbedarf. Diese Erfahrungen sind zu untersuchen, um sodann deren rechtliche Umsetzbarkeit im A- und F-Modell sowie deren Übertragbarkeit auf andere NPPP-Projekte zu überprüfen.

1. Vorgebrachte Kritikpunkte A-Modell

Als nachteilig wird beim A-Modell eingestuft, dass das Verkehrsmengenrisiko nur unzureichend durch den Privaten steuerbar, also Einfluss auf das Verkehrsaufkommen zu nehmen, sei.[483]

Ein weiteres Problem ist die realistische Kalkulation der Verkehrsmengen zur Einschätzung des Verkehrs*mengen*risikos vor Vertragsschluss.[484] Im Rahmen der Ausschreibung sei oft die zu erwartende Verkehrsmenge nicht bekannt bzw. wird von den privaten und öffentlichen Partnern ggf. unterschiedlich bewertet, was sich dann auf die Angebote auswirke. So kann nicht ausgeschlossen werden, dass mancher private Investor die Verkehrsmenge aus strategischen Gründen zu positiv ansetzt, um den Zuschlag zu bekommen.[485] Dies wiederum führt zu höheren Risikoaufschlägen bei diesen oder anderen Positionen oder zur

482 Vgl. Erörterung des Zwischenberichtes „Evaluierung der Pilotprojekte des A-Modells“ mit Verbänden und Privatwirtschaft, abzurufen unter http://www.vifg.de/_downloads/service/informationen-zu-modellen-und-projekten/080515-Evaluierung-A-Modell-Vorstellung-Zwischenbericht.pdf, S. 1, abgerufen am 12.07.2013.

483 Vgl. „Evaluierung der Pilotprojekte des A-Modells, Zwischenbericht der Abteilung Straßenbau / Straßenverkehr in Zusammenarbeit mit der VIFG (Stand: 25. Januar 2008), S. 24, abzurufen unter http://www.vifg.de/_downloads/service/informationen-zu-modellen-und-projekten/2008-Evaluierung-A-Modell-Zwischenbericht.pdf, abgerufen am 12.07.2013.

484 Vgl. Stellungnahme des Bundesverbandes öffentlicher Banken Deutschlands vom 06.05.2008 zum Sachstand A-Modell, abzurufen unter http://www.vifg.de/_downloads/service/informationen-zu-modellen-und-projekten/080515-Evaluierung-A-Modell-Vorstellung-Zwischenbericht.pdf, S. 4, abgerufen am 12.07.2013.

485 Vgl. „Evaluierung der Pilotprojekte des A-Modells, Zwischenbericht der Abteilung Straßenbau / Straßenverkehr in Zusammenarbeit mit der VIFG (Stand: 25. Januar 2008), S. 24, abzurufen unter http://www.vifg.de/_downloads/service/informationen-zu-modellen-und-projekten/2008-Evaluierung-A-Modell-Zwischenbericht.pdf, abgerufen am 12.07.2013; vgl. Faust, S. 17, in Verfügbarkeitsmodelle im Straßenverkehr.

Unrentabilität und Wettbewerbsverzerrungen, wenn die zu hoch angesetzten Verkehrsmengen tatsächlich nicht erreicht werden.[486] Im schlimmsten Fall könnte die Insolvenz des privaten Partners drohen, wenigstens wirken sich die Risikoaufschläge effizienzmindernd aus. Das kann dazu führen, dass das Projekt insgesamt unrentabel wird und die Ziele des Staates, eine effizientere, kostengünstigere Beschaffungsvariante zur Erfüllung öffentlicher Aufgaben zu installieren,[487] mangels Interesse privater Partner fehlschlägt.

Daneben könne der private Partner das Mautklassen- und Mauthöhenrisiko sowie das Emissionsklassenrisiko nicht beeinflussen, was aber jeweils Einfluss auf seine Einnahmen hat[488]. Grundsätzlich betrifft dies die sog. politischen Risiken, also ab wann ein LKW in welche Emissionsklasse und damit in welche Mautklasse fällt und wie hoch das Entgelt für die Mautklasse letztendlich ausfällt.

Da der Private darauf keinen Einfluss habe, werden diese Unwägbarkeiten eingepreist oder es kann zu einer Unrentabilität aufseiten des Privaten führen.

2. A1 mobil Projektgesellschaft (A 1 Ausbau Bremen-Buchholz)

Diese Kritikpunkte decken sich überwiegend mit den Erfahrungen, die im Rahmen des Ausbaus der A 1 zwischen Bremen und Buchholz gemacht wurden.

So würde laut dem technischen Geschäftsführer der Projektgesellschaft A1 mobil[489] eine Verschiebung des Modells in Richtung eines Verfügbarkeitsmodells begrüßt werden, um so das Verkehrsmengenrisiko auszuschalten. Als Referenz führte er auf, dass es in England nahezu keine „Verkehrsmengenprojekte" gäbe. Zur Abfederung schlägt er weiter vor, dass ggf. bei Projekten mit von vornherein gering prognostiziertem Verkehrsaufkommen ein Ausgleich über eine adäquate Anschubfinanzierung erfolgen müsse, oder, wenn sich das Ver-

---

486 Vgl. „Evaluierung der Pilotprojekte des A-Modells, Zwischenbericht der Abteilung Straßenbau / Straßenverkehr in Zusammenarbeit mit der VIFG (Stand: 25. Januar 2008), S. 24, abzurufen unter http://www.vifg.de/_downloads/service/informationen-zu-modellen-und-projekten/2008-Evaluierung-A-Modell-Zwischenbericht.pdf, abgerufen am 12.07.2013.

487 Vgl. BT- Drs. 15/5668, S. 1, 10.

488 Vgl. Faust, S. 15, in Verfügbarkeitsmodelle im Straßenverkehr; vgl. Stellungnahme des Hauptverbandes der Deutschen Bauindustrie vom 09.05.2008 zum Sachstand A-Modell, abzurufen unter http://www.vifg.de/_downloads/service/informationen-zu-modellen-und-projekten/080515-Evaluierung-A-Modell-Vorstellung-Zwischenbericht.pdf, S. 4, abgerufen am 12.07.2013.

489 Vortrag von Herrn Lutz Hoffmann, technischer Geschäftsführer der A 1 mobil Projektgesellschaft anlässlich eines Besuches des Verfassers auf dem Betriebshof in Sittensen am 26.01.2011.

kehrsaufkommen im Nachhinein anders darstellt als angenommen, eine Anpassung bei der Refinanzierung vorgenommen werden müsse. Dies muss dann mit den Annahmen der Verkehrsmengen korrespondieren, also bei der Vergabe des Projekts muss für alle Bieter eine einheitliche Verkehrsmenge zugrunde gelegt werden.[490] Denn sonst könnte der zu optimistisch kalkulierende private Bieter seine Fehlkalkulation einerseits zur Auftragsvergabe gegenüber „seriösen" Bietern ungerecht ausnützen und durch einen Zuschlag belohnen lassen, andererseits würde seine Fehlkalkulation durch Nachschläge „belohnt" und für ihn wirtschaftlich ohne Verlust ausgeglichen.

Weiter könnte sich der Geschäftsführer vorstellen, dass Bonus- Malus-Zahlungen verknüpft werden mit (Zwischen-)Fertigstellungsdaten des auszubauenden Autobahnabschnitts. Auch stößt das Einheitsmautmodell auf Interesse, um die Probleme des jetzigen Vergütungsmodells zu kompensieren. Diese benennt er vor allem mit der schweren Kalkulierbarkeit der Verkehrsmenge.

3. Zwischenergebnis

Es fällt auf, dass die Kritikpunkte sowohl bei der durch die öffentlichen Hand durchgeführten Analyse und den darin enthaltenen Stellungnahmen der Fachverbände aus allen beteiligten „Gewerken" als auch die Erfahrung der beispielhaft ausgewählten Projektgesellschaft in die gleiche Richtung weisen bzw. weist. Es wird von allen Beteiligten nach Möglichkeiten gesucht, die strikte Kopplung der Vergütung an die Verkehrsmenge (Nutzer) aufzuweichen, da sie vorab nicht zuverlässig ermittelt werden kann, wodurch die Projekte nachhaltig gefährden werden können. Denn einerseits werden Bieter mangels Kalkulierbarkeit abgeschreckt, andererseits würde bei dem kompletten Auffangen des Risikos durch den öffentlichen Partner über Anschub- und Kompensationszahlungen die Risikoübertragung wieder aufgehoben.

Neben dem Verkehrsmengenrisiko werden Lösungen gesucht, politische Risiken aus der Risikosphäre des Privaten herauszuhalten, was auch dem partnerschaftlichen Anspruch eines PPP-Vertrages und der Aufteilung der Risiken danach, wer sie am besten tragen kann, entspräche.

490 So auch der Bundesverband öffentlicher Banken Deutschlands, abzurufen unter http://www.vifg.de/_downloads/service/informationen-zu-modellen-und-projekten/080515-Evaluierung-A-Modell-Vorstellung-Zwischenbericht.pdf, S. 4, abgerufen am 12.07.2013.

4. Lösungsvorschläge

Aus dem Sachstandsbericht, den Stellungnahmen und praktischen Erfahrungen konnten diverse Probleme identifiziert werden. Der Grundtenor ist dennoch positiv hinsichtlich der bisherigen Modelle, ohne dass bisher mögliche Verbesserungen realisiert wurden.

Zur Lösung der angeführten Probleme, also insbesondere der Verkehrsmengenproblematik sowie der politischen Risiken wurden Vorschläge unterbreitet, die die Probleme abmildern helfen könnten. Dies sind insbesondere die Einführung von Verfügbarkeitselementen, variable Vertragslaufzeiten, verbindliche Verkehrsmengenberechnungen, eine Einheitsmaut, Barwertmodelle oder ein echtes Schattenmautmodell.

Im nächsten Schritt gilt es nun zu untersuchen, ob die Erfahrungen im F-Modell ähnlich sind, welche Verbesserungsvorschläge dort existieren und welchen rechtlichen Problemen die Verbesserungen begegnen würden.

II. Erfahrung der Direktmaut (F-Modell)

Die Erfahrungen beim sog. F-Modell sind im Tenor nicht so positiv, wie dies beim A-Modell noch der Fall war. Bisher wurden nur zwei Projekte umgesetzt, ein weiteres gelang zur Ausschreibung und wurde dann nicht mehr durchgeführt.[491]

Die beiden laufenden Projekte sind für den privaten Partner hoch defizitär.

1. Kritikpunkte

Zum F-Modell wurde ein Gutachten erstellt, in welchem die Stärken, Schwächen und Potentiale des Modells untersucht wurden. Die Erkenntnis daraus ist, dass vor allem die prognostizierten Verkehrsmengen nicht erreicht wurden und die geplanten Kosten des Angebots die tatsächlichen Baukosten überschritten, sodass auch die vorab veröffentlichte Mauthöhe nicht eingehalten werden konnte.[492] Daher wird die Übernahme des Verkehrsrisikos durch den privaten Partner

491 Sachstandsbericht F-Modell des Bundesministeriums für Verkehr, Bau und Stadtentwicklung, abzurufen unter http://www.vifg.de/_downloads/service/2007_Sachstand_F-Modell_Langfassung.pdf, S. 10, abgerufen am 12.07.2013.

492 Sachstandsbericht F-Modell des Bundesministeriums für Verkehr, Bau und Stadtentwicklung, abzurufen unter http://www.vifg.de/_downloads/service/2007_Sachstand_F-Modell_Langfassung.pdf, S. 10, abgerufen am 12.07.2013; die Verkehrsmengen wichen

kritisiert, da er dieses nicht steuern könne; außerdem seien die Transaktionskosten bei dem F-Modell sehr hoch.[493]

Weiter wurde insgesamt die Zahlungsbereitschaft der Nutzer für eine Maut über- und die damit verbundene Ausweichbereitschaft, auch unter Inkaufnahme eines längeren Weges, unterschätzt.[494] Dies korrespondiert mit dem Problem, dass die Refinanzierungszeit, also die Konzessionsdauer in beiden realisierten Projekten auf 30 Jahre begrenzt ist.[495] Als problematisch erwies sich auch, dass die Mauthöhenfestsetzung und Genehmigung trotz Mauthöhenverordnung schwierig war. Es fehlte eine Rechtsetzungspraxis, sodass die Genehmigungsbehörden die beantragten Mauthöhen nicht einfach absegnen konnten.[496] Dies wurde zwischenzeitlich verbessert, allerdings besteht nach wie vor Rechtsunsicherheit, ob das der Refinanzierung zugrunde liegende ökonomisch- betriebswirtschaftliche Konzept des Privaten überhaupt auf Mautbasis umlegbar und genehmigungsfähig ist.[497] Denn der Konzessionsgeber ist regelmäßig nicht personenidentisch mit dem Mautverordnungsgeber bzw. der die Mauthöhe genehmigenden Stelle. Dies führte einerseits dazu, dass umfangreiche, auf kommunalhaushaltspolitische Gründe gestützte Vorgaben im Konzessionsvertrag aufgenommen wurden, und andererseits dazu, dass eine Rechtmäßigkeitskontrolle der Mauthöhe durch den Mautverordnungsgeber bzw. Genehmiger stattfindet, sodass sich der private Partner im Konflikt zwischen Vertragstreue und Genehmigungsfähigkeit seiner beantragten Mauthöhe befindet.[498]

---

z.B. auch bei einem Tunnelprojekt i.S.d. F-Modells in Australien um 2/3 von der prognostizierten Menge ab, Schönwasser, S. 7, in Verfügbarkeitsmodelle im Straßenverkehr.

493 Sachstandsbericht F-Modell des Bundesministeriums für Verkehr, Bau und Stadtentwicklung, abzurufen unter http://www.vifg.de/_downloads/service/2007_Sachstand_F-Modell_Langfassung.pdf, S. 10, abgerufen am 12.07.2013.

494 Sachstandsbericht F-Modell des Bundesministeriums für Verkehr, Bau und Stadtentwicklung, abzurufen unter http://www.vifg.de/_downloads/service/2007_Sachstand_F-Modell_Langfassung.pdf, S. 11, abgerufen am 12.07.2013.

495 Sachstandsbericht F-Modell des Bundesministeriums für Verkehr, Bau und Stadtentwicklung, abzurufen unter http://www.vifg.de/_downloads/service/2007_Sachstand_F-Modell_Langfassung.pdf, S. 11, abgerufen am 12.07.2013.

496 Sachstandsbericht F-Modell des Bundesministeriums für Verkehr, Bau und Stadtentwicklung, abzurufen unter http://www.vifg.de/_downloads/service/2007_Sachstand_F-Modell_Langfassung.pdf, S. 16, abgerufen am 12.07.2013.

497 Sachstandsbericht F-Modell des Bundesministeriums für Verkehr, Bau und Stadtentwicklung, abzurufen unter http://www.vifg.de/_downloads/service/2007_Sachstand_F-Modell_Langfassung.pdf, S. 17, abgerufen am 12.07.2013.

498 Sachstandsbericht F-Modell des Bundesministeriums für Verkehr, Bau und Stadtentwicklung, abzurufen unter http://www.vifg.de/_downloads/service/2007_Sachstand_F-Modell_Langfassung.pdf, S. 18, abgerufen am 12.07.2013.

2. Kritikpunkte der Fachverbände

Der Hauptverband der deutschen Bauindustrie hält das F-Modell noch nicht für fehlgeschlagen, da es eine haushaltsexterne Finanzierungsmöglichkeit von Straßenbauvorhaben geben müsse und die bisherigen Spielräume nicht ausreichend ausgeschöpft wurden.[499] Kritisiert wird, dass die Projektauswahl falsch gelaufen sei, die Machbarkeitsstudien von mangelnder Qualität gewesen seien, die Verkehrsprognosen durch den öffentlichen Partner ungeprüft übernommen worden seien und Unklarheit über mögliche Alternativstrecken herrschte.[500] Diese Punkte werden verschärft durch die Übernahme der Verkehrsrisiken. Denn das Verkehrsmengenrisiko sei durch den privaten Partner nur unzureichend kalkulier- und tragbar, da die Verkehrsentwicklung nicht beeinflusst werden könne, die F-Modelle lediglich Inselcharakter hätten, die Bundesbürger mit „Maut"-Gebühren nicht vertraut seien und die Verkehrsmenge sich nur unzureichend prognostizieren ließe.[501]

Die weiteren in dem Projekt gehörten Verbände schließen sich im Wesentlichen den Kritikpunkten an.

3. Lösungsvorschläge

Hinsichtlich der Lösungsmöglichkeiten besteht zwischen den Gutachtern und den Fachverbänden überwiegend Einigkeit.

Am meisten wurde kritisiert, dass die Verkehrsmengen ähnlich wie im A-Modell nur unzureichend einzuschätzen sind, sodass das Verkehrsmengenrisiko und damit Vergütung und wirtschaftliche Refinanzierung nur schwer beherrsch-

---

499 Treffen zur Vorstellung des Sachstandsbericht F-Modell des Bundesministeriums für Verkehr, Bau und Stadtentwicklung, Stellungnahme des Hauptverbandes der deutschen Bauindustrie, abzurufen unter http://www.vifg.de/_downloads/service/071220_Sachstand_F-Modell_zweite_Vorstellung_oeff.pdf, S. 26, abgerufen am 12.07.2013.

500 Treffen zur Vorstellung des Sachstandsbericht F-Modell des Bundesministeriums für Verkehr, Bau und Stadtentwicklung, Stellungnahme des Hauptverbandes der deutschen Bauindustrie, abzurufen unter http://www.vifg.de/_downloads/service/071220_Sachstand_F-Modell_zweite_Vorstellung_oeff.pdf, S. 27, abgerufen am 12.07.2013.

501 Treffen zur Vorstellung des Sachstandsbericht F-Modell des Bundesministeriums für Verkehr, Bau und Stadtentwicklung, Stellungnahme des Hauptverbandes der deutschen Bauindustrie, abzurufen unter http://www.vifg.de/_downloads/service/071220_Sachstand_F-Modell_zweite_Vorstellung_oeff.pdf, S. 27, abgerufen am 12.07.2013.

bar bzw. vorhersehbar sind.[502] Daneben fanden sich auch weitere Kritikpunkte, die darauf abzielten, dass die Projektauswahl weniger nach wirtschaftlichen, mehr nach politischen Gründen erfolgte.

Zur Lösung der Probleme mit dem F-Modell und zur weiteren Attraktivitätssteigerung wurden folgende, auf die Vergütungsstruktur abzielende Verbesserungen vorgeschlagen:[503] Es solle die Möglichkeit geben, Anschlusskonzessionen zu vergeben, die sich an der Nutzungsdauer des Bauwerks, die oft bei 60 Jahren, liegt, orientieren. In die gleiche Richtung geht die Überlegung, auch beim F-Modell eine sog. Mindestbarwertvergabe durchzuführen. Neben der Veränderung der Konzessionslaufzeit wird auch vorgeschlagen, bei Abweichungen von der angenommenen Verkehrsmenge eine entsprechende Neubewertung vorzunehmen, ggf. verbunden mit der Pflicht zu Ausgleichszahlungen durch den öffentlichen Partner.

Zum Problem der geringen Mautakzeptanz in der Bevölkerung komme das Problem der mautfreien Parallelstrecken. Es wird daher eine Festschreibung vorgeschlagen, dass keine oder erst nach einer „Schonzeit" Parallelstrecken gebaut werden und dann neue Evaluierungen der Verkehrsmengen und ggf. Zahlungen des öffentlichen Partners erfolgen sollen, um das Verkehrsmengen- und Erlösrisiko angemessener, dem partnerschaftlichen NPPP-Gedanken entsprechend, zu verteilen. Als allgemeine Verbesserung des Vergütungssystems wird auch vorgeschlagen, Anreize für den Privaten zu setzen, um beispielsweise die Betriebskosten zu senken.

Den A- und F-Modellen gemeinsam ist, dass das Verkehrsmengenrisiko schwer vorherzusagen ist, was zu erheblichen finanziellen Problemen bei den privaten Partnern geführt hat. Diese Probleme belasten die Ausschreibungen der öffentlichen Hand, da Bieter abgeschreckt werden oder sogar während der Vertragslaufzeit insolvent werden könnten. Daher sind die aufgekommenen Verbes-

---

502 Vgl. dazu und zu den nachfolgend vorgeschlagenen Änderungen: Treffen zur Vorstellung des Sachstandsbericht F-Modell des Bundesministeriums für Verkehr, Bau und Stadtentwicklung, abzurufen unter http://www.vifg.de/_downloads/service/071220_Sachstand_F-Modell_zweite_Vorstellung_oeff.pdf, S. 1-3, abgerufen am 12.07.2013; Sachstandsbericht F-Modell des Bundesministeriums für Verkehr, Bau und Stadtentwicklung, abzurufen unter http://www.vifg.de/_downloads/service/2007_Sachstand_F-Modell_Langfassung.pdf, S. 10ff., jeweils abgerufen am 12.07.2013.

503 Vgl. für die vorgeschlagenen Verbesserungen, die durch die Fachverbände aufgenommen und bestätigt wurde statt aller: Sachstandsbericht F-Modell des Bundesministeriums für Verkehr, Bau und Stadtentwicklung, abzurufen unter http://www.vifg.de/_downloads/service/2007_Sachstand_F-Modell_Langfassung.pdf, S. 53ff., abgerufen am 12.07.2013.

serungsvorschläge sowohl in Bezug auf das A- und F-Modell zu überprüfen, aber auch welche rechtlichen Probleme NPPP-Projekte insgesamt bei der Einführung dieser optimierenden Elemente aufwerfen würden.

F. Verbesserung der Vergütungsverfahren im NPPP-Modell

Die oben beschriebenen Probleme im A- und F-Vergütungsmodell sind teilweise auch auf andere NPPP-Modelle zu übertragen, sodass zu überprüfen ist, ob und welche Verbesserungen möglich und sinnvoll sind.

I. Einführung von Verfügbarkeitselemente

Für das Vergütungsmodell und das damit verbundene Verkehrsmengenrisiko wurde vorgeschlagen, das bestehende Abgeltungsverfahren mit Verfügbarkeitselementen zu verbessern.

Dafür müssten zunächst Verfügbarkeitskriterien bestimmt werden, die entgeltrelevant sein sollen und mit dem A-und F-Modell als Nutzerfinanzierungsmodell kompatibel sowie für den privaten und öffentlichen Partner praktikabel und rechtlich möglich sein müssten.

1. Vorteil

Die Vorteile eines Verfügbarkeitsmodells liegen darin, dass eine bessere Risikoallokation erfolgt, da sich der Private auf seine Bereiche Bau, Betrieb und Erhaltung konzentrieren kann, während das Verkehrsmengenrisiko (teilweise) beim öffentlichen Partner liegt.[504] Denn dieser kann es als einziger steuern: über neue Infrastruktur, Anbindung, Ausschilderung, Alternativstrecken, Steuern, Abgaben oder verkehrsleitende Maßnahmen.[505] Durch die Verknüpfung mit dem Verfügbarkeitselement kann auch eine volkswirtschaftliche und wirtschaftsfördernde Aufgabe unterstützt werden, indem in dünner besiedelten Gebieten mit wenig

504 Schönwasser, S. 8ff., in Verfügbarkeitsmodelle im Straßenverkehr; Faust, S. 15f., in Verfügbarkeitsmodelle im Straßenverkehr; vgl. http://www.ppp-plattform.de/index.php?page=236, abgerufen am 12.07.2013.

505 Faust, S. 19, in Verfügbarkeitsmodelle für den Straßenverkehr.

Nutzeraufkommen trotzdem Infrastrukturmaßnahmen durchgeführt werden können.[506]

Vorteilhaft wirkt sich aus, dass kein hoher administrativer Aufwand für die Erfassung, Registrierung und Abrechnung der einzelnen, individuellen Streckennutzer erforderlich ist (wie bei der LKW-Maut), sodass die erhaltungsfremden Betriebskosten geringer sind. Ein weiterer Vorteil ist, dass Verfügbarkeitskriterien frei definierbar sind. Sie können also anknüpfen an die Verfügbarkeit der Strecke, an deren Qualität (Active-Management-Konzept-Überschneidung), Benchmarks oder Baufertigstellungszahlungen für zu errichtende Bauwerke oder Streckenabschnitte. Gleichzeitig ist die Höhe der Entgelte zwischen dem öffentlichen und privaten Partner zu verhandeln, ohne dass Dritte direkt betroffen sind, sodass keinen politischen Rücksichtnahmen (zunächst) Rechnung zu tragen ist. Ein weiterer Vorteil liegt darin, dass die mangelnde Mautakzeptanz umgangen wird.

2. Nachteil

Als nachteilig ist anzusehen, dass ein Verfügbarkeits*modell* dem Sinn einer (N)PPP zuwiderläuft. Denn PPP ist als alternative, kostengünstigere Beschaffungsvariante zu prüfen, die haushaltsentlastend wirken soll.[507] Eine Haushaltsentlastung tritt daher wegen der Zahlungsverpflichtungen für die Verfügbarkeit im Vergleich zu Einnahmen beim A-Modell nicht ein. Ein eigenes V-Modell widerspricht dem Charakter der Nutzerfinanzierung, sodass nur Verfügbarkeitselemente, wie sie oben beschrieben wurden, zur Anwendung kommen.

3. Art der Verfügbarkeitselemente

Daher sind als Ergänzung zur Nutzerfinanzierung im Rahmen des A- und F-Modells nur Verfügbarkeitselemente als Ergänzung zu prüfen, um die benannten Vorteile zur Verfahrensverbesserung zu nutzen.

Die Verfügbarkeitselemente können in zwei Gruppen unterteilt werden: einerseits in die Verfügbarkeit der Straße, was in Richtung der oben schon beschriebenen Service-Level-Agreements (Boni) geht. Wenn die Qualität der Straße unter einen bestimmten Zustand fällt, steht die Straße nicht mehr oder nur noch eingeschränkt zur Verfügung. Anknüpfungspunkt ist also die direkte Leistung des privaten Partners, die er über Bau- und Servicequalität beeinflussen kann. Andererseits könnte auf Staus und erreichte bzw. nicht erreichte Durch-

506 Arndt, S. 55, in Verfügbarkeitsmodelle für den Straßenverkehr.

507 BT-Drs. 15/5668, S. 10.

schnittsgeschwindigkeiten Bezug genommen werden. Wenn eine Mindestgeschwindigkeit der Fahrzeuge nicht erreicht wird, kann sich das auf die definierte „Verfügbarkeit“ der Strecke auswirken. Dies geht in Richtung eines Active-Management-Konzeptes und knüpft nur indirekt an die Bau- und Serviceleistung des privaten Partners an. Während die erste Variante also Bezug nimmt auf den materiellen Zustand der Straße, wird in der zweiten Variante ein Verhalten Dritter als Maßstab herangezogen, die der private Partner nur indirekt beeinflussen kann.

Bei anderen NPPP-Projekten, beispielsweise Schwimmbädern, kann eine ähnliche, sinngemäße Aufteilung erfolgen, beispielsweise bezogen auf den Zustand z. B. des Schwimmbades, der Halle oder der Versorgungseinrichtungen bzw. Leitungen.

4. Rechtliche Überprüfung

Zu überprüfen ist somit, ob eine solche Kombination von Verfügbarkeits- und Nutzervergütungen im Rahmen der A-F- und NPPP-Modellfinanzierung rechtlich möglich wäre. Wie oben festgestellt wurde, sind NPPP-Projektverträge dem öffentlichen Recht zuzuordnen und Verfügbarkeitselemente sind in den Wirtschaftlichkeitsvergleich für die Entscheidung für ein PPP-Projekt einzubeziehen. Haushalterisch sind sie über Verpflichtungsermächtigungen abzusichern, da sie den oben beschriebenen Boni entsprechen.

Es stellt sich die Frage, ob und wie Verfügbarkeitselemente integriert werden können.

a. A-Modell

Dazu wurde schon festgestellt, dass die A-Modell-Vergütung auf Basis der Entgelterhebung nach dem Autobahnmautgesetz erfolgt. Die öffentliche Hand erhebt eine benutzungsabhängige Mautgebühr von den Nutzern.

Wie aber die Weiterleitung und die Höhe der Zahlung erfolgen, obliegt der Verhandlung zwischen öffentlichem und privatem Partner. Je nach zu erfüllender Leistung des privaten Partners und je nach Verhandlungsergebnis kann die Weiterleitung bei 100 % oder aber darunter liegen. Wie viel Maut daher bei dem privaten Partner ankommt, ist gesetzlich nicht geregelt.

Entscheidend ist das Vertragswerk zwischen öffentlicher Hand und privatem Investor.

Verfügbarkeitselemente sollen in das Vertragswerk und die Vergütung des privaten Partners dergestalt eingefügt werden, dass die Weiterleitung eines Teils der über die LKW-Maut einzunehmende Vergütung daran gekoppelt wird, in welchem Zustand sich die Strecke befindet, wann und in welchem Maß sie nutzbar ist (Variante 1, Variante in Bezug auf den materiellen Inhalt) oder wie hoch beispielsweise die Durchschnittsgeschwindigkeit der Fahrzeuge auf der Strecke ist (Variante 2, die aber mittelbar aufgrund von Stauzeiten, wegen Baustellen und dem Straßenzustand von Variante 1 abhängt). Das Haushaltsrecht, der Sinn und Zweck des PPP-Gedankens und der Gedanke des § 56 Abs. 1 S. 2 VwVfG sind dabei zu überprüfen sowie der Verwaltungskooperationsvertrag in Bezug zu nehmen.

aa. Haushaltsrecht

Das Haushaltsrecht könnte Verfügbarkeitselementen im Wege stehen. Wie oben schon geprüft, sind die Verfügbarkeitselemente in die Wirtschaftlichkeitsuntersuchung einzubeziehen und nun konkret auf ihre Wirtschaftlichkeit beim A-Modell zu prüfen.

§ 7 BHO und § 6 HGrG erfordern den wirtschaftlichen und sparsamen Umgang mit Haushaltsmitteln. Die Einführung von Verfügbarkeitselementen im A-Modell würde dazu führen, dass für den öffentlichen Partner im Vergleich zu vorher Zahlungsverpflichtungen entstehen könnten, die unabhängig (bzw. in der Höhe abhängig) von dem tatsächlich generierten Mautaufkommen fällig wären. Daher kann eine Vereinbarung von Verfügbarkeitselemente so erfolgen (Alternative A, Alternative in Bezug auf die Finanzierung), dass zunächst festgelegt werden müsste, wie hoch die tatsächliche Weiterleitung der Maut erfolgen würde (Verhandlungserfolg). Davon muss dann ein Abschlag genommen werden. Dieser Abschlag kann dann wiederum durch den Privaten „verdient“ werden, indem er die zu definierenden Verfügbarkeitskriterien erfüllt. Dabei muss dieser Abschlag höher ausfallen, als die tatsächlich weiterzuleitende Mauthöhe nach dem Verhandlungsergebnis ausfallen würde. Wenn also normalerweise 60 % der Einnahmen weitergeleitet würden, wird ein Abschlag von z. B. 5 % genommen, sodass die Weiterleitung der Maut bei 55 % der erzielten, nutzerabhängigen Mauterlöse auf der Strecke liegen würde. Über das Verfügbarkeitskriterium könnte dann ein Umsatz in Höhe von 10 % der Gesamtmautsumme erreicht werden, sodass bei Einhaltung der definierten Verfügbarkeitskriterien eine Weiterleitung der Maut von insgesamt 65 % erreicht würde.

Würde es anders ausfallen, also der über die Verfügbarkeit zu verdienende Teil auch bei 5 % liegen, würde kein Vertragspartner darauf eingehen, da es für den privaten Investor keinen Vorteil bieten würde, von dem erreichten Verhandlungsergebnis abzuweichen und insoweit als Verböserung auch dem partnerschaftlichen Gedanken der NPPP widersprechen würde.

Das führt dazu, dass die Einnahmen aus der Maut, die sonst dem Staat zustehen, einerseits geringer ausfallen könnten (also nur 35 % statt 40 %), was dem Grundsatz der Sparsamkeit mit Haushaltsmitteln im weitesten Sinne zuwiderlaufen könnte, da die bisherigen Modelle ohne eine solche „Vergünstigung“ über Verfügbarkeitselemente auskommen (siehe die vorgebrachten Kritikpunkte oben). Andererseits wird erreicht, dass, wenn keine Mauteinnahmen generiert werden, auch die „fixen“ Zahlungen aufgrund der Verknüpfung mit der Maut prozentual sinken und somit niedriger ausfallen, als wenn die Verfügbarkeitsvergütung als Alternative B als fixe Zahlung bei Erreichung der Kriterien der Varianten 1 und 2 verkehrs- und mautaufkommensunabhängig erfolgt.

Mit der Verfügbarkeitsimplementierung geht eine Risikoverlagerung der Verkehrsmenge auf den öffentlichen Partner einher. Denn das Verfügbarkeitsentgelt kann auch dann fällig werden, wenn die Strecke faktisch nicht genutzt wird und der öffentliche Partner kaum Maut generiert. Dies wirkt sich bei Alternative B stärker aus, wenn die Höhe des Verfügbarkeitsentgeltes nicht prozentual abhängig ist von dem Mautaufkommen. Denn bei Alternative A wird bei keiner Nutzung auch keine Verfügbarkeitsvergütung fällig, da diese vom Mauteinkommen abhängt, was bei „Null“ liegen würde[508].

Trotzdem steht das Haushaltsrecht der Kombination von Verfügbarkeits- und Nutzerfinanzierung insgesamt nach dem A-Modell nicht entgegen. Denn die mögliche Verpflichtung ist so auszugestalten, dass sie mit dem Verkehrsaufkommen dergestalt verknüpft wird, dass die Verfügbarkeitsvergütung vom Mautaufkommen abhängt (Alternative A). Aber selbst wenn der Verfügbarkeitsteil unabhängig von dem Verkehrsaufkommen ausgestaltet wird, gilt Folgendes: Der Anteil an Verfügbarkeitselementen ist insgesamt gering zu halten, wollte man nicht den Charakter der Vergütung verändern. Darüber hinaus motiviert das Verfügbarkeitselement – ungeachtet seiner Ausgestaltung – den Privaten dazu, hohe Leistungen und Services zu bieten, was die Anfangsinvestition des Staates im Rahmen der Anschubfinanzierung aufwertet, wenn am Ende der Konzessionslaufzeit ein überdurchschnittlich erhaltenes Bauwerk an den öffentlichen Partner zurückfällt. Dann sind die eingesetzten Ressourcen wirtschaftlich und sparsam, da effizient und effektiv verwandt worden. Gleichzeitig wird ein Kritikpunkt aufgegriffen, indem der private Partner hinsichtlich der schwierigen Kalkulierbarkeit des Nutzeraufkommens im Rahmen der Finanzierung durch Aufnahme von Verfügbarkeitselementen bessergestellt wird. Dabei unterliegt es dem Verhandlungsgeschick der Parteien, ob die Alternative B (die besser für den Privaten ist) oder A vereinbart wird.

---

508 Dies wäre insofern auch nicht unbillig, da bei keiner Nutzung der Erhaltungsaufwand für die Strecke auch wesentlich geringer ist und bei gar keiner Nutzung sich letztendlich nur ein Projektrisiko erfüllt, welches der Private sich zu tragen verpflichtet hat.

bb. Sinn und Zweck

Dies impliziert die Frage, ob das Verfügbarkeitselement mit dem Sinn und Zweck der nutzerfinanzierten Infrastruktur durch NPPP im Bereich des A-Modells vereinbar ist. Denn dieser liegt darin, eine haushaltsunabhängige, eben nutzerfinanzierte Infrastrukturleistung her- und sicherzustellen.[509] Dies könnte bei der Implementierung von Verfügbarkeitselementen weniger gelingen. Denn während beim A-Modell nur Mautzahlungen an den privaten Partner maximal in der Höhe erfolgen, wie sie der öffentliche Partner einnimmt, entsteht beim Verfügbarkeitsmodell eine Zahlungsverpflichtung, Alternative A oder B in der Variante 1 oder 2.

Der Eintritt der Zahlungsverpflichtung (jedenfalls in der oben genannten Variante 1 und mittelbar auch in der Variante 2) hängt von der vertraglichen Leistungserfüllung des Privaten ab. Nur die Höhe der Zahlungsverpflichtung könnte selbst bei guter Leistung des Privaten in der Alternative A bei „Null" liegen. Beeinflussen kann der öffentliche Partner dies letztendlich nicht. Bei der reinen Mautweiterleitung (Alternative A) ist das finanzielle Risiko des öffentlichen Partners geringer, da nur prozentuale Teile der tatsächlich vereinnahmten Maut zu entrichten sind und es sich nur um einen durchlaufenden Posten handelt. Das Verfügbarkeitsmodell in der Alternative B geht darüber hinaus und verankert nutzungsunabhängige Zahlungsverpflichtungen, eben um die Nutzerabhängigkeit abzuschwächen. Für diese Zahlungsverpflichtungen müssen mindestens Verpflichtungsermächtigungen im Haushalt gem. § 5 HGrG eingestellt werden, da es sich um tatsächliche, ergebniswirksame Verpflichtungen handelt und nicht nur um Weiterleitungen. Dadurch wird eine haushaltswirksame Infrastrukturfinanzierung erreicht, welche eigentlich angesichts knapper Kassen vermieden werden sollte.[510]

Trotzdem stehen der Einführung der Verfügbarkeitselemente auch aus dieser Richtung keine tiefgreifenden Bedenken entgegen. Denn wenn die Verfügbarkeitselemente so wie zuvor beschrieben ausgestaltet werden, ist zum einen nur ein verhältnismäßig kleiner Teil der Vergütung mit der Verfügbarkeit der Infrastruktur verknüpft und in der zu empfehlenden Alternative A wiederum abhängig von dem Verkehrsaufkommen. Zum anderen ist die haushaltsferne Finanzierung kein Dogma, was sich auch aus den gleichzeitig vereinbarten und zugelassenen Anschubfinanzierungen und Fördermitteln beim F-Modell erkennen lässt,[511] welches auch durch das ÖPP-Beschleunigungsgesetz einbezogen und erneuert wurde.

---

509 BT-Drs. 15/5668, S. 1.

510 BT-Drs. 15/5668, S. 1.

511 § 3 Abs. 3 FStrPrivFinG.

Daher kann für das A-Modell nichts anderes gelten, zumal dadurch der partnerschaftliche Charakter des NPPP-Vertrages zum Ausdruck kommt. Denn durch die anteilige Verfügbarkeitsfinanzierung werden Bedenken des privaten Partners Rechnung getragen, die in diesem Ausmaß auch den Interessen des öffentlichen Partners entsprechen und dessen Risiko in der Alternative A begrenzt ist.[512]

cc. Verwaltungs(kooperations)recht

Das allgemeine Verwaltungsrecht stellt auch keine Hürde für die Einführung von Verfügbarkeitselementen dar. Wie festgestellt, handelt es sich bislang um einen nicht typisierten, öffentlich- rechtlichen Vertrag, der unter den (noch) nicht normierten Kooperationsvertrag zu subsumieren wäre.

Aufzugreifen ist ggf. der Rechtsgedanke des § 56 Abs. 1 S. 2 VwVfG[513], wonach die Gegenleistung des privaten Partners in einem angemessenen Verhältnis zu der Leistung des öffentlichen Partners stehen muss. Das Verfügbarhalten der Infrastruktur muss angemessen sein im Hinblick auf die zu entrichtende anteilige Vergütung.

Angemessen ist die Beziehung dann, wenn bei wirtschaftlicher Betrachtung des Gesamtverhältnisses die Gegenleistung, also die Verfügbarhaltung, nicht außer Verhältnis zu der Bedeutung und dem wirtschaftlichen Wert der von dem öffentlichen Partner zu erbringenden Leistung, also der Vergütung steht.[514]

Die Angemessenheit ist zunächst schwer zu beurteilen. Denn die Erreichung und Erhaltung der Verfügbarkeit der Straße erfordert wesentlich höhere Investitionen, als durch die nur anteilige Vergütung für die Verfügbarkeit wieder eingenommen werden kann, sodass ein Ungleichgewicht und damit Unangemessenheit beider Leistungen festzustellen ist.

Allerdings ist die wirtschaftliche Gesamtsicht zu beachten.[515] Dabei ist einzubeziehen, dass das Verfügbarkeitselement eher dem privaten Partner nutzt, da das Verkehrsmengenrisiko abgemildert wird. Dadurch verschiebt sich die vermeintliche Unangemessenheit, da die Gesamtvergütung aus Verfügbarkeitselementen und der Nutzerfinanzierung besteht. Denn das Verfügbarhalten der Strecke wird nicht allein durch die Verfügbarkeitsentgelte erreicht, sondern auch die Einnahmen aus der Nutzerfinanzierung dienen zur Abgeltung der Verfügbarhal-

512 Einzig sind mittelbare Konsequenzen denkbar, indem einkalkulierte Mauteinnahmen wegfallen ,da sie an den Privaten ausgekehrt werden müssen aufgrund seiner Leistung nach Variante 1 und 2, sodass für andere Vorhaben im Haushaltsplan Mittel fehlen.

513 Kopp/Ramsauer, § 56, Rn. 3.

514 Kopp/Ramsauer, § 56, Rn. 13.

515 Stelkens/Bonk/Sachs: Bonk, § 56, Rn. 54f..

ten, also des Betriebs der Strecke. Daher kann eine strikte, formale Trennung von Verfügbarkeitsvergütung und Verfügbarkeitsentgelt nicht vorgenommen werden, da das Verfügbarkeitselement auch gar nicht den Zweck hat, alleine die adäquate Gegenleistung für das Verfügbarhalten einer Strecke zu sein. Zusammen, mit den Nutzerentgelten, ist die Abgeltung der Leistung des Privaten daher wieder angemessen.

Eine weitere Verschiebung hin zur Angemessenheit erfolgt wiederum daraus, dass die Verfügbarkeitsabgeltung nicht von den Mauteinnahmen insgesamt abgetrennt werden kann.

Sofern das A-Modell als Vergütungsmodell daher als angemessen erachtet wird,[516] gilt dies erst recht für die Verknüpfung mit Verfügbarkeitselementen, da diese mit einer Risikominderung aufseiten des Privaten einhergehen. Daher ist der Sinn und Zweck des § 56 VwVfG eingehalten, da nur eine Übervorteilung des privaten Partners in Bezug auf seine Leistung verhindert werden soll,[517] was hier gerade nicht der Fall ist, da man dem privaten Partner entgegenkommt, da zwar einerseits die staatliche Gegenleistung geringer ist, die gesamte Vergütung und Vergütungsstruktur für den Privaten aufgrund des geringeren Refinanzierungsrisikos aber verbessert wird.

b. F-Modell

Hinsichtlich des Verfügbarkeitsmodells und der Einführung von Verfügbarkeitselementen in das F-Modell verhält es sich so. wie oben beim A-Modell beschrieben.

Allerdings liegt mit dem Fernstraßenbauprivatfinanzierungsgesetz eine gesetzliche Grundlage vor, die die Beziehungen zwischen öffentlichem und privatem Partner sowie Nutzer regelt.

So heißt es in § 1 Abs. 1 FStrPrivFinG, dass „Private Aufgaben des Neu- und Ausbaus von Bundesfernstraßen auf der Grundlage einer Mautgebührenfinanzierung wahrnehmen“ können.

Es wird eine Mautfinanzierung festgeschrieben, sodass sich die Frage stellt, ob die Grundlage der Mautgebührenfinanzierung überhaupt für weitere Vergütungsoptionen offen ist.

---

516 Vgl. „Evaluierung der Pilotprojekte des A-Modells, Zwischenbericht der Abteilung Straßenbau / Straßenverkehr in Zusammenarbeit mit der VIFG (Stand: 25. Januar 2008), S. 23ff., abzurufen unter http://www.vifg.de/_downloads/service/informationen-zu-modellen-und-projekten/2008-Evaluierung-A-Modell-Zwischenbericht.pdf, abgerufen am 12.07.2013.

517 Stelkens/Bonk/Sachs: Bonk, § 56, Rn. 3.

Nach dem Wortlaut zu urteilen, erfolgt die Gegenfinanzierung auf der „Grundlage“ der Maut.

Grundlage bedeutet, dass darauf jemand aufbauen, dass sich jemand darauf stützen kann, sodass es der Ausgangspunkt, die Basis für etwas ist.[518] Daher muss die Mautfinanzierung die Basis der Refinanzierung für den Privaten sein. Eine Ausschließlichkeit, sodass keine anderen Vergütungsmodelle einbezogen werden dürfen, folgt daraus nicht. Damit die Mautfinanzierung die Basis bleibt, muss diese einzig den Schwerpunkt der Vergütung darstellen. Dem würde eine anteilige Verfügbarkeitsvergütung nicht entgegenstehen.

Die historische Auslegung unter Berücksichtigung der Gesetzesbegründungen und des Sinn und Zwecks bestätigen diese Annahme. In dem Gesetzentwurf aus dem Jahre 1994 heißt es, dass die Refinanzierung der Infrastrukturvorhaben im Rahmen des Betreibermodells „durch die Erhebung von Mauten erfolgen“ soll.[519]

Durch die Benutzung des Wortes „soll“ kann wiederum nicht ausgeschlossen werden, dass die Mauterhebung nur einen Teil der Refinanzierung darstellt und gegenüber anderen oder Ergänzungen offen ist. Der Wortsinn liegt nämlich darin, dass etwas Wünschenswertes oder Bestimmtes zu erwarten und zu tun ist[520]. Dies bedeutet, dass zwar die Mautfinanzierung der Schwerpunkt ist und dies erwünscht ist, ein Ausschluss anderer Refinanzierungsformen bedeutet es jedoch nicht. Weiter heißt es in der Begründung, dass ein Konzessionsvertrag abgeschlossen werden soll und für die Refinanzierung die Erhebung von Mautgebühren *vorgesehen* ist.[521] Auch dies indiziert keine Ausschließlichkeit der Mautfinanzierung, was ein Vergleich mit den sog. Soll-Vorschriften des Gesetzgebers in anderen Fällen unterstützt, die regelmäßig indizieren, dass ein bestimmtes Verhalten grundsätzlich gegeben sein muss, es aber ausnahmsweise eine Abweichung geben kann.[522]

Das erste Änderungsgesetz des Fernstraßenbauprivatfinanzierungsgesetz spricht vom „Recht zur Mautgebührenerhebung“, beschäftigt sich aber überwiegend mit der Schaffung von Rechtssicherheit für die Berechnung der Mautgebühr. Daraus könnte einerseits geschlossen werden, dass an der ursprünglichen Offenheit gegenüber anderen Entgelterhebungs-Ergänzungsarten nichts verändert wurde. Andererseits könnten diese auch verneint worden sein, indem trotz Problemen bei der Mautrefinanzierung nicht explizit auf weitere Ergänzungsfi-

518 Siehe dazu Duden Wörterbuch, abzurufen unter http://www.duden.de/rechtschreibung/Grundlage, abgerufen am 12.07.2013.

519 BT-Drs. 12/6884, S. 1.

520 Vgl. http://www.duden.de/rechtschreibung/sollen, abgerufen am 12.07.2013.

521 BT-Drs. 12/6884, S. 5.

522 Maurer, VerwR, § 7, Rn. 11.

nanzierungen eingegangen wurde, sondern festgestellt wird, dass die Refinanzierung „allein“ über die von Nutzern entrichteten Mautgebühren“ erfolgt.[523] Gleichzeitig wird aber die Berechnungsgrundlage der Mautgebühr weiter ausgestaltet, indem ansatzfähige Kosten bestimmt werden, von denen aber wiederum Anschubfinanzierungen und sonstige Fördermittel abzuziehen sind.[524] Dies hebt die Ausschließlichkeit der Refinanzierung über die Maut, indiziert durch das Wort "allein“, wieder auf, da Anschubfinanzierungen und Fördermittel einzubeziehen sind.

Auch in der Begründung zum ÖPP-Beschleunigungsgesetz wird dann die Mauterhebung insofern reformiert, als dass statt einer Maut nun auch ein Entgelt erhoben werden kann, welches aber den gleichen gebührenrechtlichen Anforderungen unterliegt, § 1 Abs. 5 FStrPrivFinG.[525]

Trotzdem wird klargestellt, dass der Private die „übertragenen Aufgaben entweder durch eine öffentlich-rechtliche Gebühr oder durch ein privatrechtliches Entgelt refinanzieren kann“[526]. Die Regelungen zur Anschubfinanzierung und der sonstigen Fördermittel bleiben aber erhalten. Daher ergibt sich bei Analyse der Gesetzesbegründungen Bild im Rahmen der historischen Auslegung kein eindeutiges Bild. Während am Anfang durch die Wortwahl in der Begründung eine Offenheit gegenüber anderen Finanzierungsarten bestand, wurde dies durch die Begründungen der weiteren Gesetzesänderungen eingeschränkt.

Zu beachten bleibt daher, dass die Finanzierung „allein“ über die Nutzer erfolgen und eine weitere Haushaltsbelastung nicht erfolgen soll.[527] Wie oben unter dem A-Modell ausgeführt, kann die Einführung von Verfügbarkeitselementen zwar dafür sorgen, dass das Verkehrsmengenrisiko zu einem kleineren Teil durch Verfügbarkeitskriterien abgemildert werden kann.

Allerdings steht dem der Wille des Gesetzgebers entgegen, der für den Bau, Planung und Betrieb „allein“ die Nutzungsentgelte als Refinanzierung gelten lassen will, mit der Ausnahme von Anschubfinanzierungen und Fördergeldern. Dies trifft daher auch anteilige Verfügbarkeitsentgelte, da sie eine eingeschränkte Refinanzierungsfunktion haben und als Verpflichtungsermächtigung in den Haushalt einzustellen sind. Die Tür zur Einführung von Verfügbarkeitselementen scheint zugeschlagen zu sein.

523 BT-Drs. 14/8447, S. 9.
524 BT-Drs. 14/8447, S. 5/6.
525 BT-Drs. 15/5668, S. 13f..
526 BT-Drs. 15/5668, S. 13/14.
527 BT-Drs. 14/8447, S. 9.

Im Rahmen der Verbesserung und Weiterentwicklung des F-Modells ist dieses Ergebnis nicht zu akzeptieren, sodass eine Öffnung des Gesetzestextes im Rahmen des F-Modells notwendig ist.

Denn die F-Modelle leiden erheblich unter falschen Prognosen bzgl. des Verkehrsaufkommens. Durch ein geringeres Verkehrsaufkommen als prognostiziert wird zu wenig Maut generiert als ursprünglich angenommen und kalkuliert, sodass in der Praxis die privaten Partner längst zahlungsunfähig wären, wenn nicht finanzstarke Mutterkonzerne die Verluste ausgleichen würden. Dies bedeutet für den öffentlichen Partner, dass mittelständische Unternehmen für neue Ausschreibungen unter den alten Bedingungen kaum zur Verfügung stünden, da sie besonders vom Insolvenzrisiko bedroht wären, da das Verkehrsaufkommen bisher kaum sicher vorhergesagt werden kann und das Risiko der Fehleinschätzungen hoch ist. Dadurch steigt die „Gefahr" für den öffentlichen Partner, einerseits wenn ein mittelständisches Unternehmen doch den Zuschlag für das Projekt bekommt, i. R. seiner Gewährleistungsfunktion einspringen oder kurzfristig Ersatz suchen zu müssen, worunter jeweils die Qualität der Aufgabenerfüllung und die Erfüllung der Staatsaufgabe selbst leiden dürfte. Andererseits geht die Zahl der Bewerber bei den Ausschreibungen zurück, sodass keine Konkurrenz mehr besteht und die Projekte mangels effektiver Ausschreibung für den öffentlichen Partner doch teurer werden. Dadurch wird insgesamt das gesetzgeberische Ziel verfehlt bzw. schwerer erreicht, Infrastrukturprojekte durch private Finanzierungen zu realisieren. Daher muss in solchen Fällen eine Änderung des (N)PPP-Vertrages möglich sein, wie oben unter dem A-Modell schon bzgl. der Einführung der Verfügbarkeitselemente dargelegt. Auch aufgrund der grundsätzlichen Vergleichbarkeit beider Modelle ist eine sachliche Differenzierung für die Ungleichbehandlung nicht zu erkennen.

Daher muss, selbst wenn der Gesetzgeber die alleinige Refinanzierung der Projekte in den Mautgebühren und Entgelten sieht, dies aufgrund der zuvor aufgeführten Gründe im Sinne des öffentlichen Partner überarbeitet werden und eine Rückbesinnung auf die ursprünglichen Ziele im Rahmen der Gesetzesbegründung von 1994 zum Ausdruck gekommenen Möglichkeit erfolgen und müssen auch andere Refinanzierungsmechanismen untergeordnet zugelassen werden. Denn ohne eine eingeschränkte Rückverlagerung der Risikotragung des Maut- und Nutzeraufkommens auf den öffentlichen Partner würde das F-Modell als (weitestgehend) haushaltsferne NPPP-Art für Infrastrukturprojekte mit der Folge wegfallen, dass solche Infrastrukturbauten nur noch komplett haushaltswirksam durch die öffentliche Hand durchzuführen wären. Seit Auftreten bei den Projekten in Rostock und Lübeck sind nicht ohne Grund keine weiteren Projekte mehr gefolgt.

Daher ist die gesetzgeberische Regelung weniger als Verbot eines Ausschlusses einer anderweitigen Finanzierung zu sehen und die Betonung der alleinigen Refinanzierung über Maut- und sonstige Entgelte nur als redaktionelles Versehen im Rahmen der Gesetzeserneuerung zu sehen.

Denn an der ursprünglichen Zielsetzung, eine haushaltsferne Infrastrukturfinanzierung in Form der alternativen Beschaffungsvariante zu installieren, wurde stets festgehalten. Wenn die gebrauchte Formulierung dazu führt, dass dieses Ziel nicht erreicht wird, während gleichzeitig der Gesetzgeber durch die Zulassung von Anschub- und Förderfinanzierung selbst nicht stringent bei einer ausschließlichen Mautfinanzierung bleibt und ursprünglich nur der „Schwerpunkt" der Finanzierung auf nutzergenerierten Mauteinnahmen liegen soll. Dann muss unter dem Eindruck der praktischen Erfahrungen, nämlich dass es so keine weiteren F-Modell-Projekte mehr gibt, eine anteilige Verfügbarkeitsfinanzierung zugelassen werden. Dies entspricht, unter Zuhilfenahme der historischen Auslegung und des Sinnes und Zweckes, dem wahren gesetzgeberischen Willen, der die F-Modelle nicht „sterben" lassen wollte.

aa. Haushaltsrecht, Sinn und Zweck, Verwaltungskooperationsrecht

Unter diesem Gesichtspunkt kann die Einführung von Verfügbarkeitselementen gerade dem F-Modell neue Impulse geben. Daher wären sie aus haushalterische Sicht zulässig, da mehrere Bieter auftreten würden, die die Bietqualität und damit mutmaßlich auch die Vertragsausführung qualitativ erhöhen würden und eine Insolvenz unwahrscheinlicher machen. Daher gilt beim F-Modell die gleiche haushalterische Einschätzung wie beim A-Modell. Dies gilt auch bzgl. des Sinnes und Zweckes der Verfügbarkeitselemente im Verhältnis zur Nutzerfinanzierung sowie bzgl. des Verwaltungskooperationsrechtes.

bb. Zwischenergebnis

Die Einführung von Verfügbarkeitselementen im Rahmen des F-Modells findet momentan keine gesetzliche Grundlage, was insoweit aufgrund der oben vorgenommenen Beurteilung unbeachtlich ist und der vertraglichen Regelungen der Parteien obliegt, da diesbezüglich auch keine gegenteilige Rechtsprechung vorliegt. Die Einführung der anteiligen Verfügbarkeitselemente wäre begrüßenswert.

c. NPPP-Modell

Für NPPP-Modelle ist daraus zu schlussfolgern, dass die Einführung von Verfügbarkeitselementen grundsätzlich möglich und sinnvoll ist, aber die Einführung den Vertragsparteien und insbesondere dem Verhandlungsgeschick des privaten Investors obliegt.

Insbesondere steht das Haushaltsrecht nicht entgegen – weder beim A- noch beim F-Modell.

Allerdings ist der Sinn und Zweck der Nutzerfinanzierung im Verhältnis zum konkreten Projekt zu beachten. Denn die Einführung eines Verfügbarkeitselements ist nur deshalb haushalterisch sinnvoll, weil andernfalls aufgrund der schlechten Kalkulierbarkeit der Verkehrsmenge der private Partner auszufallen droht. Aus diesem Grund rechtfertigt es sich, einen (untergeordneten) Teil der Refinanzierung statt über die Nutzer auch über den öffentlichen Partner in Form der Verfügbarkeitsentgelte zu realisieren. Darüber hinaus ist der Teilaspekt zu berücksichtigen, dass über Verfügbarkeitselemente die Qualität der Erfüllung der öffentlichen Aufgabe gesteigert werden kann. Daher ist jedes NPPP-Projekt bzw. jeder Projektbereich gesondert dahingehend zu überprüfen, ob dort ähnliche Verkehrsmengenproblematiken auftreten, die eine Einführung rechtfertigen.

aa. Schwimmbad, kommunale Sportstätten

Schwimmbäder, ähnlich wie kommunale Eishallen, eignen sich für die Einführung von Verfügbarkeitsmodellen.

Wie zuvor beschrieben, gehört die Bereitstellung von Schwimmbädern sowie Eis- und Sporthallen zur Aufgabe der Daseinsvorsorge als Aufgabe der örtlichen Gemeinschaft, sofern die Gemeinde in diesem Bereich tätig werden möchte.

Das Verfügbarkeitselement kann eine sinnvolle Ergänzung zur reinen Nutzerfinanzierung sein, da die Bereitstellung von Sportinfrastruktur wichtig ist für die örtliche Gemeinschaft, deren Zusammenhalt und Identität sowie die Volksgesundheit. Die Verfügbarkeit könnte zwischen dem öffentlichen und privaten Partner frei gestaltet werden. Kommunalrechtlich zu beachten sind die Grundsätze der Sparsamkeit und wirtschaftlicher Haushaltsführung, welche in den jeweiligen Gemeindeordnungen der Länder unterschiedlich normiert sind.[528]

Daraus ergibt sich zunächst wieder das Problem, dass Verfügbarkeitselemente nicht per se haushaltsentlastend wirken.

---

528 Nach § 3 Abs. 2 NGO muss die Gemeinde Einkünfte und Vermögen so verwalten, dass die Gemeindefinanzen gesund sind und nach § 82 Abs. 2 NGO sparsam und wirtschaftlich handeln. Gleiches gilt in § 75 Abs. 1 S. 2 NRW-GO, wonach unter Beachtung des Gesamtwirtschaftlichen Gleichgewichts wirtschaftlich, effizient und sparsam agiert werden muss.

Nach § 74 Abs. 1 BGO ist das Gesamtwirtschaftliche Gleichgewicht zu beachten und nach Abs. 2 hat die Haushaltswirtschaft sparsam und wirtschaftlich zu erfolgen.

Die gemeindliche Verwaltung unterliegt der Staatsaufsicht, welche sich in einer Rechtsaufsicht und ggf. in einer Fachaufsicht wiederfindet.[529] Dabei ist, wie zuvor schon beschrieben, zwischen den Staatsaufgaben und den Aufgaben der Selbstverwaltung zu unterscheiden, wobei festgestellt wurde, dass der Betrieb eines kommunalen Schwimmbades keine kommunale Pflichtaufgabe darstellt.[530] Wenn sie durchgeführt werden sollen, handelt es sich um Selbstverwaltungsangelegenheiten der örtlichen Gemeinschaft.[531] Dies gilt bei der Annahme sowohl eines Aufgabendualismus als auch eines Aufgabenmonismus.[532] Die Folge davon ist, dass die Durchführung und Erfüllung dieser Aufgaben der Rechtskontrolle unterliegen, die Aufsichtsbehörde aber keine Fachweisungen erteilt, sondern die Rechtsanwendung inklusive der Ermessensausübung auf Ermessensfehler überprüft.[533]

Daher muss die Entscheidung zur Vereinbarung von Verfügbarkeitselementen im Hinblick auf die sparsame, effiziente und wirtschaftliche Haushaltsführung der Rechtsaufsicht, also Rechtsanwendung genügen. Die korrekte Rechtsanwendung zielt auf die Einhaltung des formellen und materiellen Bundes- Landes und europäischen Rechts,[534] wozu auch die bereits beschriebenen normierten Grundsätze der Gemeindeordnungen gehören.

Die Einführung von Teilverfügbarkeitselementen in der Vergütung[535] führt nicht sofort zu Haushaltsentlastungen, sondern im Vergleich mit einem reinen Nutzerfinanzierungsmodell zu höheren Ausgaben des öffentlichen Partners, hier also der Gemeinde. Ob die Wirtschaftlichkeitsgrundsätze eingehalten werden, ist bei den Entscheidungen der Gemeinde zu prüfen. Sie stellen einen unbestimmten Rechtsbegriff mit Beurteilungsspielraum dar,[536] sodass dieser im Nachhinein durch die Rechtsaufsicht zu überprüfen ist, allerdings nur bezogen auf den damaligen Zeitpunkt und bezüglich getroffener Annahmen und ob diese realistisch

529 Schmidt-Aßmann/Schoch: Schmidt-Aßmann/Röhl, S. 40, Rn. 32.

530 S.o., 1. Kapitel, B, I, 2, b, cc, (d).

531 Schmidt-Aßmann/Schoch: Schmidt-Aßmann/Röhl, S. 41, Rn. 35; Gern, S. 162/ 163.

532 Schmidt-Aßmann/Schoch: Schmidt-Aßmann/Röhl, S. 42, Rn. 37, 38; Burgi: KR, § 8, Rn. 32.

533 Schmidt-Aßmann/Schoch: Schmidt-Aßmann/Röhl, S. 44, Rn. 41; Gern, S. 162/ 163 und S. 523/ 524

534 Burgi: KR, § 8, Rn. 32.

535 Z.B. kann die Vergütung anknüpfen an die angebotene Öffnungszeit, das Vorhandensein von Schwimmbecken oder Schwimmbahnen, Sprungtürmen, Rutschen oder Gastronomie.

536 Gern, S. 416.

und nachvollziehbar,[537] waren unter Berücksichtigung der zum Beurteilungsspielraum entwickelten Fehlerlehre.[538]

Die zusammenfassend als Wirtschaftlichkeitsprinzip verstandene Handlungsanweisung verpflichtet dazu, sowohl Ziele mit möglichst geringem finanziellem Einsatz als auch mit einem bestimmten Finanzeinsatz den maximalen Erfolg zu erreichen.[539]

Die Erfahrung mit bisherigen reinen Nutzerfinanzierungen zeigt, dass diese unterschiedlich erfolgreich sind. Direkte Nutzerfinanzierungen (F-Modell) sind dabei weniger erfolgreich als indirekte Nutzerfinanzierungen (A-Modell). Die Schwimmbäder sind vergleichbar mit dem F-Modell, da sie auch eine direkte Vergütung bei Benutzung einfordern. Übertragen darauf würde zwar die Nutzerfinanzierung in Form des F-Modells für den öffentlichen Partner vorteilhaft sein. Durch die fehlenden Einnahmen besteht aber die Gefahr, dass keine privaten Partner für zukünftige (Schwimmbad)Projekte mehr bereitstehen. Um diese Gefahren abzuwenden, ist es durchaus sinnvoll, Verfügbarkeitselemente in die Vergütung zu integrieren, auch wenn dadurch Zahlungspflichten beim öffentlichen Partner entstehen.

Daher genügt dieses Vorgehen auch dem Prinzip der Wirtschaftlichkeit, da die Alternative entweder keinen Fortbestand mehr bedeuten würde (aufgrund der zunehmenden finanziellen Engpässe der Kommunen), oder es fänden sich keine weiteren privaten Partner mehr, die bereit wären, solche Projekte auf der Basis einer reinen Nutzerfinanzierung zu begründen oder fortzuführen.[540]

Allerdings ist bei Schwimmbädern die „Maut“akzeptanz höher, da seit Jahrzehnten üblicherweise pro Besuch abgerechnet wird. Außerdem gibt es kein Problem bzgl. Ausweichmöglichkeiten, da diese nur darin bestünde, entweder selbst ein Schwimmbad zu bauen oder ein privates Schwimmbad aufzusuchen, welches auch Eintritt verlangt. Daher sind die Probleme, die bzgl. des F-Modells bestehen, nur teilweise auf Schwimmbäder zu übertragen. Die meisten kommunalen Schwimmbäder machen aber trotzdem Verluste, die durch die Gemeinde aufgefangen werden müssen, sofern sie nicht geschlossen werden. Wenn nun erreicht wird, dass Private das Schwimmbad betreiben, fallen durch Verfügbarkeitsentgelte kaum mehr Zahlungen an als durch die Subventionierung. Gleich-

537 Gern, S. 416.

538 Bestand eine gültige Rechtsgrundlage, ist das Verfahren eingehalten worden, sind unbestimmte Rechtsbegriffe verkannt worden, wurde der Sachverhalt vollständig ermittelt, wurde nicht willkürlich gehandelt, Kopp/Ramsauer, § 40, Rn. 86.

539 Burgi: KR, § 18, Rn. 21; Gern, S. 416.

540 Denn bisher ist es überwiegend so, dass sich die kommunalen Schwimmbäder nicht rechnen und subventioniert werden müssen; entweder durch die Gemeinde direkt oder beim Betreiben durch die örtlichen Stadtwerke.

zeitig werden aber ein höherer Standard und eine bessere Qualität erreicht. Daher werden die Wirtschaftlichkeitskriterien trotzdem eingehalten, sofern die Gemeinde ein kommunales Schwimmbad besitzt, sodass kommunalrechtlich keine Bedenken bestehen.

bb. Hochbau

Das Verfügbarkeitsmodell ist sehr geeignet für Hochbauvorhaben oder Instandsetzungsmaßnahmen. Jedoch eignet sich der Hochbau nur schlecht für eine Nutzervergütung, da eine Benutzung durch Dritte kaum bemautet werden kann. Daher böte sich nur eine Schattenmaut an, wonach das Betreten des Gebäudes durch Dritte zahlenmäßig registriert würde, sodass davon die Vergütung abhinge. In den Gebäuden der öffentlichen Verwaltung werden Leistungen der öffentlichen Hand angeboten, auf die die Staatsbürger angewiesen sind und Gebühren entrichten. Unabhängig vom Zustand der Gebäude ist jeder Bürger bei Bedarf gezwungen, das Gebäude aufzusuchen. Eine Einflussnahme des privaten Investors auf die Gebäudebesucher ist nicht möglich.

Daraus folgt, dass es beim Hochbau genau umgekehrt sein muss, also die Nutzerfinanzierung als Ergänzung zur Verfügbarkeit zu installieren wäre. Der Nutzerfinanzierung als Ergänzung zur Verfügbarkeitsfinanzierung stehen keinerlei rechtliche Gründe entgegen, da die Nutzerfinanzierung i. d. R. aus den oben genannten Gründen für den öffentlichen Partner wirtschaftlicher und sparsamer ist.

cc. Wasserver- und -entsorgung

Die Untersuchung der Wasserver- und -entsorgung in Deutschland im Rahmen eines Verfügbarkeits(ergänzungs)modells gestaltet sich schwierig, da der Wassermarkt lokal sehr heterogen ist.[541]

Für die Einführung von Vergütungen anhand von Verfügbarkeitselementen ist Wasser- und Abwasserbeseitigung nicht geeignet. Die Akzeptanz, Wasser und Abwasser nach Verbrauch abzurechnen, wurde nie infrage gestellt und hat sich seit Jahrzehnten bewährt. Zusätzlich eine Pauschale für die Bereitstellung der Möglichkeit der Wasserentnahme zu entrichten, widerspräche dem Sinn und der Wichtigkeit einer permanent möglichen und notwendigen Wasserversorgung. Durch installierte Wasseruhren ist zu registrieren, wer wie viel Wasser verbraucht. Dies gilt zwar nicht für das Schmutzwasser. Allerdings gilt grundsätzlich der Frischwasserverbrauchsmaßstab, wonach die Schmutzwasserentsorgung nach der zugeführten Frischwassermenge berechnet wird.

---

541 Siehe beispielsweise § 50 Abs. 2 WHG, Schmidt, LKV 2008, S. 193 [194].

Insgesamt bestehen bei der Wasserver- und -entsorgung aufgrund der Abrechnungen über Wasseruhren nicht die gleichen „Gefahrenlage“ wie bei den A- und F-Modellen hinsichtlich des Maut- und Nutzeraufkommens. Daher obliegt die Einführung von zusätzlichen Verfügbarkeitselementen allein dem Verhandlungsgeschick der Partner.

dd. Abfallentsorgung

Gleiches gilt, wenn auch abgeschwächt, im Bereich der Abfallentsorgung.

5. Fazit

Verfügbarkeitselemente setzen bei der Verfügbarkeit einer Leistung an, während die Nutzerfinanzierung bei dem tatsächlichen Nutzer anknüpft, der aber, daher die Überschneidung, die Leistung aufgrund bestehender Verfügbarkeit auch in Anspruch nehmen muss. Als Ergänzung zum nutzerbezogenen Schwerpunkt der Vergütung kann es sinnvoll sein, Verfügbarkeitselemente der zuvor beschriebenen Varianten 1 und 2 (sinngemäß) zu vereinbaren, um, je nach Definition der Verfügbarkeit, Anreize zu setzen und Nutzermengenrisiken abzuschwächen. Unter diesem Gesichtspunkt ist es insbesondere im Straßeninfrastrukturbereich zu berücksichtigen.

II. Anreize

Anreizsysteme im Rahmen der NPPP-Vertragsgestaltung sind grundsätzlich sinnvoll, können jedoch in dem hier vorliegenden Modell nur anteilig dazu beitragen, die benannten Probleme (verkehrsmengenabhängige Vergütung) zu beheben. Denn der Bonus für die „normale“ Vertragserfüllung wirkt wie eine Verfügbarkeitsvereinbarung, sodass das zu dem Verfügbarkeitselement bereits Ausgeführte gilt. Bei der Vergütung für eine Übererfüllung gilt Ähnliches, sodass Anreizvergütungen zu einem kleinen Teil[542] eine Ergänzung der Nutzerfinanzierung darstellen können. Insbesondere sind Verpflichtungsermächtigungen dafür notwendig, aber auch ausreichend. Insgesamt liegt ihre Bedeutung aber eher im Bereich eines optimalen Vertragsmanagements zur Erfüllung einer öffentlichen Aufgabe und überschneidet sich mit Verfügbarkeitselementen.[543]

---

542 Zu einem kleinen Teil, da sie als Anreizvergütung nicht den Stellenwert erreichen wie reguläre Verfügbarkeitselemente.

543 Insoweit kann nach oben verwiesen werden, 3. Kapitel, F, I.

III. Laufzeit

Eine Möglichkeit, um die Mauteinnahmen für den privaten Partner bei gleichzeitiger Beibehaltung des Nutzerfinanzierungscharakters zu erhöhen, ist, die Laufzeit anders zu gestalten.

Den NPPP-Modellen liegt der Lebenszyklus-Ansatz zugrunde. Daher werden Verträge i. d. R. auf 20 oder 30 Jahre geschlossen. Bei Autobahnen oder Bauwerken kann der Lebenszyklus jedoch deutlich länger ausfallen. Wie am Beispiel der Verkehrsinfrastruktur gezeigt, haben private Investoren oftmals das Problem, in der Vertragslaufzeit über die Quantität der Verkehre ihre Refinanzierung zu sichern. Daher wäre eine Möglichkeit, die Laufzeit von vornherein zu verlängern, in der der private Partner Nutzerentgelte erhält.

Es könnte z. B. die Vertragslaufzeit auf „Lebenszeit" geschlossen, also über die üblichen 20 oder 30 Jahre hinaus. Dabei könnte die „Lebenszeitlaufzeit" ggf. mit Kündigungsrechten kombiniert werden. Dadurch wäre sichergestellt, dass die Refinanzierung des privaten Partners „irgendwann" funktioniert in der Hoffnung, dass die Kosten für die längere Instandhaltung unterhalb der Einnahmen aus der Vertragsverlängerung liegen. Nachteilig wäre dabei, dass der öffentliche Partner sehr lange an einen Partner gebunden wäre, ohne ggf. über Neuausschreibungen nach Vertragsablauf nach 20 Jahren den Wettbewerb der Anbieter neu zu entfachen.

Ein weiterer Verbesserungsvorschlag wäre, die Vertragslaufzeit variabel zu gestalten, um so den Ertrag für den privaten Partner abzusichern, wenn während der ursprünglich vereinbarten Vertragslaufzeit die Verkehrsmenge zu gering war, um genügend Mauteinnahmen für eine Refinanzierung zu generieren. Die Vertragspartner könnten sich bei Vertragsschluss z. B. auf ein Optionsrecht einigen, dass die variable Laufzeit regelt (etwa Verlängerung um ein oder mehrere Jahre). Dieses Modell ähnelt dem später noch zu analysierenden Modell der sog. Barwertmethode.

Der Vorteil der variablen Vertragslaufzeit läge darin, dass die Bedeutung der anfänglichen, für den Vertragsschluss ausschlaggebenden Verkehrsmengeneinschätzung gemindert würde.

Zunächst vereinbaren die Parteien den PPP-Vertrag mit Aufgaben, Pflichten, Vergütung und eben der Laufzeit. Dabei muss bei Vertragsunterzeichnung feststehen, wie hoch die Gesamtkosten für den Privaten für die Herstellung der Infrastruktur sind. Gleichzeitig ist die Vertragslaufzeit festzulegen. Diese muss auf privater Seite so bemessen sein, dass sie auf Basis des kalkulierten Verkehrsaufkommens den Rückfluss der Kosten für Bau und Betrieb sowie die Gewinnerzielung möglich macht. Wenn daher während der bei Vertragsschluss festgelegten Laufzeit der kalkulierte Betrag über die Mautabgaben nicht refinanziert werden kann, weil zu wenig mautpflichtiger Verkehr auf der Strecke war, kann der private Partner aufgrund seines Optionsrechtes die Vertragslaufzeit verlängern, um dann den kalkulierten Betrag zuzüglich weiterer entstehender Kosten in der Verlängerungszeit zu erreichen. Der Vertrag würde daher so lange fortgesetzt, bis genügend mautpflichtiger Verkehr über die Strecke gefahren ist, um den privaten Partner zu refinanzieren.

Ein weiterer Vorteil läge darin, dass das Emissionsklassenrisiko, also wie viele Fahrzeuge welcher Emissionsklasse mautpflichtig sind und wie hoch die Maut wäre, beseitigt würde. Denn auch hier würde die Laufzeit so lange ausgedehnt, bis die Höhe des kalkulatorischen Betrages erreicht wäre.

1. Variable Laufzeit

Zunächst gilt es, die rechtlichen und praktischen Probleme einer variablen Laufzeitgestaltung zu erfassen.

a. Vergaberechtliche Problematik der variablen Laufzeit

Problematisch könnte an einer Optionslösung sein, dass sich das finanzielle Volumen des Vertrages verschiebt und unklar sein könnte, wie lange der Vertrag tatsächlich läuft und was der Eintritt einer Verlängerungsoption bewirkt.

Zu klären ist, ob dies ggf. vergaberechtlich unzulässig sein könnte oder ob eine neue Ausschreibung i. S. v. §§97ff. GWB bei Optionsausübung erfolgen müsste. Dabei ergibt sich für die Verbesserungsmodelle, und in einem ersten Schritt für die NPPP-Modelle generell, zunächst die grundsätzliche Frage, ob bei angenommenem öffentlich-rechtlichem Charakter des PPP-Vertrages das Vergaberecht überhaupt anwendbar wäre.[544]

Dies wird teilweise aufgrund der Gesetzesbegründung und Stimmen in der Literatur[545] dann abgelehnt, wenn der zugrunde liegende Vertrag dem öffentlichen Recht zuzuordnen ist, wie dies hier der Fall wäre. Aber entgegen der Gesetzesbegründung zum damaligen § 107 GWB (öffentliche Aufträge), ist die Anwendung des Vergaberechts nicht nur darauf beschränkt, wenn zwischen den Parteien ein zivilrechtlicher Vertrag geschlossen wird. Dagegen spricht schon, dass die entsprechenden Vergaberichtlinien einschließlich § 99 GWB eine solche Unterscheidung gar nicht kennen.

Auch der Sinn und Zweck der vergaberechtlichen Vorschriften spricht dafür, dass staatliches Beschaffungsverhalten unabhängig von der Organisations- oder

544 Ablehnend noch BT-Drs. 13/9340, S. 15; OLG Celle, NZBau 2000, S. 299 [300].

545 Dreher, DB 1998, S. 2579 [2587].

Handlungsform zu regulieren und eine wettbewerbliche Vergabe zu installieren ist.[546] Daher widerspricht eine Differenzierung nach öffentlichem oder privatem Rechtsregime schon dem Zweck der Vorschrift, da die öffentliche Hand sowohl zivil- als auch öffentlich-rechtlich handeln kann. Auch findet sich eine solche Differenzierung nicht in den zugrunde liegenden Richtlinien, sodass § 99 GWB richtlinienkonform so auszulegen ist, dass eben nicht zwischen öffentlich-rechtlichem oder privatrechtlichem Vertrag differenziert wird.[547]

Dies bestätigt auch eine Entscheidung des EuGH vom 12.07.2001, wonach auch ein öffentlich-rechtlicher Erschließungsvertrag ein Auftrag i. S. v. § 99 GWB bzw. der darauf zurückgehenden Richtlinie sein kann.[548] Daraus folgt, dass es für die Anwendbarkeit der §§ 97ff. GWB grundsätzlich nicht auf die Rechtsnatur des zwischen den Parteien geschlossenen Vertrages ankommt.[549] Daraus folgt weiter, dass A-und F-Modellprojekte gem. §§ 97ff. GWB i. V. m. § 2 VgV auszuschreiben sind, da die Schwellenwerte regelmäßig überschritten werden. Gleiches gilt auch für sonstige NPPP-Projekte, die oftmals den Schwellenwert von 4.485.000€ überschreiten werden.

Auch wurde oben diskutiert, ob es sich um eine Dienstleistungs- oder Baukonzession handeln würde.

Die Unterscheidung, ob eine Dienst- oder Baukonzession vorliegt, ist nun insofern zu treffen, als auf eine Dienstleistungskonzession die §§ 97ff. GWB keine Anwendung fänden.[550]

Wie oben ausgeführt, liegt der Schwerpunkt in finanzieller Hinsicht im Bereich des Baus. Die Ausbaukosten des A1-Abschnittes zwischen Bremen und Hamburg liegen beispielsweise bei ca. 650 Millionen Euro,[551] die jährlichen Betriebskosten für die Bundesautobahnen insgesamt werden im Haushaltsplan 2011 mit einem Soll von 443.118.000 Euro angegeben.[552] Bei ca. 12.500 Kilometern Bundesautobahn liegen die Betriebskosten pro Autobahnkilometer im Jahr bei ca. 35.500 €. Dies multipliziert mit 73 km der A1-Ausbaustrecke sowie

546 OLG Brandenburg, NZBau 2005, S. 236 [237]; Pünder/ Schellenberg: Fehling, § 97 GWB, Rn. 1.

547 OLG Düsseldorf, NZBau 2004, S. 398 [399].

548 EuGH NZBau 2001, S. 512 [516].

549 Vgl. OLG Brandenburg, NZBau 2005, S. 236 [237]; vgl. OLG Düsseldorf, NZBau 2004, S. 398 [399]; vgl. OLG Düsseldorf, NZBau 2003, S. 55 [59]; vgl. Pünder/ Schellenberg: Wegener, § 99 GWB, Rn. 5.

550 Pünder/Schellenberg: Pünder, § 98 GWB, Rn. 96f..

551 Http://www.a1-mobil.de/hintergrund-finanzierung.php, abgerufen am 12.07.2013.

552 Bundeshaushaltsplan 2011, Einzelplan 12, Titel 1210, Titelgruppe 01, abzurufen unter http://www.bundesfinanzministerium.de/Content/DE/Downloads/Bundeshaushaltsplan/Haushaltsplan-2011.pdf?__blob=publicationFile&v=3, abgerufen am 12.07.2013.

der Vertragslaufzeit ergibt, dass der finanzielle Schwerpunkt eindeutig im Bereich des Ausbaus liegt.

Damit liegt sowohl im Bereich des A- als auch des F-Modells jeweils eine Baukonzession vor, deren Vergabe den Regeln gem. §§ 97ff. GWB folgt.[553] Dies bedeutet auch, dass grundsätzlich jede erhebliche Vertragsverlängerung nach den allgemeinen vergaberechtlichen Vorschriften zu behandeln ist, es könnte also eine Neuvergabe und ein neues Vergabeverfahren notwendig sein, wenn ein Optionsrecht geltend gemacht würde.[554]

Eine gewisse Unterstützung kann dafür aus der Gesetzesbegründung zur Änderung des Fernstraßenbauprivatfinanzierungsgesetzes hergeleitet werden. Mit der Änderung des FStrPrivFinG durch das entsprechende Änderungsgesetz aus dem Jahre 2002 wollte der Gesetzgeber u. a. das F-Modell im Falle einer Insolvenz des privaten Partners handlungsfähig halten.

Dazu wurden Änderungen in § 3 Abs. 1 S. 1 FStrPrivFinG vorgenommen, um zu erreichen, dass die Restkonzessionslaufzeit, beispielsweise im Falle der Insolvenz, oder ein neuer Konzessionszeitraum neu ausgeschrieben werden kann.[555] Darin kommen zwei Dinge zum Ausdruck, nämlich, dass Verlängerungskonzessionen vorgesehen bzw. möglich sind und dass eine solche Verlängerung im Rahmen einer neuerlichen Ausschreibung erfolgt.

Allerdings macht die Gesetzesbegründung zur Änderung des F-Modells deutlich, dass der Insolvenzfall (*beispielsweise*) des Privaten nicht das einzige auslösende Moment für eine Neuausschreibung sein kann; die Aufzählung ist nicht abschließend, sondern nur beispielhaft, sodass auch die mangelnde Refinanzierung ohne Insolvenz eine Verlängerung der Konzession ermöglicht. Dies würde jedoch eine neue vergaberechtliche Ausschreibung zur Folge haben.

Daher könnte man annehmen, auch bei einer Verlängerungsoption müsse eine Ausschreibung erfolgen.

Dem ist jedoch nicht zu folgen. Denn in dem Fall, der in der Gesetzesbegründung zum Ausdruck kommt, geht es darum, was passiert, wenn der private Partner schon insolvent ist. Die Verlängerungsoption soll dies gerade verhindern. Auch knüpft es daran an, dass der bisherige private Partner, warum auch immer, ausgewechselt werden muss, während Ziel der Verlängerungsoption gerade ist, den ursprünglichen privaten Partner zu stärken und zu behalten. Dennoch kann eine Optionsausübung eine wesentliche Vertragsveränderung darstel-

---

553 Sofern in den Bereichen Abfall, Wasser und Schwimmbad kein Neubau erfolgt, dürfte der Schwerpunkt auf der Dienstleistung liegen, sodass sich in diesen Fällen keine Probleme bzgl. des Vergaberechts ergeben.

554 Vgl. Loewenheim/Meessen/Riesenkampff: Bungenberg, § 99 GWB, Rn. 35; vgl. Immenga/Mestmäcker, Bd. 2: Dreher, § 99, Rn. 43.

555 BT-Drs. 14/8447, S. 10.

len. Wesentlich ist sie jedenfalls dann, wenn beispielsweise die Laufzeit um 5 Jahre verlängert wird und der Auftragsgegenstand in erheblicher Weise abgeändert wird.[556]

Durch die Option kann der Vertrag verlängert werden. Wie lange das geschieht, müsste vorab vertraglich schon geregelt sein. Weitere Änderungen des Ursprungsvertrages werden jedoch nicht vorgenommen. Allerdings obliegt es durch die Option einseitig dem privaten Partner, den Vertrag verlängern zu können und damit auch Konkurrenten weiterhin auszuschließen. Eine wesentliche Veränderung im Vergleich zur Ausschreibung könnte daher angenommen werden, sodass bei Ablauf der Vertragslaufzeit oder Ausübung einer Verlängerungsoption eine Neuausschreibung über die Verlängerung erfolgen müsste. Dies hätte zur Folge, dass ggf. nach 20 Jahren der private Partner eine Verlängerung der Vertragslaufzeit per Option begehrt, er aber bei dem anschließenden Vergabeverfahren gar nicht mehr zum Zuge käme, da andere Mitbieter wirtschaftlichere Angebote abgeben könnten, teilweise sogar unter Rückgriff auf die Erfahrungen, die der private Partner während der Laufzeit gemacht hat.

Dies Ergebnis wäre einerseits unbefriedigend, da der ursprüngliche private Partner das Projekt endgültig mit Verlust beenden würde, was wiederum dazu führen würde, dass es bei der ersten Ausschreibung des Projekts ohnehin keine gesicherte Kalkulationsbasis für den Privaten gibt, er aber gleichzeitig keine Risikoabfederung durch eine Verlängerungsoption hätte, was die Bereitschaft zur Abgabe eines Angebots und damit des Wettbewerbs schmälern dürfte.[557]

Andererseits wäre dies auch für den öffentlichen Partner nicht zufriedenstellend, da er ein umfangreiches Vergabeverfahren vorbereiten und durchführen muss, welches durch den unterlegenen Partner angegriffen werden könnte. Außerdem muss er seinen langjährigen Partner, der seit vielen Jahren mit dem Projekt vertraut ist, gegen einen neuen Partner austauschen. Dieser wird auf der einen Seite wegen des Umfangs der meisten Projekte ggf. Anfangsschwierigkeiten haben, auf der anderen Seite ist die Verlängerungsoption i. d. R. so kurz, dass man über die Phase von Anlaufschwierigkeiten kaum hinaus kommt. Daher ist alternativ über eine Option nachzudenken, nach welcher der private Partner den Vertrag verlängern kann, ohne sich einer neuen Ausschreibung unterziehen zu müssen.

---

556 OLG Düsseldorf, NZBau 2002, S. 54 [55].

557 Vor allem der Mittelstand würde abgeschreckt, da dieser einen Verlust in solch großen Projekten noch schlechter wegstecken dürfte; siehe auch Treffen zur Vorstellung des Sachstandsbericht F-Modell des Bundesministeriums für Verkehr, Bau und Stadtentwicklung, Stellungnahme des Hauptverbandes der deutschen Bauindustrie, abzurufen unter http://www.vifg.de/_downloads/service/071220_Sachstand_F-Modell_zweite_Vorstellung_oeff.pdf, S. 27, abgerufen am 12.07.2013.

Eine Option wird bei der erstmaligen Vergabe in den Wert des Auftrages in Bezug auf die Schwellenwerte im vergaberechtlichen Sinne aufgenommen.[558] Daraus ergibt sich, dass bei der erstmaligen Vergabe sowohl die Optionen vergeben werden müssen und darüber entschieden werden muss als auch deren Wert schon Berücksichtigung findet. Folge davon wäre, dass bei einer Option kein neues vergaberechtlich relevantes Geschäft vorliegt, wenn die Option schon bei Vertragsschluss vereinbart wurde.[559]

Für weitere Erkenntnisse in der Sache ist zunächst auf den Sinn des Vergaberechts abzustellen sowie der umgekehrte Fall zu betrachten, also der Optionsausübung durch den öffentlichen Partner. Denn die Frage einer erneuten Ausschreibung i. S. d. Vergaberechts bei Optionsausübung des öffentlichen Partners wird daran angeknüpft, ob ein neuer Bedarf im vergaberechtlichen Sinne gem. § 97 Abs. 1 GWB vorliegt, welcher es dann rechtfertigen würde, ggf. eine neue Ausschreibung und Vergabe für den Optionszeitraum zu verlangen.[560] U. U. soll eine Prüfung auf Transparenz-, Marktabschottungs- und Diskriminierungswirkungen erfolgen.[561]

In der einschlägigen Literatur wird auf eine Option nur dergestalt Bezug genommen, als das Optionsrecht dem *öffentlichen Partner* zuerkannt und auf den Bedarf abgestellt wird.[562] Vereinfacht gesagt muss dann, wenn ein neuer Bedarf der öffentlichen Hand vorliegt, neu ausgeschrieben werden. Die Frage ist aber, ob es im vorliegenden Fall überhaupt einen neuen „Bedarf" gibt, da hier der umgekehrte Fall der Optionsausübung, also die Ausübung durch den privaten Partner zur Anwendung kommen soll.

Im Rahmen eines Verkehrsinfrastrukturprojektes stellt der öffentliche Partner fest, dass er Bedarf an einer solchen Infrastruktur hat, und dies gewöhnlich für Jahrzehnte, da die Lebenszeit eines solchen Projekts dementsprechend lang ist. Wenn nun dieser Konzessionsbauvertrag für eine Laufzeit von 20 Jahren vergeben wird, steht der festgestellte Bedarf der öffentlichen Hand für die nächsten Jahre und darüber hinaus schon fest, da solche Projekte eine wesentlich längere Lebenszeit mit ständig anfallenden Wartungs-, Reparatur- und Betriebsdiensten haben. Daher besteht der Bedarf grundsätzlich für die 20 Jahre Konzessionslaufzeit und darüber hinaus schon fest.

558 § 3 Abs. 1 VgV.

559 OLG Celle, NZBau 2002, S. 53 [54]; Reidt/Stickler/Glahs: Ganske, § 99 GWB, Rn. 22; Marx, NZBau 2002, S. 311 [312].

560 BGH NZBau 2005, S. 290 [293]; Scharen, NZBau 2009, S. 679 [683].

561 Jaeger, EuZW 2008, S. 492 [495].

562 Pünder/Schellenberg: Alexander, § 3 VGV, Rn. 23ff.; Scharen, NZBau 2009, S. 679 [684].

Lediglich die Entscheidung, ob der öffentliche Partner neben dem Bedarf zu der Erkenntnis kommt, die Leistungen nach Ablauf der zuerst vergebenen Konzessionszeit dann doch wieder selbst vorzunehmen, ist offen. Dies dürfte aber zu vernachlässigen sein. Denn einerseits sieht es nicht so aus, als ob die öffentliche Hand in näherer Zukunft die finanziellen Mittel haben wird, um wieder verstärkt die Infrastrukturpflege selbst in die Hand zu nehmen.[563] Andererseits verliert der öffentliche Partner im Laufe der nächsten Zeit die entsprechenden Kompetenzen, wenn er zunehmend solche Aufträge an Private vergibt. Daher dürfte dem öffentlichen Partner nach 20 oder 30 Jahren kaum eine realistische Entscheidung offenstehen, den Betriebsdienst der errichteten Infrastruktur dann wieder selbst zu übernehmen. Wenn daher sowohl der langfristige Bedarf von Anfang an feststeht und daher kein „neuer" Bedarfsfall vorliegt und der öffentliche Partner die Aufgabe mit zunehmendem Zeitablauf kaum mehr selbst wahrnehmen, spricht vieles dafür, dass eine dann ausgeübte Option durch den privaten Partner kein neues vergaberechtliche Geschäft auslöst.

Einige Autoren differenzieren nicht, durch wen die Option ausgeübt wird, sondern stellen darauf ab, dass der Bedarf ursprünglich schon festgestellt wurde, sodass eine Option, gleich, von wem sie ausgeübt wird, vergaberechtlich nicht relevant sei.[564] Darauf kommt es hier aber gar nicht an. Denn die Überlegungen für eine Option beruhen darauf, dem privaten Partner das Verkehrsmengenrisiko zu verringern, indem er für seine Refinanzierung die Konzessionslaufzeit verlängern kann. Das Vergaberecht knüpft die Ausschreibung aber an einen Beschaffungsvorgang der öffentlichen Hand.

Die hier zu untersuchende und zu vereinbarende Optionsausübung obliegt daher dem Privaten, sodass kein vergaberechtlich relevantes neues Geschäft vorliegt, da der öffentliche Partner durch die Konzessionslaufzeit inklusive Optionsrecht seinen Bedarf für diese mögliche Gesamtlaufzeit ursprünglich schon festgestellt hat. Daher ist keine neue Ausschreibung notwendig. Allerdings ist die Option in der ersten Ausschreibung und deren Wert gem. § 3 Abs. 1 VGV zu berücksichtigen.

563 Vgl. dazu den aktuellen Schuldenstand, abzurufen unter http://www.steuerzahler.de/Home/1692b637/index.html, abgerufen am 12.07.2013 sowie BT-Drs 15/5668, S. 10.

564 Vgl. Pünder/Schellenberg: Wegener, § 99 GWB, Rn. 64; Reidt/Stickler/Glahs, § 99 GWB, Rn. 22; vgl. Marx, NZBau 2002, S. 311 [312].

b. Haushaltsrechtliche Punkte der Verlängerungsoption

Bei Ausübung der Option ist das Haushaltsrecht in Bezug zu nehmen.

Die einseitig bestimmbare Verlängerung per Optionsrecht kann einerseits öffentlichen Interessen dienen, indem der private Partner nicht insolvent wird und damit der öffentliche Partner nicht einspringen muss, was meist teurer wird. Andererseits dient die Option überwiegend privaten Interessen, da die Wirtschaftlichkeit des Projekts gesichert werden soll. Dem öffentlichen Interesse dient das Optionsrecht nicht uneingeschränkt, da mangels Ausschreibung ggf. nicht das günstigste Angebot für die Optionszeit angenommen würde, sodass das Prinzip der Wirtschaftlichkeit und Sparsamkeit verletzt sein könnte. Denn es findet kein Wettbewerb statt, um den günstigsten Anbieter zu ermitteln, was aber in der Regel für die Ermittlung des besten Angebots erforderlich ist.

Die Konsequenzen, falls der private Partner tatsächlich aus wirtschaftlichen Gründen seinen vertraglichen Pflichten nicht mehr nachkommen könnte, sind für den öffentlichen Partner im Hinblick auf die Haushaltsgrundsätze schlechter. Denn er müsste entweder selbst in die Pflichten eintreten, um die Erfüllung der ihm obliegenden Staatsaufgabe zu sichern, was mangels eigener Ausübung und damit einhergehenden Kompetenzverlusten zunehmend schwerer sein wird. Oder er müsste kurzfristig einen Dritten beauftragen und die Leistung teuer einkaufen. Oder es müsste zeitnah eine neue Ausschreibung erfolgen, die dann wieder umfangreich und kostenintensiv vorbereitet werden müsste. Dagegen steht das Optionsrecht des Privaten, den Vertrag zu verlängern. Wenn dann die Verlängerungsoption auf eine Gesamtlaufzeit von z. B. 30 Jahren begrenzt wäre und die Optionsausübung von der Bedingung der falschen Beurteilung der Verkehrsmenge bei Vertragsschluss abhängt, dürfte die verlängerte Option und die damit verlängerte Erfüllung der Staatsaufgabe durch den Privaten für den öffentlichen Partner wirtschaftlicher, sparsamer und effektiver sein, als kurzfristig selbst einzuspringen oder Ersatz suchen zu müssen.

c. Europarechtliche Bedenken der Verlängerungsoption

Bei diesem Ergebnis sind die Entscheidungen des EuGH vom 9.03.2006 und vom 19.06.2008 zu beachten.

Dort wurde eine *Dienst*leistungskonzession als nicht vereinbar mit dem europäischen Wettbewerbsrecht erklärt, da die Konzessionszeit 20 Jahre betrug mit einer Verlängerungsoption für weitere 10 Jahre, deren Anforderungen den Konzessionsnehmer der vorherigen 20 Jahre bevorzuge.[565] In dem zweiten Urteil

565 EuGH, NZBau 2006, S. 386 [388].

wurden dagegen Dienstleistungsverträge mit unbestimmter Laufzeit als kritisch, aber noch zulässig eingestuft.[566]

Die Entscheidungen des EuGH sind deshalb in Bezug zu nehmen, da i. d. R. bei solchen Investitionssummen wie für das F-Modell[567] eine europaweite Ausschreibung der Vergabe erfolgen muss.[568] Ähnliches gilt im Bereich des A-Modells.

Zwar befassen sich die Entscheidungen mit einer Dienstleistung, nämlich dem Personen-Fährverkehr im Hafengebiet bzw. Nachrichtendienstleistungen. Allerdings ist die Fährdienstleistung nur unwesentlich anders zu beurteilen als eine Baukonzession im hier beschriebenen Sinne. Denn während in dem zugrunde liegenden Fall ggf. nur Fähren angeschafft werden mussten, muss beim A-und F-Modell oder NPPP-Projekten erst noch das Erschwernisbauwerk bzw. die Strecke errichtet werden. Beide Projekte werden durch die Nutzer im Rahmen der Konzession refinanziert, sodass eine Vergleichbarkeit angenommen werden kann.

Demnach muss bei der Vergabe der Konzession durch den öffentlichen Auftraggeber berücksichtigt werden, ob eine Verlängerungsoption nicht gegen europäisches Wettbewerbsrecht verstoßen könnte, da bei einer Vertragslaufzeit von 20 Jahren mit Verlängerungsoptionen bis zu 10 Jahren eine Behinderung des freien Dienstleistungsverkehrs innerhalb des gemeinsamen Binnenmarktes vorliegen könnte und diese nicht durch zwingende Gründe des Allgemeininteresses gerechtfertigt wäre.[569] Aufgrund der vorliegenden Urteile besteht eine Gefahr, mit der Folge, dass eine Verlängerungsoption unzulässig[570] wäre.

Scharen führt dagegen an, dass die Entscheidung des EuGH vom 09.03.2006 in seinem Gesamtkonzept in diesem Fall nicht anzuwenden wäre[571]. Denn in dem zu entscheidenden Fall wird dem öffentlichen Auftraggeber durch die Le-

---

566 EuGH, EuZW 2008, S. 465 [469].

567 Investitionssumme von ca. 220 Millionen Euro bei der Warnow-Querung, welches die Richtgröße für die Konzession als Refinanzierung ist, http://www.warnowquerung.com/dertunnel.html, abgerufen am 12.07.2013; Investitionssumme beim Herrentunnel in Lübeck ca. 175 Millionen Euro, http://www.herrentunnel.de/index.php/article/detail/1009.html, abgerufen am 12.07.2013.

568 Pünder/Schellenberg: Pünder, § 101 GWB, Rn. 5.

569 EuGH, Urteil vom Urteil vom 9. 3. 2006 - C-323/03= EuGH NZBau 2006, 386 [388].

570 Dies würde dazu führen, dass der Konzessionsvertrag angegriffen werden könnte mit der Folge, dass der öffentliche Partner kurzfristig seine Gewährleistungsfunktion wieder ausüben müsste, indem er für den privaten Partner übernehmen müsste, damit die Erfüllung der Staatsaufgabe nicht gefährdet würde. Dies wäre, wie oben beschrieben, nach zunehmender Vertragsdauer aufgrund von abgebauten Kompetenzen auf Seiten des öffentlichen Partners nur noch unzureichend möglich.

571 Scharen, NZBau 2009, S. 679 [683].

gislative per Gesetz vorgegeben, dass nur noch Verträge mit einer Laufzeit von 20 Jahren abgeschlossen werden können.[572] Der öffentliche Auftraggeber, also öffentliche Partner könne dadurch seinen Bedarf nicht mehr selbst bestimmen, sondern er würde ihm vorgeschrieben.

Dies ist aber gerade nicht der Fall im Vergabeverfahren, in welchem der öffentliche Auftraggeber seinen durch Ausschreibung und Vergabe zu deckenden Bedarf autonom bestimmt und diesen dann ausschreibt. Und wenn Bedarf bzgl. einer 30-jährigen Konzession da wäre, dann wäre dies auch so,[573] sodass aus dieser Entscheidung keine Regelung für eine Verlängerungsoption entnommen werden kann, wenn der ursprüngliche Bedarf bei NPPP-Projekten die Gesamtlaufzeit inklusive etwaiger Verlängerungsoptionen erfasst. Dem ist überwiegend zuzustimmen. Auch wenn der Bedarf des öffentlichen Partners durch das Gesetz in dem durch den EuGH zu beurteilenden Fall vorgegeben wurde, führt eine lange Konzessionslaufzeit dazu, dass Wettbewerber auf lange Jahre ausgeschlossen werden.

Dabei bewegt man sich in einem Spannungsfeld zwischen Wirtschaftlichkeitssicherung für den privaten Partner auf der einen Seite und Sicherstellung des Wettbewerbs aus Sicht des öffentlichen Partners auf der anderen Seite in zweierlei Hinsicht: nämlich zunächst im Rahmen der privaten Konkurrenten im Bieterverfahren, die durch lange Konzessionen ausgeschlossen sind, und darüber hinaus dient der Wettbewerb dazu, die Wirtschaftlichkeit für den öffentlichen Partner im Rahmen der Wirtschaftlichkeitsuntersuchung zu garantieren und herzustellen. Wird der Wettbewerb für die Vertragslaufzeit inklusive einseitiger Verlängerungsoption des Privaten ausgeschlossen, ist fraglich, ob dies im Wirtschaftlichkeitsvergleich bei der Entscheidung zwischen Fremd- und Eigenerledigung angemessen berücksichtigt werden kann. Allerdings führt der EuGH in dem Urteil selbst auf, dass eine Konzession dann länger sein könne, wenn eine Amortisation in einer kurzen Zeitspanne nicht erfolgen kann,[574] sodass aus dem Urteil keine tragfähigen Rückschlüsse gezogen werden können.

Eine Behörde kann aber auch einen Verwaltungsakt erlassen, statt einen Vertrag zu schließen. Verwaltungsakte sind so lange gültig, bis sie aufgehoben werden oder bis sie sich erledigt haben. Eine maximal zulässige Gesamtgültigkeit eines Verwaltungsaktes gibt es gemäß § 43 Abs. 2 VwVfG nicht, sodass es daher aus verwaltungsrechtlicher Sicht keine Laufzeitbegrenzung geben muss.

Im Zivilrecht sind dagegen beispielsweise Verjährungshöchstfristen von 30 Jahren bekannt, sodass dies als Ansatzpunkt dafür genommen werden kann, dass

572 Scharen, NZBau 2009, S. 679 [683].

573 Scharen, NZBau 2009, S. 679 [683].

574 EuGH, NZBau 2006, S. 386 [388].

z. B. ein NPPP-Vertrag eine nicht über 30 Jahre hinausgehende Laufzeit haben sollte, da längerfristige Bindungen im deutschen Rechtssystem eher untypisch sind.

Da der EuGH selbst feststellt, dass einerseits längerfristige Amortisationsfristen eine längere Vertragslaufzeit rechtfertigen, andererseits das Urteil bezüglich der Wettbewerbsbeschränkung bei 20-jähriger Laufzeit und Verlängerungsoption nicht einschlägig ist, ist Scharen insoweit zuzustimmen, dass es dem öffentlichen Partner möglich sein muss, seinen Bedarf auch langfristig im Voraus bestimmen zu dürfen. Dem Wettbewerbsgedanken wird dadurch Rechnung getragen, dass für die Bedarfslaufzeit eine Ausschreibung erfolgt, zu welcher sich alle Anbieter bewerben können. Es ist jedoch einzuräumen, dass dies theoretisch eine unbegrenzte Laufzeit rechtfertigen könnte aufgrund des „ewigen" Bedarfs an z. B. Verkehrsinfrastruktur, mit der Folge, dass bei einer sehr langen Laufzeit der Wettbewerb trotz erfolgter erster Ausschreibung über Gebühr ausgesperrt wird. Und da Fristen und Laufzeiten, die über 30 Jahre hinausgehen, dem deutschen Recht eher untypisch sind, scheint es gerechtfertigt zu sein, eine Gesamtvertragslaufzeit von 30 Jahren zu empfehlen.

d. Beurteilung

Bei der Einführung einer variablen Laufzeit bzw. optionalen Laufzeitverlängerung bestehen für die öffentliche Hand Nachteile. Es bestehen Probleme bzgl. der Regelung des Rückgabezustandes der Strecke bzw. des Bauwerks zum Ende der regulären oder verlängerten Laufzeit.

So ist es schwierig, vorab zu bestimmen, in welchem Zustand das Objekt bei Rückgabe am Ende der verlängerten Vertragslaufzeit sich befindet. Es dürfte einen erheblichen Unterschied machen, ob beispielsweise eine Straße nach 15, 20 oder 25 Jahren zurückgegeben wird.[575] Gleiches gilt bei Gebäuden, die in ihrem Lebenszyklus die Phasen der Planung, des Baus, Nutzung und Verwertung durchlaufen und deren Betriebs- und Erhaltungskosten mit zunehmendem Alter steigen.[576]

Für gewöhnlich ziehen ältere Bauwerke oder Straßen einen höheren Instandsetzungsaufwand nach sich. Dies erhöht für den privaten Partner zunehmend die

575 Siehe dazu beispielhaft die Beschreibung der Lebensdauer und des Lebenszyklus bei Straßenasphalt bei Verena Rosauer, „Abschätzung der herstellungsbedingten Qualität und Lebensdauer von Asphaltdeckschichten mit Hilfe der Risikoanalyse", S. 9ff., abzurufen unter http://tuprints.ulb.tu-darmstadt.de/2351/2/Rosauer_2010_Dissertation.pdf, abgerufen am 12.07.2013.

576 Vgl. beispielsweise die Regelung dazu in § 28 Abs. 2 BV, wonach die Instandhaltungsrücklagen bei Wohnungen höher ausfallen pro Quadratmeter, je älter das Objekt ist.

Betriebskosten, sodass, trotz Optionsverlängerung, die Rendite bzw. die Annäherung an den oben genannten kalkulierten Investitions- und Renditebetrag langsamer wird oder sogar nie erreicht werden könnte. Denn die Optionsverlängerung tritt ein, wenn das Mautaufkommen nicht generiert, also die Verkehrsmenge zu niedrig ist. Während kaum zu erwarten ist, dass sich die Verkehrsmenge ab Optionsausübung wesentlich im Vergleich zu vorher erhöhen wird, steigen aber die Kosten für den privaten Partner. Die Einnahmen bleiben auf (zu) niedrigem Niveau gleich, während die Instandhaltungskosten exponentiell steigen. Dass gleichzeitig mit der Verlängerung der Laufzeit eine Erhöhung der Entgelte in Kraft treten könnte, wäre möglich, dürfte aber politisch nicht durchsetzbar sein und würde eine weitere Risikominderung für den Privaten bedeuten, da er sowohl in Bezug auf die Kosten als auch der Entgelte zu Lasten der Nutzer, der anderen Mitbewerber und der öffentlichen Hand abgesichert würde.

Daher ist es möglich, dass der private Partner am Ende trotz Laufzeitverlängerung doch insolvent wird, weil er die hohen Instandhaltungskosten für eine alte Straße nicht leisten kann, die aber bei Rückgabe in dem Zustand sein sollte, wie zum ursprünglichen Rückgabedatum vorgegeben. Oder, um dem entgegen zu wirken, definiert man den Rückgabezustand nicht, sodass dann völlig offen ist, wie die Straße bei Rückgabe aussieht, was wiederum für den öffentlichen Partner nicht akzeptabel ist.[577] Oder, als weitere Möglichkeit, man passt die Zustandsanforderung regelmäßig an oder bestimmt sie bei der Optionsausübung neu, was immer mit entsprechendem Aufwand und vorher nicht eingeplanten Kosten verbunden ist. Alle drei Varianten sind unbefriedigend.

Viel größere Schwierigkeiten entstehen aber dadurch, dass unklar ist, wann für den öffentlichen Partner das tatsächliche Vertragsende erreicht wird. Die Vertragsparteien können bei Abschluss die Kernlaufzeit und die Gesamtlaufzeit bestimmen. Wann der Vertrag aber tatsächlich beendet ist, ist schwer zu kalkulieren. Denn der Private kann durch einseitige Erklärung das Vertragsverhältnis um die Optionsdauer, ggf. bei mehreren Optionen auch mehrmals, verlängern.[578] Dies kann zu Problemen führen, wenn der öffentliche Partner nach Ende der Vertragslaufzeit die Betriebsaufgaben ggf. erneut auf einen anderen Privaten übertragen möchte. Die dafür erforderliche Ausschreibung benötigt in der Regel eine Vorlaufzeit, die, je nach Optionsausübung, relativ kurz und vor allem schwer vorhersehbar und kalkulierbar sein kann.[579]

---

577 Und faktisch aufgrund des durchzuführenden haushalterisch getriebenen Wirtschaftlichkeitsvergleich nicht möglich ist.

578 Vgl. Loewenheim/Meessen/Riesenkampff: Bungenberg, § 99 GWB, Rn. 41.

579 So beträgt die Dauer des Vergabeverfahrens beispielsweise in einem sog. offenen Verfahren ab Bekanntmachung des Vergabeverfahrens ca. 3 Monate, bei einem nichtoffenen Verfahren ca. 5 Monate. Dabei ist zu berücksichtigen, dass die Unterlagen vor Be-

Durch die Optionsausübungsentscheidung befindet sich der öffentliche Partner hinsichtlich des tatsächlichen Vertragsendes in Abhängigkeit vom privaten Vertragspartner. Damit wird es dem öffentlichen Partner erschwert, planvoll einen adäquaten Nachfolger zu finden.

Ein weiteres Problem stellt zum Zeitpunkt des Vertragsabschlusses die exakte Kostenkalkulation dar. Die angenommenen Kosten können sich durch Fehleinschätzungen und unvorhergesehene Ereignisse ändern (siehe Elbphilharmonie Hamburg). Die vertragliche Lösung dafür könnte darin bestehen, das Optionsrecht nicht an einen feststehenden, da kaum zu kalkulierenden Betrag für die Bau- und Betriebskosten zu knüpfen, sondern dass Optionen bis zur Abgeltung der tatsächlichen Kosten stets möglich wären. Dies wäre jedoch aus vergaberechtlichen Gesichtspunkten riskant, da zwar der ursprüngliche Bedarf der öffentlichen Hand nach wie vor bestehen würde, jedoch Wettbewerber auf unbestimmte Zeit ausgeschlossen würden und eine nicht absehbare Vertragslaufzeit geschaffen würde. Eine solche Verlängerungsoption könnte jedoch verhindern, dass der private Investor wegen z. B. fehlenden Verkehrsaufkommens während der Vertragslaufzeit insolvent würde.

Die Szenarien sind mit Problemen für den öffentlichen Partner verbunden. Die Erfahrung mit den bisherigen Projekten zeigt, dass regelmäßig eine Fehleinschätzung der angenommenen und tatsächlichen Verkehrsmenge und damit der Rentabilität erfolgt.

Die aufgeführten Probleme können aber im Rahmen der Vertragsgestaltung gehandhabt werden. So kann der Zustand der Straße oder Infrastruktur, wie er bei Vertragsende auszusehen hat, durch den öffentlichen Partner unabhängig von der Laufzeit definiert werden. Diese „harte“ Anforderung wäre als Gegenstück zu dem Entgegenkommen bzgl. der Laufzeit zu sehen.

Auch unter haushalterischen Gesichtspunkten im Hinblick auf die „Zweck-Mittel“-Relation wäre die variable Laufzeitverlängerung akzeptabel, da dadurch verhindert würde, dass der private Partner seine Pflichten mit den damit für den öffentlichen Partner verbundenen Konsequenzen nicht oder nicht mehr erfüllen. Daher wäre die Laufzeitverlängerung, bei der zumindest keine direkten Kosten des öffentlichen Partners entstünden,[580] auch unter diesem Gesichtspunkt zu akzeptieren. Auch aus vergaberechtlichen Gesichtspunkten ist ein solches Vorge-

---

kanntmachung des Vergabeverfahrens schon zusammengestellt werden, sodass vor den 3 bzw. 5 Monaten schon Zeit investiert werden muss; nachzulesen unter http://www.bescha.bund.de/SharedDocs/Downloads/Leitfaden_20Bedarfsbeschreibung, templateId=raw,property=publicationFile.pdf/Leitfaden%20Bedarfsbeschreibung.pdf, S. 2, abgerufen am 12.07.2013.

580 Einzig höhere Überwachungskosten und ein Ausfall an eigenen Mauteinnahmen, sofern nicht ohnehin direkt eine Neuvergabe erfolgt.

hen rechtssicher durchzuführen, sofern das Optionsrecht nicht grenzenlos ausgeübt werden kann, sondern vorab beispielsweise auf zwei Optionen für jeweils ein Jahr begrenzt ist. Dann wäre eine variable Laufzeit möglich und auch für den öffentlichen Partner akzeptabel.

2. Lebenszyklusansatz

Als Alternative zu einer variablen Laufzeit könnte auch eine am Lebenszyklus der Immobilie oder der Leistung orientierte Laufzeit erfolgen.

a. Lebenszeit

Das Gutachten der Bundesregierung zum F-Modell kommt zu dem Ergebnis, dass auch Lebenszeitkonzessionen möglich wären, da weder das FStrPrivFinG noch andere Rechtsquellen eine Einschränkung regelt bzw. regeln.[581] Gleiches muss im Bereich des A-Modells gelten, da dort ein dies regelndes Gesetz nicht existiert, sondern auf allgemeine Grundsätze abzustellen ist.

Richtig ist, dass die Konzessionslaufzeit im FStrPrivFinG oder Bundesfernstraßenmautgesetz nicht bestimmt oder festgesetzt ist, sondern nur im FStrPrivFinG mehrmals darauf Bezug genommen wird. Daraus ergibt sich, dass die Konzessionslaufzeit nach allgemeinen Grundsätzen zu bestimmen ist. Der Schluss der Gutachter, wegen einer fehlenden Bestimmung bzgl. der Länge der Konzessionslaufzeit im FStrPrivFinG wäre auch eine Lebenszeitkonzession möglich, ist verfrüht. Richtig ist zunächst festzuhalten, dass das deutsche Recht 30-jährige Fristen kennt, beispielsweise § 544 BGB. Aber schon aus § 544 BGB ergibt sich, dass ein Mietvertrag auch für mehr als 30 Jahre geschlossen werden kann. Etwas anderes gilt, wenn man Verjährungsfristen betrachtet, da manche Ansprüche zwar unterschiedlich, aber spätestens nach 30 Jahren (wenn man Hemmung und Neubeginn außer Acht lässt) verjähren.

Die ohnehin schwachen, da zivilrechtlichen Argumente, können aber nicht ins Feld geführt werden, um eine Konzessionslaufzeit von nicht mehr oder weniger als 30 Jahren zu begründen. Denn im öffentlichen Recht sind solche Fristen nicht ersichtlich; beispielhaft sei verwiesen auf den Verwaltungsakt gem. § 35 VwVfG, wonach dieser ggf. befristet sein kann, ansonsten sich aber „erledigt". Einzig in § 3a Absatz VIII VOL/A Ausgabe 2006 ist von einer maximalen Vertragsdauer von vier Jahren die Rede, allerdings nur insoweit, als dass langfristigere Verträge einer besonderen Begründung und Ausnahme bedürfen.

---

581 Sachstandsbericht F-Modell des Bundesministeriums für Verkehr, Bau und Stadtentwicklung, abzurufen unter http://www.vifg.de/_downloads/service/2007_Sachstand_F-Modell_Langfassung.pdf, S. 53, 54., abgerufen am 12.07.2013.

In § 3 Abs. 1 S. 2 VGV werden dagegen bei der Wertermittlung des Schwellenwertes eines Vertrages bei der Vergabe alle Optionen und Vertragsverlängerungen berücksichtigt, eine Frist ergibt sich daraus aber auch nicht. Vielmehr wird in § 3 Abs. 4 Nr. 2 VGV bei Dienst- oder Lieferaufträgen davon ausgegangen, dass Verträge auch auf unbestimmte Zeit geschlossen werden können. Gleiches gilt für Eisenbahndienstleistungen gem. § 4 Abs. 3 Nr. 2 VGV, wo von längerfristigen Verträgen die Rede ist.

Daher könnte angenommen werden, dass grundsätzlich eben auch Verträge auf Lebensnutzungszeit des Bauwerks abgeschlossen werden könnten. Es käme ausschließlich auf die Verhandlung – und die Macht der Parteien – an.

aa. Europarechtliche Problematik

Auch hier stellt sich die oben angesprochene europarechtliche Problematik.

Bei Abschluss des NPPP-Vertrages für die Dauer des Lebenszyklus` wird der Wettbewerb noch wesentlich länger als bei Vereinbarung einer Option ausgeschlossen. Daher muss zunächst eine Ausschreibung und Vergabeverfahren für einen Vertragsabschluss erfolgen, der die Lebenszeit umfasst. Da der Bedarf regelmäßig für die Lebenszeit besteht, müsste keine weitere vergaberechtliche Ausschreibung mehr erfolgen.

Grundsätzlich bestehen keine Laufzeitbegrenzungen für PPP-Verträge. Ein auf unbegrenzte Zeit geschlossener Vertrag widerspricht dem vergaberechtlichen Wettbewerbsgrundsatz,[582] sodass bei Nichtbeachtung Interessen der Allgemeinheit als Rechtfertigung gefunden oder eine andersartige Rechtfertigung gefunden werden muss. Die Gründe für eine lange Vertragslaufzeit wurden oben schon benannt und auch die Bedenken ins Feld geführt, die gegen eine Laufzeit von mehr als 30 Jahren sprechen.

Es sind jedenfalls keine überragenden Gründe der Allgemeinheit erkennbar, die eine Laufzeit von mehr als 30 Jahren rechtfertigen würden. Auch dürfte der NPPP-Ansatz gescheitert sein, wenn nicht innerhalb von 30 Jahren eine Amortisation erreicht werden würde. Denn wichtigster Grund für eine Lebenszeitvergabe sind die Refinanzierungsbedenken des privaten Partners.

Eine weitere praktische Schwierigkeit für den öffentlichen Partner bestünde darin, die Lebenszeit zu bemessen. Faktisch würde es darauf hinauslaufen, dass das Ende der Vertragslaufzeit variabel, also per Option verlängerbar wäre. Die vertragliche Gestaltung sowohl der Rückgabe als auch der zeitlichen Bemessung wäre höchst kompliziert, da sie von absoluter zeitlicher Ungewissheit geprägt ist. Denn während der Rückgabezustand der Strecke unbekannt ist, liegt der Zweck der Vereinbarung einer Lebenskonzession darin, das Verkehrsmengenri-

582 Loewenheim/Meessen/Riesenkampff: Bungenberg, § 99 GWB, Rn. 34.

siko auszugleichen. Ob man sich dabei aber (wieder) so verschätzt wie bei den bisher realisierten Projekten, ist fraglich. Außerdem müssten dann, wenn die Verkehrsmengen zutreffend angenommen oder sogar übertroffen wurden, Kündigungsrechte des öffentlichen Partners vereinbart werden, da der Grund für die Vereinbarung der Lebenskonzession gerade nicht eingetreten ist.

Es kann als einziger Grund für die lange Vertragsdauer nur die Absicherung des Privaten ins Feld geführt werden, wobei dann auf der einen Seite auch die zuvor angeführte praktischen Probleme eine Rolle spielen werden, auf der anderen Seite nicht erkennbar ist, warum die Refinanzierung nicht bei einer Vertragslaufzeit plus Option, beschränkt auf 30 Jahre, ausreichen sollte.

Da aber weder das öffentliche Recht eine solche zeitliche Befristung kennt noch wie im ersten Urteil des EuGH eine Festschreibung des Bedarfs erfolgte, dürfte ein lebenslanger NPPP-Vertrag als europarechtlich zulässig einzustufen sein – aufgrund der oben geäußerten Bedenken jedoch verbunden mit einem erheblichen Rechtssicherheitsrisiko und daher insgesamt der öffentlichen Hand nicht zu empfehlen.

bb. Haushaltsrecht

Eine lebenslange Laufzeit eines NPPP-Vertrages begegnet aber möglicherweise nicht nur europarechtlichen Bedenken. Auch das Haushaltsrecht ist zu beachten. Aus § 6 HGrG und § 7 BHO ergeben sich die Grundsätze der Wirtschaftlichkeit und Sparsamkeit für das staatliche Handeln.

Während das Vergaberecht primär darauf abzielt, den Wettbewerb bei der Vergabe öffentlicher Aufträge herzustellen und dabei Transparenz zu erreichen,[583] befassen sich das Haushaltsgrundsätzegesetz und die Bundeshaushaltsordnung in erster Linie mit dem gebotenen sparsamen Umgang mit öffentlichen Mitteln.

Natürlich dient die wettbewerbliche Vergabe von öffentlichen Aufträgen der Entlastung öffentlicher Haushalte.[584] Wenn aber eine lebenslange Vergabe einer Konzession vergaberechtlich nicht zu beanstanden wäre, könnte sie trotzdem mit dem Haushaltsrecht kollidieren.

Dies wäre aber nur dann der Fall, wenn das Haushaltsrecht den öffentlichen Partner dazu zwingen würde, die Vertragsvereinbarungen regelmäßig zu überprüfen. Denn die erstmalige Vergabe einer lebenslangen Konzession kann nur dann erfolgen, wenn sie zum Vergabezeitpunkt auf die Gesamtlaufzeit bezogen haushalterisch dem Sparsamkeitsgebot entspricht. Dies gilt sowohl in Bezug auf

583 Vgl. Pünder/Schellenberg: Fehling: § 97 GWB, Rn. 3; Reidt/Sticker/Gahls: Reidt, vor § 97 GWB, Rn. 2.

584 Vgl. Pünder/Schellenberg: Fehling: § 97 GWB, Rn. 3, 7ff..

mögliche Ausgaben und Belastungen für die öffentliche Hand (Bonus- und Anschubzahlungen beispielsweise) als auch für das Risiko, dass der öffentliche Partner für den Privaten wieder einspringen müsste.

Problematisch ist dabei, dass die NPPP-Vertragslaufzeit so lange bemessen ist, dass diese Einschätzung zum Vergabezeitpunkt kaum sicher getroffen werden kann. Es wäre daher erforderlich, ein umfangreiches Kontrollregime wahrzunehmen, um beurteilen zu können, ob während der Vertragslaufzeit wesentliche Veränderungen, auch im Hinblick auf die ursprünglich vorgenommene Wirtschaftlichkeitsbewertung, eingetroffen sind. Dies könnte dem Bundesrechnungshof übertragen werden. Dieser prüft jedoch nur stichprobenhaft die Gesamtausgaben des Bundes von ca. 540 Milliarden Euro.[585] Daher müsste ein zusätzlicher Prüfauftrag erteilt werden.

Die permanente Kontrolle der Einhaltung des Haushaltsrechts während der Lebenszyklus-Laufzeit würde einen erheblichen Prüfkosten-Aufwand erfordern, der sogar das Projekt unwirtschaftlich (jedenfalls für die öffentlichen Partner aufgrund der permanenten Überprüfungskosten) werden lassen könnte. Es stellt sich die Frage, welche Konsequenzen es hätte, wenn nach beispielsweise 35 Jahren die Erkenntnis aufgrund der Überprüfungen vorliegt, dass der Vertrag nicht mehr dem aktuellen Haushaltsgrundsatz entspräche, also ob dann ein Kündigungsgrund vorliegen würde, mit der Folge, dass eine erneute Vergabe erfolgt oder womöglich der öffentliche Partner die Aufgabe wieder selbst übernimmt, oder dies der Preis wäre, den die öffentliche Hand zu zahlen hätte, wenn eine lebenslange Konzession mit der Konsequenz vorliegen würde, dass eine Beendigung des NPPP-Vertrages wegen Verstoßes gegen das Haushaltsrecht wegen der ursprünglich erfolgten positiven Entscheidung nicht mehr möglich wäre.

Aufgrund des technischen Fortschritts in 35 Jahren können die Verträge anders und wirtschaftlicher erfüllt werden, sodass der öffentliche Partner selbst wieder tätig werden möchte oder ein Dritter wesentlich besser und/oder günstiger liefern könnte. Zu fragen ist, ob dies einen wichtigen Grund darstellen würde, der dazu berechtigen würde, ein solches Dauerschuldverhältnis wie den NPPP-Vertrag aus haushalterischen Gründen zu beenden.

Ein besonderer außergewöhnlicher Kündigungsgrund für den Fall, dass der Vertrag sich als unwirtschaftlich darstellen sollte, kann, sofern nicht ausdrücklich vereinbart, nur aus § 60 VwVfG abgeleitet werden. Dafür müssen sich aber die Verhältnisse seit Vertragsschluss so wesentlich geändert haben, dass einer Partei das Festhalten an dem Vertrag nicht mehr zugemutet werden kann. Der Nachweis der wesentlichen Änderung der Verhältnisse in Form der Unwirt-

585 Selbstbeschreibung Bundesrechnungshof, abzurufen unter http://bundesrechnungshof.de/wir-ueber-uns, abgerufen am 12.07.2013.

schaftlichkeit des Vertrages i. S. d. haushalterischen Vorschriften erfordert einen hohen Aufwand inklusive regelmäßiger Kontrollen und Überprüfungen, deren Erfolgsaussichten außerdem fraglich sind.

Genauso schwierig wäre es für den privaten Partner, die Unwirtschaftlichkeit des Vertrages aufgrund von wesentlichen Änderungen feststellen zu lassen. Grundsätzlich ist die wirtschaftliche Rentabilität eines Vertrages nicht Bezugspunkt für den Wegfall der Geschäftsgrundlage. Nur im Falle einer enormen Geldentwertung, wäre daran zu denken, nicht aber, wenn sich das Risiko verwirklicht, welches die Partei zu tragen hat.[586] Daher ist die Kündigung eines auf Lebenszeit geschlossenen Konzessionsvertrages nur schwer vorstellbar; es sei denn, eine solche Kündigungsklausel wäre schon in dem Ursprungsvertrag enthalten, und zwar verbunden mit durchzuführenden regelmäßigen und kostenauslösenden Kontrollen.

Dies dürfte für beide Partner so abschreckend sein, dass dies einer Projektverhinderung gleichkäme. Denn der Private würde das Projekt beenden, wenn es wirtschaftlich nicht mehr tragbar für ihn wäre, weil das Verkehrsmengenrisiko eingetreten wäre. Der öffentliche Partner würde den Vertrag beenden, wenn ein Dritter das Angebot günstiger erbringen könnte und damit ein Konflikt mit den Haushaltsvorschriften vorliegen könnte.

Um auf das Haushaltsrecht zurückzukommen, ist festzuhalten, dass das Haushaltsrecht grundsätzlich keine Beschränkung der Laufzeit festschreibt. In Anbetracht der überaus langen Bindungswirkung mit dem zu erwartenden technischen Fortschritt auf der einen Seite und dem Gebot des sparsamen Umgangs mit Ressourcen auf der anderen Seite, ist es notwendig, die maximale Vertragslaufzeit zu begrenzen.

Obschon es schwierig ist, eine Laufzeitbegrenzung vorzugeben, scheint es aufgrund der europäischen Dimension geboten, 30 Jahre nicht zu überschreiten, um ein Höchstmaß an Rechtssicherheit zu erreichen.[587]

b. Unbefristete Verträge mit Kündigungsrecht des Auftraggebers

Als Alternative zu den unbefristeten Verträgen und dem Optionsrecht des Privaten könnte ein Vertrag geschlossen werden, der unbefristet ist, aber zugunsten

586 Siehe beispielhaft Palandt: Grüneberg, § 313, Rn. 19, auch wenn über § 60 VwVfG die Anwendung des BGB ausgeschlossen ist, werden die dort genannten Fallgruppen auch für öffentlich rechtliche Verträge Indizwirkung haben.

587 In der weltweiten Praxis scheint es dagegen so zu sein, dass Konzessionslaufzeiten bei Mautprojekten (A-und F-Modell) zwischen 30 und 50 Jahren liegen, sogar bei 99 Jahren, sodass die Rechtsunsicherheit in der Praxis offensichtlich nicht so groß zu sein scheint; siehe Schönwasser, S. 4, in Verfügbarkeitsmodelle im Straßenverkehr.

des öffentlichen Partners ein einseitiges Kündigungsrecht enthält, welches er frühestens nach 20 Jahren ausüben darf. Damit private Interessenten nicht abgeschreckt werden, müsste genau festgelegt werden, unter welchen Umständen der Vertrag gekündigt werden dürfte. Der Vorteil wäre, dass der öffentliche Partner festschreiben könnte, unter welchen Umständen eine Neuausschreibung erfolgen müsste, damit er die Grundsätze der Wirtschaftlichkeit und Sparsamkeit auch zukünftig und unter sich verändernden Umständen einhalten kann.

Der Vorteil des Privaten läge darin, dass er vorher weiß, ob, unter welchen Umständen und wann ggf. eine Kündigung erfolgen kann. Daher dürfte auf der einen Seite das Risiko für den Privaten überschaubar sein, dass nach 20 Jahren, falls sich das Projekt noch nicht refinanziert hätte, tatsächlich eine Kündigung durch den öffentlichen Auftraggeber erfolgen könnte. Auf der anderen Seite ist es für den öffentlichen Partner so einfacher, auch bei langjährigen Verpflichtungen mit dem Haushaltsrecht in Einklang zu bleiben bzw. Abhilfe zu schaffen.

Vergaberechtlich wäre eine solche Konstruktion nicht zu beanstanden. Bei vorhandenem Bedarf ist gegen eine lange Konzessionslaufzeit nichts einzuwenden, wenn die ursprüngliche Vergabe ordnungsgemäß durchgeführt wurde, (einzig die Gefahr der Unwirksamkeit steigt nach mehr als 30 Jahren Laufzeit).

Für den Fall, dass bei *bestimmter* Laufzeit eine Kündigung des Vertrages durch den Auftraggeber unterbleibt, wird angenommen, dass kein neues Vergabeverfahren durchgeführt werden muss, da einzig der ursprünglich aufgrund zwei korrespondierender Willenserklärungen zustande gekommene Vertrag durch die Entscheidung des Auftraggebers, keine neue wirksame Willenserklärung durch Kündigung zu treffen, fortgesetzt wird.[588]

Wenn nun bei *unbestimmter* Laufzeit die Kündigung ggf. nur unterbleibt, folgt daraus, dass dann die ursprüngliche Willenserklärung bestehen bleibt. Soll eine Kündigung erfolgen, liegt eine neue Willenserklärung vor. Wenn der öffentliche Partner dann einen Dritten beauftragen möchte, wird wieder ein reguläres Vergabeverfahren durchzuführen sein, da ein neuer Bedarf vorliegt. Bis dahin gilt, dass bei entsprechendem Bedarf eine lebenslange Konzession in einem ordnungsgemäßen Ausschreibungsverfahren möglich ist.

Haushalterisch ist diese Lösung auch positiv zu bewerten. Denn je nach Ausgestaltung des Vertrages kann der öffentliche Partner das Kündigungsrecht für ihn so einrichten, dass dieses nach den 20 Jahren dann ausgeübt werden könnte, wenn eine längere Konzessionslaufzeit den öffentlichen Partner in Konflikt mit den Grundsätzen der Wirtschaftlichkeit und Sparsamkeit bringen würde. Gleichzeitig muss im Sinne des privaten Partners vertraglich festgelegt werden, dass der öffentliche Partner nur aus genau festgelegten, definierten Gründen

588 OLG Celle, NZBau 2002, S. 53 [53/54]; Scharen, NZBau 2009, S. 679 [684].

kündigen darf und dass eine Kündigung dann ausgeschlossen ist, wenn z. B. die berechnete und vorausgesetzte Verkehrsmenge bisher noch nicht erreicht wurde.

3. Bewertung

Nach dem oben Ausgeführten ist eine variable Laufzeitgestaltung des NPPP-Vertrages zu bevorzugen.

Diese Variante mit einem Optionsrecht aufseiten des privaten Partners optimiert die Vertragsgestaltung zwischen öffentlichem und privatem Partner am besten, bei gleichzeitiger Rücksichtnahme auf die jeweiligen Verpflichtungen des anderen.

Durch die Option wird sichergestellt, dass der private Partner nicht insolvent wird, sich refinanzieren und damit die Leistungen erfüllen kann, weil ihm durch die optionale Laufzeitverlängerung die Möglichkeit geboten wird, seine Einnahmen zu steigern. Durch die dadurch mögliche, gleichbleibend gute Qualität der Leistungserfüllung und Bonität des privaten Investors verringert sich die Gefahr für den öffentlichen Partner, aufgrund seiner Gewährleistungsverpflichtung „einspringen" zu müssen. Diese Vertragsgestaltung erscheint für den öffentlichen Partner zur Vermeidung einer neuen Ausschreibung oder der erzwungenen Selbstübernahme der Aufgabe bei Insolvenz des privaten Partners als die beste Variante.

Außerdem erhöht sich die Rechtssicherheit im Vergleich zur Lebenszeitvergabe, sodass der öffentliche Partner nicht plötzlich ohne Vertragspartner dasteht oder Klageverfahren unterlegener Ausschreibungsbewerber fürchten muss, die einen auf Lebenszeit geschlossenen Vertrag wegen vermeintlicher Wettbewerbswidrigkeit anfechten. Das hätte zur Folge, dass ein neues Vergabeverfahren erfolgen muss, was Kosten verursacht und Ressourcen des öffentlichen Partners bindet und die Wirtschaftlichkeit des Projekts insgesamt für den öffentlichen Partner im Hinblick auf den ursprünglich durchzuführenden Wirtschaftlichkeitsvergleich gefährdet.

Daher kann das Dilemma des öffentlichen Partners, möglichst die Risiken auf den privaten Partner zu übertragen bei gleichzeitiger guter und langfristiger Aufgabenerfüllung am besten gelöst werden, indem ein langjähriger Vertrag mit Optionsrecht abgeschlossen wird, der gleichzeitig das Verkehrsmengenrisiko für den privaten Partner verringert. Durch die Optionsvereinbarung wird damit dem partnerschaftlichen Charakter des PPP-Vertrages mit einer Win-Win-Möglichkeit am besten Rechnung getragen und wäre damit auch übertragbar auf andere Bereiche der NPPP, sofern ähnliche Probleme bzgl. der Nutzerströme bestehen (Schwimmbad).

IV. Ausgleichsklausel

Um die Konzessionslaufzeit nicht verlängern zu müssen, wenn die Refinanzierung aufgrund fehlender Verkehrsmengen fehlschlägt, könnten die Partner eine Ausgleichsklausel im Vertrag vereinbaren. Durch eine Ausgleichsklausel müsste dem privaten Partner am Ende Vertragslaufzeit der fehlende Betrag einer vollständigen Refinanzierung ersetzt werden, damit das Projekt zumindest mit einer schwarzen Null abzuschließen wäre. Damit würde für mittelständische Unternehmen ein Anreiz geschaffen, sich am Bieterverfahren für weitere Projekte zu beteiligen.

Rechtlich scheint die Vereinbarung einer solchen Klausel möglich zu sein. Allerdings wäre dabei zu beachten, dass eine Ausgleichsverpflichtung haushalterisch bei Abschluss des PPP-Vertrages durch eine Verpflichtungsermächtigung abgesichert werden muss.

Das FStrPrivFinG steht zunähst nicht entgegen und enthält als einziges Gesetz dazu Hinweise. Eine konkrete Ausgleichszahlung wurde jedoch nicht geregelt. Denn § 3 Abs. 3 FStrPrivFinG befasst sich zwar mit der Mauthöhe und den berücksichtigungsfähigen Kosten. Dazu zählen auch die Anschaffungs- und Herstellungskosten; diese fließen in die Berechnung der Mauthöhe ein, da sie als kalkulatorische Kosten Berücksichtigung finden.[589] Nun regelt aber § 3 Abs. 3 S. 8 FStrPrivFinG, dass die Anschaffungs- und Herstellungskosten um die Beträge zu reduzieren sind, die der private Partner als Anschubfinanzierung oder als sonstige Fördermittel durch den öffentlichen Partner erhalten hat.

Es spräche zunächst nichts gegen die Vereinbarung einer Ausgleichszahlung am Ende der Vertragslaufzeit, die der Gesetzgeber möglicherweise nicht berücksichtigt hat und diese Möglichkeit zur Verhandlungssache machen wollte, sofern kein Festpreis i. S. v. § 3 Abs. 5 S.2 FStrPrivFinG vorliegt.

Obwohl § 3 Abs. 3 FStrPrivFinG daher eine Ausgleichszahlung nicht regelt und diese damit scheinbar in den Bereich der privaten Vertragsverhandlung gelegt wurde, kann dies nicht gelten. Denn Sinn und Zweck des F-Modells ist eine Infrastrukturfinanzierung außerhalb des Haushalts, verbunden mit einer Risikoverlagerung auf den privaten Partner im Rahmen der von ihm zu erfüllenden Leistungen.[590] Dazu gehört, dass eine Refinanzierung über die privaten Nutzer erfolgt. Das würde mit einer fest vereinbarten Ausgleichszahlung am Ende der Konzessionslaufzeit ins Gegenteil verkehrt. In § 3 Abs. 3 FStrPrivFinG ist geregelt, welche Kosten in die Berechnung zur Mauthöhe einfließen können. Eine Ausgleichszahlung ist nicht erwähnt, stattdessen wurden eine Anschubfinanzie-

589 § 3 Abs. 3 S. 2 FStrPrivFinG.

590 Vgl. BT-Drs. 12/6884, S. 5.

rung und Fördergelder berücksichtigt, die die Anschaffungs- und Herstellungskosten senken und damit die Mauthöhe, geknüpft an die Anschaffungs- und Herstellungskosten, reduzieren.

Würde nun eine Ausgleichszahlung am Ende erfolgen, wären die Mautzahlungen während der Konzessionszeit noch zu hoch ausgefallen, da eine ähnliche Berücksichtigung wie bei der Anschubfinanzierung oder der Fördergelder hätte erfolgen müssen. Es hätte eine Verrechnung stattfinden müssen, sodass die Mauthöhe hätte geringer sein müssen, da der private Partner nutzerunabhänige Gelder in Form der Anschubfinanzierung, der Fördergelder und der Ausgleichszahlung erhalten hätte. Wenn nun einerseits der Gesetzgeber die entsprechende Verrechnung so ausführlich regelt, inklusive der Mauthöhenreduzierung, kann daraus nicht geschlossen werden, dass Ausgleichszahlungen möglich wären. Vielmehr muss erst recht daraus geschlossen werden, dass die aufgelisteten Zahlungen und Förderungen abschließend sind, da sich sonst, im Nachhinein, die Mauthöhe wieder ändern müsste. Ausgleichszahlungen waren nicht gewollt und wurden daher auch nicht aufgenommen.

Auch § 3 Abs. 5 FStrPrivFinG ist nicht in dieser Hinsicht auszulegen. Denn Kostenunter- und -überdeckungen sind zwar auszugleichen, nicht aber am Ende der Laufzeit durch eine Einmalzahlung, sondern durch Anpassungen der Mauthöhe während der Laufzeit.[591]

Eine Ausgleichsklausel ist weder möglich noch opportun i. S. d. (N)PPP-Gedankens und der Risikoverteilung, dies gilt auch für das A-Modell und weitere NPPP-Verfahren. Darüber hinaus nähme eine Ausgleichszahlung am Ende dem Projekt das wirtschaftliche Risiko für den Privaten, sodass es sich um eine Subvention handeln würde, die einerseits zu genehmigen wäre, andererseits gar nicht dem Sinn einer haushaltsfernen Finanzierung entsprechen würde.

V. Verkehrsmengengarantie

Anstelle einer Ausgleichszahlung könnte wegen der risikobehafteten Verkehrsmengenberechnung die Übernahme einer Mindestverkehrsmengengarantie überlegt werden. Der öffentliche Partner garantiert eine bestimmte Verkehrsmenge, auf deren Basis die Angebote der privaten Partner erfolgen. Allerdings führt eine Garantie dazu, dass der private Partner leichter die Regresstatbestände beziffern und durchsetzen könnte.

Zumindest das FStrPrivFinG scheint einer solchen Garantieübernahme nicht entgegenzustehen, da ein solcher Fall dort nicht geregelt ist, sondern nur in § 3

591 Vgl. BT-Drs. 12/6884, S. 11.

FStrPrivFinG allgemein auf die Maut, deren Höhe, Art und Erhebung Bezug genommen wird. Das A-Modell kann nur auf allgemeine Regeln und Grundsätze, also auch auf das FStrPrivFinG abstellen.

In § 3 Abs. 2 FStrPrivFinG wird daher auf Anschubfinanzierung und sonstige öffentliche Fördermittel Bezug genommen, die bei der Berechnung der Mauthöhe außer Betracht bleiben müssen.

Es fragt sich, ob daher mit „öffentlichen Fördermitteln", die bei der Mautbemessung von den Kosten abgezogen werden müssen, auch Garantieübernahmen und damit verbundene Zahlungen gemeint sein können. Die Gesetzesbegründung schweigt dazu.[592]

Unter öffentlichen Fördermitteln werden gem. § 23 BHO Subventionen verstanden, die dazu dienen, einen im staatlichen Sinne liegenden Zweck zu fördern. Dies wird durch Geldzahlung, Vergünstigungen oder Bürgschaften, ggf. auch Garantien, erreicht, wobei gegebene Garantien im staatsschuldenrechtlichen Sinne eine parlamentarische Ermächtigung benötigen.[593]

Dies könnte dafür sprechen, dass eine solche Garantieübernahme eine der Möglichkeiten wäre, um das Verkehrsmengenrisiko zu eliminieren. Mit der Übernahme von Garantieübernahmen, verbunden mit der vereinfachten Inregressnahme des öffentlichen Partners bei Ausbleiben der garantierten Verkehre, wird der Absicht des Gesetzgebers nicht entsprochen, haushaltswirksame Belastungen zu vermeiden.[594] Gem. Art. 115 Abs. 1 GG müssen Garantien, die zu einer Zahlungsverpflichtung führen können, durch Bundesgesetz genehmigt werden. Damit wird das Ziel, eine Infrastrukturfinanzierung außerhalb des Haushalts zu erreichen, konterkariert, da eine solche Garantie defizitwirksam i. S. v. Art. 115 GG ist. Daher können die öffentlichen Fördermittel i. S. v. § 3 Abs. 3 FStrPrivFinG nur als Mittel zur Verbesserung der Infrastruktur gemeint sein, nicht aber als solche, die konkret für die Abfederung und Verschiebung des Verkehrsmengenrisikos eingesetzt werden. So würde das Verkehrsmengenrisiko vollständig auf den öffentlichen Partner übertragen, was einer Nutzerfinanzierung nicht entspricht. Eine Verkehrsmengengarantie ist abzulehnen.

592 BT-Drs. 14/8447.

593 Vgl. Epping/Hillgruber: Reimer, Art. 115, Rn. 19, 21a.

594 BT-Drs. 12/6884, S. 5.; BT-Drs. 15/5668, S. 1.

VI. Einheitsmaut

Ein NPPP-Modell mit Einheitsmaut sieht vor, dass der private Partner eine durchschnittlich gewichtete Maut pro LKW/Nutzung erhält, die sich an den Mautklassen insgesamt orientiert.[595]

Der Vorteil liegt darin, dass sie der politischen Einschlussnahme entzogen ist und nicht davon abhängt, ob man durch Be- oder Entlastung, auf Fahrzeugklassen bzw. Emissionswerte politisch lenkend einwirken möchte. Es liegen diesbezüglich keine rechtlichen Hindernisse für ihre Einführung vor; es obliegt einzig der Vereinbarung der Vertragsparteien. Einfluss auf die Verkehrsmengenproblematik hat es nicht, wenn Einheitspreise bei NPPP-Modellen vereinbart werden.

VII. (Mindest-)Barwertmodell

Die Mindestbarwertvergabe stellt in ihrem Kern eine variable Laufzeit dar, deren Variabilität auf den privaten Partner zugeschnitten ist, um das von ihm zu tragende Verkehrsmengenrisiko zu mindern.

Der NPPP-Vertrag läuft so lange, bis der vorher vertraglich festgelegte monetäre Barwert durch die Nutzerzahlungen abgegolten ist.[596] Unter dem (Mindest-)Barwert versteht man dann den Wert, der mindestens auf der Strecke erzielt werden soll.[597] Wenn dieser Wert innerhalb der regulären Vertragslaufzeit nicht erreicht wurde, dann verlängert diese sich automatisch.

Die Variabilität sieht aber nur vor, dass eine Verlängerung über die reguläre Vertragszeit hinaus möglich ist. Wenn der Barwert bereits vor der beispielswei-

---

595 Vgl. „Evaluierung der Pilotprojekte des A-Modells, Zwischenbericht der Abteilung Straßenbau / Straßenverkehr in Zusammenarbeit mit der VIFG (Stand: 25. Januar 2008), S. 26/27, abzurufen unter http://www.vifg.de/_downloads/service/informationen-zu-modellen-und-projekten/2008-Evaluierung-A-Modell-Zwischenbericht.pdf, abgerufen am 12.07.2013.

596 „Evaluierung der Pilotprojekte des A-Modells, Zwischenbericht der Abteilung Straßenbau / Straßenverkehr in Zusammenarbeit mit der VIFG (Stand: 25. Januar 2008), S. 27, abzurufen unter http://www.vifg.de/_downloads/service/informationen-zu-modellen-und-projekten/2008-Evaluierung-A-Modell-Zwischenbericht.pdf, abgerufen am 12.07.2013.

597 Vgl. „Evaluierung der Pilotprojekte des A-Modells, Zwischenbericht der Abteilung Straßenbau / Straßenverkehr in Zusammenarbeit mit der VIFG (Stand: 25. Januar 2008), S. 27, abzurufen unter http://www.vifg.de/_downloads/service/informationen-zu-modellen-und-projekten/2008-Evaluierung-A-Modell-Zwischenbericht.pdf, abgerufen am 12.07.2013.

se 20-jährigen Laufzeit erreicht wird, endet die Konzession trotzdem erst zum regulären Vertragsende.

Die mögliche Vertragsverlängerung ist, anders als bei der Option, von keinerlei Willensäußerung o. ä. des Privaten abhängig. Sie geschieht automatisch, wenn zum Ende der regulären Vertragslaufzeit die Mindestbarwertsumme nicht erreicht wurde.

1. Vergaberecht

Die Mindestbarwertvereinbarung im oben genannten Sinne im NPPP-Vertrag ist daher vergaberechtlich zu untersuchen.

Anknüpfungspunkt für die vergaberechtliche Ausschreibung i. S. v. §§97 ff. GWB ist, dass das Beschaffungsverhalten des öffentlichen Partners reguliert und eine wettbewerbliche Vergabe installiert werden soll .[598] Daher muss grundsätzlich jede erhebliche Vertragsverlängerung nach den allgemeinen vergaberechtlichen Vorschriften bewertet werden, sodass ein neues Vergabeverfahren notwendig sein könnte, wenn der Vertrag sich automatisch verlängert.[599] Denn eine Vertragsverlängerung macht die Durchführung eines neuen Vergabeverfahrens jedenfalls dann notwendig, wenn der Auftragsgegenstand in erheblicher Weise geändert wird.[600] Der Anknüpfungspunkt für die Anwendung der §§ 97ff. GWB ist, dass der öffentliche Partner einen Beschaffungsbedarf hat, den er reguliert und unter wettbewerblicher Vergabe stillt.[601]

Dieser Beschaffungsbedarf wird in der ursprünglichen, ersten Ausschreibung nach außen kommuniziert, indem ein Partner für das NPPP-Projekt, beispielsweise für die Herstellung und den Betrieb eines Tunnelbauwerks, gesucht wird.

Wie oben schon erwähnt, besteht der Bedarf aufgrund der langen Lebensdauer von Infrastrukturprojekten, aber auch bei der Daseinsvorsorge über Jahrzehnte seit der ursprünglichen Ausschreibung fort. Daher wirkt der Bedarf auch fort, wenn der Barwert erreicht wurde, selbst wenn der Vertrag auf „nur" 20 Jahre geschlossen wurde. Wenn daher auf der einen Seite der Bedarf des öffentlichen Partners über die reguläre Vertragslaufzeit hinausgeht, auf der anderen Seite das Barwertmodell in der ursprünglichen Ausschreibung mit erfasst ist, was dementsprechend notwendig ist, liegt bei der Fortsetzung des Vertrages keine neue vergaberechtliche Bedarfsentscheidung des öffentlichen Partners vor, auch

598 Pünder/ Schellenberg: Fehling, § 97 GWB, Rn. 1.

599 Loewenheim/Meessen/Riesenkampff: Bungenberg, § 99 GWB, Rn. 35.

600 Loewenheim/Meessen/Riesenkampff: Bungenberg, § 99 GWB, Rn. 36.

601 Scharen, NZBau 2009, S. 679 [681].

deshalb nicht, weil für die Fortdauer des Vertrages keine neue Willensentscheidung des öffentlichen Partners vorliegt. Dies ist vergleichbar mit dem Nichtkündigen eines Vertrages, was auch keinen neuen vergaberechtlichen Vorgang darstellt, da kein neuer Vertragsschluss vorliegt und die beiden ursprünglichen Willenserklärungen, die vergabewirksam waren, fortwirken.[602] Daher muss bei einem Weiterlaufen des Vertrages kein neues Ausschreibungsverfahren stattfinden.

Anders wäre es nur dann, wenn die Fortsetzung des Vertrages bis zum Erreichen der Mindestbarwertsumme eine wesentliche Vertragsveränderung darstellen würde. Dies kann aber dann nicht gelten, wenn in der ursprünglichen Ausschreibung diese Variante mit ausgeschrieben wurde. Daher liegt keine wesentliche Vertragsänderung vor.

Nur die Gesamtlaufzeit ist vergabe- bzw. wettbewerbsrechtlich zu beachten. Denn theoretisch läuft die Konzession bei einer (Mindest-)Barwertvergabe so lange, bis dieser vorher festgelegte Wert erreicht wird. Bis zum Erreichen dieses Wertes wird sämtlicher Wettbewerb ausgeschlossen. Eine solch lange (fast unbegrenzte) Laufzeit stößt auf erhebliche rechtliche Bedenken, sodass das Mindestbarwertmodell auf eine Maximallaufzeit begrenzt werden sollte.

2. Haushalterische Bewertung

Staatsschuldenrechtlich ist das Mindestbarwertmodell als neutral zu bewerten.

Der öffentliche Partner geht keine Zahlungsverpflichtungen o. ä. ein, sodass staatschuldenrechtliche Bedenken nicht bestehen. Unter haushalterischen Gesichtspunkten ist zu beachten, dass die Mindestbarwertvergabe dem Zweck dient, das Verkehrsmengenrisiko für den Privaten aufgrund einer sicheren Kalkulationsbasis in Form von Mindesteinnahmen abzusichern. Damit wird das Verkehrsmengenrisiko für ihn entschärft, bedeutet aber, dass der öffentliche Partner einen Vertrag schließt, der sich unkalkulierbar lange hinziehen kann. Denn der Beendigungszeitpunkt ist unbestimmt. Gleichzeitig ist der Rückgabezustand z. B. einer Straße zum Zeitpunkt des Vertragsschlusses schwer vorhersehbar und vertraglich schwer darstellbar. Weil der private Partner das Risiko der Nutzermenge nicht tragen kann/will, muss die Frage der Vereinbarkeit mit den in § 7 BHO und § 6 HGrG normierten Grundsätzen erörtert werden.

Danach sind die Ziele der Haushaltsführung auf möglichst sparsamem, aber effektivem Weg zu erreichen. Da es sich bei den NPPP-Modellen um öffentliche bzw. Staatsaufgaben handelt, muss das (Mindest-)Barwertmodell diese Aufga-

---

602 OLG Celle, NZBau 2002, S. 53 [53/54]; Loewenheim/Meessen/Riesenkampff: Bungenberg, § 99 GWB, Rn. 39.

ben auf wirtschaftliche, sparsame und effektive Weise für den öffentlichen Partner erledigen.

Fraglich wäre, wie es zu begründen ist, dass der öffentliche Partner zugunsten des Barwertes darauf verzichtet, konkrete Vertragslaufzeiten vorab verbindlich festzulegen und sich des rechtlichen Risikos aussetzt, dass ein unbestimmtes Vertragsende möglicherweise unzulässig sein könnte.

Diese Risiken sind unter Haushaltsgesichtspunkten nur dann zulässig, wenn sie wirtschaftlich sind, also eine günstige Zweck-Mittel-Relation vorliegt i.S.v. § 7 Nr. 1. VV-BHO, das eingegangene Risiko muss zum möglichen Erfolg und Ergebnis verhältnismäßig sein.

Die Vorteile des Barwertmodells bestehen darin, dass auf der einen Seite das Verkehrsmengenrisiko abgeschwächt wird, auf der anderen Seite auch das politische Risiko minimiert wird.[603] Beide Risiken werden von den privaten Partnern der Praxis als erheblich und als Hemmnis für weitere Infrastrukturprojekte, vor allem nach dem F-Modell, angesehen.[604]

Daher scheint das Barwertmodell auch aus haushalterischer Sicht begrüßt werden zu können, da der private Investor gestärkt und Hemmnisse für Nutzerfinanzierungsprojekte abgebaut würden.

Die Risiken für die öffentliche Hand liegen aber darin, dass der Vertrag schlecht kalkulierbar lange läuft, mit der Folge, dass der öffentliche Partner vom Vertragsende überrascht würde und eine neue Weitervergabe nicht schnell genug organisiert werden könnte, sodass keine ordnungsgemäße Ausschreibung und kein Vertragsschluss mit dem wirtschaftlichsten Bieter erfolgen könnte, oder der Vertragsschluss würde als unzulässig gewertet mit der Folge, dass in der Realisierungsphase des Projekts eine neue Ausschreibung erfolgen müsste, während unklar bliebe, wer die Kosten der Zwischenzeit, Verzögerung und Neuausschreibung trüge.

---

603 Stellungnahme der Verbände zum A-Modell, abzurufen unter htt http://www.vifg.de/_downloads/service/informationen-zu-modellen-und-projekten/080515-Evaluierung-A-Modell-Vorstellung-Zwischenbericht.pdf, S. 3ff., abgerufen am 12.07.2013.

604 Stellungnahme der Verbände zum A-Modell, abzurufen unter htt http://www.vifg.de/_downloads/service/informationen-zu-modellen-und-projekten/080515-Evaluierung-A-Modell-Vorstellung-Zwischenbericht.pdf, S. 3ff., abgerufen am 12.07.2013; Stellungnahme der Verbände zum F-Modell, abzurufen unter http://www.vifg.de/_downloads/service/071220_Sachstand_F-Modell_zweite_Vorstel lung_oeff.pdf, S. 26, abgerufen am 12.07.2013; sowie Sachstandsbericht F-Modell des Bundesministeriums für Verkehr, Bau und Stadtentwicklung, abzurufen unter http://www.vifg.de/_downloads/service/2007_Sachstand_F-Modell_Langfassung.pdf, abgerufen am 12.07.2013.

Diese zusätzlichen Belastungen sind nur dann gerechtfertigt und wirtschaftlich i. S. v. § 7 BHO, wenn es sonst keine Möglichkeit der Schaffung solcher Infrastruktur gäbe.

Dafür ist wieder auf die oben schon benannte Kritik der privaten Partner Bezug zu nehmen. Würden keine Veränderungen und Verbesserungen vorgenommen, würden voraussichtlich die Teilnehmerzahlen an Ausschreibungswettbewerben zurückgehen. Im Bereich des F-Modells gibt es schon jetzt keine Projekte mehr.

Eine haushalterische Bewertung erübrigt sich aber dann, wenn für die Einführung weder eine gesetzliche Grundlage vorliegt noch durch Auslegung ermittelt werden kann im Rahmen des Fernstraßenbauprivatfinanzierungsgesetzes als einzig geregeltem NPPP-Gesetz.

Nach § 1 Abs. 1 FStrPrivFinG „können Private Aufgaben des Neu- und Ausbaus von Bundesfernstraßen auf der Grundlage einer Mautfinanzierung wahrnehmen". Nach § 2 Abs. 1 können sie dazu „insbesondere mit dem Recht zur Erhebung einer Mautgebühr" beliehen werden. Daraus folgt, dass die Mautfinanzierung die Grundlage bildet.

Allerdings definiert das Barwertmodell nur den Zeitraum, in welchem die Refinanzierung erfolgen kann. Denn Grundlage des nutzerfinanzierten Barwertmodells ist die Refinanzierung über Nutzer, sodass es bei der Grundlage der Mautfinanzierung bleibt und das Barwertmodell auch beim F-Modell möglich ist.

a. Vorteile des (Mindest-)Barwertmodells

Durch dieses Modell wird das „Verkehrs"mengenrisiko komplett ausgeblendet bei gleichzeitiger Beibehaltung des Nutzerfinanzierungsmodells, da die Mauterhebung beibehalten wird. Es handelt sich auch nicht um ein neues Modell, sondern lediglich um eine Ausgestaltung der Vertragslaufzeit bei einem „herkömmlichen" Nutzerfinanzierungsmodell. Ein weiterer Vorteil ist auch, dass das politische Risiko hinsichtlich Mauthöhe, Klassifizierungen usw. ausgeschaltet wird, da die Veränderungen nur Auswirkungen auf die Vertragslaufzeit haben.

Für den öffentlichen Partner besteht der Vorteil darin, dass die Hemmnisse für den privaten Partner zum Vertragsabschluss abgebaut werden und sich dadurch ein größerer Wettbewerb bei der Ausschreibung neuer Projekte oder der Weitervergabe des Projektes ergibt.

b. Nachteile

Nachteilig am (Mindest-)Barwert ist, dass das rechtliche Risiko steigt, da der Vertrag unkalkulierbar lange laufen kann. Dies führt auch dazu, dass es schwerer sein wird, Anschlussverträge abzuschließen, da der Alt-Vertrag, je nachdem wie „plötzlich“ dieser ausläuft, die Vorlaufzeit für eine neue Ausschreibung und einen neuen Anbieter zu kurz sein könnte. Denn nach diesem Modell soll der PPP-Vertrag so lange bestehen, bis der vorher bestimmte Barwert erreicht ist.

Ein weiterer Nachteil ist die Ermittlung und Festlegung des Barwertes. Dem liegen natürlich einerseits die Bau- und Betriebskosten zugrunde. Andererseits stellt sich die Frage, ob der Barwert nur die Deckung dieser Summen garantieren soll oder ob zum Barwert schon ein Gewinn des privaten Partners gehört. Um die Einhaltung des Barwertes zu kontrollieren und für eine Anschlussvergabe auch das Vertragsende abschätzen zu können, müssen durch den privaten Betreiber umfangreiche Informationspflichten erfüllt werden, die durch den öffentlichen Partner auch kontrolliert werden müssen. Der Verwaltungsaufwand steigt.

Trotzdem gelten auch bei diesem Modell die schon unter dem Stichwort „variable Laufzeit“ diskutierten Vor- und Nachteile, z. B. das Problem der Benennung der geforderten Qualitätsstandards bei Rückgabe des Bauwerks und einer unbestimmten Vertragslaufzeit.[605]

c. Ergebnis

Trotz der benannten Nachteile kann davon ausgegangen werden, dass auch diese Refinanzierungsvariante mit dem Haushaltsrecht vereinbar ist.

Denn letztendlich kann dieses Modell nur als Ergänzung zur „Maut“- oder „Schatten“maut herangezogen werden. Das bedeutet, dass dies an der ursprünglichen Einschätzung, nämlich dass durch die Nutzervergütung haushaltsfern öffentliche und Staatsaufgaben erledigt werden, oft dazu schneller und in besserer Qualität,[606] nichts ändert. Die aufgeführten Nachteile wirken dagegen nicht so stark, da das Modell letztendlich dazu dient, die schnellere und bessere Umsetzung zu garantieren, indem die Rahmenbedingungen verbessert werden. Denn die Erfahrung zeigt, dass die Verkehrsmengen, von denen die Vergütung abhängt, schwer zu bestimmen sind. Daher schafft diese Variante bessere Sicherheit und Kalkulierbarkeit im Hinblick auf Wettbewerb und Zuverlässigkeit (hinsichtlich einer Insolvenz des Privaten), sodass das gesetzgeberische Ziel, die Sicherung der guten und schnellen Erfüllung öffentlicher Aufgaben, erreicht wird.

---

605 Treffen zur Vorstellung des Sachstandsbericht F-Modell des Bundesministeriums für Verkehr, Bau und Stadtentwicklung, abzurufen unter http://www.vifg.de/_downloads/service/071220_Sachstand_F-Modell_zweite_Vorstellung_oeff.pdf, S. 37, abgerufen am 12.07.2013.

606 BT-Drs. 15/5668, S. 1.

Dahinter treten die möglichen Nachteile zurück, wenn eine Laufzeitbegrenzung auf 30 Jahre festgelegt wird.

3. Einführung des Barwertmodells in andere NPPP-Bereiche

Es ist zu prüfen, ob sonstige rechtliche oder andere Hindernisse für die Einführung bei den benannten „klassischen" Einsatzgebieten für NPPP bestehen. Denn im Gegensatz zu den bisher erörterten Varianten und Veränderungen geht mit dem Mindestbarwertmodell eine Modellveränderung ähnlich wie bei der Einführung von Verfügbarkeitselementen einher, sodass die Kompatibilität mit anderen NPPP-Anwendungsgebieten zu prüfen ist.

a. Verkehrsinfrastruktur

Für Infrastrukturmaßnahmen ist ein Barwertmodell besonders geeignet, wie die obigen Ausführungen zeigen. Art. 74 Abs. 1 Nr. 22 GG befähigt den Bund zum Erlass von Vorschriften über „die Erhebung und Verteilung von Gebühren oder Entgelten für die Benutzung öffentlicher Straßen mit Fahrzeugen"[607].

Eine Ausgestaltung, wie die Erhebung auszusehen hat, ist nicht umfasst.

Aus dem Wortlaut kann nur geschlussfolgert werden, dass eine benutzungsabhängige Gebühr oder ein Entgelt vorliegen muss, also ein nutzerbezogener Obolus. Dies wäre der Fall, sodass auch ein Mindestbarwertverfahren eingeführt werden kann.

b. Schwimmbad

Hat die Gemeinde ein Schwimmbad oder will eines errichten, um dann den Betrieb des Schwimmbades auf den privaten Partner zu übertragen, werden von den Benutzern, ähnlich wie bei dem A- und F-Modell, Nutzungsgelder verlangt. Gem. Art. 28 Abs. 2 S. 3 GG obliegt die Ausgestaltung der Vergütung der Gemeinde. Dabei muss die Gemeinde die in dem Stabilitätsgesetz und Haushaltsgrundsätzegesetz festgelegten Wirtschafts- und Haushaltsgrundsätze beachten,[608] wozu auch die Grundsätze der Wirtschaftlichkeit und Sparsamkeit zählen.[609]

Wenn nun das Barwertmodell auf Basis einer direkten Maut oder einer Schattenmaut eingeführt wird, gelten auch die oben schon benannten Nachteile für die Gemeinde, nämlich die Unsicherheit bzgl. des tatsächlichen Vertragsendes und der Rechtssicherheit des abgeschlossenen Vertrages. Dagegen stehen

607 Epping/Hillgruber: Seiler, Art. 74, Rn. 85.

608 Gern, S. 415.

609 Gern, S. 416.

die Vorteile, welche die Gemeinde durch das Barwertmodell für einen privaten Betreiber schafft.

Viele kommunale Bäder sind wegen zu geringer Besucherzahlen defizitär oder nach anhaltenden Verlusten schon geschlossen. In dieser Situation ist es für eine Kommune schwer, Interessenten für den Ausbau, die Renovierung und den Weiterbetrieb dieser Bäder zu finden, aber der weitere Eigenbetrieb oft zu teuer ist. In der Praxis müssen die Kommunen den Eigenbetrieb häufig subventionieren.

Das Barwertverfahren kann eine Ergänzung für die Schaffung von mehr Attraktivität bei der Vergabe des Betriebes eines Schwimmbades sein. Denn die fehlende „Verkehrsmenge", also Besucherzahlen, oft gekoppelt mit aus sozialen Gründen niedrigen Eintrittspreisen, schreckt Investoren ab, sodass das Barwertmodell dazu führen kann, dass das Schwimmbad von einem privaten Partner betrieben wird, ohne dass die Gemeinde überhaupt Zuschüsse leisten müsste. Es stellt sich nicht das Problem der Vereinbarkeit mit den Wirtschaftlichkeitsgrundsätzen, sodass im Einzelfall eine solche Gestaltung eine sinnvolle Möglichkeit sein kann.

c. Hochbau

Das Mindestbarwertmodell bleibt ein nutzerfinanziertes Modell, welches für den Hochbau nicht geeignet ist.

d. Wasserver- und -entsorgung sowie Abfallbeseitigung

Eine Implementierung im Rahmen der Wasserver- und -entsorgung wäre schwierig.

Durch die Ermittlung der anteiligen Kosten für die Herstellung und den Betrieb müsste der Barwert festgestellt werden.

Der Barwert müsste zunächst so ermittelt werden, dass die Kosten für die anteilige Herstellung und den Betrieb ermittelt würden. Hinzuzurechnen wäre der Wasserpreis, da im Gegensatz zu Infrastrukturprojekten zusätzlich noch ein Gut „verkauft" wird. Da die Verträge lange Laufzeiten haben, ggf. verlängert durch den „Barwert", müsste dieser auch einen schwankenden Wasserpreis einbeziehen, dessen Entwicklung und Einschätzung über einen Zeitraum von 20 bis 30 Jahren kaum möglich sein dürfte.[610] Dies hätte zur Folge, dass entweder eine

610 Siehe dazu die Grafik des Bundesverbandes der Energie- und Wasserwirtschaft zu Preissteigerungen beim Trinkwasser, abzurufen unter http://www.bdew.de/internet.nsf/id/C125783000558C9FC125766C00056076/$file/Preisveränderungsraten%20beim%20Trinkwasser%20ab%201993.pdf, abgerufen am 12.07.2013,

Über- oder eine Unterdeckung der Kosten festgelegt oder aber Barwert laufend angepasst werden müsste. Dies widerspräche dann aber dem Barwertsystem, da faktisch kein konstanter Barwert festgelegt würde, sondern jährlich eine Vertrags- und Preisanpassung stattfinden würde.

Vergaberechtliche Probleme könnten überdies auftauchen. Denn der Wasserverbrauch pro Kopf geht seit einigen Jahren zurück, 1990 lag er noch bei 145 Litern pro Kopf und Tag, 2007 nur noch bei 125 Litern.[611] Daher würde sich durch das Barwertmodell die Vertragslaufzeit potentiell verlängern, sodass sich vergaberechtliche Probleme aufgrund der langen Laufzeit ergeben würden. Die zu erwartenden weiter sinkenden Werte für den Wasserverbrauch und damit einhergehend geringeren Einnahmen würden bewirken, dass der Barwert innerhalb der vereinbarten ursprünglichen Vertragslaufzeit nicht erreicht wird. Damit würde sich ein Ausgleich zwischen Einnahmen und zu finanzierenden Bau- und Betriebskosten verzögern.

Da die Abwasserversorgung an die Trinkwasserversorgung gekoppelt ist, ist die Bewertung identisch.[612] Die richtige Einschätzung gestaltet sich ebenso schwierig wie im Bereich der Trinkwasserversorgung.

Das Barwertmodell ist in beiden Bereichen nicht anwendbar. Ähnliches gilt im Bereich der Abfallentsorgung, allerdings noch mit dem Unterschied, dass aufgrund der Abfallmenge und der durchzuführenden Investitionen (Deponien/Mülltrennungsanlagen/Verbrennungen) noch eher Bedarf für die Festschreibung einer Mindestbarwertsumme bestünde.

4. Fazit

Das Barwertmodell kompensiert bei Verkehrsinfrastrukturprojekten nicht nur das quantitative Risiko, sondern egalisiert auch das politische Risiko. Denn sollten plötzlich die Emissions- oder sonstige Mauteinstufungsklassen aufgrund der damit bezweckten politischen Lenkung verändert werden, hätte dies nur Auswirkungen auf die Vertragslaufzeit, bis der „Barwert abgearbeitet" ist. Für den

woraus sich seit 1993 erhebliche prozentuale Veränderungen des durchschnittlichen Wasserpreises ergeben.

611 So nachzulesen in einem Bericht zur Wasserabgabenentwicklung des Bundesverbandes der Energie und Wasserwirtschaft, abzurufen unter http://www.bdew.de/internet.nsf/id/DE_20110502-PM-Wasserabgabe-an-Kunden-auf-niedrigstem-Stand-seit-der-Wiedervereinigung, abgerufen am 12.07.2013.

612 Grafik des Bundesverbandes der Energie- und Wasserwirtschaft zum Abwassergebührenanstieg, abzurufen unter http://www.bdew.de/internet.nsf/id/63A0950A96BD6D7AC1257AFE0046C4AD/$file/Abwassergebührenanstieg%20schwankend.pdf, abgerufen am 12.07.2013.

öffentlichen Partner bringt diese Art der Vergütung den Vorteil, dass die Akzeptanz für private Betreiber steigt. Im Bereich des Hochbaus ist das Modell nicht geeignet, dafür ist es aus den oben genannten Gründen jedoch prädestiniert für den Bereich der kommunalen Einrichtungen sowie der Verkehrsinfrastruktur.

Bei allen Modellen ist zu berücksichtigen, dass aufgrund der unbestimmten Laufzeit rechtliche Risiken für den öffentlichen Partner bestehen sowie das Problem des Zustands der Rückgabe einer Leistung/Infrastruktur bei unbestimmter Vertragsdauer. Diese Risiken sind für den öffentlichen Partner aus haushalterischen Gründen nur dann gerechtfertigt, wenn das Projekt ohne solche Zugeständnisse scheitern würde.

Das Risiko bzgl. der möglichen unbegrenzten Laufzeit ist dagegen als gering einzustufen. Denn bei geeigneter Vorauswahl der Strecke, Leistung oder Infrastruktur wird der öffentliche Partner regelmäßig nur einen Mindestbarwert festlegen. Dadurch wird sichergestellt, dass das Erreichen dieser Summe, da niedriger, schneller und einfacher, möglich ist und keine Vollamortisation darstellt. Dadurch rechtfertigt sich eine mögliche Unsicherheit bzgl. der Vertragslaufzeit, da es durch die Vereinbarung nur eines Mindestwertes unwahrscheinlich ist, dass der Vertrag trotz allem mehr als 30 Jahre laufen würde. Als Lösung bietet sich trotzdem an, eine Begrenzung der Laufzeit festzulegen.

Der private Partner hat dagegen die Sicherheit, dass er zumindest diesen Mindestbarwert für seine Refinanzierung erhält. Da der Mindestbarwert aber nur die Einnahmen durch die Nutzer sichert, handelt es sich um keine Mindesteinnahmengarantie des öffentlichen Partners i. S. v. Art. 115 Abs. 1 GG. Denn der öffentliche Partner garantiert die Zahlungen nicht selbst und springt nicht bei Ausfallen der Nutzer für die Mindestbarwertsumme ein.

VIII. Leistungsstandardmodell

Als weitere Vergütungsmodellvariante – auch zur Abfederung des Nutzermengenrisikos – ist das Leistungsstandardmodell bekannt. Meist ist es kein eigenes Vergütungsmodell, sondern es wird verknüpft mit anderen Modellen im Rahmen einer Vergütungsvereinbarung und wird dann i. d. R. als Active-Management-Konzept bezeichnet. So wird versucht zu gewährleisten, dass notwendige Qualitätsstandards während des Lebenszeitansatzes eingehalten werden, Modernisierungen vorgenommen und das Gebäude, der Hochbau oder die Infrastruktur am Ende der Vertragslaufzeit in einem ordnungsgemäßen Zustand zurückgegeben wird.[613]

---

613 Vgl. Schweiger, NZBau 2011, S. 137 [137].

Beim Leistungsstandardmodell erfolgt die Vergütung, wenn ein bestimmter Leistungsstandard über die lange Vertragslaufzeit erreicht und gehalten wird.[614] Es hat damit große Ähnlichkeit mit dem Verfügbarkeitsmodell und den Bonus- und Malusregelungen. Alle Entgelte knüpfen an zu erfüllende, zu erreichende und zu haltende „Leistungs"standards an, bei deren Erreichen dann die (Teil-) Vergütung fällig wird.

Typischerweise haben sich in der Praxis die beispielhaft aufgeführten Werte der Tabelle für das Gewerk „Heizung" in einem Hochbau etabliert, um so die Einhaltung der Standards und deren Kontrolle sowie die Reaktionsmechanismen für die Vertragspartner in der täglichen Arbeit während der Betriebsphase handhabbar zu machen,[615] wie Abbildung 5 es veranschaulicht.

---

614 Schweiger, NZBau 2011, S. 137 [137].

615 Übersicht übernommen von Schweiger, NZBau 2011, S. 137 [137].

Abb. 5:Beispiel Übersicht Leistungsstandardmodell, aus Schweiger, NZBau 2011, S. 137 [137], m.w.N..

	Erforderlicher Zustand	Leichter Mangel	Mittlerer Mangel	Gravierender Mangel
Gasversorgung, Kessel, Brenner, Regelung	frei von Mängeln	kurzzeitige Kessel- oder Brennerstörung, kurzzeitige Störungen der Regelung für wenig genutzte Bereiche, leichte Verunreinigung, defekte Isolierung, leichte Korrosion etc.	Störungen der Regelung für stark genutzte Bereiche, länger andauernde Kessel- bzw. Brennerstörung, Geräuschbelästigung (Beeinträchtigung der Nutzung von Räumen) etc.	Funktionsfähigkeit erheblich beeinträchtigt oder nicht gegeben, ohne Versorgung, defekte sicherheitsrelevante Installationen etc.
Verteiler/ Sammler, Pumpen, Mischventile, Warmwasserbereitung	frei von Mängeln, leichte Gebrauchsspuren durch bestimmungsgemäßen Gebrauch (leichte Abnutzung)	leichte Korrosion, defekte Mischventile oder Pumpen von Strängen wenig genutzter Bereiche, leichte Verunreinigung, defekte Isolierung, leichte Korrosion etc.	starke Korrosion, defekte Mischventile oder Pumpen von Strängen stark genutzter Bereiche, zeitweiliger Ausfall, Undichte etc.	Funktionsfähigkeit erheblich beeinträchtigt oder nicht gegeben, ohne Versorgung, defekte Verteiler/ Sammler/ Warmwasserbereitung, unsichere Montage etc.
Reaktionszeiten	-	**2 Wochen**	**2 Tage**	**1 Stunde**
Lösungszeiten	-	**bis zum Ende der nachfolgenden Schulferien**		

Die Etablierung eines Drei-Personen-Nutzer- und Entgeltverhältnisses, bei dem die Vergütung auf Basis der Nutzung erfolgt, ist mit einem Leistungsstandardmodell aber nicht darstellbar. Es basiert auf der Qualität der zu erbringenden Leistung. Entspricht diese nicht dem Standard, kann die Vergütung gekürzt werden. Die Vergütung erfolgt aber im Verhältnis öffentlicher Partner zu privatem Nutzer; Anwendung findet es darüber hinaus typischerweise im Bereich Hochbau, sodass die Verknüpfung mit einer nutzerabhängigen Vergütung fehlt.

Daher ist das Leistungsstandardmodell aber als das klassische Modell für die Implementierung von Bonus- und Malusregelungen sowie Verfügbarkeitskriterien in einem Vertrag mit nutzerfinanziertem Schwerpunkt nicht zu vergessen. Als eigenes Modell im Rahmen der Nutzerfinanzierung ist es abzulehnen.

1. Implementierung in NPPP-Projekte

Das Leistungsstandardmodell begründet aufgrund der Ähnlichkeit mit Bonusvergütungen oder dem Verfügbarkeitsmodell ebenso Zahlungspflichten des öffentlichen Partners. Daher kann auf die rechtlichen Ausführungen zum Bonusmodell sowie zum Verfügbarkeitsmodell verwiesen werden.

2. Fazit

Abgesehen von der komplexen und komplizierten Vertragsgestaltung, würde das Leistungsstandardmodell den geäußerten Wünschen der Praxis, so wie diese im Rahmen der Überprüfung des A- und F-Modells zum Ausdruck kamen, insbesondere im Bereich der Infrastruktur nahekommen. Denn durch eine Bezahlung nach der Qualität der zu erbringenden Leistung findet eine Entkopplung von der Nutzermenge statt.

Dabei kann offen bleiben, ob man ein eigenes Leistungsstandardmodell definiert, es als Verfügbarkeitsmodell bezeichnet oder ob man ein Bonus- und Malussystem einführt.

In allen drei Varianten kann definiert werden, wie der Leistungsstandard und die Verfügbarkeit auszusehen haben oder was bonus- und malusauslösend sein soll. Je nach Vertragsgestaltung ist z. B. in einem Verkehrsinfrastrukturprojekt eine geringe Verlagerung des Verkehrsmengenrisikos auf den öffentlichen Partner möglich, sofern die Hauptrefinanzierung nutzerbasiert erfolgt.

IX. Einheitspreis(maut)modell

Die Auswertung der Erfahrungsberichte zum A- und F-Modell zeigte, dass der private Partner des Nutzerfinanzierungsmodells nicht nur das Mengenrisiko fürchtet, sondern auch die Einteilung der Preise pro Nutzer aus politischen Lenkungsgründen. Wie oben geschrieben, kann das dazu führen, dass der private Partner neben dem Risiko der ausreichenden Nutzung auch das Risiko trägt, dass die Nutzungspreise aus politischen Gründen verändert werden, was Einfluss auf die Refinanzierung hat.

Daher kann ein einheitlich gleicher Mautsockelbetrag festgelegt werden. Am Beispiel der Verkehrsinfrastruktur könnte sich der einheitliche Mautsockelbetrag für alle oder alle mautpflichtigen Fahrzeuge etwa an dem durchschnittlichen Mautsatz der mautpflichtigen Fahrzeuge orientieren.[616] Dadurch würde das Risiko der Mautklasse, der Mauthöhe und der Einsortierung in die jeweilige Mautklasse umgangen, da alle Mautfahrzeuge, gleich welcher Größe oder welchen Abgasausstoßes o. ä. in die gleiche Mautklasse fallen.

Dabei kann die Konkurrenz zwischen den möglichen privaten Anbietern genutzt werden, wenn sie Angebote für „ihren" kalkulierten Mautsockelbetrag abgeben. Statt eine Einheitsmaut durch den öffentlichen Partner festzulegen, müssen die privaten Partner im Rahmen des Ausschreibungsverfahrens angeben, zu welcher Einheitsmaut sie den geforderten Ausbau und Betrieb leisten können.[617] Damit bliebe das Verkehrsmengenrisiko vollständig bei den privaten Partnern und der Mittelrückfluss erfolgte ausschließlich über die Nutzerfinanzierung.

1. Vorteile

Die Vorteile dieses Modells lägen darin, dass jeder politische Einfluss auf die Nutzerentgelte ausgeschaltet würde. Zusätzlich bestünde der Vorteil für die Nutzer darin, dass die Höhe der Maut, also die Belastung für den Nutzer, ein Zuschlagskriterium bei der Vergabe sein kann und damit ein wichtiges Wettbewerbskriterium ist, sodass dadurch die Belastungen für den Nutzer geringer ausfallen könnten. Außerdem handelt es sich nach wie vor um ein klassisches Nutzerfinanzierungsmodell, bei welchem die Vergütung an den privaten Partner o-

---

616 Vgl. „Evaluierung der Pilotprojekte des A-Modells, Zwischenbericht der Abteilung Straßenbau / Straßenverkehr in Zusammenarbeit mit der VIFG (Stand: 25. Januar 2008), S. 26/27, abzurufen unter http://www.vifg.de/_downloads/service/informationen-zu-modellen-und-projekten/2008-Evaluierung-A-Modell-Zwischenbericht.pdf, abgerufen am 12.07.2013.

617 Vgl. Beschluss der VK Bayern vom 08.02.2011 - Az.: Z3-3-3194-1-01-01/11.

der auf den öffentlichen Partner mit Weiterleitung an den Privaten erfolgen kann.

Ein weiterer Vorteil wäre, dass das Vertragswerk im Vergleich zu den bekannten Modellen nicht wesentlich anders oder umfangreicher ausgestaltet werden müsste, da nun die Vergütung „nur" mit einem einfachen, vorab feststehenden System erfolgt, sodass nur noch die Anzahl der Nutzer gezählt werden muss, nicht aber, welche[618] Nutzer es sind. Im Rahmen des A-Modells wäre beispielsweise nur die Mautfestsetzung nach § 1 MautHV anzupassen.

2. Nachteil

Das Verkehrsmengenrisiko sowie das Risiko der Mauterfassung bleiben bestehen. Zwar muss nicht mehr erfasst werden, wer die Leistung in Anspruch nimmt, trotzdem muss festgestellt werden, wie viele es sind. Auch wird durch die Festschreibung eines Durchschnittspreises jede politische Lenkungsmöglichkeit aufgegeben, sodass beispielsweise keine angemessene Belastung des Nutzers anhand seiner gefahrenen Strecke und Abnutzung im Bereich der Verkehrsinfrastruktur erreicht würde[619]. Denn die schweren 40-Tonnen-LKW müssten genauso viel bezahlen wie ein leichter 12-Tonnen-LKW oder, bei Einführung einer PKW-Maut, ein Auto.

Eines der Ziele, durch die Mauterhebung im Verkehrsinfrastrukturbereich die Verursacher von Straßenschäden verursachungsgerecht an den entstehenden Kosten zu beteiligen, würde verfehlt werden. Dies ist auch übertragbar auf andere Bereiche potentieller Nutzerfinanzierungen, wie z. B. die Wasserver- und -entsorgung. Übertragen auf den Vergleich privater und gewerblicher Nutzer ist es angemessen, dass die Kosten für den, der Schmutzwasser einleitet, nach Verschmutzungsgrad variieren.[620] Der damit verbundene Rechtsgedanke ginge durch eine Einheitsmaut zugunsten der Beherrschbarkeit von politischen Risiken auf Seiten des Privaten Partners verloren.

3. Haushaltsrecht

Die Einführung eines Einheitsmautmodells gilt es haushaltsrechtlich zu überprüfen. Dieses soll am Beispiel des A-Modells durchgeführt werden, um die gewonnenen Erkenntnisse auf die anderen Teilbereiche zu übertragen. Die Einfüh-

618 Denn der Sinn des Einheitsmautmodells liegt ja gerade darin, nicht differenzieren zu müssen. Es gilt 1 Preis, egal ob Mofa oder 40-Tonnen-LKW die Strecke nutzt.

619 BT-Drs. 14/7013, S. 9; siehe Ausführungen des Abgeordneten Weis, Plenarprotokoll 14/208, S. 141f..

620 §§ 1, 3 AbwAG, § 3 WHG.

rung eines Einheitsmautmodells ist gem. Art. 74 Abs. 1 Nr. 22 GG grundsätzlich möglich. Es stellt sich die Frage, ob die Einheitsmaut im Verhältnis zum regulären Nutzerfinanzierungsmodell gem. § 7 BHO noch den Grundsätzen der Wirtschaftlichkeit und Sparsamkeit entspricht.

Nach den Allgemeinen Verwaltungsvorschriften zur Bundeshaushaltsordnung (VV-BHO) zu § 7 soll der Wirtschaftlichkeitsgrundsatz die bestmöglichste Nutzung von Ressourcen ermöglichen. Der Wirtschaftlichkeitsgrundsatz umfasst gem. § 7 Nr. 1 VV-BHO das Sparsamkeits- und das Ergiebigkeitsprinzip. Das Sparsamkeitsprinzip, auch Minimalprinzip genannt, verlangt, ein bestimmtes Ergebnis mit möglichst geringem Mitteleinsatz zu erzielen, während das Ergiebigkeitsprinzip (Maximalprinzip) verlangt, mit einem bestimmten Mitteleinsatz das bestmögliche Ergebnis zu erzielen. Kombiniert kann es als die Erreichung des bestmöglichen Ergebnisses mit dem geringstmöglichen, dafür nötigen Kapitaleinsatz verstanden werden.

Der Wirtschaftlichkeitsgrundsatz ist gem. § 7 Nr. 1 VV-BHO bei allen Maßnahmen des Bundes zu beachten, was die Einnahmen und die Ausgaben betrifft.

Wird die Einheitsmaut nun auf ein A-Modell übertragen, gilt folgendes: 25% des Verkehrsaufkommens auf der A1-Ausbaustrecke entfallen auf mautpflichtige LKW.[621] Nach § 2 der MautHV differieren die Mautkosten pro gefahrenem Kilometer danach, wie viele Achsen der LKW hat und in welche Schadstoffklasse er fällt. Die Kosten liegen zwischen 0,141 und 0,288 € pro Kilometer. Die Durchschnittsmaut liegt, unterstellt man, dass alle LKW gleich oft und viel fahren, bei 0,214 € pro Kilometer. Wenn nun 80 LKW einen Kilometer fahren, lägen die Einnahmen beim Einheitsmautmodell bei 17,12 €. Wenn 80 LKW gleichmäßig auf die 8 Preiskategorien gem. § 2 MautHV verteilt einen Kilometer fahren, liegen die Einnahmen nur bei 16,04 € pro Kilometer.[622] Das Einheitsmautmodell verspräche höhere Einnahmen.

Im Jahre 2007 wurden aber nach einer Mauterhöhung auf der Teilstrecke A 8 im Durchschnitt 13,5 Cent pro Kilometer angestrebt, tatsächlich aber weniger als 13 Cent pro Kilometer an Mauteinnahmen generiert.[623] Umgerechnet auf 80

621 Güterverkehrsaufkommen auf der A1-Ausbaustrecke, vgl. http://www.strassenbau.niedersachsen.de/live/live.php?navigation_id=21135&article_id=78500&_psmand=135, abgerufen am 12.07.2013.

622 Natürlich ist die Rechnung nur ein Anhaltspunkt, da es nicht genauso viele LKW gibt, die in die schwere Kategorie einzuordnen sind wie in die leichteste Klasse, sodass nicht davon ausgegangen werden kann, dass in alle Kategorien

623 Vortrag von Christian Diringer, 30.04.2008, „Erfahrungen A-Modell A 8 – Erwartungen an künftige PPP-Infrastrukturprojekte", abzurufen unter http://www.bppp.de/media/file/45.20080430_BPPP_Christian_Diringer.pdf, abgerufen am10.05.2012.

LKW pro Kilometer kämen nur Mauteinnahmen i. H. v. 10,80 € zusammen. Daher wäre der Einheitsmautpreis so festzulegen, dass tatsächlich Mehreinnahmen generiert würden.

Wenn nun nicht im Rahmen des PPP-Vertrages vereinbart wurde, dass „sowieso" 100 % der Mauteinnahmen an den privaten Partner weitergeleitet werden müssen, erleidet der öffentliche Partner keine Einnahmeeinbußen; für ihn bleibt alles gleich. Wenn jedoch ein prozentualer Abschlag bei der Weiterleitung vorgenommen würde, also immer nur z. B. 75 % der Einnahmen an den Privaten gingen, könnte eine Einnahmensteigerung für den öffentlichen Partner erzielt werden, wenn der Durchschnittsmautpreis erhöht würde. Darauf wäre durch den öffentlichen Partner zu achten.

Wenn der öffentliche Partner immer einen festen Abzugsbetrag (Mautanteil) erhalten würde, würde sich für ihn nichts ändern.[624] Die Einnahmensituation bliebe gleich, sodass er einerseits nicht von den positiven Mautentwicklungen profitieren würde, andererseits aber auch nicht Gefahr läuft, bei fallenden Einnahmen einen geringeren Mautanteil zu bekommen.

Daher dürfte das Einheitsmautmodell für den öffentlichen Partner sowohl im Hinblick auf einen festen Abzugsbetrag als auch bei einem prozentualen Abzug oder 100%iger Weiterleitung der Maut als positiv bewertet werden und mit dem Wirtschaftlichkeitsgedanken in Einklang zu bringen sein. Dies entspricht auch der Praxiserfahrung der privaten Investoren, wie man deren Stellungnahmen entnehmen kann[625]. Das Einheitsmautmodell kann die politischen Risiken kompensieren, also die Mauthöhe und die Einsortierung in Mautklassen. Für den öffentlichen Partner wäre die Einheitsmaut aus den oben gemachten Ausführungen bei richtiger Ausgestaltung wirtschaftlicher bzw. schlechterdings nicht relevant.

Ob dies in der Praxis auch der Fall wäre, kann nur schwer eingeschätzt werden, da die oben vorgenommene Berechnung nur auf einer pauschalen Annahme im Rahmen des A-Modells beruht.

---

624 So wie es der Hauptverband der Deutschen Bauindustrie kritisiert, Stellungnahme des Hauptverbandes der Deutschen Bauindustrie vom 09.05.2008 zum Sachstand A-Modell, abzurufen unter http://www.vifg.de/_downloads/service/informationen-zu-modellen-und-projekten/080515-Evaluierung-A-Modell-Vorstellung-Zwischenbericht.pdf, S. 4, abgerufen am 12.07.2013.

625 Stellungnahmen der Fachverbände zum Sachstand A-Modell, abzurufen unter http://www.vifg.de/_downloads/service/informationen-zu-modellen-und-projekten/080515-Evaluierung-A-Modell-Vorstellung-Zwischenbericht.pdf, S. 3ff., abgerufen am 12.07.2013; Stellungnahmen der Fachverbände Sachstand F-Modell, abzurufen unter http://www.vifg.de/_downloads/service/071220_Sachstand_F-Modell_zweite_Vorstellung_oeff.pdf, S. 26ff., abgerufen am 12.07.2013.

Nachteilig wirkt sich für den öffentlichen Partner aus, dass politische Ziele wie Verringerung des Schadstoffausstoßes, Vermeidung von Schäden und Verlagerung von Verkehr auf die Schiene schwerer erreicht werden würden. Bei richtiger, für den öffentlichen Partner höher anzusetzender Einheitsmaut als die normalerweise durchschnittlich erzielte Maut steht das Haushaltsrecht der Einführung einer Einheitsmaut nicht entgegen. Nur aus politischen Gründen könnte die Einheitsmaut nicht durchzusetzen sein.

Auch in anderen Teilbereichen der Nutzerfinanzierung sind rechtliche Hemmnisse nicht erkennbar.

4. Sonstige rechtlichen Rahmenbedingungen

Ein Einheitspreis- bzw. Einheitsmautmodell unterläge in allen Bereichen nur den allgemeinen, rechtlichen Rahmenbedingungen und stieße auf keinerlei weitere Probleme.

5. Fazit

Die Frage ist, ob die Ausschaltung politischer Einflussnahmen zugunsten einer Einheitsmaut notwendig und zielführend ist und tatsächlich erreicht werden kann.

Wie bereits ausgeführt, scheint sich aus der Praxis das Bedürfnis zu entwickeln, bei A- und F- Modellen zu verhindern, dass die Mautgebühren durch den öffentlichen Partner qua Gesetz festgelegt werden (§ 3 Abs. 2 BFStrMG i. V. m. § 1 MautHV). Je nach angestrebten politischen Zielen der jeweiligen Regierungen können Änderungen in der Mauthöhe, Mautart und Mauterfassung sowie Einsortierung bzw. Gruppierung erfolgen.[626] Wenn politische Ziele mit der entsprechenden Klassifizierung von Nutzern auf Basis von z. B. Abgas- bzw. CO2-Werten (Mautklassen bzw. verbrauchsabhängige oder Schadstoffklassen) verfolgt und umgesetzt werden, stellt sich die Frage, ob die politische Einflussnahme überhaupt durch eine Einheitsmaut ausgeschlossen werden kann.

626 Natürlich erfolgt die Festlegung der Mauthöhen im Rahmen der MautHV durch die Exekutive aufgrund der in § 3 Abs. 2 BFStrMG durch die Legislative eingeräumten Möglichkeit, die Mautsätze festzusetzen. Daher wird dies in anderen Straßenprojekten wahrscheinlich ähnlich verfolgen, also Regelungen durch den Bundestag bzw. die Bundesregierung. In anderen Bereichen, z.B. Wasserver- und Entsorgung, die wesentlich kommunaler und örtlicher geprägt sind, wird eine Festlegung durch den lokalen öffentlichen Partner vor Ort erfolgen, sodass die politischen Einflüsse nicht so hoch ausfallen, wie dies oft bei Bundesparteien der Fall ist.

Zu verfolgen ist das beschriebene politische Risiko beispielsweise an der Umstellung der KFZ-Steuer. Ursprünglich als Luxusgut besteuert, wurde die Steuer später zur Finanzierung der Straße herangezogen, um dann die Höhe der Steuer daran anzupassen, wie hoch der Schadstoffausstoß durch das Auto ist.[627]

Dies zeigt auch die im Frühjahr 2011 aufgekommene Diskussion über eine stärkere Besteuerung von Dieselkraftstoffen, um den enthaltenen Energiegehalt und CO2-Ausstoß im Vergleich zu Benzin stärker zu besteuern, da sich der Fokus zu einer „umweltgerechten" Besteuerung verschiebe.[628] Daher kann nicht ausgeschlossen werden, dass in einigen Jahren der Fokus erneut wandert, sodass die Gruppeneinordnung wieder verändert werden würde, wenn andere Ziele (wieder) mehr im Vordergrund stehen.

Bei einer Abgeltungsvereinbarung durch Einheitsmaut werden zwischen den Partnern Verträge mit einer Laufzeit von bis zu 30 Jahren geschlossen. Wenn der öffentliche Vertragspartner nicht vertragsbrüchig werden will, kann er den Vertrag ohne erhebliche Sanktionen und Kompensationen nicht aufkündigen, aus welchen erstrebenswerten Motiven auch immer.[629] Daher dürfte das Risiko politischer Einflussnahme hinsichtlich Veränderungen innerhalb der Vertragslaufzeit gering sein, sodass das Einheitspreismodell eine wirksame Möglichkeit der Ausschaltung nur diesen Risikos bei Beibehaltung eines Nutzerfinanzierungsmodells ist.

X. Alternative Finanzierung über Steuerbelastungen

Als alternatives Verfahren zum Maut- oder Schattenmautmodell könnte auch an individualisierte, nutzerabhängige Steuern gedacht werden. Durch eine Verbreiterung der Erfassungsbasis der Nutzer könnte dem Verkehrsmengenrisiko und dem Mengenrisiko der NPPP-Modelle begegnet werden.

---

627 Vgl. http://www.kfz-steuer.biz/kfz-steuer-geschichte.html, abgerufen am 12.07.2013.

628 „EU-Kommission blitzt mit Diesel-Vorstoß ab", abzurufen unter http://www.spiegel.de/wirtschaft/service/0,1518,756155,00.html, abgerufen am 12.07.2013.

629 Siehe dazu beispielsweise der Atomausstieg der momentanen Bundesregierung mit den schon angekündigten Klagen des Energiekonzerns E.ON („Stromriesen drohen bis zu 22 Milliarden Euro Verluste", abzurufen unter http://www.spiegel.de/wirtschaft/unternehmen/0,1518,766494,00.html, abgerufen am 12.07.2013), wobei sich die Klage auf die Beibehaltung der Brennelementesteuer bezieht.

1. Beurteilung anhand des Beispiels A-Modell

Aufgrund der schon existenten KFZ-Steuer liegt es nahe, die Möglichkeit der Finanzierung von NPPP-Modellen durch Veränderung schon eingeführter Steuern zu überprüfen. Die Einführung neuer Steuern einerseits ist oft politisch nicht mehrheitsfähig, sodass Umgestalten oder Aufsatteln auf „alte“ Steuern politisch besser vermittel- und durchsetzbar ist. Andererseits kann davon ausgegangen werden, dass die Umgestaltung bzw. Erweiterung einer vorhandenen Steuer nicht den gewünschten Effekt der Verbesserung der NPPP-Modelle bringt, sodass eine weitere Beschäftigung mit diesem Modell nicht notwendig ist.

Im Jahr 2007 lagen die Einnahmen aus der Kraftfahrzeugsteuer bei ca. 8,9 Milliarden Euro.[630] Das überörtliche Straßennetz lag 2009 bei ca. 231000 Kilometern,[631] der Autobahnanteil bei ca. 12813 Kilometern im Jahre 2010.[632] Wenn nun die Kraftfahrzeugsteuer als Äquivalent für die Benutzung der Straßen und nicht auch für die Finanzierung von anderen Staatsaufgaben allgemein angesehen wird,[633] könnte eine Umrechnung erfolgen, wie viel KFZ-Steuer pro Kilometer angefallen ist. Dies wären bei 8,9 Milliarden Euro Einnahmen und 231.000 Straßenkilometern ca. 3.8528 € pro Kilometer und Jahr.[634]

Wenn man dies nun pro Kilometer auf die A-Modell-Abschnitte[635] der Autobahnen umrechnete, käme man zusammen (BAB 8: 37 Kilometer, BAB 4: 45 Kilometer, BAB 5: 59,8 Kilometer, BAB 1: 72,5 Kilometer) auf 214,3 Kilometer. Die auf die A-Modelle entfallene KFZ-Steuer betrüge pro Jahr 8.256.550,40 €. Für die BAB 8 liegen die Baukosten für 37 Kilometer aufgrund der errichteten Ingenieursbauwerke schon bei 250 Millionen Euro bei einer Konzessionslaufzeit von 30 Jahren und einem Baubeginn im Jahre 2007 und Fertigstellung im Jahr 2011.[636] Daher würde, bei einer Umlegung der KFZ-Steuer pro Kilometer, der private Partner pro Jahr 1.425.541,10 Euro erhalten. Hochgerechnet auf

---

630 (Bis zum30.06.2009 noch als Landessteuer) Einnahmen aus KfZ-Steuer, Übersicht Bundeszentrale für politische Bildung, abzurufen unter http://www.bpb.de/wissen/TQ0PLW,0,Steuereinnahmen_nach_Steuerarten.html, abgerufen am 12.07.2013.

631 Verkehrswegetabelle des ADAC, abzurufen unter http://www.adac.de/_mmm/pdf/Tabelle%201%204%20Verkehrswege_43069.pdf, abgerufen am 12.07.2013.

632 BT-Drs. 17/4990, S. 177.

633 BT-Drs. 13/4918, S. 1.

634 Unberücksichtigt bleibt dabei, ob es sich um 2, 3, oder 4-spurige Straßen handelt, sodass die Werte nur pauschale Anhaltspunkte darstellen können.

635 Gemeint sind die Pilotprojekte, BAB 8, AS Augsburg-West – AD München-Allach, BAB 4, Landesgrenze Hessen/Thüringen – AS Gotha, BAB 1, AD Buchholz – AK Bremen, BAB 5, Malsch – Offenburg.

636 Betreiberseite der Ausbaugesellschaft A 8 Regensburg- München, abzurufen unter http://www.autobahnplus.de/, abgerufen am 12.07.2013.

30 Jahre Laufzeit hätte dies einen Gegenwert bei angenommenen unveränderten KFZ-Steuersätzen von 42.766.233,70 €. Daraus wird schon ersichtlich, dass das Projekt so nicht zu finanzieren ist, zumal die angesetzten 250 Millionen Euro nur die Baukosten, nicht aber die Betriebskosten der Konzessionslaufzeit umfassen, sodass sich der erforderliche Gesamtbedarf auf 1 Milliarde Euro beläuft.[637]

Daraus folgt, dass die KFZ-Steuer allein für die Finanzierung solcher Infrastrukturprojekte nicht ausreicht, auch wenn man die Einnahmen pro Kilometer verdoppeln würde. Unabhängig davon würde keine direkte Nutzerfinanzierung erfolgen, da die KFZ-Steuer auf Steuer und Strecke verteilt würde, unabhängig davon, wie viele Nutzer den ausgebauten Abschnitt tatsächlich befahren würden.

a. Steuer(maut)belastung pro Kilometer

Daher muss eine Kombination mit der Steuerbelastung pro gefahrener Strecke (insgesamt oder auf ausgewählten Teilstrecken) erfolgen, die auf Basis der bisherigen KFZ-Steuer berechnet und erhoben wird. Da, wie vorausgehend geschrieben, eine PKW-Maut zurzeit abgelehnt wird[638], sollte dies mit einer Senkung der KFZ-Steuer verbunden werden, um die politische Durchsetzbarkeit zu erhöhen.

Pro Strecke und gefahrenem Kilometer würde anteilig die KFZ-Steuer des Nutzers nach festgelegten Sätzen erhöht, sodass ein bestimmter Sockel an festen Abgaben (KFZ-Steuer-Sockelbetrag) bleibt, während ein variabler Teil für die Art des Fahrzeuges und die gefahrene Strecke erhoben wird. Der KFZ-Steuersockelbetrag würde erhoben als Schattenmaut, sodass die reduzierte KFZ-Steuer wie bisher zusammen mit dem variablen Anteil an den öffentlichen Partner flösse. Der variable Anteil des Entgelts für die Benutzung der Mautstrecke würde der private Partner erhalten. Dabei wäre es möglich festzulegen, für welche Strecken eine variable Abgabe anfällt, also nur bei Benutzung von gebührenpflichtigen Ausbaustrecken, sodass dieser Teil an den privaten Partner fiele. Mauterhebung auf allen Strecken würde den kritisierten Ausweicheffekt vermeiden.

Dieses Entgeltsystem dürfte kaum akzeptabel sein, da es zu Steuermindereinnahmen des Bundes führt. Wenn die bestehende KFZ-Steuer verringert wird, um durch einen variablen Vergütungsaufschlag die Gesamtentgeltbelastung für den Nutzer nicht zu hoch ausfallen zu lassen, entgehen dem Bund gem. Art. 106 Abs. 1 Nr. 3 GG Steuereinnahmen in Höhe des Abschlags, der vorgenommen würde, um die Mautakzeptanz zu erhöhen und sie überhaupt erst politisch

637 Betreiberseite der Ausbaugesellschaft A 8 Regensburg- München, abzurufen unter http://www.autobahnplus.de/, abgerufen am 12.07.2013.

638 Deren Einführung aber rechtlich möglich wäre, s.o., 2. Kapitel, A.

durchsetzbar zu machen. Der variable Anteil wäre bei der Benutzung von Mautstrecken fällig. Die Folge wäre, dass der Nutzer Steuern spart, wenn er Mautstrecken meidet und der Bund dementsprechend Einnahmen verliert. Der Ausweicheffekt würde stimuliert, sodass eine Maut flächendeckend eingeführt werden müsste. Gleichzeitig wäre aber der Verwaltungsaufwand zur Erfassung der Mautstreckennutzer und deren gefahrener Kilometer sowie die Addition mit der durch die Landesbehörden einzuziehenden KFZ-Steuer besonders hoch, was für den öffentlichen Partner gleichzeitig aber keinerlei Vorteile bringt. Denn wenn die Maut auf allen Abschnitten erhoben würde, müsste trotzdem ausgerechnet und erfasst werden, welches Auto welche PPP-Mautstrecke benutzt, und dies „nur", damit der dem privaten Partner zustehende variable Anteil projektbezogen ausgekehrt werden kann.

Schon jetzt liegen die Erfassungskosten der KFZ-Steuer bei 170.000.000 € jährlich,[639] sodass dieser Wert erheblich steigen würde und dieses Modell insgesamt als zu verwaltungsaufwendig einzustufen ist.

b. Streckenbezogene KFZ-Steuer und Steuer(maut)belastung pro Kilometer

Daher ist die nachfolgende Variante zu prüfen: Bei diesem Verfahren wird zusätzlich (oder alternativ) zur KFZ-Steuer eine Straßenmaut für die A-Modell-Projekt-Kilometer für alle Fahrzeuge eingeführt und an den privaten Partner die anteilig auf die Strecke generell entfallende KFZ-Steuer zzgl. der erfassten Mautbelastungen ausgekehrt. Der private Nutzer zahlt daher einen KFZ-Steuerbetrag, in welchem die gefahrenen mautpflichtigen Kilometer erfasst werden, also ein steuerliches Fixum, welches um gefahrene Mautkilometer individuell erhöht wird. Die Erfassung der Nutzer müsste wie im Rahmen der LKW-Maut durch Onboard-Units erfolgen, wodurch für die privaten PKW-Nutzer Mehrkosten aufgrund der erforderlichen Nachrüstung entstehen würden.

Am Beispiel des Abschnitts des BAB 1, Hamburg – Bremen, ergäbe sich Folgendes: Die Streckenlänge beträgt ca. 73 Kilometer, da sie beidseitig ausgebaut wird, also 146 Kilometer.

Täglich verkehren auf dieser Strecke insgesamt ca. 70.000 bis 80.000 Fahrzeuge, wobei rund 25 % davon schon nach dem Bundesfernstraßenmautgesetz

639 Siehe den Erstattungsbeitrag des Bundes an die Länder im Bundeshaushalt für die Erhebung der KfZ-Steuer im Wege der Organleihe, abzurufen unter http://www.bundesfinanzministerium.de/Content/DE/Downloads/Bundeshaushaltsplan/Haushaltsplan-2011.pdf?__blob=publicationFile&v=3, abgerufen am 12.07.2013.

mautpflichtig sind.[640] Abzüglich der sich daraus ergebenden 17.500 bis 20.000 Fahrzeuge pro Tag befahren die Strecke täglich ca. 60.000 bis 62.500 PKW.

Nach der Mauthöhenverordnung liegt der niedrigste Mautsatz bei Fahrzeugen mit 3 Achsen und geringster Schadstoffklasse bei 0,141 Euro pro gefahrenem Kilometer, § 1 Abs. 1 MautHV. Würde dieser Wert bei einer angenommenen PKW-Zahl von täglich ca. 60.000 zugrunde gelegt, entstünden Mauteinnahmen zusätzlich zur LKW-Maut allein auf dieser Strecke von gut 420 Millionen Euro. Jeden PKW-Fahrer würde diese Strecke daher gut 10 Euro zusätzlich zu Benzin, Abnutzung, Versicherung und KFZ-Steuer kosten und wäre damit politisch nicht durchsetzbar. Daher müsste ein akzeptabler Betrag ermittelt werden, der die Zusatzbelastung begrenzt, gleichzeitig aber für den privaten Partner zur Abdeckung der Bau- und Betriebskosten attraktiv ist.

Die in Bezug zu nehmende, auf die Strecke entfallende KFZ-Steuer beträgt 5.625.088 €[641] pro Jahr. Die Ausbaukosten liegen bei ca. 650.000.000 €[642], die jährlichen Betriebskosten für die Bundesautobahnen werden im Haushaltsplan 2011 mit einem Soll von 443.118.000 € angegeben.[643] Bei ca. 12.500 Kilometern Bundesautobahnen liegen die Betriebskosten pro Autobahnkilometer im Jahr bei ca. 35.500 €. Dies hieße, dass die reinen Betriebskosten schon durch die anteilig umgerechnete KFZ-Steuer gedeckt werden könnten.

Daher sind die Baukosten mit 650.000.000 € zu berücksichtigen, zuzüglich jährliche Betriebskosten für 146 Autobahnkilometer von 5.183.000 €, bei einer Laufzeit von 30 Jahren also 155.490.000 €. Die Gesamtkosten des Privaten liegen daher, ohne Berücksichtigung von Kostensteigerungen, Inflation o. ä, bei gut 800 Millionen Euro.

Durch den KFZ-Steueranteil bezogen auf die Ausbaustrecke, der an den privaten Partner weiterzuleiten wäre, wären die jährlichen Betriebskosten gedeckt, wobei bei den KFZ-Steuern und den Kosten pro Kilometer nicht weiter zwischen den verschieden Streckenarten und -schwierigkeiten unterschieden wurde. Zur Finanzierung der Ausbaukosten würde die Streckenmaut, erweitert auf

---

640 Mautpflichtiges Güterverkehrsaufkommen auf der A1-Ausbaustrecke, abzurufen unter http://www.strassenbau.niedersachsen.de/live/live.php?navigation_id=21135&article_id=78500&_psmand=135, abgerufen am 12.07.2013.

641 Die Zahl errechnet sich nach den Gesamt-KfZ-Steuereinnahmen, umgerechnet auf 146KM; selbst wenn man 73 KM, und damit nicht nach Fahrbahnen differenziert, ansetzen würde, lägen die Einnahmen bei ca. 11,25 Millionen Euro.

642 Internetseite Betreibergesellschaft Ausbau A 1 bzgl. Hintergrund & Finanzierung, abzurufen http://www.a1-mobil.de/hintergrund-finanzierung.php, abgerufen am 12.07.2013.

643 Bundeshaushaltsplan 2011, Einzelplan 12, Titel 1210, Titelgruppe 01, abzurufen unter http://www.bundesfinanzministerium.de/Content/DE/Downloads/Bundeshaushaltsplan/Haushaltsplan-2011.pdf?__blob=publicationFile&v=3, abgerufen am 12.07.2013.

PKW, erhoben. Daher muss der pro Kilometer entrichtete Betrag die Baukosten decken, gleichzeitig auch akzeptabel und politisch durchsetzbar sein.

Würde nun 1 Cent pro Kilometer angesetzt, würde bei angenommenen 60.000 PKW die Belastung für die Strecke bei 0,73 €liegen. Dies dürfte wohl zu vertreten sein. Multipliziert mit den Jahrestagen und der Gesamtvertragsdauer, kämen so Einnahmen von ca. 960 Millionen Euro zusammen, deren Wert, auch unter Berücksichtigung eines Gewinnes der Privaten, im Vergleich zu den Baukosten von 650 Millionen Euro und Betriebskosten für 30 Jahre von ca. 150 Millionen Euro, zu hoch erscheint. Dabei wird zusätzlich anfallende LKW-Maut nicht berücksichtigt. Allerdings geht diese Rechnung von diversen Unsicherheiten aus, nämlich der Zahl der täglichen Nutzer, der Entwicklung der Betriebskosten und der Akzeptanz der Nutzer für eine Kilometer-Maut.

Im Endeffekt handelt es sich daher um eine Erweiterung des A-Modells auf PKW, verkleidet in der KFZ-Steuer, als andere Art der Anschub- bzw. Dauerfinanzierung, indem die Steuererhebung, Erfassung und Eintreibung dem öffentlichen Partner auferlegt wird. Das Mauterhebungsrisiko, da an die KFZ-Steuer gekoppelt, wird auf den öffentlichen Partner abgewälzt und es würde zu erheblichem Aufwand führen, da der einzelne Nutzer einen KFZ-Steuerbescheid erhält, worin sämtliche gefahrenen Mautkilometer erfasst werden. Anschließend müsste die öffentliche Hand ausrechnen, welche Kilometer auf welches PPP-Projekt entfallen.

Den Parteien obliegt es auszuhandeln, wie hoch der Anteil des privaten Partners an dem Aufkommen aus dem variablen PKW-Nutzungsentgelt sein wird, während die Festsetzung des Kilometerpreises gegenüber den PKW-Nutzern dem öffentlichen Partner überlassen würde. Daher werden das Klassifizierungsrisiko und die damit verbundene Einordnung der PKW in die KFZ-Steuerklassen wie auch deren Ertrag dem öffentlichen Partner verbleiben, was der private Partner wegen der möglichen politischen Einflussnahme als wirtschaftliches Risiko empfinden wird.

Für den PKW-Nutzer wird ein solches Modell als Einführung der PKW-Maut gelten, selbst wenn der variable Anteil nur auf Ausbaustrecken erhoben würde. Dass dies rechtlich möglich ist, wurde oben schon gezeigt.

2. Ergebnis

In praktischer Hinsicht würde das Nutzungsverhalten über die schon vorhandenen Mauterfassungssysteme für das A-Modelle erfasst. Die Erfassung im Rahmen der vorhandenen Modelle des A-Modells hat den Vorteil, dass zumindest auf Autobahnen solche Installationen schon vorhanden sind; auf allen anderen Strecken müsste dies neu installiert werden.

Bevor weitere Überlegungen zu den rechtlichen Möglichkeit und der Ausgestaltung einer solchen Vergütungsvariante angestellt werden, muss festgestellt werden, dass deren politische Durchsetzbarkeit und der darauf bezogene politische Wille gering sind.

Haushalterische Hindernisse bestünden zunächst nicht. Das Haushaltsrecht, also § 7 BHO und § 6 HGrG, steht einer streckenbezogenen KFZ-Steuer nicht entgegen. Denn diese Steuer stellt nichts anderes dar als eine Erweiterung der LKW-Maut auch auf PKW. Da die LKW-Maut, das A-Modell, auf keine haushalterischen Bedenken stößt, kann für PKW nichts anderes gelten.

Denn der LKW-Maut liegt die Erledigung einer öffentlichen Aufgabe zugrunde, ohne dass der öffentliche Partner Zahlungsverpflichtungen eingeht. So verhält es sich nun auch in diesem Fall, mit der Ausnahme, dass das Verkehrsmengenrisiko vermindert wird, da die Menge des mautpflichtigen Verkehres durch Hinzunahme der PKW erhöht wird. Daraus folgt, dass die wirtschaftliche und sparsame Erfüllung einer öffentlichen Aufgabe gesichert wird, weil das Verkehrsmengenrisiko, welches ein Hauptkritikpunkt der bisherigen Verfahren war, abgemildert wird: mit der Folge einer steigenden Attraktivität für private Interessenten an Ausschreibungen und der sinkenden Wahrscheinlichkeit, dass der private Partner mangels Verkehrsvolumen in Refinanzierungsnöte kommt.

Problematischer ist dagegen, dass Anteile an der KFZ-Steuer an den privaten Partner ausgekehrt werden sollen oder die KFZ-Steuer gesenkt werden muss, um die Akzeptanz dieser Vergütungsvariante zu erhöhen. Die Attraktivität der Teilnahme an einem Ausschreibungsverfahren für private Anbieter wird, wie schon ausgeführt, erhöht, mit der positiven Auswirkung für die öffentliche Hand, dass der Wettbewerb steigt. Während Verfügbarkeitsentgelte und Boni an Bedingungen geknüpft sind, die die bereitzustellende Leistung des Privaten definieren, fehlt dies bei einer anteiligen Überlassung der KFZ-Steuer. Der Zweck beispielsweise der Verfügbarkeitsentgelte, eine besonders gute, qualitativ hochwertige Erfüllung öffentlicher Aufgaben zu erreichen, fehlt, während möglicherweise Mindereinnahmen der öffentlichen Hand drohen.

Zu beachten ist dabei, dass das A-Modell im Verkehrsinfrastrukturbereich wesentlich besser angenommen wurde als das F-Modell. Daher besteht keine Veranlassung, einerseits Reformen mit Risikoverlagerungen auf den öffentlichen Partner durchzuführen, andererseits mögliche Einnahmenminderungen in Kauf zu nehmen. Dies ist im Bereich des F-Modells anders.

3. Steuerbelastung der anderen NPPP-Modelle

Die Übertragung der Überlegung von Steuerbelastungen in anderen Bereichen in Kombination mit Nutzerfinanzierungen ist ohne die Einführung neuer Steuern nicht machbar.

Steuern werden erhoben, ohne dass es dafür eine konkret zuzuordnende Gegenleistung des Steuer-Erhebenden gibt. Zusätzliche Steuern, z. B. Schwimmbadbesuche oder die Nutzung der Wasserver- und -entsorgungseinrichtungen, würde am politischen Widerstand und an fehlender Akzeptanz der Bürger scheitern.

XI. Gesamtergebnis

Die von den verschiedenen Verbänden vorgebrachten Kritikpunkte und Lösungsansätze zielen in dem hier interessierenden Punkt der Vergütungsmechanismen überwiegend darauf ab, das Risiko der Nutzerquantität abzuschwächen, ohne eine Übertragung auf den privaten Partner gänzlich abzulehnen.[644] Außerdem soll eine Übertragung politischer Entwicklungen eingeschränkt auf den Risikobereich des öffentlichen Partners erfolgen.[645]

Unter dieser Prämisse wurden die NPPP-Modelle auf mögliche Veränderungen der Entgeltverfahren untersucht. Dazu wurden die oben vorgeschlagenen Modellalternativen oder -veränderungen wiedergegeben und auf ihre Praktikabilität und rechtliche Risiken hin untersucht.

Die Schwächen der oben aufgeführten Modelle liegen darin, dass die Drittnutzung mit der Vergütung nicht verbunden werden kann oder eine stärkere Nutzerfinanzierung an der fehlenden Akzeptanz scheitert. Außerdem ist z. B. die Zusammenarbeit der Partner beim V-Modell i. d. R. mit der Fertigstellung des Bauvorhabens beendet und passt damit nicht zu der zuvor gefundenen NPPP-Definition. Weitere Probleme ergeben sich bei den einzelnen Modellen aus Praxiserfahrungen, wonach bestimmte Risikoverlagerungen, die überwiegend mit

644 Erörterung des Zwischenberichtes „Evaluierung der Pilotprojekte des A-Modells“ mit Verbänden und Privatwirtschaft, abzurufen unter http://www.vifg.de/_downloads/service/informationen-zu-modellen-und-projekten/080515-Evaluierung-A-Modell-Vorstellung-Zwischenbericht.pdf, S.1/2, abgerufen am 12.07.2013.

645 Erörterung des Zwischenberichtes „Evaluierung der Pilotprojekte des A-Modells“ mit Verbänden und Privatwirtschaft, abzurufen unter http://www.vifg.de/_downloads/service/informationen-zu-modellen-und-projekten/080515-Evaluierung-A-Modell-Vorstellung-Zwischenbericht.pdf, S.1/2, abgerufen am 12.07.2013.

den Vergütungsmechanismen verbunden oder durch sie entstanden sind, dem partnerschaftlichen Ansatz von PPP als nicht entsprechend empfunden werden.

Bei der Untersuchung war stets zu berücksichtigen, dass es um die Erfüllung einer öffentlichen, staatlichen Aufgabe durch einen Privaten geht. Dies wirkt sich dergestalt auf das Verhältnis öffentlicher und privater Partner aus, dass im Sinne der optimalen und zuverlässigen Erfüllung der dem Staat im Rahmen der Verkehrsinfrastruktur im besonderen und der Infrastruktur- und Daseinsvorsorge im Allgemeinen obliegenden öffentlichen Aufgaben bei der Übertragung auf Private diese Erfüllung durch optimale Vertragsgestaltung gelingt und auch für die Zukunft sichergestellt ist. Dafür ist es entscheidend, das Vergütungsverfahren für den privaten Partner aufgrund der erkannten Risiken im Verkehrsinfrastrukturbereich zu verbessern.

Danach ergibt sich, dass für den privaten Partner auf der einen Seite das politische Risiko und das Tragen des kompletten Verkehrsmengenrisikos zu Bedenken geführt hat, die die Rentabilität der Projekte und damit die sichere Erfüllung der staatlichen Aufgabe durch den Privaten gefährden könnte. Für den öffentlichen Partner auf der anderen Seite ist es von entscheidender Bedeutung, eine funktionierende Erfüllung der Aufgabe durch den Privaten zu erreichen, um nicht wegen seiner Gewährleistungsfunktion im Rahmen der funktionellen Privatisierung die Aufgabe wieder selbst erfüllen zu müssen. Dazu wird er, je mehr NPPP-Projekte gestartet werden und je länger der einzelne Vertrag schon läuft, immer schwerer in der Lage sein. Der öffentliche Partner verliert seine entsprechenden Kompetenzen. Dementsprechend wurden die oben vorgeschlagenen Verbesserungen begutachtet und festgestellt, dass es sich bei dem Vertrag zwischen öffentlichem und privatem Partner um einen öffentlich-rechtlichen Vertrag handelt.

Unter öffentlich-rechtlichem Vertragsregime sowie in Bezug auf den Nutzerfinanzierungsgedanken wurden daher die möglichen Verbesserungen der Verfahren der Entgeltmechanismen untersucht: Die Einführung variabler Laufzeiten und das Barwertmodell verabschieden sich einerseits von dem Nutzerfinanzierungsgedanken, da das Verkehrsmengenrisiko komplett auf den öffentlichen Partner umgelegt wird. Findet keine Verkehrsnutzung statt, verlängert sich, überspitzt ausgedrückt, die Vertragslaufzeit auf den Sankt-Nimmerleinstag. Außerdem besteht das dann systemgewollte Problem der ungewissen Vertragslaufzeit, sodass der öffentliche Partner, auch überspitzt formuliert, jederzeit damit rechnen muss, kurzfristig einen Nachfolger finden oder selbst einzuspringen zu müssen, um, wie oben beschrieben, die Aufgabenerfüllung noch garantieren zu können. Dadurch wäre die adäquate Erfüllung der dem öffentlichen Partner obliegenden Staatsaufgabe nicht gesichert, sodass die Barwertmethode im Rahmen einer nutzerfinanzierten PPP im Bereich einer Staatsaufgabe zu vernachlässigen ist.

Daneben stellt sich das vergaberechtliche Problem, wie zu verfahren sein soll, wenn eine variable Verlängerung eintritt. Die Untersuchung hat ergeben, dass grundsätzlich ein neues Vergabeverfahren bei einer variablen Verlängerung nicht durchzuführen ist. Jedoch gilt dies nur, wenn die Verlängerungsoption schon im ursprünglichen Vergabeverfahren umfasst war. Dies wäre sicherzustellen. Allerdings ergibt sich dann möglicherweise das Problem der Vertragslaufzeit insgesamt, da der EuGH 30-jährige Vertragslaufzeiten für zwar akzeptabel, aber wettbewerbsrechtlich als bedenklich ansieht. Da das Wettbewerbsrecht mit den EU-Grundfreiheiten den Rahmen für eine marktwirtschaftliche Verfassung der EG bildet,[646] ist fraglich, ob der EuGH bei nächster Gelegenheit nicht doch eine so lange Vertragslaufzeit als wettbewerbsschädlich und als zu lang einstufen würde. Dafür spräche auch, dass durch die variable Laufzeit für einen Partner Risiken gemindert werden, während andere potentielle private Partner länger ausgeschlossen bleiben, der alte Partner also bessergestellt würde. Daher besteht neben den aufgeführten praktischen Problemen auch eine zu berücksichtigende rechtliche Unsicherheit.

Die Verkehrsmengenberechnung des öffentlichen Partners zur verbindlichen Basis zur Abgabe eines Angebotes zu machen, widerspricht nicht der Sicherstellung der Erfüllung der Staatsaufgabe. Allerdings wird dadurch das Vergabeverfahren auf der einen Seite durch Kontrollen, Offenlegungen sonstiger Berechnungen, Überprüfungen und Regressversprechen aufgebläht, sodass die Rentabilität des Projekts insgesamt leidet, damit private Partner abgeschreckt werden könnten und die Erfüllung der Aufgabe schlechter delegiert werden kann. Auf der anderen Seite wirkt sich das zunächst nicht auf die Qualität der Erfüllung der Aufgabe direkt aus, sondern möglicherweise nur darauf, dass ausschließlich große Unternehmen interessiert sind, weil kleinere und mittelständische Unternehmen die schon jetzt als hoch empfundenen Transaktionskosten nicht schultern könnten.[647] Darunter leidet die Auswahlmöglichkeit der privaten Partner, sodass aufgrund des fehlenden Wettbewerbs ggf. die haushalterische Wirtschaftlichkeit gefährdet sein könnte. Vorteilhaft wäre jedoch, dass große, finanzstarke private Partner über die gesamte Vertragslaufzeit die übertragenen Aufgaben erledigen können, ohne von Insolvenzen bedroht zu sein.

646 Immenga/Mestmäcker, Bd. 1: Immenga/Mestmäcker, I. Abschn., B, III, 2, Rn. 35.

647 Vgl. Stellungnahme des Bundesvereinigung Mittelständischer Bauunternehmen e.V., abzurufen unter http://www.vifg.de/_downloads/service/informationen-zu-modellen-und-projekten/080515-Evaluierung-A-Modell-Vorstellung-Zwischenbericht.pdf, S. 22/23, abgerufen am 12.07.2013.

Allerdings würde mangels Wettbewerb (schon jetzt kommen bei PPP-Projekten überwiegend große Baukonzerne zum Zuge) die Wirtschaftlichkeit des Projektes leiden und damit die Wirtschaftlichkeitskriterien der haushalterischen Vorschriften mangels Auswahlmöglichkeiten betroffen sein. Zurückkommend auf die von der öffentlichen Hand durchgeführte und sogar möglicherweise garantierte Verkehrsmenge auf Vertragsgrundlage, stellt sich die Frage, warum der öffentliche Partner sich so weit festlegen sollte. Dadurch wäre er leichter in Regress zu nehmen, wodurch die haushalterische Bewertung der Zulässigkeit einer solchen Maßnahme negativ beeinflusst würde.

Sowohl in rechtlicher als auch tatsächlicher Hinsicht hat sich die Vereinbarung eines Verfügbarkeits*elements* als zielführend gezeigt, wenn die strategischen Interessen der Partner berücksichtigt werden. Beide Parteien werden aufgrund des partnerschaftlichen Charakters dafür Sorge tragen, dass jeder diejenigen Risiken übernimmt, die er am besten tragen kann. Dies ist die Theorie. In der Praxis ist die Verhandlungsmacht des öffentlichen Partners stärker. Dieser bestimmt die Ausschreibungsunterlagen und verteilt faktisch die Risiken, indem z. B. das komplette Verkehrsmengenrisiko auf den privaten Partner übertragen wird. Dies ist insofern naheliegend, als das Verkehrsaufkommen schwer zu kalkulieren und die Einnahmenseite eines Projekts kaum vorherzusehen sind und gleichzeitig der öffentliche Partner eine haushaltsferne Finanzierung wünscht.

Das Verkehrsmengenrisiko will keiner der Partner tragen, sodass sich am Ende der stärkere Partner durchsetzt. Bei richtiger Verkehrsprognose ergibt sich kein Problem. Erfolgt jedoch eine Fehleinschätzung, wie es teilweise beim A-Modell, überwiegend beim F-Modell geschehen ist, trägt der schwächere Partner das damit verbundene wirtschaftliche Risiko, was in diesem Fall zu einer Gefährdung des gesamten Projektes führen kann. Die richtige Einschätzung der Verkehrsmenge ist die entscheidende Größe für die erfolgreiche Refinanzierung des Privaten. Zur Abfederung möglicher Fehleinschätzungen eignet sich die Einführung von Verfügbarkeitselementen in die nutzerbasierte Vergütung am besten. Denn durch die Integration von Verfügbarkeitselementen werden zwei wünschenswerte Ziele erreicht.

Auf der einen Seite kann die Verfügbarkeit, wie oben beschrieben, definiert und mit einem Service-Level kombiniert werden. Dadurch wird erreicht, dass das Leistungsniveau der Aufgabenerfüllung durch den Privaten erhöht wird. Auf der anderen Seite wird durch die Einführung dieses Elementes ein Teil der Vergütung vom tatsächlichen Verkehrsaufkommen abgekoppelt. Ob dann eine ausreichende Vergütung erzielt werden kann, hängt von dem Leistungsverhalten des Privaten ab.

Kombiniert werden können Verfügbarkeitselemente damit, dass der Nutzer zwar ein Entgelt an den öffentlichen Partner zahlt, dieser aber pro mautpflichtigem Fahrzeug nur eine Einheitsmaut an den privaten Partner weiterleitet. Auch dies wäre möglich und würde das politische Risiko der Mautklasseneinteilung dem partnerschaftlichen Charakter des Vertrages entsprechend bei demjenigen belassen, der darüber entscheidet, nämlich dem öffentlichen Partner.

Daher ist die Verknüpfung der Nutzerfinanzierung mit einem Verfügbarkeitselement für den öffentlichen Partner aus zwei Gründen vorteilhaft: erstens, weil verknüpft mit Qualitätsmerkmalen, ein hoher Leistungsstandard erreicht wird, und zweitens die Abhängigkeit von der Verkehrsmenge reduziert wird, was aus den oben genannten Gründen eine langfristig gute Erfüllung der Staatsaufgabe durch den Privaten unterstützt.

Aus vergaberechtlichen Gründen spricht nichts gegen eine solche Einführung, da die Laufzeit des Vertrages unberücksichtigt bleibt. Auch unter Haushaltsgesichtspunkten begegnet eine solche Vereinbarung keinen Bedenken, sofern sich das Verkehrsmengenrisiko als problematisch für den öffentlichen Partner bzgl. der Refinanzierung des Privaten darstellt. Aus staatsschuldenrechtlichen Überlegungen heraus ist zu beachten, dass sich der öffentliche Partner auf Jahre hinaus zu Zahlungen verpflichtet durch Bonus- oder Verfügbarkeitsklauseln, sodass keine vollständig haushaltsferne Bereitstellung von Staatsaufgaben gelingt. Dem wird über Verpflichtungsermächtigungen Rechnung getragen und ist zur Steigerung der Attraktivität der Leistungserfüllung Privater zu akzeptieren.

In die gleiche Kerbe schlägt die verstärkte Berücksichtigung von Bonus- und Malusregelungen aufgrund der Ähnlichkeit und Überschneidung mit Verfügbarkeitselementen. Erstens wird durch ein Bonus- und Malussystem ein Anreiz geschaffen, um die Leistungsqualität der Aufgabenerledigung zu erhöhen und verbessern und damit die Wirtschaftlichkeit des Mitteleinsatzes durch den öffentlichen Partner erhöht. Zweitens kann der private Partner über die Erfüllung der Bonuskriterien eine zusätzliche, nutzungsunabhängige Vergütung generieren.

Daher sind NPPP-Projekte um Vergütungselemente und/oder Bonus- und Malusregelungen sowie ggf. um eine Einheitsmaut zu ergänzen, was rechtlich und tatsächlich möglich ist. Dabei handelt es sich aber weniger um neue oder bessere Verfahren der Nutzerfinanzierungen als um eine optimierte Gestaltung im Rahmen der bekannten Grundarten der Nutzerfinanzierung.

G. Vertrags- und Projektverbesserung

Aus dem ermittelten Ergebnis ist ein NPPP-Mustervertrag im Hinblick auf ein optimales Vergütungsverfahren zu entwickeln.

Wie oben geschrieben, sind Bonus- und Malusregelungen bei (N)PPP-Projekten geeignet, einerseits das Verkehrsmengenrisiko abzufedern, andererseits die Erfüllung der öffentlichen Aufgabe zu verbessern und abzusichern. Dabei ist zunächst festzuhalten, dass Bonus- und Malusregelungen nur im Verhältnis öffentlicher und privater Partner vereinbart wurden, sodass deren Berücksichtigung bei NPPP-Projekten eine zweigeteilte Finanzierung des Privaten zur Folge hat. Dies entspricht auch insofern den tatsächlichen Gegebenheiten, als die bisherigen NPPP-Projekte (A- und F-Modell) jeweils mit Anschub- und Zwischenfinanzierungen ausgestattet wurden, sodass trotz Nutzerfinanzierung auch Geldflüsse zwischen öffentlichem und privatem Partner bestehen. Dies ist beim A-Modell noch mehr der Fall, da die erhobenen Mautgebühren nur über den öffentlichen Partner an den privaten Partner weiter geleitet werden. Daher bietet auch die Nutzerfinanzierung aufgrund ihrer Zweigeteiltheit grundsätzlich Raum auch für Bonus-[648] und Malusvereinbarungen.

I. Bonus- und Malussystem/Verfügbarkeit

Der Vorteil eines Bonussystems ist, dass die maximale theoretische Gesamtbelastung für den öffentlichen Partner von vornherein erkennbar ist. Für den Privaten auf der anderen Seite ist grundsätzlich erkennbar, wie hoch die Maximalvergütung sein könnte, wenn die Anreize, die dadurch gesetzt werden, erfüllt werden. Außerdem verbindet der Bonus Verfügbarkeitselemente und Vergütungen mit einem Anreizsystem, sodass einerseits das Mengenrisiko der tatsächlichen Nutzung abgeschwächt wird, andererseits für den öffentlichen Partner durch Anreize eine bessere Erfüllung einer Staatsaufgabe erfolgen kann.

Der Bonus hängt vom Erreichen bestimmter Kriterien, beispielsweise aufgestellt anhand des Service-Level-Agreement, ab, sodass das Erreichen und die Kontrolle bestimmter Qualitätsstandards neben der normalen vertraglichen Absicherung durch Boni-Vereinbarungen mit zusätzlichen Anreizen versehen werden können.[649] Dadurch werden die oben genannten „Boni“ und Verfügbarkeitselemente zusammengeführt und können je nach Vertragsverhandlung und Verhandlungserfolg ausgestaltet werden. Damit hat der Bonus eine lenkende Funktion, von der beide Seiten profitieren, da es im Interesse des Privaten liegt, den

648 Hinsichtlich Bonuszahlungen bestehen insofern sowieso keine Bedenken, da diese unabhängig von etwa bestehenden Geldflüssen zusätzlich zur normalen Nutzerfinanzierung vereinbart werden können.

649 Vgl. Bertelsmann Stiftung (Hrsg.), Prozessleitfaden PPP, S. 58, abrufbar unter http://www.bertelsmann-stiftung.de/cps/rde/xbcr/SID-1507AB99-E990D756/bst/xcms_bst_dms_18439_18440_2.pdf, abgerufen am 12.07.2013.

Bonus zu erhalten und seine Vergütung damit zu erhöhen, während es im Interesse des öffentlichen Partners ist, dass die Parameter, die zur Auskehrung des Bonus führen, erreicht werden, sodass er auf diese Weise Schwerpunkte setzen kann.[650]

Der weitere Vorteil des Bonus liegt darin, dass der private Partner keinen Anspruch auf den Bonus hat, wenn er die Kriterien nicht erfüllt und dass die Vorenthaltung rechtlich wesentlich einfacher zu handhaben wäre als ein Abzug von der Grundvergütung.

Rechtlich ist die Bonusvereinbarung als eigener Leistungsanspruch bzw. als vertraglicher Anspruch eigener Art gem. § 241 BGB einzustufen und kann im Rahmen des PPP-Vertrages formfrei vereinbart werden.[651] Berücksichtigt wird dies gem. § 62 VwVfG. Insbesondere liegt weder eine Auslobung gem. § 657ff. BGB noch eine Schenkung gem. § 516ff. BGB vor.

Die Bonusvereinbarung stellt, ähnlich wie Boni im Arbeitsrecht, ein zweiseitiges Rechtsgeschäft dar. Darin liegt der Unterschied zur Auslobung, die durch einseitige, nicht empfangsbedürftige öffentlich bekanntzumachende Willenserklärung des Auslobenden zustande kommt.[652] Die Auslobung richtet sich auch an jedermann, der durch die Auslobung angehalten werden soll, eine Handlung vorzunehmen oder einen Erfolg herzustellen,[653] und zwar auch dann, wenn er gar nicht in Kenntnis der Auslobung gehandelt hat.[654]

Demgegenüber erfolgt die Bonusvereinbarung im Rahmen des PPP-Vertrages als zweiseitiges Rechtsgeschäft, indem der private Partner angehalten wird, Standards herzustellen und zu erreichen, während der öffentliche Partner dafür eine Zusatzvergütung in Aussicht stellt. Beide arbeiten also bewusst und gewollt zusammen, sodass die Auslobung als einseitiges Rechtsgeschäft nicht einschlägig ist. Es handelt sich auch nicht um eine die notarielle Form notwendig machende Schenkung gem. § 516ff. BGB. Eine Schenkung läge nur dann vor, wenn sie (also hier der Bonus) rechtlich unabhängig von einer Gegenleistung vorgenommen wird bzw. nicht zur Tilgung einer Verbindlichkeit bestimmt ist.[655] Dies ist bei der Bonusvereinbarung nicht der Fall. Die Ausschüttung des

650 Durch die Verknüpfung eines Parameters dokumentiert der öffentliche Partner, dass ihm die Erreichung dieses Parameters besonders wichtig ist, sodass es ihm die Zusatzvergütung wert ist.

651 BGH NJW 2009, S. 2737 [2737].

652 MüKo: Seiler, Bd. 4, § 657, Rn. 4; Palandt: Sprau, § 657, Rn. 1.

653 MüKo: Seiler, Bd. 4, § 657, Rn. 3; Palandt: Sprau, § 657, Rn. 1.

654 Vgl. Staudinger: Bergmann, Buch 2, Neubearbeitung 2006, § 657, Rn. 10, der dort die Meinung des Gesetzgebers wiedergibt, um anschließend, Rn. 13ff., ein Willensmoment auf Seiten des Handelnden zu fordern.

655 MüKo: J.Koch, Bd. 3, § 516, Rn. 24; Palandt: Weidenkaff, § 516, Rn. 11.

Bonus ist davon abhängig, dass das zuvor definierte Leistungsziel erreicht wird, dessen Erreichung und Halten durch den öffentlichen Partner mit einer Extra-Vergütung „bewehrt" wird. Auf Seiten des Privaten wird nur eine Leistung abverlangt, sodass unklar sein könnte, ob damit nicht doch das Erfordernis der „Unentgeltlichkeit" gem. § 516 Abs. 1 BGB eingehalten würde, da im Verhältnis öffentlicher und privater Partner als Gegenleistung für den Bonus kein Geld fließt.

Auch der Eintritt eines Ereignisses[656] stellt für sich keine Gegenleistung dar, sodass das Eintreten eines (oder mehrerer Ereignisses, also die Einhaltung der Bonus-Parameter) Ereignisses für den Anfall der Zuwendung keine Abhängigkeit von einer Gegenleistung begründen muss, sodass von einer Schenkung ausgegangen werden könnte.[657]

Allerdings könne eine entgeltliche Leistung auch dann vorliegen, „wenn sie als Entlohnung für besondere Bemühungen des Zuwendungsempfängers erfolgt, die in dem zukünftigen Eintritt eines bestimmten Erfolgs sichtbar werden"[658]. Wer daher eine Belohnung für derartige Bemühungen zusagt, „beabsichtigt – jedenfalls in der Regel – keine belohnende Schenkung, sondern schließt einen entgeltlichen Vertrag über die Entlohnung einer noch zu erbringenden besonderen Leistung".[659]

Für die Bejahung der Entgeltlichkeit der erfolgsabhängigen Zuwendung sei es daher ausreichend, dass die Leistung des einen Teils Bedingung für die Verpflichtung der anderen Seite sein soll; darauf, ob es sich um eine gleichwertige Gegenleistung handelt, kommt es nicht an.[660]

Dies bedeutet im vorliegenden Fall, dass eine Bonusvereinbarung deshalb geschlossen wird, damit der private Partner, regelmäßig im Rahmen des Betriebs eine besondere Leistung in der Form erbringt, dass Qualitätsstandards erreicht und gehalten werden sollen. Für das Bemühen, diese Leistung auch zu erreichen, wird für den Erfolgsfall der Bonus versprochen, der also damit zusammenhängt, dass eine übermäßige Anstrengung zu einem zukünftigen Erfolg führen soll, dessen Eintritt dann wiederum belohnt wird.

Diese Bonusvereinbarung ist daher als eigener Vertrag i. S. v. § 241 BGB zu qualifizieren. Dies gilt auch dann, wenn der NPPP-Vertrag, in dessen Rahmen die Bonusvereinbarung zu schließen wäre, einen öffentlich-rechtlichen Vertrag gem. § 54ff. BGB darstellt. Denn mangels eigener öffentlich-rechtlicher Rege-

656 In dem durch den Bundesgerichtshof beurteilten Fall war es der Eintritt der Meisterschaft, BGH NJW 2009, S. 2737.

657 BGH NJW 2009, S. 2737 [2737].

658 BGH NJW 2009, S. 2737 [2737].

659 BGH NJW 2009, S. 2737 [2737].

660 BGH NJW 2009, S. 2737 [2737].

lungen über Bonusvereinbarungen fände § 241 BGB gem. § 62 S. 2 VwVfG Anwendung.

Das Vorenthalten des Bonus unterläge nicht der Kontrolle nach §§ 339ff. BGB und wäre auch nicht im Hinblick auf §§ 280 BGB ff. zu überprüfen, da es sich um die Nichtgewährung einer Belohnung handelt, die nicht an ein Verschulden o. ä. geknüpft ist[661] (anders höchstens i. V. m. § 242 BGB, wenn das Verhindern des Erreichens des Bonus auf ein überwiegendes Verschulden des öffentlichen Partners zurückzuführen wäre).[662] Anders wäre es, wenn ein Malus-System eingeführt würde, z. B. wenn ein bestimmtes, vereinbartes Service-Level, mithin eine vertraglich geschuldete Leistung nicht erreicht oder unterschritten würde und dann ein Teil der Grundvergütung gestrichen würde, sodass zwischen Malus-System und vertraglicher Vergütung eine Verknüpfung geschaffen würde.

Durch die Streichung eines Teils der Vergütung befände man sich aufgrund einer Schlecht- oder Mindererfüllung der vertraglich vereinbarten Leistung im Bereich der §§ 280ff. BGB. Das Problem der Malusregelung bestünde darin, dass einerseits ein Verschulden nötig ist, andererseits sich die Frage stellt, wie hoch die Minderung der Grundvergütung sein darf. Dies würde sich im Rahmen des eingetretenen Schadens bewegen. Das jedoch wäre schwer zu bestimmen, wenn z. B. ein Service-Level nicht eingehalten würde, denn die reine Nichteinhaltung führt nicht unbedingt zu einem finanziell messbaren Schaden. Der öffentliche Partner könnte nur i. S. d. §§ 280ff. BGB seinen bezifferbaren Schaden geltend machen. Darüber hinaus müsste dem privaten Partner die Möglichkeit gegeben werden, dem öffentlichen Partner einen geringeren Schaden gem. § 309 Nr. 5 BGB nachzuweisen, da es sehr wahrscheinlich ist, dass das Vertragswerk der AGB-Kontrolle unterliegen würde.

Da auf der einen Seite ein Schaden für den öffentlichen Partner schwer feststellbar sein wird, andererseits der Private aber nachweisen kann, dass kein oder ein geringerer Schaden besteht, dürfte der Anreiz- und Sanktionsgedanke des so ausgelegten Malus-Systems nicht greifen. Daher ist das bezweckte Ziel, den privaten Partner zu einer Einhaltung und Übererfüllung festgelegter Qualitätsstandards auf wesentlich einfacherem, rechtssicherem und weniger konfliktanfälligem Wege zu erreichen, wenn nur der Bonus vorenthalten wird. Gleichzeitig ist der Bonus als Verfügbarkeitselement auszugestalten, sodass über den Bonus die „Verfügbarkeit" einer Leistung honoriert und das Verkehrsmengenrisiko für den

---

661 Staudinger: Rieble, Buch 2, Neubearbeitung 2009, vor § 339, Rn. 29; vgl. Palandt: Grüneberg, § 339, Rn. 6; die Paragrafenangaben des Bürgerlichen Gesetzbuches jeweils i.V.m. § 62 S. 2 VwVfG.

662 Vgl. BGH NJW 1980, S. 1043 [1044].

privaten Partner verringert wird. Zwei Ziele werden durch eine Maßnahme erreicht.

II. Vertragsstrafen

Um neben dem Bonus-System auch einen Sanktionsmechanismus zu integrieren, ist zu prüfen, ob es möglich ist, statt eines „Malus“ Vertragsstrafen einzuführen.[663]

In den Musterverträgen zum PPP-Modell werden Vertragsstrafen für die Fälle vorgeschlagen, in denen bestimmte Bauabschnitte zu vorher vereinbarten Terminen nicht fertig gestellt sind oder einem bestimmten Qualitätsstandard nicht entsprechen. Ein Vorteil der Vereinbarung einer Vertragsstrafe liegt darin, dass es sich dabei um ein unabhängiges Strafversprechen handelt, welches als Druckmittel zur Erfüllung einer Hauptverbindlichkeit dient.[664] Die Hauptverbindlichkeit, an welche die Vertragsstrafe geknüpft würde, wäre hier die Einhaltung eines Qualitätsstandards oder von Fertigstellungsterminen für Bauabschnitte. Eine Verbindung mit der vertraglich zugesicherten Grundvergütung, auf die ein Anspruch besteht, wird bewusst vermieden. Sollte dann ein Fertigstellungstermin nicht gehalten werden können oder der Qualitätsstandard von einem vorher festgelegten Wert zu einem bestimmten Termin abweichen, würde die Grundvergütung für den Privaten zwar gleich bleiben, aber es würde einerseits der Bonus entfallen, andererseits würde eine Strafzahlung fällig, sodass die faktische Vergütung, auch wenn Vertragsstrafe und Grundvergütung rechtlich getrennt sind, unter dem Strich für diesen Zeitraum geringer wäre. Der Sanktionscharakter bei Verfehlungen würde erhöht. Ein weiterer Vorteil könnte sein, dass die Vertragsstrafe ggf. unabhängig von einem Verschulden versprochen werden könnte, was den öffentlichen Partner begünstigen würde.[665]

Entschieden hat der BGH[666] in einem Fall, in dem die Treuhand in den neuen Bundesländern ein Grundstück mit der Auflage an eine Gesellschaft, in dem zu errichtenden Betrieb eine bestimmte Anzahl von Arbeitsplätzen zu schaffen. Für den Fall der Nichtschaffung wurde pro fehlendem Arbeitsplatz und pro Monat eine Vertragsstrafe von 2.000 DM vereinbart. Begründet wurde die verschuldensunabhängige Vertragsstrafe in der Vorinstanz damit, dass der beklagte private Käufer, ob verschuldensabhängig oder nicht, die Risiken eines Investors

663 So auch Schweiger, der allerdings von einer Verfallklausel ausgeht, auf die die Vorschriften der Vertragsstrafe analog anzuwenden sind, NZBau 2011, S. 137 [140].

664 Palandt: Grüeneberg, § 339, Rn. 1; Bamberger/Roth: Janoschek, § 339, Rn. 1.

665 Bamberger/Roth: Janoschek, § 339, Rn. 6; Palandt: Grüneberg, § 339, Rn. 15.

666 BGH, Urteil vom 06.12.2002, Az.: V ZR 184/02.

tragen müsse, die sich hier aufgrund verändernder Rahmenbedingungen verwirklicht hätten.

Der BGH begründet den verschuldensunabhängigen Vertragsstrafenanspruch dann jedoch damit, dass die Vertragsstrafe der Sicherung von gesamt- und volkswirtschaftlichen sowie sozial- und strukturpolitischen Zielsetzungen dient, die mit der Grundstücksveräußerung verfolgt wurden.[667]

Von einer „gesamtwirtschaftlichen" Bedeutung von PPP-Modellen und deren Vergütungssystem kann nicht gesprochen werden, allein schon weil die Mehrheit der Bauvorhaben (noch) konventionell erfolgt. Denn die Begründung der verschuldensunabhängigen Vertragsstrafe im entschiedenen Fall war die Schaffung von Arbeitsplätzen, während es sich hier um ein Service-Level-Agreement oder ein Fertigstellungsdatum eines Bauwerkes handelt. Dies sind, im Vergleich zu dem entschiedenen Fall des BGH, keine Gründe, die ein Abweichen vom gesetzlichen Leitbild des § 339 BGB rechtfertigen würden.

Daher liegt der Vorteil der Vereinbarung einer Vertragsstrafe nicht in dem Ausschluss des Verschuldenserfordernisses, sondern im nicht erforderlichen Nachweis der Schadenshöhe und der Vereinfachung der Schadloshaltung des Gläubigers, hier des öffentlichen Partners.[668] Sofern der private Partner den vorher vereinbarten Pflichten nicht nachkommt, wird die Vertragsstrafe fällig, ohne dass auf Seiten des öffentlichen Partners ein konkreter Schaden vorliegen müsste.[669] Ein weiterer Vorteil liegt darin, dass die Vertragsstrafe losgelöst ist von der Grundvergütung, diese also parallel weiter läuft und die vertraglichen Grundlagen für beide jeweils andere sind, die aber über das Vertragsstrafeversprechen und den Grund der Strafe, also Nichteinhaltung von Terminen nach dem Hauptvertrag oder Verletzung von Qualitätsstandards, doch wieder miteinander verknüpft sind.

Daher stellt die Vereinbarung von verschuldensabhängigen Vertragsstrafen ein taugliches Mittel dar, um einerseits Fertigstellungstermine durch Sanktionen zu bewehren, andererseits auch den Druck für einzuhaltende Standards zu erhöhen. Dies hat zur Folge, dass, wenn der vertraglich vereinbarte Standard gehalten oder übertroffen wird, ein Bonus fällig wird. Wird er unterschritten, wird eine Vertragsstrafe fällig. Da darauf nur der private Partner im Rahmen des Betriebsdienstes Einfluss darauf hat, wird so das Verkehrsmengenrisiko abgeschwächt.

667 BGH, Urteil vom 06.12.2002, Az.: V ZR 184/02.

668 BGH NJW 1975, S.163 [164/165].

669 Palandt: Grüneberg, § 340, Rn. 7; Bamberger/Roth: Janoschek, § 340, Rn. 3.

III. Übertragbarkeit auf die NPPP-Bereiche

Die Einführung von Bonus- und Malussystemen in anderen NPPP-Bereichen gilt es zu überprüfen. Anhand des Bereichs der Verkehrsinfrastruktur wurde dies beispielhaft vorgenommen.

1. A-Modell

Bezüglich einer Einführung im A-Modell bestehen keine Bedenken. Hinsichtlich der haushalterischen und staatsschuldenrechtlichen Bewertung kann daher auf bereits erfolgte Ausführungen verwiesen werden.

2. F-Modell

Der Einführung von Bonus- und Malussystemen zur Schaffung zusätzlicher Anreize stehen keine Vorschriften entgegen.

Der Sinn und Zweck des Fernstraßenbauprivatfinanzierungsgesetzes steht dem nicht entgegen. Ein Bonus dient, wie oben angeführt, nicht der Refinanzierung, sondern der Schaffung eines Erfüllungsanreizes. Dies dient sowohl dem Interesse des öffentlichen als auch des privaten Partners, die dadurch einerseits Anreize zur besseren und qualitativ höheren Erfüllung setzen können, andererseits der Private eine Zahlung generieren kann, die unabhängig vom Verkehrsaufkommen ist.

Die Kosten zur Erreichung eines Bonustatbestandes können nicht in die Kostenkalkulation für die Berechnung der Maut einfließen, §§ 3 Abs. 2, 3. FStrPrivFinG. Denn zu berücksichtigen sind nur die Kosten für den Betrieb, was in diesem Fall als der Normalbetrieb zu verstehen sein dürfte. Der Extra-Aufwand zur Generierung eines Bonus kann daher schon allein deshalb nicht berücksichtigt werden, weil dann eine Doppelvergütung stattfände, also Berücksichtigung der Extra-Anstrengungen bei der Mauthöhe und anschließend die Auszahlung des Bonus. Wäre das der Fall, müsste der Bonus ähnlich wie erhaltene Fördermittel gem. § 3 Abs. 3 a.E. FStrPrivFinG von der Maut wieder abgezogen werden. Allerdings handelt es sich bei den benannten Fördermitteln oder Anschubfinanzierungen um Subventionen, runter die der Bonus nicht zu subsumieren wäre. Der Bonus und die Mautvergütung sind daher strikt zu trennen.

Damit kann durch eine Bonusvereinbarung keine Kompensation für die Fehlkalkulierung bei der Berechnung der Verkehrsmenge erfolgen (da sonst die Auszahlung bei der Mauthöhe berücksichtigt werden müsste); der Bonus spielt bei der Refinanzierung keine Rolle und ist unter den Voraussetzungen, wie sie beim A-Modell beschrieben wurden, einsetzbar und sinnvoll zur Steigerung der Betriebsqualität.

Dagegen spricht auch nicht, dass für den Bundeshaushalt keine Kosten entstehen sollen[670]. Denn die Bonusverpflichtung muss zwar durch Verpflichtungsermächtigungen abgesegnet werden. Der Bonus knüpft aber nicht an die Kosten für den Straßenbau an, sondern gibt Anreize und soll die Qualität sichern und erhöhen. Daher besteht zwar eine Haushaltsbelastung, aber keine, die mit Bau, Planung und eigentlichem Betrieb der Strecke zusammenhängt.

3. Sonstige NPPP-Modelle

Bezüglich der weiteren angesprochenen NPPP-Modelle im Bereich der kommunalen Sportstätten, vor allem Schwimmbädern, der Wasserver- und -entsorgung und der Abfallentsorgung kann nach oben verwiesen werden. Eine Vereinbarung von Bonus- und Malusregelungen obliegt der Vereinbarung der Vertragsparteien und kann auch in diesen Fällen die Qualität der Aufgabenerledigung verbessern.

IV. Begrenzung der Vereinbarungen

Bei den oben angeführten Möglichkeiten eines Bonus- und Malussystems wird am einfachsten und zweckmäßigsten ein Bonussystem als Verfügbarkeitsbestandteil verbunden mit einem Vertragsstrafeninstrument als Malus durchzuführen sein, um Anreize zu setzen und Druck zu erzeugen.

Durch das Bonussystem kann ein Leistungsanreiz gesetzt werden, der vertragsrechtlich einfach als Verpflichtung gem. § 241 BGB i. V. m. § 62 S. 2 VwVfG vereinbart werden kann. Gleichzeitig ist die Handhabung einer solchen Vereinbarung rechtlich und tatsächlich während der Vertragslaufzeit einfach. Die Erfüllung des Bonustatbestands hängt einzig vom Verhalten des privaten Partners ab, sodass die Vergütungspflicht nur bei dem vorher vereinbarten und definierten Erfolg eintritt. Wird der Erfolg erreicht, wird der Bonus in der zuvor bestimmten Höhe ausgekehrt. Ein Verschuldensrisiko oder ein Risiko hinsichtlich der Höhe der Zahlung besteht jeweils nicht. Auch die Kombination mit einer Vertragsstrafenregelung ist zweckmäßig und einfach durchzuführen. Zu prüfen ist jedoch, ob dadurch nicht eine unbillige Bestrafung einsetzen könnte, also Verlust des Bonus und gleichzeitig für genau dieses Verhalten, das schon den Bonus verhindert, zusätzlich eine zu entrichtende Vertragsstrafe.

---

670 BT-Drs. 14/8447, S. 9.

Dem ist zunächst zu widersprechen. Gem. § 341 BGB ist es möglich, die nicht gehörig erfüllte Leistung mit einer Vertragsstrafe zu bewehren. Daher bestehen gegen die Einführung der Vertragsstrafe verknüpft mit der gehörigen Erfüllung der Vertragsleistung keinerlei Bedenken.

Ggf. kann jedoch aus dem Rechtsgedanken des § 349 Abs. 2 S. 2 BGB etwas anderes hergeleitet werden, auf den auch § 341 BGB verweist. Danach müssen, sofern ein Schadensersatzanspruch neben einem Vertragsstrafenanspruch besteht und beide Interessengleichheit aufweisen, beide miteinander verrechnet werden.[671] Der Bonus wird entweder versprochen für das Erreichen der vertraglich geschuldeten Leistung oder für die Übererfüllung dieser Leistung.

Wenn nun die vertraglich geschuldete Leistung nicht ordnungsgemäß durchgeführt wird, fällt zunächst der Bonus weg. Die reguläre Vergütung dafür bleibt aber grundsätzlich bestehen. Daneben wird aber die Vertragsstrafe für die nicht ordnungsgemäße Leistungserfüllung fällig, da diese für den Fall im NPPP-Vertrag angedroht wurde. Zusätzlich steht dem öffentlichen Partner für die Schlechterfüllung der geschuldeten Leistung ein Schadensersatzanspruch zu. Sofern dieser geltend gemacht würde, wäre auf diesen Schaden die Vertragsstrafe anzurechnen.

Das Verpassen des Bonus ist aber kein Schadensersatz für eine Schlechterfüllung, da der Bonus nur zusätzlich unabhängig von einem Verschulden versprochen wird und vor allem einen Zusatz, jedoch keinen Verlust bedeutet. Und dass eine Vertragsstrafe neben einem Schadensersatzanspruch bestehen kann, macht die gesetzliche Regelung deutlich. Einzig die Frage, wie sich das Wegfallen des Bonus auswirkt, ist ungeklärt.

Der Rechtsgedanke einer Übersicherung der Leistung des Privaten kommt in den Sinn, kann jedoch nicht einschlägig sein, da dies mit einer Knebelung des Vertragspartners und einer Einschränkung seiner wirtschaftlichen Betätigungsfreiheit verknüpft ist.[672] Wie angeführt, kann die Vertragsstrafe problemlos neben dem Schadensersatzanspruch bestehen. Aber auch durch den Wegfall eines Bonus kann kaum von einer Knebelung des privaten Partners gesprochen werden. Denn eine „Knebelung" dergestalt, dass die wirtschaftliche Betätigung durch den Wegfall eines Bonus eingeschränkt wird, liegt nicht vor. Denn einerseits hat der Private selbst Einfluss darauf, ob er den Bonus erhält, und wird dazu nicht gepresst. Gleiches gilt auch in Bezug auf die Vertragsstrafe. Beide Vertragsteile sind bewusst so ausgestaltet, dass nur der private Partner Einfluss auf den Erfolg hat. Andererseits würde seine wirtschaftliche Betätigungsfreiheit

671 MüKo: Gottwald, Bd. 2, § 341, Rn. 2ff..

672 Vgl. Staudinger: Sack/Fischinger, Buch 1, Neubearbeitung 2011,§ 138, Rn. 302 in Bezug auf Kreditsicherheiten.

nicht durch den Bonus oder durch die Kombination aller Verpflichtungen eingeschränkt, da sich die Vertragsstrafe und der Schadensersatzanspruch im normalen Rahmen bewegen, das Wegfallen des Bonus keine zusätzliche Zahlungsverpflichtung begründen würde und er gleichzeitig seine reguläre Vergütung für die Aufgabe weiterhin erhalten würde. Es fiele einzig eine zusätzliche Vergütungschance weg, auf deren Erreichung aber nur er Einfluss hätte. Daher ist der Wegfall des Bonus, auch in Kombination mit einer Vertragsstrafe, als zulässig einzustufen.

H. Verfahrensmodell

Abschließend kann ein Vertragsregime entwickelt werden, welches sich aus den Erfahrungen der Praxis unter Berücksichtigung der rechtlichen Rahmenbedingungen anhand der oben durchgeführten Untersuchungen ergibt und so einem optimalen Verfahrensmodell für NPPP-Projekte entspricht.

I. Modellgeeignet

Grundsätzlich werden die Entgeltmechanismen strukturiert in leistungsbasierte, nicht nutzerfinanzierte Modelle und Nutzerfinanzierungsmodelle aufgeteilt, die sich wiederum in die Bereiche Maut- und Schattenmautmodell unterteilen.

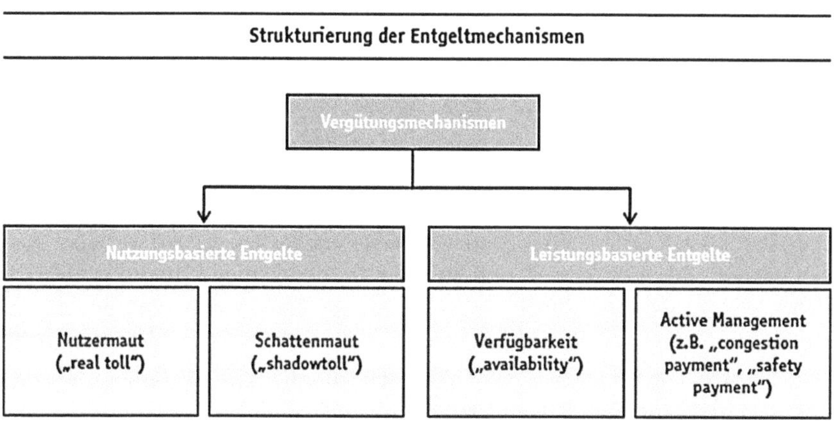

Abb. 6: Vergütungsmechanismen, aus Meyer-Hofmann/ Riemenschneider/ Weihrauch: Böger/Gerdes, S. 395ff.

Das A- und das F-Modell, also die direkte oder indirekte Nutzerfinanzierung, bilden die Ausgangsbasis, auf deren Grundlage auch die oben durchgeführte Untersuchung erfolgte.

Das unechte Schattenmautmodell, also das A-Modell, hat sich als praxistauglicher erwiesen als das F-Modell, weshalb jenem als Ausgangsbasis der Vorzug zu geben ist.

Diese Erfahrungen dürften zwar nicht 1 zu 1 übertragbar sein auf Schwimmbäder, da dort die Bezahlung pro Besuch sozialadäquat ist. Gleiches gilt für den Bereich der Wasserver- und -entsorgung. Dort findet regelmäßig eine Abrechnung pro Monat nach Verbrauch statt. Die Abrechnung auf diese Weise ist sozialadäquat, funktioniert und ist möglich im Verhältnis einer Direktabrechnung zwischen privatem Partner und Nutzer.[673]

II. Unechtes Schattenmautmodell als Ausgangsbasis

Das unechte Schattenmautmodell bietet sich als Ausgangspunkt für eine Nutzerfinanzierung an. Es birgt für den öffentlichen Partner den Vorteil, dass dieser an der Vertragsgestaltung besser mitwirken kann, da letztendlich im NPPP-Vertrag festgelegt wird, wie hoch eine Entgeltweiterleitung erfolgen wird.

Der Nachteil dabei ist aber, dass die Mauterhebung und Eintreibung dem öffentlichen Partner obliegen. Dies wird aber durch den Vorteil kompensiert, dass das Geld zunächst bei ihm landet, er daher größere Einflussmöglichkeiten auf den Vertrag und das Vertragsverhältnis hat und Regress-, Minderungs- und Schadensersatzansprüche besser durchsetzen kann.

Außerdem handelt es sich im Rahmen der NPPP-Modelle um zu erledigende öffentliche Aufgaben bzw. um fakultative Staatsaufgaben. Für die Erledigung dieser Aufgaben ist es für den öffentlichen Partner wichtig, sich hinreichenden Einfluss auf die Erfüllung dieser Aufgabe zu sichern, da er ggf. einspringen und die Aufgabenerledigung gewährleisten muss. Die Einflussnahme ist beim unechten Schattenmautmodell leichter, da der Geldfluss zunächst über den öffentlichen Partner erfolgt und Regressmöglichkeiten einfacher geltend gemacht werden können, was wiederum dazu führt, dass die Aufsicht und Kontrolle über das „Wie" der Aufgabenerfüllung einfacher erfolgen kann. Denn kann erst einmal die Weiterleitung der Mauteinnahmen gestoppt werden, steigt der Antrieb für den Privaten, seine Leistung stets gut und vertragsgerecht zu erfüllen und bei etwaigen Mängeln diese schnellstmöglich zu beseitigen.

---

673 Vgl. Schmidt, LKV 2008, S. 193 [198, 199], jedenfalls dann, wenn es sich bei einem Konzessionsmodell um eine materiell zulässige Privatisierung nach dem jeweiligen Landeswassergesetz handelt.

Dies birgt überdies den weiteren Vorteil, dass haushaltsrechtlich die Wirtschaftlichkeitsuntersuchung positiver ausfallen würde, weil durch diese Anreize regelmäßig die Qualität der Erfüllung steigen dürfte, ohne dass der öffentliche Partner haushaltswirksame Leistungen auskehren oder zusätzliche Risiken eingehen müsste.

Allerdings haben die obigen Ausführungen zur Verkehrsinfrastruktur gezeigt, dass das Nutzerfinanzierungsmodell allein auf Probleme und Skepsis in der Praxis gestoßen ist, insbesondere bezüglich der Refinanzierung über die Nutzermenge und in Bezug auf die politischen Risiken. Das unechte Schattenmautmodell konnte dabei diese Probleme nicht beheben, sodass es zu ergänzen und weiterzuentwickeln war.

1. Verfügbarkeitselement

Zur Reduzierung des Risikos der Nutzerauslastung sind zu einem geringen Teil Verfügbarkeitsvergütungselemente in den öffentlich-rechtlichen NPPP-Vertrag aufzunehmen.

Dem privaten Partner wird die Refinanzierung erleichtert durch eine anteilige Entkoppelung vom Nutzeraufkommen, wie oben schon geschrieben. Für den öffentlichen Partner ergibt sich dadurch zwar der Nachteil, dass Verfügbarkeitsentgelte gezahlt werden müssen, obwohl eine haushaltsferne Finanzierung gewünscht war. Dies wird jedoch durch zwei Vorteile kompensiert.

So wird im Hinblick auf die haushalterischen Grundsätze der Wirtschaftlichkeit und Sparsamkeit eine höhere Qualität der Leistungserfüllung erreicht, da die Definition der Verfügbarkeit im Rahmen der Vertragsausarbeitung erfolgt. Da die Einführung der Verfügbarkeitselemente zunächst überwiegend den Interessen des Privaten für die bessere Refinanzierung dient, kann der öffentliche Partner in der Vertragsverhandlung vermutlich höhere Verfügbarkeitsstandards definieren. Dies sorgt dafür, dass bei geringem Mitteleinsatz ein sehr hohes Maß an Verfügbarkeit und dementsprechend auch an Qualität in der Aufgabenerfüllung erreicht wird.

Dies führt zu dem zweiten Vorteil, nämlich dass durch die Entkoppelung vom Nutzerverhalten die Refinanzierungssicherheit des privaten Partners steigt, was die Wahrscheinlichkeit des Ausfalls des privaten Partners verringert.

2. Bonus und Malus

In eine ähnliche Richtung geht die Vereinbarung von Bonus- und Malussystemen, welche sich mit den sog. Verfügbarkeitselementen überschneiden und sinnvoll verbunden werden müssen. Ggf. ist das Verfügbarkeitselement als Bonus auszugestalten. Diese bieten dem privaten Partner den Vorteil, durch gute Leistungserfüllung, also durch den Bereich, auf den er Einfluss nehmen kann, sonstige Finanzierungsrisiken zu vermeiden.

Gleichzeitig zielt ein Bonus- und Malusregime noch mehr darauf ab, die Erfüllung einer Aufgabe optimal zu gestalten, indem neben Anreizen auch Druck erzeugt wird. Insbesondere können im Bereich der Verkehrsinfrastruktur zwei Probleme aufgegriffen werden. Zum einen sind beispielsweise auf der Ausbaustrecke des A-Modells auf der A 1 ungewöhnlich viele Unfälle zu verzeichnen.[674] Streitig ist insoweit, worauf diese zurückzuführen sind, also ob es an den parallel laufenden Bauarbeiten liegt oder ob Sicherheitsstandards durch den privaten Partner verletzt wurden. Zum anderen kommt/kam es auf diesen Streckenabschnitten zu erheblichen Staus.[675] Auch dort ist streitig, ob die Staus auch aufgetreten wären, wenn die öffentliche Hand die Maßnahmen vorgenommen hätte, oder ob die Bauarbeiten speziell des privaten Partners, z. B. durch größere vorgenommene Einschränkungen, ursächlich für die Staus sind.

Zur Lösung des Problems der erhöhten Unfallzahlen oder der Stauzeiten könnten einzuhaltende Standards im Rahmen des NPPP-Vertrags definiert werden. Wenn also die Unfallzahlen im Zeitraum X vergleichbar sind mit einer vorher bestimmten Vergleichsstrecke, wäre ein Bonus fällig.

Gleichzeitig könnten Staustandards aufgrund eines Vergleichs mit einer vorher festgelegten Vergleichs-Ausbaustrecke definiert werden. Das Über- oder Unterschreiten könnte mit einem Bonus kombiniert werden oder aber auch als Verfügbarkeitselement ausgestaltet sein – beispielsweise dergestalt, dass, wenn die zusammengerechnete Staulänge pro Monat bei mehr als 100 km liegt, an den weiteren Stautagen die Strecke vertragstechnisch- definitorisch nicht zur Verfügung stand, sodass kein Verfügbarkeitsentgelt fällig würde. Dies wirkt sich wiederum positiv auf die Erfüllung einer Staatsaufgabe sowie die haushalterische Bewertung aus, sodass damit ggf. verbundene Zahlungsverpflichtungen in den Hintergrund treten.

Letztendlich sind die Verfügbarkeitselemente und die Bonusregelungen miteinander zu verknüpfen.

---

674 „A1 hat ihren Schrecken verloren", abzurufen unter http://www.han-online.de/Harburg-Land/article54112/A1-hat-ihren-Schrecken-verloren.html, abgerufen am 12.07.2013.

675 „Freie Fahrt zwischen Bremen und Hamburg", abzurufen unter http://www.ndr.de/regional/niedersachsen/autobahn535.html, abgerufen am 12.07.2013.

3. Vertragslaufzeit

Ein weiterer Punkt im Rahmen des Verfahrensmodells ist eine mögliche Verlängerung der Vertragslaufzeit durch den privaten Partner.

Denn alle benannten Vorteile der bisherigen Verbesserungen funktionieren nicht, wenn der Nutzerverkehr elementar von den Prognosen abweicht. Da sowohl Bonus- als auch Verfügbarkeitselemente nur einen kleinen Bestandteil der Vergütung insgesamt ausmachen, ist eine optionale Vertragsverlängerung zu integrieren, und zwar dergestalt, dass es sich um eine einseitige Option des privaten Partners handelt, wenn die Verkehrsmengenerwartungen wesentlich unterhalb der Erwartung blieben. Was als „wesentlich" anzusehen wäre, obläge der Verhandlung der Parteien. Daher sind etwaige Nachteile für den öffentlichen Partner, nämlich relativ ungewisse Vertragslaufzeit und Rückgabezustand, akzeptabel, da beeinflussbar.

Die einseitige Option des Privaten müsste in den ursprünglichen Vergabeunterlagen Berücksichtigung finden und mit ausgeschrieben werden, sodass keine vergaberechtlichen Probleme entstehen.

Hinsichtlich der möglichen Gesamtlaufzeit ist darauf zu achten, 30 Jahre nicht zu überschreiten.

Auch hier gilt wieder, dass die Nachteile des öffentlichen Partners, also Kontrolle, ob „wesentliche" Gründe für eine Option vorliegen, ungewisse Vertragslaufzeit und Rückgabezustand, kompensiert werden. Denn die Alternative, eine mögliche Insolvenz des privaten Partners, da nur diese einen „wesentlichen" Grund darstellen dürfte, würde im Hinblick auf die zu erledigende Staatsaufgabe sowie unter haushalterischen Gesichtspunkten schlimmere Folgen haben als eine Verlängerung des Vertrages um beispielsweise zwei Jahre.

4. Bemautung von Parallel- und Ausweichstrecken (Alternativen)

Ein weiteres genanntes Problem, welches überwiegend beim F-Modell zum Tragen kam, waren die zur Verfügung stehenden oder geplanten Alternativstrecken zur bemauteten Erschwernisstrecke.[676]

Allgemein ausgedrückt bedeutet dies, dass der Erfolg des NPPP-Modells maßgeblich davon abhängt, ob die Refinanzierung des privaten Partners funktioniert und dementsprechend ob es Ausweichmöglichkeiten für den potentiellen Nutzer gibt, um der Mautschuld zu entgehen. Es dreht sich letztendlich darum, wie der Nutzerstrom gelenkt und beibehalten werden kann.

---

676 „Lübecker meiden Mauttunnel", Artikel im Hamburger Abendblatt am 15.11.2005, abzurufen unter http://www.abendblatt.de/region/norddeutschland/article364131/Luebecker-meiden-neuen-Maut-Tunnel.html; abgerufen am 12.07.2013.

Wie oben schon beschrieben, wurde von den Partnern die Mautakzeptanz bei Infrastrukturprojekten in der Bevölkerung überschätzt und deren Ausweichbereitschaft auf mautfreie Strecken unterschätzt.[677] Dies führte dazu, dass die ohnehin schon unter den Kalkulationen liegende Verkehrsmenge weiter verringert wurde.[678]

In Bezug auf die Infrastruktur wäre der Bund im Rahmen seiner konkurrierenden Gesetzgebungskompetenz gem. Art. 72 Abs. 1, 2, Art. 74 Abs. 1 Nr. 22 GG ermächtigt, die Mautpflicht auf Parallel- und Ausweichstrecken zu erweitern. In anderen Teilbereichen, also Wassserver- und -entsorgung, Schwimmbäder und Hochbau stellt sich dieses Problem der Ausweichstrecken nicht und ist bei NPPP-Projekten in diesen Bereichen zu vernachlässigen.

Am Beispiel Lübeck ließe sich die alternative Bemautung bei einem F-Modell praktisch untersuchen, wenn es darum geht, auch andere Alternativstrecken als Autobahnen oder Bundesstraßen zu bemauten: Die Erschwernisstrecke in Form einer Maut geht durch die Stadt, nämlich unter der Trave hindurch, um das Nadelöhr Innenstadt zu entlasten. Da nach wie vor erheblicher Ausweichverkehr stattfindet, müsste der Bund bzw. das Land[679] hier sämtliche Straßen in der Innenstadt mit einer Streckenmaut versehen, deren Höhe sich nach der Maut für die Travequerung richtet.

In dem NPPP-Vertrag wären darüber eigentlich entsprechende Regelungen zu treffen. Problematisch dabei ist aber, dass sich der öffentliche Partner schon aus Gründen der Gewaltenteilung nicht vertraglich dazu verpflichten kann, in eine bestimmte Richtung gesetzgeberisch tätig zu werden. Daher könnten, wenn überhaupt, nicht rechtsverbindliche Absichtserklärungen in dem Vertrag getroffen werden, ähnlich wie beim sog. Atomkonsens im Jahre 2000, bei dem es sich um eine gesetzesvorbereitende Absprache auf Regierungsebene gehandelt haben soll.[680] Allerdings dürfte der politische Wille des öffentlichen Partners, einem solchen Wunsch seines Partners nachzukommen, gering sein.

Dagegen ist eine Erweiterung von Mautstrecken dann möglich und konsensfähig, wenn nicht der Verdacht entsteht, es handelte sich um die Einführung ei-

---

677 Sachstandsbericht F-Modell des Bundesministeriums für Verkehr, Bau und Stadtentwicklung, abzurufen unter http://www.vifg.de/_downloads/service/2007_Sachstand_F-Modell_Langfassung.pdf, S. 53, 54, abgerufen am 12.07.2013.

678 Sachstandsbericht F-Modell des Bundesministeriums für Verkehr, Bau und Stadtentwicklung, abzurufen unter http://www.vifg.de/_downloads/service/2007_Sachstand_F-Modell_Langfassung.pdf, S. 53, 54, abgerufen am 12.07.2013.

679 Von der Gesetzgebungskompetenz gem. Art. 74 Abs. 1 Nr. 22 GG werden alle „öffentlichen Straßen" erfasst; Maunz/Dürig: Maunz, Art. 74, Rn. 243 (23. Lfg.); v. Mangoldt/Starck/Klein, Bd. 2: Oeter, Art. 74, Rn. 169.

680 Stelkens/Bonk/Sachs: Bonk, § 54, Rn. 70.

ner allgemeinen PKW-Maut durch die Hintertür. Denn durch den Bund wurde eine Ausweitung der Mautstrecken i. S. d. A-Modells als Gesetzesvorschlag unterbreitet und beschlossen.[681] Dies diente auch dazu, mautfreie Alternativstrecken zu erfassen, um so eine Mautumgehung und eine starke Belastung der anderen Straßen und deren Anwohner zu verhindern.

In Lübeck wird dies nun dazu führen, dass voraussichtlich die B 75 von St. Gertrud bis Travemünde (Gneversdorf) auch mautpflichtig wird.[682] Daher fällt für LKW nun bei Nutzung des Mauttunnels nicht nur diese Mautgebühr an, sondern auch vor und nach dem Tunnel die „Autobahnmaut". Es fände eine Einflussnahme durch den öffentlichen Partner zugunsten des A-Modellbetreibers (der Strecke A 1) zu Lasten des F-Modell-Betreibers statt. Das Problem, dass zusätzlich zur Autobahnmaut auch noch die Maut nach dem F-Modell anfällt, bleibt aber bestehen, da eine Umfahrung wenigstens diese Gebühr spart.

Dadurch wird nur der Ausweichverkehr für LKW erfasst, nicht aber für PKW. Bei dem Beispiel Lübeck trifft aber eine allgemeine Kraftfahrzeugmaut mit der Autobahnmaut nur für LKW zusammen. Wird daher nur die LKW-Maut erweitert, belastet dies den Umgehungsverkehr für die direkte, allgemeine Bemautung nach dem F-Modell nicht. Daher kann der Ausweichverkehr nur vermieden werden, wenn eine Erweiterung alle mautpflichtigen Nutzer gleichermaßen treffen würde.

Da eine allgemeine Fahrzeugmaut bisher politisch nicht durchsetzbar ist,[683] kann es sich wie vorgenommen nur um eine Erweiterung im Bereich LKW handeln.

III. Zusammenfassung

Die vorherige Untersuchung und die Varianten einer Nutzerfinanzierung haben gezeigt, dass ein wesentlicher Verhinderungsgrund für weitere NPPP-Projekte (insbesondere im Bereich F-Modell) die unklare Verkehrsmenge darstellt.

681 Vgl. BT-Drs. 17/4979.

682 „Bund beschließt Ausweitung der Lkw-Maut und erteilt Pkw-Maut eine klare Absage", abzurufen unter http://www.cdu-bordesholm.de/index.php/CDU-OV-Bordesholm/Inhalte/Aktuelles-Presse/Archiv/Bund-beschliesst-Ausweitung-der-Lkw-Maut-und-erteilt-Pkw-Maut-eine-klare-Absage, abgerufen am 12.07.2013.

683 Faust, S. 18, in Verfügbarkeitsmodelle im Straßenverkehr: nach Mautpreisanhebungen soll es in Lissabon zu Straßenschlachten gekommen sein. Wenn dies in einem solchen Fall geschieht, werden sich die Politiker vermutlich auch in der BRD darum bemühen, ein großzügiges Ausweiten der PKW-Maut-Bereiche zu vermeiden.

Zwar konnte der Blick auch auf Bereiche der Wasserver- und -entsorgung, Müll und kommunale Anlagen gelegt werden. Schwerpunkt der Nutzerfinanzierungsmodelle bleiben Verkehrsinfrastrukturprojekte aufgrund der vorhandenen Mauterfassungssysteme und der relativ einfachen Abrechnung anhand des Nutzungsverhaltens.

Als Verfahren der nutzerfinanzierten PPP-Projekte ist folgendes Nutzerfinanzierungsraster auf vertraglicher Basis einzuführen, mit welchem nach der obigen Untersuchung ein für beide Seiten sicheres und finanziell attraktives Projekt realisiert werden kann, welches gleichzeitig die Bedürfnis an die Erledigung einer Staatsaufgabe erfüllt: Es erfolgt eine öffentliche Ausschreibung des Baus und Betriebs einer Anlage, idealiter aus dem Bereich der Verkehrsinfrastruktur, auf Basis eines Schattenmautmodells. Dadurch behält der öffentliche Partner die Hoheit über die Einnahmen und die Geldflüsse. Es wird eine Vertragslaufzeit von 20 Jahren mit vorab festgelegten Verlängerungsoptionen durch den privaten Partner vereinbart. Der Vertrag enthält eine anteilige Verfügbarkeitsvergütung durch Bonus- und Malusklauseln, um die Erfüllung der Staatsaufgabe durch Anreiz- und Bestrafungsmechanismen abzusichern und eine anteilige Entkopplung vom Verkehrsmengenrisiko zu erhalten.

Dadurch wird eine relativ haushaltsferne Beschaffungsalternative erreicht, sodass mögliche Zahlungsverpflichtungen aufgrund der Bonus- und Verfügbarkeitselemente in den Haushalt „nur“ als Verpflichtungsermächtigungen zu berücksichtigen sind. Minimiert wird dadurch auch das Risiko, dass die öffentliche Hand am Ende für Verluste aufkommen oder gar die Aufgabenerfüllung selbst wieder übernehmen muss.

Viertes Kapitel: Maßstäbe der Nutzerfinanzierung

In diesem Kapitel gilt es, die Maßstäbe der Nutzerfinanzierung zu untersuchen, dies weniger bezogen auf eine betriebswirtschaftliche Analyse, sondern bezogen auf den rechtlichen Korridor, innerhalb dessen ein Entgelt in einer bestimmten Höhe verlangt werden kann.

A. Ausgestaltung des Benutzerverhältnisses

Grundsätzlich besteht bei den jeweiligen Privatisierungsarten, in denen sich NPPP-Projekte bewegen, die Möglichkeit, das Benutzerverhältnis entweder dem öffentlichen oder privaten Recht zu unterstellen,[684] solange keine zwingende öffentlich-rechtliche Regelung oder Entgelterhebung nötig ist.[685] Dies gilt auch dann, wenn für den Benutzer z. B. bei der Abwasserentsorgung ein Anschluss- und Benutzungszwang herrscht.[686]

Sofern das Benutzerverhältnis öffentlich-rechtlich ausgestaltet wird, z. B. bei Beleihung eines Privaten zur Gebührenerhebung,[687] orientiert sich die Entgelterhebung und die Angemessenheit des Entgelts an den Vorgaben des öffentlichen Rechts. Die Vorgaben sind dann vor allem das Gebührenrecht und die Grundsätze des öffentlichen Finanzgebarens,[688] worunter das Äquivalenz- und Kostendeckungsprinzip sowie das Gleichheitsgebot zu subsumieren sind.[689] Die Vorgaben des öffentlichen Rechts gelten auch dann, wenn nur eine Organisationsprivatisierung vorliegt und das Entgeltverhältnis privatrechtlich ausgestaltet ist.[690] Eine Flucht ins Privatrecht des öffentlichen Partners soll verhindert werden.

---

684 Vgl. § 4 Abs. 2, 5 ABMG a. F., nunmehr § 4 Abs. III, VI BFStrMG; § 1 Abs. 5 FStrPrivFinG; bzgl. der Kommune: u.a. Quaas, NVwZ 2002, S. 144 [144]; Burgi, NVwZ 2001, S. 601 [606]; Weber/ Schäfer/ Hausmann: Schäfer/ Karthaus, S. 224; Püttner, S. 81/82.

685 Siebel/ Röver/ Knütel: Schwarting, S. 462, Rn. 1516.

686 BVerwG, Urteil vom 06.04.2005, Az.: 8 CN 1/04; Reuter, NVwZ 2005, S. 1246 [1247].

687 Vgl. Isensee/ Kirchhof, Bd. IV: Ronellenfitsch, § 98, Rn. 28; Weber/ Schäfer/ Hausmann: Schäfer/ Karthaus, S. 224.

688 Vgl. Reuter, NVwZ 2005, S. 1246 [1247].

689 Vgl. Giesberts/ Schmuck, DÖV 2003, S. 701 [702].

690 BGHZ 91, S. 84 [97]; BGHZ 115, S. 311 [318]; Weber/ Schäfer/ Hausmann: Schäfer/ Karthaus, S. 230.

Allerdings hat die vorausgegangene Untersuchung gezeigt, dass es sich bei den NPPP-Modellen überwiegend um Angelegenheiten der funktionalen Privatisierung einer fakultativen Staatsaufgabe handelt. Eine Organisationsprivatisierung, also die Erledigung der Aufgabe durch staatseigene Betriebe umfasst keine NPPP-Modelle im hier verstandenen Sinne. Weiter ist zur berücksichtigen, dass sich NPPP-Modelle in zwei Grundtypen unterteilen lassen nämlich in die sog. Direktbemautungsmodelle (F-Modell) und die Schattenmautmodelle (A-Modell). Sofern daher das Entgeltverhältnis zwischen öffentlichem Partner und privatem Nutzer besteht, gelten dort die allgemeinen Grundsätze des öffentlichen Finanzgebarens, unabhängig davon, ob eine Ausgestaltung des Verhältnisses zivil- oder öffentlich-rechtlich ist.

Daher ist hier zunächst das Verfahrensmodell der Direktbemautung (F-Modell) interessant, da zwischen zwei privaten Akteuren grundsätzlich von einem zivilrechtlichen Vertragsverhältnis auszugehen ist. Ein privatrechtlich ausgestaltetes Benutzerverhältnis unterliegt zunächst hinsichtlich des Entgelts einer Angemessenheits- und Billigkeitskontrolle gem. § 315 Abs. 3 BGB.

Sofern aber die Verwaltung in den Formen des Privatrechts handelt (möglicherweise im Schattenmautmodell), werden die „privatrechtlichen Normen durch Bestimmungen des öffentlichen Rechts ergänzt, überlagert und modifiziert“[691]. Dies gilt dann, wenn eine Leistung erbracht wird, die eine öffentliche Aufgabe darstellt und öffentliche Verwaltung ausgeübt wird.[692] Die Grundsätze des sog. öffentlichen Finanzgebarens sind in diesen Fällen trotz privatrechtlicher Ausgestaltung des Benutzerverhältnisses zu beachten, um eine Flucht der öffentlichen Hand ins Privatrecht zu verhindern.

Im Bereich des gesetzlich geregelten F-Modells, also eigentlich einem Bereich der direkten Bemautung und direkten, zivilrechtlichen Rechtsbeziehung zwischen privatem Partner und privatem Nutzer gilt dies auch. Denn selbst wenn der private Partner dafür „optiert“, ein privatrechtliches Entgelt zu erhalten, muss trotzdem eine Beleihung des privaten Partners erfolgen.[693] Dies wird damit begründet, dass es sich bei den nach dem Fernstraßenbauprivatfinanzierungsgesetz gebauten Straßen um öffentlich-rechtlich gewidmete Straßen handelt, die eine Beleihung voraussetzten.[694] Durch die Beleihung wird der private Partner bei der Erstellung einer öffentlichen Aufgabe in den Bereich der öffentlichen Verwaltung gestellt, sodass gleichzeitig trotz privatrechtlicher Ausgestaltung des Benutzungsverhältnisses wegen der Beleihung in diesen Fällen privatrechtliche

691 BGHZ 91, S. 84 [97]; BGHZ 115, S. 311 [318]; Reuter, NVwZ 2005, S. 1246 [1251].
692 Vgl. BGHZ 91, S. 84 [97].
693 BT-Drs. 15/5668, S. 13.
694 BT-Drs. 15/5668, S. 13.

und öffentlich-rechtliche Maßstäbe kumulativ gelten,[695] genauso, als wenn die öffentliche Hand (im Rahmen des A-Modells) selbst handeln würde.

Daher erfolgt einerseits bei einer Beleihung in einem Drei-Personen-PPP-Verhältnis eine Überlagerung des zivilrechtlichen Entgeltverhältnisses zwischen privatem Partner und privatem Nutzer, andererseits auch dann, wenn die öffentliche Hand in den Formen des Privatrechts öffentliche Aufgaben erfüllt, also nur ein Zwei-Personen-Verhältnis, öffentliche Hand und privater Nutzer, vorliegen würde.

I. Öffentliches Finanzgebaren, Direktbemautung, F-Modelltyp

Fraglich ist, wie es sich verhält, wenn die öffentliche Hand im Rahmen einer NPPP mit einem Privaten zusammenarbeitet. Der Private stellt die Infrastruktur her, betreibt sie und erhebt dafür bei dem Nutzer ein Entgelt. Die Nutzung und Bezahlung erfolgt freiwillig, also aufgrund vertraglicher Abrede zwischen den beiden privaten Akteuren, und unterliegt damit zivilrechtlichen, verbindlichen Regeln. Im Unterschied zum F-Modell erfolgt keine gesetzliche Festlegung zur Beleihung und im Rahmen der Direktbemautung unterhält der öffentliche Partner keine Rechtsbeziehung mehr zu dem privaten Nutzer. Der öffentliche Partner tritt in den Hintergrund.

Die sich daran anschließende Frage ist, ob zusätzlich, so wie nach dem Fernstraßenbauprivatfinanzierungsgesetz, doch eine Beleihung bei einer NPPP stattfinden müsste,[696] wenn eine Infrastrukturleistung hergestellt und erbracht wird, bei welcher es sich regelmäßig um die Erfüllung öffentlicher Aufgaben handelt und eine Direktbemautung erfolgen soll.

Wenn ja, ergibt sich, wie oben geschrieben, kein weiterer Handlungsbedarf, da sowohl öffentliches als auch privates Recht kumulativ anzuwenden ist, da dies durch die Beleihung notwendig ist. Denn durch die Beleihung wird der Private in diesem Bereich Teil der öffentlichen Verwaltung,[697] weshalb in diesem Bereich auch das öffentliche Recht, insbesondere die Grundsätze des öffentlichen Finanzgebarens, zu beachten sind.

Sollte eine Beleihung nicht notwendig sein, stellt sich die Frage, ob dann trotzdem öffentlich-rechtliche Vorschriften auf das Entgeltverhältnis „ausstrahlen“ oder nur rein zivilrechtliche Maßstäbe gem. § 315 BGB anzusetzen wären,

695 Vgl. BGHZ 115, S. 311 [318].

696 BT-Drs. 15-5668, S. 13.

697 Maurer, VerwR, § 23, Rn. 56.

obwohl eine Staatsaufgabenerfüllung (siehe oben Kapitel 1) und möglicherweise öffentliche Verwaltung oder öffentliche Gewalt durch Private ausgeübt wird.

1. Beleihung

Um zu entscheiden, ob bei NPPP-Projekten der private Partner beliehen werden muss, ist zunächst die Beleihung an sich im Rahmen der Privatisierung zu betrachten, um zu prüfen, wann sie erfolgen muss.

Beliehene sind Personen des Privatrechts, die mit der hoheitlichen, selbstständigen Wahrnehmung bestimmter Verwaltungsaufgaben, also Staatsaufgaben in den Handlungsformen des öffentlichen Rechts betraut und beauftragt sind.[698] Daraus kann zunächst geschlossen werden, dass, wenn der private Partner ein Recht zur eigenen *Gebühren*erhebung erhalten soll, er dazu beliehen werden muss, da es sich bei der Gebühr und deren Erhebung um eine öffentlich-rechtliche Handlungsform handelt, die ein nicht zur Verwaltung zählender Privater nicht vornehmen kann. Daraus folgt, dass grundsätzlich bzgl. der Entgelterhebung keine Beleihung erforderlich sein müsste, wenn nicht ein Gebührenerhebungsrecht, also auch die Ausübung öffentlicher Gewalt damit verbunden werden soll. Denn für den privaten Partner kann das Entgeltverhältnis rein privatrechtlich ausgestaltet werden, also ein zivilrechtlicher Vertragsabschluss mit den zivilrechtlichen Möglichkeiten der Durchsetzung der Ansprüche bei Inanspruchnahme der von ihm angebotenen Infrastrukturleistung.

Charakteristisch für eine Beleihung ist, dass der Private eine öffentliche Aufgabe im eigenen Namen erfüllt, verbunden mit der Übertragung eigener Entscheidungsgewalt gegenüber Dritten, hier also den privaten Nutzern.[699] Der Private wird mithin dazu ermächtigt, Aufgaben der öffentlich-rechtlichen Verwaltung mit *hoheitlichen Befugnissen* wahrzunehmen.[700] Kriterium für die Zurechnung des Tätigwerdens ist daher die „Berechtigung zum Einsatz des von Rechts wegen ausschließlich dem Staat vorbehaltenen öffentlichen-rechtlichen Instrumentariums“[701], also hoheitliche Gewalt in einem Über- und Unterordnungsverhältnis.

Im Umkehrschluss bedeutet dies, dass eine formale Beleihung durch Gesetz oder Ermächtigung in einem Gesetz erfolgen muss, wenn hoheitliche Gewalt ausgeübt werden soll, und zwar auch im Rahmen eines NPPP-Projektes bei zivilrechtlich ausgestaltetem Nutzungsverhältnis.

---

698 Erichsen/Ehlers: Burgi, § 10, Rn. 24; Schmidt am Busch, DÖV 2007, S. 533 [535].

699 Maunz/Dürig: Kirchof, Art. 83, Rn. 118 (54. Lfg. Januar 2009).

700 Maunz/Dürig: Ibler, Art. 86, Rn. 75 (52. Lfg. Mai 2008).

701 Erichsen/Ehlers: Burgi, § 10, Rn. 24.

Wie oben schon festgestellt, ist es NPPP-Projekten wesensimmanent, dass der private Partner die Erfüllung einer Staatsaufgabe für den öffentlichen Partner übernimmt. Dabei handelt er im Rahmen der Vorgaben des PPP-Vertrages selbstständig und eigenverantwortlich aufgrund des partnerschaftlichen Regimes des PPP-Gedankens in seinem ihm zugeteilten Bereich. Dies ist auch der Grund, warum der private Partner nicht unbedingt als Verwaltungshelfer klassifiziert werden kann, da er nicht weisungsgebunden ist, sondern Basis der Zusammenarbeit eine gleichberechtigte, vertragliche Kooperation ist. Hinweise für eine mögliche Beleihung ergeben sich daraus nicht. Es kann nur festgehalten werden, dass ein eigenverantwortliches Auftreten nach außen erfolgt.

Allerdings, dies wurde oben schon beschrieben, spräche auch nichts dagegen, wenn das Nutzungsverhältnis zwischen privatem Partner und privatem Nutzer rein zivilrechtlich ausgestaltet wird, also auch mögliche Sanktionen nur auf zivilrechtlichem Wege erfolgen, sodass eine auf Hoheitsgewalt gestützte Durchsetzung von beispielsweise Entgeltforderungen nicht nötig wäre, weshalb eine öffentlich-rechtliche Gebührenerhebung nicht erforderlich erscheint.

Eine Beleihung aufgrund einer notwendigen hoheitlichen Handlungsweise gegenüber den privaten Benutzern ist daher zunächst nicht nötig.[702]

Im Falle des F-Modells gilt, da der private Partner zur Erhebung von Gebühren berechtigt sein soll, dass er unstreitig beliehen werden muss.

Selbst wenn er sich für eine privatrechtliche Entgelterhebung ausspricht, soll eine Beleihung erfolgen. Denn die nach dem F-Modell zu bauenden Straßen bleiben öffentlich-rechtlich gewidmet, sodass der Private unter der Aufsicht der zuständigen obersten Landesbehörde bleiben müsse.[703]

Der Gesetzgeber führt daher Kontroll- und Einwirkungsbefugnisse als Gründe an, weshalb bei einer öffentlich-rechtlichen Widmung der erstellten Infrastruktur trotz privaten Entgeltverhältnisses eine Beleihung erfolgen muss.

Es stellt sich daher die Frage, ob eine rein privatrechtliche Vertragsbeziehung ohne Beleihung etabliert werden kann. Zum einen ist eine Beleihung bei Direktbemautungsmodellen nicht notwendig, da eine gebührenrechtliche Entgelterhebung nicht angestrebt wird, sodass nicht zwangsläufig eine hoheitliche Handlungsform des Privaten notwendig ist. Zum anderen bleibt es aber dabei, dass eine öffentliche (Staats-)Aufgabe durch Private erfüllt wird.

Zunächst stellt sich daher die Frage, worauf der Schwerpunkt bei einer Definition der Beleihung gelegt werden soll, also ob es nur darauf ankommt, ob

---

702 Sofern das Aufstellen von Verkehrszeichen erfolgen soll, muss auch eine Beleihung erfolgen. Sollen sie dagegen nur gewartet und „betrieben“ werden, wäre das nicht der Fall.

703 BT-Drs. 15/5668, S. 13.

durch den privaten Partner klassisch hoheitlich (Gebührenerhebung) gehandelt wird oder es sich um eine Beleihung handelt, wenn eine Staatsaufgabe selbstständig und in eigenem Namen nach außen erfüllt wird. Zu fragen ist weiterhin, ob aufgrund der vorgenommenen Bestimmung und Definition der NPPP ein Rückschluss auf eine womöglich notwendige Beleihung gezogen werden kann.

Dies wiederum führt zu der Frage, ob hinsichtlich der Beleihung der Rechtsstellungstheorie oder der modifizierten Aufgabentheorie zu folgen wäre. Sofern diese Theorien mit der NPPP-Definition übereinstimmen, ist davon auszugehen, dass eine NPPP in einem Bereich durch den Privaten ausgeübt wird, die den Bereich der Beleihung umfasst, sodass eine Beleihung vorzunehmen wäre, unabhängig davon, ob eine öffentlich-rechtliche Handlungsweise des Privaten angestrebt oder durchgeführt wird. Nach der modifizierten Aufgabentheorie reicht es für ein Beleihungserfordernis schon aus, wenn ein Privater staatliche Aufgaben mit privatrechtlichen Mitteln erledigt.[704] Auf die Befugnisse und die möglichen Handlungsformen kommt es gar nicht an.[705] Dies ist aber der Ansatzpunkt der Rechtsstellungstheorie, wonach nur eine Beleihung bei einer öffentlich-rechtlichen Wahrnehmung (öffentlich-rechtliche Handlungsform) von Staatsaufgaben durch Privatrechtssubjekte vorliege und nötig sei.[706]

Auch *Sellmann* stellt zunächst darauf ab, ob „Private mit hoheitlicher Gewalt und/oder hoheitlichen Handlungs- und Letztentscheidungsbefugnissen ausgestattet" werden.[707] Aber, wie oben schon ausgeführt, es wäre durchaus denkbar, dass der private Partner nach außen rein privatrechtlich in Erscheinung treten würde. Voraussetzung dafür wäre, dass daneben die verbleibenden hoheitlichen Aufgaben (beispielsweise das Aufstellen von Straßenschildern bei Herstellung einer Autobahn) durch den öffentlichen Partner erledigt werden, was aufgrund einer vertraglichen Regelung im PPP-Vertrag möglich wäre, allerdings kaum gewollt sein dürfte. Denn dadurch würde der öffentliche Partner beim „Betrieb" einer Straße – bzw. allgemeiner im Bereich Infrastruktur – nicht entlastet. Gleichzeitig wird in der Begründung des ÖPP-Beschleunigungsgesetzes angeführt, dass eine Beleihung auch bei Optierung für ein privatrechtliches Entgelt stattfinden müsse, da die zu errichtende Straße öffentlich-rechtlich gewidmet sei. Dies bedeutet, dass, sofern sich das NPPP-Projekt auf eine Sache bezieht, die gewohnheitsmäßig öffentlich-rechtlicher Widmung unterliegt, eine

704 Freitag, S. 30f. m.w.N. und Beschreibung und Darstellung der Theorien.

705 Freitag, S. 31 m.w.N. und Beschreibung und Darstellung der Theorien.

706 Freitag, S. 32, m.w.N..

707 Sellmann, NVwZ 2008, S. 817 [819].

Beleihung aufgrund der bereits erwähnten Beaufsichtigungsfunktion erfolgen müsse.[708]

Dem ist jedoch nur bedingt zu folgen und stellt eine weitere, zu erörternde Frage dar.

a. Beleihung bei nicht hoheitlicher Handlungsform

Zu klären ist, ob eine Beleihung auch dann stattfinden muss, wenn keine hoheitliche Handlungsform des Privaten notwendig ist. Dafür ist, wie oben geschrieben, die Definition einer „Beleihung“ zu untersuchen und auf eine NPPP zu übertragen.

Dazu führt *Sellmann* einige Kriterien auf, die unabhängig von der Durchführung hoheitlicher Handlungen eine Beleihung durch einen offiziellen Beleihungsakt notwendig machen könnten.[709] Dies wären z. B. die Dauer und der Umfang der Aufgabenübertragung, ob die Wahrnehmung der Aufgaben in eigenem Namen geschieht, ob grundrechtliche Relevanz der Aufgaben und/oder ihres Vollzugs für Dritte bestehen, ob dem Privaten wesentliche Entscheidungsbefugnisse zukommen, der Grad der Steuerungsbedürftigkeit des Privaten, also wie weit der Einfluss der öffentlichen Hand reichen sollte,[710] wobei eine intensive Steuerung nicht durch privatrechtliche Vertragsklauseln gewährleistet werden könne, oder wenn behördliche Entscheidungen durch die Tätigkeiten des Privaten vorentschieden werden.[711]

Viele der aufgestellten Kriterien sind dabei zu sehr gefangen in den ursprünglichen Kategorien der Privatisierungsdebatte. Gerade die Betrachtung, inwiefern behördliche Entscheidungen durch die Tätigkeit des Privaten vorentschieden werden, mag bei „regulären“ möglichen Beleihungssachverhalten ein Unterscheidungskriterium sein; bei möglichen Beleihungen im Bereich von PPP wird aber keine Differenzierung erreicht. Denn eine „Letztentscheidungskompetenz“ ist keine Kategorie, in der sich eine (N)PPP abspielt. Denn der Private würde seine Leistung gegenüber dem Nutzer erbringen, und dies im Rahmen der vertraglichen Regelungen aus dem PPP-Vertrag und durch den Vertragsschluss mit dem privaten Nutzer bei Inanspruchnahme der Leistung. Die Letztverantwortung hinsichtlich der Gewährleistungsverantwortung für die öffentliche Aufgabe verbleibt aber beim Partner,[712] der Vorgaben durch den PPP-Vertrag machen muss. Dies wird gemeinhin als funktionale Privatisierung bezeichnet, wo-

708 BT-Drs. 15/5668, S. 13.

709 Sellmann, NVwZ 2008, S. 817 [819ff.].

710 BT-Drs. 15/5668, S. 13.

711 Sellmann, NVwZ 2008, S. 817 [819ff.].

712 Erichsen/Ehlers: Burgi, § 10, Rn. 32, 35.

bei die Tätigkeiten des privaten Partners Hilfstätigkeiten sein sollen.[713] Dies passt bei NPPP-Projekten nicht, da, wie oben ausgeführt, der private Partner bei der Vertragserfüllung des NPPP-Vertrages gegenüber dem öffentlichen Partner (relativ) frei im Rahmen des PPP-Vertrages agiert. Eine Letztentscheidungskompetenz ist daraus nicht ableitbar aufgrund des Korridors, in welchem sich der Private aufgrund des partnerschaftlich abgeschlossenen PPP-Vertrages bewegen kann. Vielmehr ist diese Kompetenz idealiter auf beide Parteien aufgeteilt.

Allerdings spräche die Betrachtung der Dauer der Übertragung der Erfüllung einer öffentlichen oder Staatsaufgabe und die Tatsache, dass der private Partner nach außen auftritt, dafür, doch eine Beleihung anzunehmen. Auch eine Grundrechtsrelevanz erscheint nicht ausgeschlossen. Denn durch eine Kostenerhebung bei der Benutzung von Straßen- bzw. Infrastrukturmaßnahmen wäre ggf. die Bewegungsfreiheit Einzelner gem. Art. 2 GG eingeschränkt oder Art. 2 GG. i. V. m. dem Sozialstaatprinzip betroffen.

Allerdings lässt dies unberücksichtigt, dass es gerade der partnerschaftliche NPPP-Ansatz ist, der dem entgegensteht. Die Definition einer NPPP hat ergeben, dass es sich um eine neue Art der kooperativen Erledigung von öffentlichen bzw. Staatsaufgaben handelt.

Bei einer Beleihung wäre der private Partner aber in die Hierarchie der Verwaltung durch einen Beleihungsakt eingebettet, sodass es an dem kooperativen Element fehlen würde.

Daher führen die aufgelisteten Kriterien in diesem Falle nicht weiter, selbst wenn die Übertragung der Aufgabe beispielsweise auf 20 Jahre ausgelegt ist.

Um eine klarere Abgrenzung zu ermöglichen, sollte daher der Schwerpunkt zur Identifizierung einer Beleihung auf die Rechtsstellungstheorie gelegt werden, wobei die die bei *Sellmann* aufgelisteten Gründe nicht unberücksichtigt bleiben sollen.

Wie schon bemerkt, ist die Kategorisierung einer NPPP mit Unsicherheiten verbunden, da NPPP eher ein verwaltungstechnisches Phänomen als eine Privatisierungskategorie ist. Dabei werden bei einer NPPP typischerweise durch den privaten Partner Aufgaben erfüllt, die als öffentliche oder fakultative Staatsaufgaben zu bezeichnen sind. Wenn nun kein Recht zur Gebührenerhebung, also keine hoheitliche Handlungsweise vorliegen würde, wäre die schlichte, im Rahmen des NPPP-Vertrages eigenverantwortliche Wahrnehmung von Staatsaufgaben nach der modifizierten Aufgabentheorie als Beleihung zu qualifizieren. Öffentliche und zivilrechtliche Maßstäbe müssten kumulativ angewendet werden, da eine Beleihung tatsächlich vorgenommen werden müsste.

713 Erichsen/Ehlers: Burgi, § 10, Rn. 32.

Eine Einordnung als „bloßer" Verwaltungshelfer scheidet aus, da der Spielraum und die Eigenverantwortlichkeit des privaten Partners wesentlich größer sind als bei einem Verwaltungshelfer. Denn Merkmal einer PPP ist die ergebnisorientierte Beschreibung der zu erfüllenden Aufgabe. Das Ziel wird beschrieben, der Weg dahin obliegt dem privaten Partner. Allerdings können in dem NPPP-Vertrag einzuhaltende Regeln festgelegt werden, sodass die oben schon genannte Letztentscheidungskompetenz faktisch bei dem öffentlichen Partner liegt.

Wenn man allerdings der modifizierten Aufgabentheorie uneingeschränkt folgen würde, müsste nahezu jede Art der funktionalen Privatisierung mit einer Beleihung einhergehen. Denn Wesensmerkmal der funktionalen Privatisierung ist die Erfüllung einer öffentlichen Aufgabe durch einen Privaten. Durch die Beleihung würde der private Partner in diesem Fall Teil der mittelbaren Staatsverwaltung,[714] sodass im Hinblick auf diese Leistung eine Organisationsprivatisierung anzunehmen wäre, während tatsächlich eine funktionale Privatisierung gewollt war, ohne dass der Private mit hoheitlichen Befugnissen handeln soll.

Um ein höheres Maß an Rechtssicherheit zu erlangen, ist daher zunächst darauf abzustellen, dass die Beleihung nur dann nötig ist, wenn auf den Privaten bei der Erfüllung der öffentlichen Aufgabe auch hoheitliche Befugnisse übertragen werden und in öffentlich-rechtlicher Form gehandelt werden soll. Folglich schreibt auch Schmidt am Busch, dass sich eine Kombination der Aufgaben- und Rechtsstellungstheorie in praktischer Hinsicht durchgesetzt habe, indem die Beleihung als Übertragung staatlicher insbesondere Verwaltungsaufgaben auf Private zur selbstständigen Erfüllung in *hoheitlicher Form* verstanden wird.[715]

In dieser Hinsicht besteht dann auch wieder Einigkeit mit dem Gesetzgeber, der in der Begründung des ÖPP-Beschleunigungsgesetzes daran zumindest anknüpft, da hoheitliche Befugnisse und die Erlaubnis zur Wahrnehmung in öffentlich-rechtlicher Form mit übertragen werden, deren konkrete Ausübungsform (trotz Vorliegen der gesetzlichen Voraussetzungen) aber im Ermessen des privaten Partners liegt (§ 2 FStrPrivFinG bzgl. der Optionsmöglichkeit).

Daher kann zusammenfassend festgestellt werden, dass es bzgl. des Beleihungserfordernisses zunächst darauf ankommt, ob eine öffentliche Aufgabe in einer öffentlichen Handlungsweise vorgenommen und erfüllt werden muss, sodass ein Beleihungserfordernis für NPPP-Modelle aus diesem Grund nicht zwingend ist.

Dies lässt allerdings die Bedeutung der Widmung bisher außer Acht sowie die Frage, wann durch den privaten Partner jenseits einer Beleihung, eines Be-

---

714 Maurer, VerwR, § 23, Rn. 56.

715 Schmidt am Busch, DÖV 2007, S. 533 [535].

leihungserfordernis oder der öffentlich-rechtlichen Handlungsweise hoheitliche Gewalt bzw. Verwaltung bei einer NPPP ausgeübt wird, welche die Anwendung öffentlich rechtlicher Vorschriften i. S. v. Art. 19 Abs. 4, Art. 1 Abs. 3 GG auch bei privatrechtlicher Ausgestaltung des Nutzungsverhältnisses vorschreibt.

b. Widmung im Rahmen von NPPP-Projekten

Zu prüfen ist zunächst, ob eine öffentlich-rechtliche Widmung der zu erstellenden Straße oder Anlage bzw. Infrastruktur aufgrund der Kontrollmöglichkeiten eine Beleihung indizieren muss, wie dies in der Gesetzesbegründung zum ÖPP-Beschleunigungsgesetz zum Ausdruck gekommen ist. Weiter ist zu prüfen, ob eine Beleihung erfolgen muss, wenn ein Privater eine öffentliche Aufgabe im Bereich einer öffentlich-rechtlich gewidmeten Infrastruktur erfüllt, dies jeweils unabhängig davon, ob die Erfüllung der Aufgabe in hoheitlicher Form erfolgt.

Durch die benannte Steuerungsnotwendigkeit könnte auch ohne Übertragung von Hoheitsgewalt eine Beleihung erforderlich sein mit der Folge der direkten Einbeziehung des öffentlichen Rechts in das Verhältnis privater Nutzer zu privatem Partner.[716] Auch dann wären im Entgeltverhältnis öffentlich-rechtliche Maßstäbe anzulegen.

aa. Widmung

Eine Verknüpfung von öffentlich-rechtlicher Widmung und Beleihung, sofern ein Privater für die gewidmete Sache verantwortlich ist, ist nicht zwingend.

So hat das Verwaltungsgericht Gera zwar entschieden, dass Beitragsbescheide für die Wasserver- und -entsorgung durch eine private Gesellschaft rechtswidrig waren, weil sie im Rahmen des kaufmännischen Betriebes der öffentlich-rechtlich gewidmeten Anlage im Namen des öffentlich-rechtlichen Zweckverbandes versandt wurden.[717] Konsequenz der Widmung sei eine „Ausübung einer besonderen öffentlichen Sachherrschaft“ [718]. Diese und der Erlass von Bescheiden könne nur durch einen Amtswalter erfüllt werden. Der rein technische Betrieb müsse dagegen trotz entsprechender Widmung nicht durch einen Amtswalter ausgeführt werden.

Im Rahmen der NPPP sollen keine Bescheide ergehen, sondern es liegt ein privatrechtlich ausgestaltetes Nutzer- und Entgeltverhältnis vor. Neben der Entgeltabrechnung beschränkt sich die Tätigkeit auf die reine technische Erledigung des Baus, die Instandhaltung und die zivilrechtlichen Geltendmachung des Entgelts, sodass aus dem Urteil gefolgert keine Beleihung des Privaten erfolgen

716 Maurer, VerwR, § 23, Rn. 58.

717 VG Gera, Urteil vom 01.12.2009 - 2 K 2434/08 Ge, 2 K 2434/08.

718 VG Gera, Urteil vom 01.12.2009 - 2 K 2434/08 Ge, 2 K 2434/08.

müsste, selbst wenn eine Anlage oder Straße öffentlich-rechtlich gewidmet wäre.[719]

Auch entstehen durch eine Widmung nicht unmittelbar personale Rechtsbeziehungen, sodass im Falle der NPPP mit öffentlich-rechtlicher Widmung der Sache nach nicht geschlussfolgert werden könnte, dass die Widmung auf die Rechtsbeziehung zweier Privater Einfluss nimmt.[720]

Auch bei kommunalen Anstalten beispielsweise im umgekehrten Falle ist es so, dass zwar ein kommunaler Benutzungsanspruch per Satzung statuiert, das Benutzungsverhältnis selbst aber privatrechtlich ausgestaltet wird. Dann soll keine öffentliche Widmung der Anstalt mehr vorliegen.[721] Übertragen auf eine NPPP hieße dies, dass die privatrechtliche Ausgestaltung des Benutzungsverhältnisses eine öffentliche Widmung egalisieren oder zumindest dafür sorgen würde, dass die öffentliche Widmung das privatrechtliche Benutzungsverhältnis in ein öffentlich-rechtliches transferiert.

Dass dies nicht uneingeschränkt richtig sein kann, zeigt schon, dass öffentliche Straßen (Autobahnen) öffentlich gewidmet werden und trotzdem auf ihnen privatrechtliche Entgelte, beispielsweise gem. § 2 Abs. 1 FStrPrivFinG, erhoben werden können. Die Widmung bleibt bestehen, während das Benutzungsverhältnis privatrechtlich ist. Allerdings wirken sich auf dieses Verhältnis aufgrund der Beleihungsmöglichkeit die öffentlichen Grundsätze aus. Daher ist die Anwendung der öffentlichen Grundsätze nicht auf die Widmung, sondern auf die gesetzlich vorgesehene Beleihungsmöglichkeit zurückzuführen, sodass die Widmung selbst keine Transferierung öffentlicher Grundsätze auf das zivilrechtliche Benutzungsverhältnis bedingt.

Auch dies wird darauf zurückzuführen sein, dass die Rechtsbeziehungen zweier Privater regelmäßig nicht direkt durch die Widmung einer Anlage berührt werden. Als Beispiel dafür kann die Arbeit eines Verwaltungshelfers in der öffentlich-rechtlich gewidmeten Anlage betrachtet werden. Schädigt er bei dieser Arbeit einen privaten Dritten, hat dieser einen zivilrechtlichen Erstattungsanspruch gegen den Verwaltungshelfer, der regelmäßig gem. Art. 34 GG gegen den Staat zu richten ist.

Die Widmung betrifft daher primär die Rechtsbeziehung zwischen dem Widmungsgeber, dem öffentlichen Partner und dem Benutzer.[722] Allerdings tritt hier zwischen den Nutzer und den öffentlichen Partner noch ein dritter Akteur,

719 Sofern die Verantwortung für Straßenschilder außen vor bleibt.

720 Erichsen/Ehlers: Papier, § 40, Rn. 8ff..

721 Erichsen/Ehlers: Papier, § 40, Rn. 5.

722 Der Benutzer darf nur solche Tätigkeiten vornehmen, die sich im Rahmen des Widmungszweckes ergeben.

nämlich der private Partner. Für diesen ist die Widmung auch entscheidend, weil sich die von ihm bereitgestellte und zu betreuende Nutzungsmöglichkeit im Rahmen der Widmung bewegen muss. Bei Straßen und Versorgungsleitungen, Anlagen o. ä. wird es regelmäßig so sein, dass sie für den öffentlichen Verkehr, also die öffentliche Nutzung gewidmet werden gem. § 7 Abs. 1 FStrG.

Selbst wenn eine öffentlich-rechtliche Widmung vorliegt, bedeutet dies zunächst nur, dass die Sache einer öffentlich-rechtlichen Sachherrschaft unterliegt. Eine Beleihung des privaten Partners als „Amtswalter" aufgrund öffentlich-rechtlicher Widmung für die Durchführung der technischen Angelegenheiten zur Erfüllung der Staatsaufgabe, nämlich Bau und Betrieb und ggf. Abrechnung, ist damit aber nicht verbunden und nicht nötig, sofern der Betrieb der Anlage durchgeführt wird.

bb. Kontrolldichte

Auch eine möglicherweise höhere Kontrollmöglichkeit bei der Erfüllung einer Aufgabe im Rahmen einer für die Aufgabe notwendigen Widmung bedingt keine Beleihung.

Privatrechtliche Verfügungen, die der Widmung zuwiderlaufen, sind unzulässig.[723] Sonstige privatrechtliche Verfügungen sind aber möglich. Daraus folgt, dass selbst bei öffentlich-rechtlicher Widmung privatrechtliche Verfügungen, die der Widmung nicht zuwiderlaufen, möglich sind. Wenn dies in dinglicher Hinsicht bei Verfügungen gilt, muss dies auch bei rein schuldrechtlichen Vereinbarungen gelten. Diese sind zulässig, sofern sie nicht gegen die Widmung verstoßen. Daraus folgt weiter, dass trotz öffentlich-rechtlicher Widmung schuldrechtliche Vereinbarungen im Rahmen des Widmungszweckes möglich sind.

Bei NPPP-Projekten wäre dies der Fall, da die schuldrechtlichen Vereinbarungen die Nutzung der Sache bestimmen und sich im Rahmen des NPPP-Vertrages bewegen müssen, der wiederum notwendigerweise die Grenze im Hinblick auf die Widmung definiert.

Wenn der Gesetzgeber damit argumentiert, dass aufgrund der öffentlich-rechtlichen Widmung eine Beleihung erfolgen müsste, um eine hohe Kontrolldichte zu erreichen, ist dies nur teilweise nachvollziehbar. Zwar ist einerseits im Bereich der Erfüllung von Staatsaufgaben durch Private eine hohe Kontrolldichte per se wünschenswert ist. Andererseits erfolgt die Kontrolle durch die Widmung, da nur Verfügungen und Verpflichtungen im Rahmen der Widmung möglich sind und ansonsten gem. § 134 BGB nichtig wären.[724] Darüber hinaus

723 Erichsen/Ehlers: Papier, § 41, Rn. 7.

724 Erichsen/Ehlers: Papier, § 41, Rn. 7.

entfaltet der NPPP-Vertrag eine entsprechende Steuerungswirkung, sodass die auf einer höheren Kontrolle begründete Beleihung nicht notwendig ist.

Daraus ergibt sich zweierlei. Zum einen bedingt eine öffentlich-rechtliche Widmung nicht, dass nur in öffentlich-rechtlicher Form gehandelt werden muss. Zum anderen bedingt eine öffentlich-rechtliche Widmung einer Anlage, die notwendiger Teil der Erfüllung einer Staatsaufgabe oder öffentlichen Aufgabe ist, auch nicht das Erfordernis einer Beleihung zur Sicherstellung einer besseren Kontrolldichte, da diese auch auf anderem Wege ausreichend erreicht und sichergestellt werden kann. Festzuhalten bleibt aber, dass die Widmung den Rahmen festlegt, in welchem sich die Aktionen des privaten Partners und auch der NPPP-Vertrag bewegen müssen. Eine Beleihungsverpflichtung folgt daraus nicht.

c. Zwischenergebnis

Zurückkommend auf die Ausgangsfrage, ob bei privatrechtlich ausgestaltetem Benutzungsverhältnis öffentlich-rechtliche Maßstäbe anzusetzen sind, ist festzuhalten, dass dies jedenfalls nicht aufgrund einer notwendigen Beleihung zu erfolgen hat. Auch eine öffentlich-rechtlich gewidmete Anlage bedingt aufgrund einer etwa notwendigen Kontrolldichte keine Beleihung, da diese genauso auf dem Vertragswege erreicht werden kann.

d. Staatsaufgaben und PPP

Allerdings ist zu berücksichtigen, dass NPPP-Projekte im Bereich der Erledigung von Staatsaufgaben durch Private Anwendung finden, sodass eine Grundrechtssensibilität der Nutzer vorliegt oder aber zumindest eine höhere Kontroll- und Steuerungsdichte notwendig sein könnte.

Der öffentliche Partner tritt jedoch mehr in den Hintergrund, wenn das Entgeltverhältnis zwischen privatem Nutzer und privatem Partnern liegt (F-Modell). Trotzdem verschwindet der öffentliche Partner nicht komplett, da er durch vertragliche Regelungen und seine Gewährleistungsfunktion[725] weiterhin Steuerungsmöglichkeiten hat. Aus diesem Grund passt eine Kategorisierung des privaten Partners weder als Verwaltungshelfer noch als Beliehener im Rahmen des NPPP-Projekts, sofern keine hoheitlichen Tätigkeiten übernommen werden.

Stattdessen muss sich die Frage stellen, inwieweit, unabhängig von der Kategorisierung, das öffentliche Recht Einfluss auf das Verhältnis privater Partner zu privatem Nutzer nehmen muss, ohne dass eine Beleihung vorliegt und ohne

---

725 Wie oben beschrieben, handelt es sich im Bereich der NPPP um keine Aufgabenprivatisierung und damit völlige Ausgliederung der Aufgabe aus dem staatlichen Bereich, sondern der öffentlichen Hand verbleibt eine Gewährleistungshaftung.

dass das Verhältnis privater Partner zu privatem Nutzer öffentlich-rechtlich ausgestaltet ist. In dem Zusammenhang könnten die von *Sellmann*[726] aufgeworfenen Kategorien erneut betrachtet werden.

Wenn aber festgestellt wurde, dass keine Beleihung erforderlich ist, da die Kontrolle durch den NPPP-Vertrag und die Widmung gesichert wird, könnte man zu dem Ergebnis kommen, dass das Verhältnis des privaten Partners zum privaten Nutzer darüber hinaus gar nicht vom öffentlichen Recht tangiert werden müsste. Das Benutzungsverhältnis kann komplett dem Privatrecht unterfallen und dementsprechend gelten in diesem Rechtsverhältnis primär die zivilrechtlichen Wertungen. Denn gegen die Berücksichtigung der Grundsätze des öffentlichen Finanzgebarens im Rahmen der Kontrolle nach § 315 Abs. 3 BGB ließe sich einwenden, dass eine der öffentlichen Aufgabe gerecht werdende Kontrolldichte auch so bestünde. Außerdem wird die Leistung von einem Privaten angeboten und die private Leistung freiwillig in Anspruch genommen.[727] Dies kann zumindest bei Straßenprojekten gelten, da man die durch PPP-Projekte errichteten Straßen notfalls umfahren könnte.[728] Denn eine Verpflichtung zur Nutzung besteht gerade nicht. Die Freiwilligkeit könnte als Indiz dafür gelten, dass möglicherweise keine öffentliche Aufgabe mehr erfüllt würde und daher neben § 315 Abs. 3 BGB eine Kontrolle anhand der Grundsätze des öffentlichen Finanzgebarens nicht erfolgen müsste,[729] zumal der öffentliche Partner nach außen u. U. nicht mehr (sichtbar) in Erscheinung tritt. Dies würde bedeuten, dass die Freiwilligkeit der Inanspruchnahme einer Leistung die Einordnung der Leistung als öffentliche Aufgabe verhindern würde.

Dieses kann jedoch nicht zutreffend sein. Wie das zuvor bereits erwähnte Arzt-Beispiel zeigt, ist das Aufsuchen eines Arztes freiwillig. Trotzdem erfüllt der Arzt, wenn er freiwillig aufgesucht wird, eine öffentliche Aufgabe, wenn er den Patienten heilt. Auch das Vertragsverhältnis zwischen Kassenarzt und Kassenpatient ist ein zivilrechtliches,[730] während dies an der Beurteilung der Aufgabe nichts ändert.

Daraus folgt, dass einerseits die Freiwilligkeit der Inanspruchnahme einer Leistung weder etwas über den Charakter der Aufgabe aussagt noch Feststellun-

726 Sellmann, NVwZ 2008, S. 817 [819].

727 Weber/ Schäfer/ Hausmann: Schäfer/ Karthaus, S. 231.

728 Ohne vorgreifen zu wollen, zeigt sich, dass dieses Argument nicht tragfähig sein kann. Denn im Rahmen von Straßen mag dies noch funktionieren. Im Bereich der Abwasserver- und Entsorgung versagt dieses Argument, da es auch aufgrund eines Anschluss- und Benutzungszwanges gerade nicht gewollt ist, sich andere Wege der Wasserver- und Entsorgung zu suchen.

729 Vgl. Weber/ Schäfer/ Hausmann: Schäfer/ Karthaus , S. 231.

730 BGH NJW 2009, S. 993 [995].

gen daraus abzuleiten sind, ob daneben öffentlich-rechtliche Grundsätze zur Anwendung kommen. Andererseits kann nicht jede Beauftragung eines Privaten bei der Erledigung einer öffentlichen Aufgabe dazu führen, dass die Erledigung selbst gegenüber Dritten dem öffentlichen Recht unterliegen würde, vor allem, wenn der öffentliche Partner nach außen nur noch ausnahmsweise in Erscheinung tritt.

Denn die Beauftragung des privaten Partners durch die öffentliche Hand muss nicht dazu führen, dass beispielsweise eine privat getragene und betriebene Einrichtung dadurch zu einer öffentlichen Einrichtung wird,[731] die dann öffentlichen Zwängen unterliegen muss. Es läge sonst in der Hand des Staates, durch jeden Auftrag bzw. jede Ausschreibung, der bzw. die notwendig ist, einen privaten Leistungserbringer dem Regime des öffentlichen Rechts zu unterstellen. Mit der Folge, dass jedes NPPP-Projekt, da der Auftrag durch den öffentlichen Partner in Form eines Vertrages erfolgt, alle daraus resultierenden Rechtsbeziehungen dem öffentlichen Recht unterliegen müssten.

Allerdings wird eine öffentliche Aufgabe, ggf. eine fakultative Staatsaufgabe, durch einen Privaten erfüllt. Die Gewährleistung der Erfüllung hat aber stets der öffentliche Partner trotz allem inne und die zu erledigenden Aufgaben bleiben für das Staatswesen und die Gemeinschaft besonders wichtig. Daher muss sich die öffentliche Hand, vertreten durch den öffentlichen Vertragspartner, hinreichenden Einfluss sichern, der der Sicherstellung der Erfüllung der Aufgabe dient.

Der Ausschluss des öffentlichen Rechts auch für ein Entgeltverhältnis wäre daher als Gegenargument nicht angemessen, da sonst jede Beauftragung zu einer Leistung durch die öffentliche Hand ein öffentlich-rechtliches Regime erzwingen würde.

Dafür spricht auch folgendes Argument: In dem Dreiecksverhältnis einer Direktbemautung könnte man sagen, dass, wenn der Staat ein bestimmtes Verhalten durch irgendeine Art der Privatisierungen veranlasst oder hervorruft, er dieses auch kontrollieren müsse,[732] da die Aufgabe bei der hiesigen funktionalen Privatisierung nicht komplett aus dem staatlichen Bereich entlassen wird, vor allem dann, wenn dadurch möglicherweise ein grundrechtsbeeinträchtigendes Verhalten Dritter, also des privaten Leistungserbringers hervorgerufen werden würde.[733] Dieses Kontrollerfordernis könnte dazu führen, dass eine Überprüfung

731 Weber/ Schäfer/ Hausmann: Schäfer/ Karthaus, S. 231/ 232.

732 Vgl. Stern, Bd. III/2, S. 186ff..

733 Vgl. Stern, Bd. III/2, S. 187.

des Benutzerverhältnisses nicht nur anhand von § 315 Abs. 3 BGB erfolgt,[734] sondern dass eine vollumfängliche Billigkeitskontrolle auch unter Berücksichtung aller öffentlich-rechtlichen Vorschriften erfolgen müsste. Dies gölte umso mehr, da es sich nach wie vor um eine öffentliche Aufgabe bzw. sogar fakultative Staatsaufgabe handeln würde, die der Private anschließend im Benutzerverhältnis anbietet.

Für die Überlagerung der zivilrechtlichen Normen in dieser Situation spräche auch, dass so eine Umgehung der öffentlichen Vorschriften verhindert würde, da die öffentliche Hand das Verhalten des Privaten durch eine Ausschreibung oder Auftragsvergabe veranlasst[735] und eine endgültige Ausgliederung aus dem staatlichen Bereich nicht stattgefunden hat.

Unterstützung findet diese Ansicht bei Betrachtung der veränderten Regelung im Fernstraßenprivatfinanzierungsgesetz. Dort wird dem privaten Betreiber nun ein Wahlrecht eingeräumt, ob er von den Benutzern ein privatrechtliches Entgelt oder eine Gebühr erheben will.[736] Dies soll jedoch nichts daran ändern, dass die gleichen öffentlich- rechtlichen Vorgaben wie bei der zuvor schon einzig möglichen öffentlich-rechtlichen Gebührenerhebung gelten sollen.[737]

Eine Umgehung der öffentlich-rechtlichen Vorschriften soll vermieden werden. Zwar ist der Argumentation des Gesetzgebers, gerade im Hinblick auf eine Beleihung, nicht zu folgen. Trotzdem ist der intendierte Zweck zu berücksichtigen, wonach das öffentliche Recht eine wichtige Rolle spielen soll und muss, da der öffentliche Partner letztendlich die Konstellation geschaffen und veranlasst hat und eine Trennung zwischen öffentlicher Gewalt und Privatrecht aufgrund der bestehenden Verbindung durch den NPPP-Vertrag bei Erfüllung einer öffentlichen (Staats-)Aufgabe nicht stringent durchgehalten werden kann.

e. Zwischenergebnis

Festzuhalten bleibt, dass eine Beleihung des privaten Partners nicht notwendig ist, da der private Partner mehr ist als ein Verwaltungshelfer, dabei aber weniger eigenständig agiert als ein Beliehener in einem zugewiesenen Korridor. Sofern keine Beleihung erfolgt, ist eine öffentlich-rechtliche Ausgestaltung des Benutzungsverhältnisses zunächst nicht zwingend. Auch eine öffentlich-rechtliche

---

734 Weber/ Schäfer/ Hausmann: Schäfer/ Karthaus, S. 231; Tettinger, NWVBL, 1996, S. 81 [89].

735 Gutachten „PPP im öffentlichen Hochbau“, Band 2, Teilband 1, Stand: August 2003, S. 269, abgerufen unter http://www.bmvbs.de/cae/servlet/contentblob/31810/publicationFile/629/gutachten-ppp-im-oeffentlichen-hochbau-band-2-teilband-1.pdf, abgerufen am 12.07.2013; Weber/ Schäfer/ Hausmann: Schäfer/ Karthaus, S. 231.

736 §§ 1 Abs. 5, 2 Abs. 1 FStrPrivFinG.

737 Vgl. Uechtritz/ Otting, NVwZ 2005, S. 1105 [1110].

Widmung bedingt keine Beleihung, genauso wenig wie sie ein öffentlich-rechtliches Benutzungsverhältnis zwischen privatem Nutzer und privatem Partner gebietet.

Allerdings wurden im Rahmen der Diskussion der Beleihung Argumente eingeführt, die auch im Rahmen der NPPP Gewicht haben.

Es werden zwar grundsätzlich keine hoheitlichen Befugnisse übertragen, trotzdem bewegt sich eine (N)PPP in einem wichtigen Bereich, nämlich in dem der fakultativen Staatsaufgaben. Darin unterscheidet sich die NPPP auch von einer normalen PPP beispielsweise im Hochbau.[738]

Daher wäre es unbillig, wenn das Benutzungsverhältnis einerseits privatrechtlich ausgestaltet wird, andererseits das öffentliche Recht als Maßstab in diesem Verhältnis komplett zurücktreten würde. Dies würde einer NPPP und der zu erfüllenden fakultativen Staatsaufgabe nicht gerecht. Denn der Eindruck der Flucht ins Privatrecht bleibt bestehen, wenn das Benutzungsverhältnis für die lange NPPP-Vertragsdauer nur zivilrechtlichen Regelungen unterliegt und der öffentliche Partner nur bei Vertragsschluss durch den NPPP-Vertrag Einfluss nehmen kann. Dies gilt um so mehr, da, wie eben geschrieben, eine Entlassung aus dem staatlichen Bereich nicht erfolgt, da eine Gewährleistungsfunktion bestehen bleibt und gleichzeitig sich an dem Charakter der Aufgabe als öffentliche (Staats-)Aufgabe nichts ändert und der öffentliche Partner diese Art der Aufgabenerfüllung initiiert hat.

Auch die Argumentation und Herleitung der Feststellung einer Staatsaufgabe gründet sich darauf, dass es sich im Falle von NPPPs um grundrechtssensible Bereiche handelt. Am Beispiel des Autobahnbaus, aber auch der Ver- und Entsorgung lässt sich dies demonstrieren, da es sich um Aufgaben der Daseinsvorsorge sowie um Bereiche zum Schutz der Gesundheit der Bevölkerung und Bereitstellung von Infrastruktur für die wirtschaftliche Entwicklung handelt.

Allerdings sind Private untereinander grundsätzlich nicht grundrechtsverpflichtet;[739] es handelt sich primär um Abwehrrechte der Bürger gegenüber dem Staat.

Eine Ausnahme gilt für Beliehenen, die damit hoheitliche Befugnissen erhalten. Sie sind Teil der Exekutiven und unterliegen der Grundrechtsbindung.[740]

---

738 Denn hier wird die fakultative Staatsaufgabe unmittelbar durch den privaten Partner erfüllt, während bei einer PPP im Hochbau der private Partner nur indirekt eine Dienstleistung oder Service erbringt und den öffentlichen Partner dadurch in die Lage versetzt, die Aufgabe selbst zu erfüllen.

739 Epping/Hillgruber: Hillgruber Art. 1, Rn. 71; Maunz/Dürig: Herdegen, Art. 1 Abs. 3, Rn. 99 (44. Lfg. Februar 2005).

740 Maunz/Dürig: Herdegen, Art. 1, Abs. 3, Rn. 101 (44. Lfg. Februar 2005).

Allerdings, dies wurde oben auch festgestellt, setzt eine NPPP keine Beleihung voraus, während gleichzeitig auch keine reine Verwaltungshilfe vorliegt. Verwaltungshelfer wiederum unterliegen nicht der Grundrechtsbindung, sondern sind selbst grundrechtsberechtigt.[741]

Wenn nun eine Staatsaufgabe angenommen wird, ohne dass im Benutzungsverhältnis öffentlich-rechtliche Maßstäbe zu berücksichtigen wären, würde dies bedeuten, dass sich der öffentliche Partner seiner Grundrechtsbindung durch Schaffung einer NPPP entledigen könnte. Eine Flucht ins Privatrecht fände faktisch statt, was insofern zu beanstanden wäre, als eine Ausgliederung aus dem staatlichen Bereich nicht stattfinden würde, da eine Gewährleistungsverantwortung bestehen bleibt und der öffentliche Partner dieses Vorgehen durch die ursprüngliche Ausschreibung initiiert hat und weiter Einfluss im Rahmen des NPPP-Vertrages hat.

Dem ist dadurch entgegenzuwirken, dass das öffentliche Recht in das Privatrechtsverhältnis zwischen privatem Partner und privatem Nutzer ausstrahlt.

Dieses geschieht dadurch, dass der öffentliche Partner die sich daraus ergebenden Erfordernisse und Konsequenzen im Rahmen des NPPP-Vertrages festschreiben muss, während der private Partner über Einfallstore im Zivilrecht auch das öffentliche Recht im Verhältnis zum privaten Nutzer beachten muss. Eine Überlagerung muss daher stattfinden, um die öffentlich-rechtlichen Maßstäbe in das Verhältnis Privat – Privat auch dort anwendbar zu machen und über die Billigkeitskontrolle gem. § 315 Abs. 3 BGB konkret einzubeziehen.

Ein Argument dafür könnte die Betrachtung der Gruppe der „Gesetzlich in die Pflicht genommenen Privaten“ liefern.[742] Demnach werden Private verpflichtet, Informationen an staatliche Stellen weiterzuleiten, die sie im Rahmen ihres Geschäftsbetriebes erlangen.

Dies stellt einen Eingriff in das Recht auf informationelle Selbstbestimmung dar. Dieser Eingriff wird, da durch den Gesetzgeber vorgegeben, aber nur diesem zugerechnet. Der Staat dürfe durch diese Vorgehensweise nicht diejenigen Vorschriften umgehen, die eine Einschränkung des Rechts auf informationelle Selbstbestimmung verhindern würden.[743] Dies würde aber geschehen, wenn das private „Opfer“ keinen Schutz durch das Recht auf informationelle Selbstbestimmung gegenüber dem privaten Informations-Weitergeber habe, gleichzeitig das private Opfer aber einen solchen Schutzanspruch dann hat, wenn die öffentliche Hand direkt tätig werden würde. Durch die erzwungene Inpflichtnahme des privaten Informations-Weitergebers würde der öffentliche Partner seine

741 Maunz/Dürig: Herdegen, Art. 1, Abs. 3, Rn. 101 (44. Lfg. Februar 2005).

742 Maunz/Dürig: Herdegen, Art. 1, Abs. 3, Rn. 102 (44. Lfg. Februar 2005).

743 Maunz/Dürig: Herdegen, Art. 1, Abs. 3, Rn. 102 (44. Lfg. Februar 2005).

Verpflichtung aus dem Recht auf informationelle Selbstbestimmung umgehen, obwohl er die Datenerhebung und Weiterleitung beauftragt und bezweckt hat.

Mit dem gleichen Argument könnte der öffentlich-rechtliche Maßstab, mithin das öffentlich-rechtliche Finanzgebaren, im Verhältnis privater Nutzer und privater Partner im Bereich NPPP einzuführen sein. Denn auch dieser Bereich ist zwar ein sog. grundrechtssensibler Bereich,[744] da fakultative Staatsaufgaben im Bereich der Daseinsvorsorge durch Private erfüllt werden, sodass die Grundrechte der privaten Nutzer gem. Art. 2 Abs. 1 oder Art. 12 GG berührt sein könnten, indem der private Partner in diesem Bereich keine öffentlich rechtlichen Maßstäbe beachten müsste.

Allerdings ist die Angelegenheit bei einer NPPP nicht so eindeutig. In dem Beispiel der „Inpflichtnahme" wurde der private Partner zwangsverpflichtet, Daten zu erheben und weiterzuleiten. Daher sollte dem privaten Dritten (privater Drittnutzer) ein direktes Abwehrrecht im Verhältnis Privat zu Privat zuteil werden, während den öffentlichen Partner bei einer Eigenerledigung oder schon im Bereich des A-Modells die öffentlich-rechtlichen Verpflichtungen und Schutzrechte des privaten Nutzers unmittelbar treffen würden.

In einer NPPP erfolgt keine Zwangsverpflichtung des privaten Partners. Vielmehr wird ein kooperationsrechtlicher Vertrag auf gleicher Ebene abgeschlossen, sodass es an der Vergleichbarkeit beider Fälle fehlt. Es wäre lediglich im Hinblick auf die gleiche Gefährdungslage zu argumentieren.

Für den privaten Nutzer macht es keinen Unterschied, ob eine zwangsweise Weitergabe seiner Daten erfolgt oder ob ein privater Partner eine Aufgabe für die öffentliche Hand erfüllt und dafür Entgelte kassieren darf und damit indirekt auch den Zugang steuern könnte.

Letztendlich hinkt dieser Vergleich, da es auf der einen Seite bei einer NPPP keine Zwangsverpflichtung des Privaten gibt, auf der anderen Seite die Erhebung und Weiterleitung von Daten keine öffentliche oder staatliche Aufgabe sein wird.

2. Hoheitliche Gewalt

Es wurde jedoch bisher außer Acht gelassen, ob jenseits der Ermächtigung zur Vornahme hoheitlicher Handlungen, in diesem Fall der Gebührenerhebung, und einer Widmung trotzdem öffentliche Verwaltung oder öffentliche Gewalt durch den privaten Partner ausgeübt wird, sodass allein aus diesem Grund im Entgeltverhältnis von der Ausübung öffentlicher Gewalt i. S. v. Art. 19 Abs. 4, Art. 1 Abs. 3 GG auszugehen wäre. Dies würde dazu führen, dass öffentlich-rechtliche

744 Auch wenn dies mitunter branchen- und projektabhängig ist.

Maßstäbe im Entgeltverhältnis zu berücksichtigen wären, allein schon, weil aus diesem Grund eine Flucht der öffentlichen Hand in das Privatrecht verhindert werden müsste.

Es stellt sich die Frage, wann die Ausübung öffentlicher Gewalt vorliegt, wenn der private Partner nicht beliehen werden muss und er nicht in öffentlich-rechtlicher Form handeln soll, gleichwohl, wie unter c. und d. geschrieben, die öffentliche Hand das Verhalten des Privaten zur Erfüllung einer öffentlichen (Staats-)Aufgabe veranlasst hat.

Die öffentliche Gewalt sei dadurch gekennzeichnet, dass „der Einzelne sich zu dem Träger staatlicher Gewalt in einer typischen Abhängigkeit und Unterordnung befindet“[745], wobei zwischen Privatrechtssubjekten, wie es bei privaten Partnern und privaten Nutzern der Fall wäre, grundsätzlich keine öffentliche Gewalt ausgeübt werden würde.[746]

Unter öffentlicher Gewalt werden daher alle Maßnahmen der Regierung und der Verwaltung, der Exekutive, unabhängig von ihrer Rechtsform subsumiert.[747] Darunter fällt schlichtes Verwaltungshandeln genauso wie privatrechtliches Handeln der Verwaltung als auch die Tätigkeit von Beliehenen.[748]

Wie aufgeführt, muss keine Beleihung des privaten Partners erfolgen, sodass von keiner „öffentlichen Gewalt“ im Rahmen des Entgelt- und Benutzungsverhältnis Privat – Privat ausgegangen werden könnte. Aber, wie das Bundesverfassungsgericht festgestellt hat, es kommt für die Annahme öffentlicher Gewalt auch darauf an, ob sich der Einzelne gegenüber dem Träger staatlicher Gewalt in einem Verhältnis der Abhängigkeit und Unterordnung befindet.[749]

Das hilft hier zunächst nicht weiter, da die beschriebene Abhängigkeit auf einen Träger öffentlicher Gewalt bezogen wird. Es ist jedoch im Bereich der NPPP nicht klar, ob der private Partner Träger öffentlicher Gewalt ist und/oder sie ausübt, da der Partner nicht in die klassische Kategorisierung der Exekutive fällt.

Wenn jemand öffentliche Gewalt ausübt, ist er ein Träger öffentlicher Gewalt. Nach dem Wortlaut und im Einklang mit dem Bundesverfassungsgericht ist festzustellen, dass hoheitliche Gewalt von einem Überordnungsverhältnis nach dem Begriffsverständnis „hoheitlich“ ausgeht. Der private Nutzer befindet

---

745 BVerfG, NJW 2006, S. 3701 [3702]; Maunz/Dürig: Schmidt-Aßmann, Art. 19 Abs. 4, Rn. 45 (42. Lfg. Februar 2003).

746 Vgl. Maunz/Dürig: Schmidt-Aßmann, Art. 19 Abs. 4, Rn. 45 (42. Lfg. Februar 2003); v. Mangoldt/Starck/Klein. Bd. 1: Huber, Art. 19, Rn. 419.

747 V. Mangoldt/Starck/Klein. Bd. 1: Huber, Art. 19, Rn. 427.

748 V. Mangoldt/Starck/Klein. Bd. 1: Huber, Art. 19, Rn. 427; Sachs: Sachs, Art. 19, Rn. 117.

749 BVerfG, NJW 2006, S. 3701 [3702].

sich nicht in einem Abhängigkeitsverhältnis oder in Unterordnung zu dem privaten Partner. Denn die beteiligten privaten Parteien schließen einen zivilrechtlichen Vertrag, welcher die Beziehung der Parteien regelt, ohne dass der eine von dem anderen abhängen würde oder eine Überlegenheit vorläge.

Die Entscheidung des Bundesverfassungsgerichts[750] geht davon aus, dass öffentliche Gewalt nicht ausgeübt wird, weil die öffentliche Hand sich in diesem Fall in ihrem Verhalten nicht von anderen, privaten Marktteilnehmern unterscheidet und auch nicht die ihr zur Verfügung stehende öffentliche Rechtsmacht einsetzen würde.[751] Diese Entscheidung und die Wortlautauslegung kann nur indirekt auf den Fall der NPPP übertragen werden. Zum einen steht dem privaten Partner keine öffentliche Rechtsmacht zur Verfügung, da keine Beleihung stattfinden soll und er auch sonst nicht im Verhältnis zu den Nutzern mit öffentlich-rechtlichen Befugnissen ausgestattet werden soll. Zum anderen schließen alle beteiligten Parteien Verträge auf der Ebene der Gleichordnung. Außerdem betrifft die Entscheidung das Verhältnis der öffentlichen Hand zu Privaten, während es hier um ein Drei-Personen-Verhältnis geht und einer direkten Beziehung zwischen zwei Privatrechtssubjekten.

Ein Abhängigkeitsverhältnis liegt weder auf der einen noch auf der anderen Seite vor, da dies gerade dem partnerschaftlichen Aspekt eins NPPP-Vertrages in den Verhältnissen Privat – Privat sowie Privat – öffentlicher Partner widersprechen würde.

Daher statuiert *Schmidt-Aßmann*, dass sich für „die vielfältigen Formen der Verwaltungshilfe im Gefolge funktionaler Privatisierungen" keine einheitliche Zuweisung treffen lässt, ob öffentliche Gewalt vorliegt oder nicht.[752] Die Vermutung streite gegen eine Zuordnung zur öffentlichen Gewalt, wobei der Einzelfall zu prüfen wäre.

Daher ist auf den Sinn und Zweck der Ausübung hoheitlicher Gewalt abzustellen. Öffentliche Gewalt soll dann vorliegen, wenn der Staat einem Privaten gegenüber bei der Erfüllung öffentlicher oder Staatsaufgaben auftritt und er eine überlegene Position innehat und nicht als gleichberechtigter Partner wie andere Private erscheint[753]. Hergeleitet werden kann das aus der Entstehung des modernen, bundesrepublikanischen Staates, wonach der Bürger Schutz auch vor dem Staat innerhalb eines Rechtsstaates haben muss. Zwar ist dies primär bezogen auf die Grundrechte und Akte der Exekutive.[754] Aber eine NPPP spielt sich im

750 BVerfG, NJW 2006, S. 3701 ff..

751 BVerfG, NJW 2006, S. 3701 [3702].

752 Maunz/Dürig: Schmidt-Aßmann, Art. 19 Abs. 4, Rn. 56a (42. Lfg. Februar 2003).

753 So jedenfalls dürfte die Entscheidung BVerfGE 116, S. 135 zu interpretieren sein.

754 BVerfG NJW 1968, S. 1467 [1469].

Rahmen der Daseinsvorsorgeprojekte in grundrechtssensiblen Bereichen ab. Denn, dies wurde bereits festgestellt, Staatsaufgaben und öffentliche Aufgaben stellen solche Aufgaben dar, die dem Staat als Zusammenschluss aller Staatseinwohner zur Erledigung und Erfüllung übertragen wurden, weil die Wahrnehmung dieser Aufgaben so wichtig für den Einzelnen ist. Deshalb muss der einzelne Staatsbürger vor dem Staat, als Wahrnehmer staatlicher Aufgaben, geschützt werden, damit sich dieser nicht bei der Erfüllung der ihm übertragenen Aufgaben gegenüber dem einzelnen Bürger verselbstständigt. Es kommt also darauf an, ob eine öffentliche/staatliche Aufgabe erfüllt wird und der Erfüller eine darüber hinausgehende besondere Rechtsmacht innehat, die über eine beispielsweise im privatrechtlichen Bereich anzutreffende besondere Marktmacht hinausgeht.

Bei NPPP-Projekten besteht die Besonderheit, dass nicht der öffentliche Partner gegenüber dem Nutzer in einem grundrechtssensiblen Daseinsvorsorgebereich auftritt, sondern der private Partner. Es erfolgt eine neue Art der Erledigung verwaltungsrechtlicher Aufgaben, indem die Erfüllung auf freiwilliger Basis (durch Teilnahme an Ausschreibungen) durch Verträge erfolgt. Dabei kommt der öffentlichen Aufgabe selbst unverändert noch ein hoher Stellenwert zu.

Die konsensualen Bestimmungen zur Erledigung der Aufgabe auf der einen Seite durch den NPPP-Vertrag, die Inanspruchnahme auf der anderen Seite im Rahmen einer vertraglichen Vereinbarung bedingen, dass die klassische Orientierung an Art. 19 Abs. 4 GG, also ob eine Art Über-Unterordnungsverhältnis vorliegt, überholt ist.[755] Dennoch hat das Bundesverfassungsgericht diese Kategorisierung in seiner Entscheidung wieder aufgenommen.[756]

Wenn das NPPP-Drei-Personen-Verhältnis erneut betrachtet wird, kann festgestellt werden, dass der private Partner kein Verwaltungshelfer ist, da er innerhalb des NPPP-Vertrages frei in der Erfüllung der ihm zugewiesenen Aufgabe ist. Er muss gleichzeitig auch nicht beliehen werden, wie oben ausführlich dargelegt wurde, sodass eine klare Zuordnung zur öffentlichen Gewalt nicht erfolgen kann. Der private NPPP-Partner bewegt sich zwischen beiden bekannten Rechtsfiguren der Beleihung und des Verwaltungshelfers.

In Bezug auf die öffentliche Gewalt ist nur festzustellen, dass der gemeinsame Anknüpfungspunkt bei NPPPs und öffentlicher Gewalt nur die Erfüllung öffentlicher und staatlicher Aufgaben sein kann. Der private Partner tritt am Markt auch wie ein privater Marktteilnehmer auf, ohne öffentliche Macht oder Handlungsformen einzusetzen, sodass die öffentliche Aufgabe in zweierlei Hinsicht ohne öffentlich rechtliche Macht und daher ohne Abhängigkeit oder Unter-

755 So auch Huber in v. Mangoldt/Starck/Klein. Bd. 1: Huber, Art. 19, Rn. 430.
756 BVerfG, NJW 2006, S. 3701ff., Az. 1 BvR 1160/03.

ordnung erfüllt wird: einerseits in der Beziehung zwischen privatem und öffentlichem Partner, andererseits in der Beziehung zwischen privatem Partner und Nutzer, und dies jeweils in einem konsensualen Bereich der Erfüllung öffentlicher, staatlicher Aufgaben.

Allerdings kann es im Bereich der Abfallentsorgung und der Wasserver- und -entsorgung auch im Verhältnis zwischen privatem Partner und Nutzer zu Anschluss- und Benutzungszwängen kommen.

Dennoch wird eine bedeutsame Aufgabe jenseits der klassischen verwaltungsrechtlichen Hierarchien erfüllt, sodass möglicherweise keine gleiche „Bedrohung" für den privaten Partner vorliegt, die es rechtfertigen würde, die Erfüllung der öffentlichen Aufgabe auch als öffentliche Gewalt zu bezeichnen, sodass ihm der gleiche Schutz zuzusprechen wäre, als wenn die öffentliche Hand direkt handeln würde. Denn es handelt nicht die öffentliche Hand, sondern ein Privater. Und dieser Private ist nicht mit hoheitlichen Befugnissen dergestalt ausgestattet, dass er gegenüber dem privaten Nutzer in öffentlich-rechtlicher Form handeln könnte.

Demnach würde auch durch den privaten Partner keine „öffentliche Gewalt" ausgeübt werden, sodass für den Rechtsschutz im Benutzungsverhältnis keine öffentlich-rechtlichen Maßstäbe anzuwenden wären.

Dem kann jedoch nicht uneingeschränkt gefolgt werden. Unstreitig wird eine öffentliche Aufgabe in einer neuen Form erfüllt. Diese Aufgabe stellt stets eine öffentliche, im Rahmen der Daseinsvorsorge regelmäßig auch eine fakultative Staatsaufgabe dar. Sie ist – ohne Berücksichtigung der Kategorisierung „Überordnung" – eine öffentliche bzw. Staatsaufgabe, die dem staatlichen Bereich zugeordnet wird und letztendliche Verwaltung ausgeübt wird.

Dafür spricht, dass keine der bisherigen NPPP-Aufgaben vollständig aus dem staatlichen Bereich ausgegliedert wird. Eine Gewährleistungsverantwortung verbleibt beim Staat, auch wenn eine NPPP eine Aufgabenprivatisierung zulassen würde. Daher muss bei einer NPPP eine neue Form der Verwaltungsausübung angenommen werden.

Da der private Partner nicht formell der Verwaltung zugeordnet werden kann, ist zu prüfen, ob er materielle Verwaltung ausübt und daher doch in Erfüllung der öffentlichen Aufgabe/Staatsaufgabe dem staatlichen Bereich zuzuordnen wäre.

Verwaltung wird als diejenige Staatstätigkeit definiert, die die Wahrnehmung von Verwaltungsaufgaben zum Gegenstand hat.[757] Was Verwaltungsaufgaben sein sollen – bisher wurden nur öffentliche und Staatsaufgaben bestimmt

757 Erichsen/Ehlers: Ehlers, § 1, Rn. 5; ähnlich Wolff/Bachof/Stober/Kluth, Bd. 1, § 3, Rn. 10.

–, ist unklar. So soll eine Abgrenzung nach positiven und negativen Gesichtspunkten erfolgen,[758] wobei *Ehlers* selbst eine Kombination beider Modelle vorschlägt. Danach wird Verwaltung im materiellen Sinne ausgeübt, wenn keine anderweitigen Staatsfunktionen, also Rechtsprechung und Gesetzgebung, vorliegen.[759] Die Verwaltung im materiellen Sinne zeichnet sich durch ihre staatsleitende, richtungsgebende und führende Tätigkeit aus, wobei in Zweifelsfällen auf die eigenverantwortliche Erledigung der Aufgaben des Gemeinwesens durch Maßnahmen in rechtlicher Bindung nach vorgegebener Zwecksetzung abgestellt werden sollte.[760]

Eine NPPP ist unstreitig weder gesetzgebende noch rechtsprechende Staatstätigkeit. Nur die eigenverantwortliche Erledigung der Aufgaben des Gemeinwesens, wie oben ausgeführt, wird durch den privaten Partner wahrgenommen. Dagegen liegt aufgrund des partnerschaftlichen NPPP-Vertrages keine staatsleitende Aufgabenwahrnehmung vor, sondern vielmehr ein kooperativer Ansatz zweier Parteien, in dessen Rahmen sich die Erfüllung einer öffentlichen Aufgabe erledigt.

Daraus folgt, dass einerseits keine staatsleitende, richtungsgebende Tätigkeit vorliegt, denn die Inanspruchnahme erfolgt in diesem Falle freiwillig. Andererseits wird aber eine Aufgabe des Gemeinwesens wahrgenommen. Daher ist auch hier eine eindeutige Zuordnung zur materiellen Verwaltung nicht möglich, was eine Zuordnung zur öffentlichen Gewalt zur Folge hätte und diese Betrachtung nur insofern weiterhilft, als dass eine Kategorisierung der NPPP in herkömmliches Verwaltungs- und Staatshandeln schwerfällt.

Zurückgehend auf den Ausgangspunkt bleibt festzuhalten, dass kein hoheitliches Verhältnis und aufgrund zivilrechtlichen Vertrages im Nutzerverhältnis auch keine „Gewalt" vorliegt und auch keine Zuordnung zur „materiellen Verwaltung" erfolgt.

3. Ergebnis

Es bleibt festzuhalten, dass eine Eingliederung des privaten Partners in den „öffentlichen Bereich" aufgrund fehlender Beleihung nicht stattfindet, während gleichzeitig bei privatrechtlicher, auf vertraglicher Basis vorzunehmender Erfüllung einer öffentlichen Aufgabe keine Überordnung über den privaten Nutzer vorgenommen wird, sodass dieser übermäßig schützenswert wäre.[761]

---

758 Ausführliche Darstellung der Meinungen bei Erichsen/Ehlers: Ehlers, § 1, Rn. 6-10; Wolff/Bachof/Stober/Kluth, Bd. 1, § 3, Rn. 4ff..

759 Erichsen/Ehlers: Ehlers, § 1, Rn. 11.

760 Erichsen/Ehlers: Ehlers, § 1, Rn. 11.

761 Dies bezogen auf das Benutzungsverhältnis privater Nutzer – privater Partner.

Die Erfüllung einer öffentlichen Aufgabe wird jedoch aufgrund vertraglicher Verpflichtung mit der öffentlichen Hand in privater Form durchgeführt. Eine Ausgliederung der Aufgabe selbst aus dem staatlichen Bereich findet einerseits aufgrund der Gewährleistungsverantwortung, andererseits aufgrund der begrenzten Vertragslaufzeit nicht statt.

Würde daher in den herkömmlichen Verwaltungskategorien, also Beleihung, Eigenbetrieb, Verwaltungshelfer oder materieller Verwaltung, die Aufgabe durch private Dritte erfüllt, würde in dem Verhältnis zu den privaten Nutzern öffentliches Recht anzuwenden sein, um dem öffentlichen Partner keine Umgehung der öffentlichen Vorschriften zu ermöglichen.

Wenn daher keine endgültige Trennung erfolgt, gleichzeitig Einfluss im Rahmen der Vertragsverhandlungen und der Ausführung (siehe oben, Bonus- und Malusklauseln) besteht, müssen auch öffentlich-rechtliche Wertungen in das Verhältnis des privaten Partners zum privaten Nutzer jenseits der klassischen Kategorien der Tätigkeit Privater ausstrahlen. Denn für den privaten Nutzer, ungeachtet dessen, ob ihm in einem Über- oder Unterordnungsverhältnis begegnet wird, wird eine öffentliche Aufgabe erfüllt, die aufgrund der bisherigen Verkehrsanschauung dem öffentlichen Bereich zuzuordnen ist (Beispiel Autobahnausbau). Daher müssen die öffentlichen Maßstäbe, mithin die Grundsätze des öffentlichen Finanzgebarens, gem. § 315 Abs. 3 BGB Einfluss auf das Rechtsverhältnis privater Partner und privater Nutzer bekommen.

II. Gemischt-wirtschaftliches Unternehmen

Eine weitere bzw. fortzuführende Problematik ergibt sich, wenn der öffentliche und der private Partner ein gemischt-wirtschaftliches Unternehmen gründen, welches die Aufgabenerfüllung übernimmt.

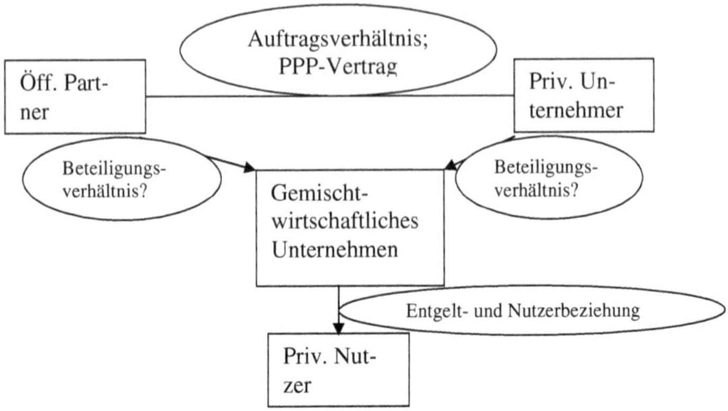

Abb. 7: Schema NPPP bei gemischt-wirtschaftlichem Unternehmen

Wie schon festgestellt, müssen die Grundsätze des öffentlichen Finanzgebarens im Verhältnis von privatem Partner und privatem Nutzer berücksichtigt werden. Das öffentliche Recht strahlt in das Rechtsverhältnis privater Partner – privater Nutzer aus, da einerseits eine fakultative Staatsaufgabe durch Private erfüllt wird, andererseits im Bereich der Daseinsvorsorge eine Umgehung der öffentlich-rechtlichen Vorschriften drohen würde. Daher finden die Grundsätze öffentlichen Finanzgebarens indirekt, über § 315 Abs. 3 BGB, Anwendung im Verhältnis privater Partner – privater Nutzer. Dies bedeutet vor allem, dass das Äquivalenzprinzip im Rahmen des Entgeltverhältnisses zu berücksichtigen ist. Dieses fußt auf dem Grundrecht gem. Art. 3 GG.

Daraus ergibt sich folgendes Problem: Im Verhältnis öffentlicher Partner zu privatem Partner im NPPP-Grundmodell sind, trotz des kooperationsrechtlichen Ansatzes des NPPP-Verfahrens, öffentlich-rechtliche Maßstäbe, auch Grundrechte, zu beachten. Der private Partner ist als Privatrechtssubjekt grundrechtsberechtigt,[762] da er in einer Vertragsbeziehung zu einem Träger öffentlicher Gewalt steht. Gleichzeitig soll der private Partner gegenüber dem privaten Nutzer auch grundrechtsverpflichtet sein, da in diesem Verhältnis die Grundsätze des öffentlichen Finanzgebarens zu beachten sind. Es stellt sich die Frage, ob dieser private Partner gleichzeitig grundrechtsberechtigt bzgl. des Verhältnisses zu dem öffentlichen Partner und hinsichtlich des gleichen Sachverhaltes grundrechtsverpflichtet gegenüber dem privaten Nutzer sein kann.

762 V. Mangoldt/Klein/Starck, Bd. 1: Huber, Art. 19, Rn. 1.

Die Beantwortung der Frage ist zunächst im Hinblick auf einen ausschließlich privaten Partner außer Acht zu lassen, da sie im Anschluss an die Prüfung der Besonderheiten bei einem gemischt-wirtschaftlichen Unternehmen einfach zu beantworten sein dürfte. Sofern die Prüfung des gemischt-wirtschaftlichen Unternehmens ergibt, dass eine gleichzeitige Grundrechtsberechtigung und Verpflichtung eines gemischt-wirtschaftlichen Unternehmens in den verschiedenen Rechtsverhältnissen vorliegen kann, gilt dies erst recht bei einem rein privaten Akteur bei einer herkömmlichen NPPP mit der Konsequenz, dass es bei der oben angesprochenen Überlagerung mit öffentlich-rechtlichen Grundsätzen auf das (meist) privatrechtliche Rechtsverhältnis zum privaten Nutzer bleiben muss.

1. Grundrechtsberechtigt oder grundrechtsverpflichtet

Zunächst ist zu prüfen, ob das gemischt-wirtschaftliche Unternehmen grundrechtsberechtigt oder grundrechtsverpflichtet ist.

Nach Art. 1 Abs. 3 GG binden die Grundrechte nur die öffentliche Gewalt. Diese liegt dann nicht vor, wenn keine Beleihung vorliegt und nicht mit hoheitlicher Gewalt vorgegangen wird und es sich um ein privates Unternehmen handelt. Der Logik des sog. Konfusionsarguments folgend, dass juristische Personen des öffentlichen Rechts (bzw. der Staat) hinsichtlich des gleichen Sachverhaltes nicht gleichzeitig grundrechts*berechtigt* als auch *-verpflichtet* sein können,[763] spräche dafür, dass das gemischt-wirtschaftliche Unternehmen selbst grundrechtsberechtigt, nicht aber verpflichtet wäre, da es, wie oben geschrieben, nicht notwendigerweise öffentliche, hoheitliche Gewalt ausübt. Dies würde bedeuten, dass das gemischt-wirtschaftliche Unternehmen zunächst im Verhältnis zum öffentlichen Partner grundrechtsberechtigt wäre. Dann wäre es selbst im Verhältnis zum privaten Nutzer wiederum nicht grundrechtsverpflichtet und hätte im Rahmen der Entgelt- und Benutzungsbeziehung Grundrechte nicht zu beachten, mithin wäre die oben gefundene Erkenntnis hinsichtlich einer Überlagerung zu überdenken.

Die Argumentationslinie des sog. Konfusionsarguments stößt jedoch schon in der Literatur auf Widerstand, da in diesem Fall jeweils andere Rechtsverhältnisse und -beziehungen betroffen sind. So wird angeführt, dass es nicht ungewöhnlich sei, wenn eine Norm dieselbe Person gleichzeitig berechtige und verpflichte.[764] Die öffentliche Hand könne grundrechtsgebunden, aber auch Trägerin von Grundrechten sein.[765]

763 BVerfGE 15, S. 256 [262]; BVerfGE 21, S. 362 [369/370].

764 Bettermann, NJW 1969, S. 1321 [1323].

765 Bettermann, NJW 1969, S. 1321 [1323].

Dieses Argument leuchtet ein, wenn man sich die Situation von z. B. Rundfunkanstalten und Universitäten anschaut. Einerseits sind die Nutzer grundrechtsberechtigt. Im Falle der Universitäten sind sie durch die Wissenschaftsfreiheit geschützt, sowohl der einzelne Wissenschaftler gegenüber der öffentlichen Gewalt als auch die Universität als Körperschaft des öffentlichen Rechts gegenüber Eingriffen der Staatsgewalt.[766]

Daher, sofern übertragen auf eine NPPP, ist sowohl der Nutzer dem im Rahmen der Wissenschaftstätigkeit geschützten „Wissenschaftler" gleichzusetzender Akteur als auch das NPPP-Unternehmen und privater Partner, das bzw. der dem Nutzer den Rahmen für seine Nutzung stellt, der Universität ähnlich, die „Wissenschaft" im Rahmen von Forschung und Lehre zur Verfügung stellt.[767] Auch dieses Zur-Verfügung-Stellen als institutionelle Garantie ist gegenüber der öffentlichen Hand geschützt, da das eine ohne das andere nicht existieren kann.[768]

Gleichzeitig sind die Universitäten jedoch grundrechtsverpflichtet gegenüber ihren „Nutzern", den Mitgliedern, Wissenschaftler(inne)n und Studierenden.[769] Die Mitglieder genießen umfänglichen Grundrechtsschutz gegenüber Entscheidungen der Universität.[770]

Ähnlich ist es bei den Rundfunkanstalten, die als Anstalten des öffentlichen Rechts organisiert und damit öffentliche Unternehmen sind.

Die Ausnahmen ergeben sich dann, wenn den juristischen Personen des öffentlichen Rechts selbst ein grundrechtlich geschützter Wirkungskreis zugeordnet ist. Für die Wissenschaft und die Rundfunkfreiheit kann es kurz so zusammengefasst werden, dass wenn keine Rundfunkanstalten oder Universitäten vorhanden sind, auch die Grundrechtsverwirklichung des Einzelnen, also Erreichbarkeit von Wissenschaft und Rundfunk, nicht möglich ist. Daher sind sie auf der einen Seite grundrechtsberechtigt gegenüber der öffentlichen Hand, um überhaupt die Möglichkeiten der Grundrechtswahrnehmung zu schaffen. Auf der anderen Seite sind sie Dritten gegenüber grundrechtsverpflichtet, da sie den Dritten gegenüber erst die Grundrechtsausübung ermöglichen.

Übertragen auf ein gemischt-wirtschaftliches NPPP-Unternehmen bedeutet das, dass ohne dieses Unternehmen, welches die Erfüllung einer öffentlichen Aufgabe übernimmt, der Nutzer die Leistung der öffentlichen Aufgabe selbst

766 Epping/Hillgruber: Schemmer, Art. 5, Rn. 184/185, Sachs: Bethge, Art. 5, Rn. 207, 210.

767 Epping/Hillgruber: Schemmer, Art. 5, Rn. 185.

768 Epping/Hillgruber: Schemmer, Art. 5, Rn. 185.

769 Maunz/Dürig: Scholz, Art. 5 Abs. 3, Rn. 128 (Grundwerk); Sachs: Bethge, Art. 5, Rn. 219.

770 Maunz/Dürig: Scholz, Art. 5 Abs. 3, Rn. 128 (Grundwerk).

nicht mehr wahrnehmen könnte, sodass beide, der Nutzer und der Anbieter, vor staatlichen Reglementierungen zu schützen wären.

Dies ist im Bereich der NPPP differenzierter zu betrachten. Denn herkömmlich wurde die öffentliche Aufgabe durch die öffentliche Hand selbst wahrgenommen. Daher kann, anders als bei Universitäten und Rundfunkanstalten, nicht argumentiert werden, dass ohne die NPPP-Gesellschaft die Erfüllung der öffentlichen Aufgabe nicht mehr erfolgen würde und der Nutzer in der Ausübung seiner Rechte beschwert wäre – vor allem, da eine endgültige Ausgliederung aus der staatlichen Verantwortung nicht stattfindet.

Allerdings geht diese Überlegung zu weit und der Vergleich ist insofern nicht schlüssig, als es bei Art. 5 GG um die direkte Ermöglichung der Erfüllung eines Grundrechtes geht, während die Erfüllung einer öffentlichen Aufgabe bzw. die Partizipation daran selbst kein Grundrecht ist, sondern nur indirekt gem. Art. 2 GG erfolgen muss. Diese Überlegung zeigt, dass einerseits das Dogma des Ausschlusses einer Grundrechtsberechtigung bei gleichzeitiger Grundrechtsverpflichtung, nicht immer Anwendung finden kann. Andererseits liegt im Falle eines NPPP-Unternehmens keine vergleichbare Situation wie bei Rundfunkanstalten oder Universitäten vor. Daher führt die Untersuchung bzgl. des Konfusionsarguments zunächst nicht weiter. Bisher blieb aber dabei der Grundsatz, dass öffentliche Unternehmen zunächst gar nicht grundrechtsberechtigt sind, außer Betracht.

a. Öffentliches Unternehmen

Es stellt sich im Anschluss daran die Frage, bevor über Ausnahmen gemutmaßt werden können, ob bei einer NPPP in Form eines gemischt-wirtschaftlichen Unternehmens von einem öffentlichen Unternehmen auszugehen ist. Dies hätte zur Folge, dass das öffentliche NPPP-Unternehmen grundrechtsverpflichtet wäre und die Grundrechte im Verhältnis zum privaten Nutzer direkt gelten würden,[771] sodass davon erst recht die Grundsätze des öffentlichen Finanzgebarens umfasst werden.

Die Bestimmung, ob ein öffentliches oder privates Unternehmen vorliegt, kann nicht einfach nach der Rechtsform des Unternehmens erfolgen,[772] wenn sowohl die öffentliche Hand als auch Private an demselben Unternehmen beteiligt sind. Es stellt sich also die Frage, wann von einem öffentlichen Unternehmen ausgegangen werden kann.

771 Maunz/Dürig: Herdegen, Art. 1 Abs. 3, Rn. 51 (44. Lfg. Februar 2005); v. Mangoldt/Klein/Starck, Bd. 1: Starck, Art. 1, Rn. 229ff.

772 So auch Gersdorf, S. 141.

Als öffentliche Unternehmen, die sich nicht auf die Grundrechte berufen können, gelten solche Unternehmen des Privatrechts, die im Alleineigentum einer oder mehrerer Körperschaften des öffentlichen Rechts stehen,[773] dies nach Ansicht von *Herdegen* unabhängig davon, ob eine öffentliche Aufgabe erfüllt wird oder nicht.[774]

Im Falle einer NPPP als leistungserbringendes Unternehmen wäre sowohl der öffentliche als auch der private Partner an diesem Unternehmen beteiligt. Im Alleineigentum des öffentlichen Partners steht das Unternehmen nicht, während es gleichwohl eine öffentliche Aufgabe erfüllen würde. Daher hilft die Feststellung, dass im Alleineigentum stehende Unternehmen grundrechtsverpflichtet sind, hier nicht weiter, da gemischt-wirtschaftliche Unternehmen auch private Anteilseigner haben, sodass auf die Ausgangsfrage, ob gemischt-wirtschaftliche Unternehmen grundrechtsberechtigt oder grundrechtsverpflichtet sind, zurückzukommen ist.

Die Auseinandersetzung damit ist Gegenstand zahlreicher Beiträge, Dissertationen oder Habilitationen geworden, sodass hinsichtlich der ausführlichen Darstellung auf *Gersdorf*[775] verwiesen werden kann und hier nur ein kurzer Überblick über Literatur und Rechtsprechung erfolgt.

b. Art. 19 Abs. 3 GG

Im Hinblick auf das Konfusionsargument geht es letztendlich darum, den Gehalt von Art. 19 Abs. 3 GG für gemischt-wirtschaftliche Unternehmen zu bestimmen. Ausgangspunkt, wie *Gersdorf* schreibt, ist, dass die Ausübung staatlicher Gewalt keinen Schutz materieller Grundrechte verdient, sondern der Grundrechtsbindung unterliegt.[776] Darüber hinaus müssen die Grundrechte gem. Art. 19 Abs. 3 GG ihrem Wesen nach auf juristische Personen anwendbar sein.

Dies gestaltet sich im Rahmen des gemischt-wirtschaftlichen Unternehmens in dem Verhältnis zur öffentlichen Hand aufgrund einer abstrakt erfolgenden Prüfung schwierig. Um Grundrechtsschutz zu erlangen, muss sich die juristische Person in einer für das Grundrecht typischen Gefährdungslage befinden, was regelmäßig voraussetzt, dass die juristische Person gegenüber dem Staat hinreichend rechtlich „verselbständigt ist und ihm – wie eine natürliche Person – in einer Außen-

773 BVerfGE 45, S. 63 [79f.]; BVerfGE 68, S. 193 [212/213]; BVerfGE 75, S. 192 [196].

774 Maunz/Dürig: Herdegen, Art. 1 Abs. 3, Rn. 51 (44. Lfg. Februar 2005).

775 Vgl. Gersdorf, S. 136ff..

776 Gersdorf, S. 145.

rechtsbeziehung gegenübersteht"[777]. Außerdem kommt es auf das einzelne, betroffene Grundrecht und die jeweilige Situation an.[778]

Das Bundesverfassungsgericht schreibt dazu, dass „das Wertsystem der Grundrechte (…) von der Würde und Freiheit des einzelnen Menschen als natürlicher Person" ausgeht.[779]

> „Die Grundrechte sollen in erster Linie die Freiheitssphäre des Einzelnen gegen Eingriffe der staatlichen Gewalt schützen und ihm insoweit zugleich die Voraussetzungen für eine freie aktive Mitwirkung und Mitgestaltung im Gemeinwesen sichern. Von dieser zentralen Vorstellung her ist auch Art. 19 Abs. 3 GG auszulegen und anzuwenden"[780].

Danach ist anerkannt, dass ihrem Wesen nach die hier in Rede stehenden Grundrechte, allen voran der Gleichheitsgrundsatz gem. Art. 3 GG, auf juristische Personen des Privatrechts anwendbar sind.[781] Dies würde bedeuten, dass das privatrechtliche Unternehmen im Hinblick auf Art. 3 GG und die daraus abzuleitenden Grundprinzipien des öffentlichen Finanzgebarens selbst grundrechtsberechtigt wäre. Ob dies gleichzeitig zur Konsequenz hat, dass – dem Konfusionsargument folgend – im Hinblick auf den Nutzer keine Grundrechtspflichtigkeit bestehen könnte, kann offen bleiben. Denn die grundsätzliche, kurz skizzierte Aussage zur Anwendbarkeit von Grundrechten von juristischen Personen des Privatrechts gegenüber der öffentlichen Gewalt, sofern sie ihrem Wesen nach anwendbar sind, bedarf im Rahmen des hier in Rede stehenden gemischt-wirtschaftlichen Unternehmens einer weitergehenden Untersuchung. Denn die hier entscheidende Frage ist, ob durch die Beteiligung der öffentlichen Hand an dem Unternehmen das Unternehmen nicht mehr grundrechts*berechtigt*, sondern im Hinblick auf den Nutzer dann selbst grundrechts*verpflichtet* wäre, wenn es durch die Beteiligung Teil der öffentlichen Gewalt würde, ähnlich wie es regelmäßig im Bereich der juristischen Personen des öffentlichen Rechts angenommen wird.

Die Frage ist daher, wann bei einem gemischt-wirtschaftlichen Unternehmen eine vergleichbare Situation eintritt wie bei öffentlichen Unternehmen und wann daher privatrechtliche Unternehmen mit einer Beteiligung durch die öffentliche Hand sozusagen zu „öffentlichen Unternehmen" werden. Zur Entscheidung dieser Frage lohnt sich ein Blick in die dazu ergangene Rechtsprechung.

---

777 Maunz/Dürig: Remmert, Art. 19 Abs. 3, Rn. 26 (55. Lfg. Mai 2009).

778 Maunz/Dürig: Remmert, Art. 19 Abs. 3, Rn. 26 (55. Lfg. Mai 2009); v. Mangoldt/Klein/Starck, Bd. 1: Huber, Art. 19, Rn. 311ff.

779 BVerfGE 21, S. 362 [369].

780 BVerfGE 21, S. 362 [369].

781 Epping/Hillgruber: Enders, Art. 19, Rn. 42 m.w.N..

aa. Bundesverfassungsgericht

Am 16.05.1989 hat das Bundesverfassungsgericht Stellung genommen zur Grundrechtsfähigkeit juristischer Personen des Privatrechts. Dem lag eine Verfassungsbeschwerde der Hamburger Electricitätswerke zugrunde, die sich gegen ein für sie negatives Gerichtsurteil wandte. In diesem Urteil wurde festgestellt, dass die Preispolitik der HEW zu beanstanden war, da sie nicht alle Stromkunden gleich behandelte.

Die Verfassungsbeschwerde gegen das Urteil stützte sich auf eine Verletzung von Art. 2 und 3 sowie 20 Abs. 3 GG. Grundsachverhalt der Entscheidung war das Verhältnis des Unternehmens zu privaten Nutzern, genauso, wie es auch im Bereich der NPPP bei gemischt-wirtschaftlichen Unternehmen der Fall ist. Das Bundesverfassungsgericht lehnte die Verfassungsbeschwerde als unzulässig ab und lieferte dafür zwei Argumente.

Zunächst führt es unter Berufung vorangegangener Entscheidung aus, dass Grundrechte für juristische Personen des öffentlichen Rechts nicht gelten, soweit diese öffentliche Aufgaben wahrnehmen.[782] Bei einer juristischen Person des Privatrechts wie der HEW hängt es von der Funktion ab, in der sie von dem beanstandeten Akt der öffentlichen Gewalt, hier des Gerichtsurteils, betroffen ist.[783] „Besteht diese Funktion in der Wahrnehmung gesetzlich zugewiesener und geregelter öffentlicher Aufgaben der Daseinsvorsorge, so ist die juristische Person insoweit ebenso nicht grundrechtsfähig“[784]. Das Bundesverfassungsgericht lässt aber offen, ob allein schon die Wahrnehmung einer öffentlichen Aufgabe ausreichen wird, um die Grundrechtsfähigkeit zu verneinen. Denn anschließend stellt das Bundesverfassungsgericht auf das Beteiligungsverhältnis ab und stellt fest, dass durch die Beteiligungsquote von 72 % der öffentlichen Hand an dem Unternehmen die öffentliche Aufgabe durch die Stadt selbst erfüllt würde, die damit Einfluss auf die Geschäftsführung nehmen kann und es sich sozusagen um „ihr“ Unternehmen handelt.

In einer späteren Entscheidung, die die Deutsche Telekom AG betrifft, geht das Bundesverfassungsgericht aber davon aus, dass die Deutsche Telekom AG mit dem Bund als Anteilseigner grundrechtsfähig sei.[785] Denn ein beherrschender Einfluss auf die Unternehmensführung sei ausgeschlossen: einerseits aufgrund von gesetzlichen Bestimmungen, andererseits aufgrund der vorgenomme-

782 BVerfG, NJW 1990, S. 1783 [1783].

783 BVerfG, NJW 1990, S. 1783 [1783].

784 BVerfG, NJW 1990, S. 1783 [1783].

785 BVerfG, NVwZ 2006, S. 1041 [1041].

nen Privatisierung.[786] Auf die Aufgabe selbst wird in dem Beschluss nicht mehr abgestellt, sondern darauf, ob der Bund das Unternehmen beherrscht.

In dem ersten Urteil wurde bei einer Beteiligung von 72 % eine Beherrschung angenommen und damit eine beherrschende Stellung begründet. Die Anteile des Bundes an der Deutschen Telekom AG wurden zwischen 2003 und 2006 von 37,5 % auf 31,98 % verringert,[787] sodass die Beteiligung zum Zeitpunkt der Entscheidung des Bundesverfassungsgerichts (2005/2006) eine sog. aktienrechtliche Sperrminorität darstellte. Ob die Deutsche Telekom AG zu diesem Zeitpunkt eine öffentliche Aufgabe ausübte, wird dagegen nicht mehr thematisiert.

In Verbindung mit dem vorangegangenen Urteil kann das Bundesverfassungsgericht nur so interpretiert werden, dass der beherrschende Einfluss in Kombination mit einer öffentlichen Aufgabe vorliegen muss, weil so gerechtfertigt wird, dass ein privatrechtliches Unternehmen selbst grundrechtsverpflichtet ist, da der Staat durch seinen beherrschenden Einfluss das Unternehmen steuert und über dieses die ihm obliegende öffentliche Aufgabe erfüllen lässt. Dies erfolgt in Kontinuität vorheriger Entscheidungen.[788] Der Gedanke, dass eine Flucht ins Privatrecht verhindert werden soll, durchzieht diese Entscheidung. Dementsprechend ist die Deutsche Telekom AG grundrechtsberechtigt. Denn aufgrund der angenommenen fehlenden Beherrschung rechtfertigt es sich nicht, dass Handeln des privaten Unternehmens als eine Erfüllung einer möglicherweise öffentlichen Aufgabe dem Staat so zuzurechnen, als wäre es ein öffentliches Unternehmen.

Daher wird in beiden Entscheidungen darauf abgestellt, ob eine Gleichbehandlung mit einem öffentlichen Unternehmen erfolgen kann, was nur dann gerechtfertigt sein kann, wenn der Staat solchen Einfluss auf das Unternehmen hat, als wenn es sein eigenes wäre.

In einer neueren Entscheidung geht das Bundesverfassungsgericht[789] weiter: „Grundrechtsgebundene staatliche Gewalt i. S. des Art. 1 Abs. 3 GG ist (…) jedes Handeln staatlicher Organe oder Organisationen, weil es in Wahrnehmung ihres dem Gemeinwohl verpflichteten Auftrags erfolgt“. Dies stellt den Ausgangspunkt der Grundrechtsverpflichtung dar. Eine Zurechnung als staatliches Organ oder Organisation erfolgt dann, wenn ein Unternehmen von der öffentli-

---

786 BVerfG, NVwZ 2006, S. 1041 [1041].

787 Übersicht Beteiligung des Bundesfinanzministeriums an der Dt. Telekom, abzurufen unter http://www.bundesfinanzministerium.de/Web/DE/Themen/Bundesvermoegen/Privatisierungs_und_Beteiligungspolitik/Deutsche_Telekom_AG/deutsche_telekom_ag.html; abgerufen am 12.07.2013.

788 BVerfGE 45, S. 63 [78]; BVerfGE 68, S. 193 [212/213]; BVerfGE 75, S. 192 [196].

789 BVerfG, Urt. v. 22. 2. 2011 – 1 BvR 699/06.

chen Hand beherrscht wird.[790] Dies sei regelmäßig der Fall, wenn mehr als die Hälfte der Anteile sich in öffentlichem Eigentum befinden.[791] Hergeleitet wird dies zunächst damit, dass dies für öffentliche Unternehmen in Privatrechtsform, die vollständig im Eigentum der öffentlichen Hand stehen, anerkannt sei, sodass die Grundrechtsbindung auch das Unternehmen selbst treffe.

„Dies entspricht dem Charakter eines solchen Unternehmens als verselbstständigter Handlungseinheit und stellt eine effektive Grundrechtsbindung unabhängig davon sicher, ob, wieweit und in welcher Form der oder die Eigentümer gesellschaftsrechtlich auf die Leitung der Geschäfte Einfluss nehmen können“[792].

Auch bei gemischt-wirtschaftlichen Unternehmen wäre eine einheitliche Entscheidung zur Grundrechtsverpflichtung zu treffen, da die Einhaltung der Grundrechtsverpflichtung nur über die Einwirkungsrechte der Anteilseigner auf das Unternehmen keinen effektiven Grundrechtsschutz bedeuten würde.[793] Daher unterliege das gemischt-wirtschaftliche Unternehmen der Grundrechtsbindung, wenn es von dem öffentlichen Anteilseigner beherrscht werde.[794]

In dieser Entscheidung wird auf die Mehrheitsverhältnisse hinsichtlich der Beteiligung abgestellt. Allerdings geht das Bundesverfassungsgericht weiter, indem es ausführt, dass

„das Kriterium der Beherrschung mit seiner Anknüpfung an die eigentumsrechtlichen Mehrheitsverhältnisse (...) nicht auf konkrete Einwirkungsbefugnisse hinsichtlich der Geschäftsführung“ abstellt, „sondern auf die Gesamtverantwortung für das jeweilige Unternehmen“[795].

Auch in diesem Urteil wird weniger auf die öffentliche Aufgabe und deren Vorliegen abgestellt als vielmehr auf die Beteiligung bzw. Beherrschung des Unternehmens durch die öffentliche Hand. Denn dann handelt es sich bei den Handlungen des Unternehmens um „staatliche Aktivitäten“. In diesem Urteil spricht das Gericht erstmals indirekt aus, dass nicht unbedingt das Beteiligungsverhältnis selbst entscheidend sein muss, sondern es kommt auf die „Beherrschung“ des Unternehmens an, also wer die Unternehmensgeschicke tatsächlich steuert. In dieser Hinsicht kann das Urteil so interpretiert werden, dass die öffentliche Hand auch dann das Unternehmen beherrschen könnte, wenn sie weniger als 50 % der Anteile an dem Unternehmen hält, da das Kriterium der Mehrheitsbeteiligung nicht auf die Einwirkungsbefugnisse der Geschäftsführung abstellt, sondern auf die Gesamtverantwortung für das jeweilige Unternehmen. Die

790 BVerfG, NJW 2011, S. 1201 [1203].
791 BVerfG, NJW 2011, S. 1201 [1203].
792 BVerfG, NJW 2011, S. 1201 [1202/1203].
793 BVerfG, NJW 2011, S. 1201 [1203].
794 BVerfG, NJW 2011, S. 1201 [1203].
795 BVerfG, NJW 2011, S. 1201 [1203].

Frage, ob bei einer Beteiligung von unter 50 % eine Gesamtverantwortung für das Unternehmen bestehen kann, ist dann zu bejahen, wenn das gemischtwirtschaftliche Unternehmen im Rahmen einer öffentlichen Aufgabe handelt.

In einer früheren Entscheidung aus dem Jahre 2009 wurde darauf abgestellt, dass aufgrund einer qualifizierten Mehrheit von über 75 % am Grundkapital ein beherrschender Einfluss vorliegt, sodass deswegen eine Grundrechtsverpflichtung des Unternehmens vorliegt.[796] Zusätzlich wird erwähnt, dass das Unternehmen eine öffentliche Aufgabe erfülle.

bb. Bundesgerichtshof

Ähnlich urteilt der Bundesgerichtshof in einer Entscheidung vom April 1984.

Danach hält der Bundesgerichtshof die Grundsätze des öffentlichen Finanzgebarens im Verhältnis gemischt-wirtschaftliches Unternehmen und Nutzer für anwendbar,[797] sodass das gemischt-wirtschaftliche Unternehmen grundrechtsverpflichtet und nicht -berechtigt ist. Dies wird in der Entscheidung damit begründet, dass die Verwaltung öffentliche Aufgaben durch ein Unternehmen in Privatrechtsform erfüllt, dessen Mehrheitseigentümer sie ist.[798] Diese Entscheidung greift daher dem oben zitierten Beschluss des Bundesverfassungsgerichts aus dem Jahre 1990 vor.

In einer Entscheidung aus dem Jahre 1989 urteilt der Bundesgerichtshof, dass diese Grundsätze auch dann Anwendung finden, wenn eine Beteiligung der öffentlichen Hand von insgesamt nur 23% vorliegt, sodass eine Beherrschung des privatrechtlichen Unternehmens aufgrund der gesellschaftsrechtlichen Beteiligung nicht vorliegt.[799] Denn der Anwendungsbereich des Verwaltungsprivatrechts sei weit zu fassen, sodass auch die Rechtsform, unter der materiell öffentliche Verwaltung ausgeübt wird, egal sei. „Es kommt vielmehr darauf an, ob die in Frage stehende Tätigkeit von der Sache her eine öffentliche Aufgabe darstellt. Andernfalls wäre der Vorrang des öffentlichen Rechts vor dem Privatrecht nicht gewährleistet".

Dies kann nur so verstanden werden, dass es für die Erledigung öffentlicher Aufgaben einen Vorrang des öffentlichen Rechts geben muss, unabhängig von einem beherrschenden Einfluss kraft gesellschaftsrechtlicher Mehrheitsbeteiligung der öffentlichen Hand. Das ist für NPPP-Projekte, in denen öffentlich und/oder Staatsaufgaben erfüllt werden, überwiegend zu bejahen, wie die vorherige, oben aufgeführte Untersuchung ergeben hat. Allerdings, wie die Entschei-

796 BVerfG, NVwZ 2009, S. 1282 [1283].

797 BGHZ 84, S. 84 [97ff.]; BGH NJW 1985, S. 197 [200].

798 BGH NJW 1985, S. 197 [200].

799 BGH NVwZ-RR 1989, S. 388 [389].

dungen des Bundesverfassungsgerichts es zeigten, soll nur eine Zurechnung zur öffentlichen Verwaltung erfolgen, wenn durch den beherrschenden, gesellschaftsrechtlichen Einfluss auf das Unternehmen dieses gegenüber dem Nutzer und Bürger wie die staatliche Verwaltung selbst auftritt. Das ist in dieser Konstellation zu verneinen, da mit bei einer Beteiligung der öffentlichen Hand von 23 % die privaten Anteilseigener alle Entscheidungen des Unternehmens treffen könnten.

Allerdings führt das Bundesverfassungsgericht in seiner jüngsten, oben beschriebenen Entscheidung wieder aus, dass die Grundrechtsverpflichtung auch aus einer „Gesamtverantwortung" folgen könne. Und der Bundesgerichtshof erwähnt hier außerdem, dass auch das Vorliegen einer *gesetzlich* zugewiesenen öffentlichen Aufgabe das Erfordernis der Beherrschung schwinden lässt und dann eine Grundrechtsverpflichtung annimmt.[800] Es hat angenommen, dass es das private Unternehmen kraft des abgeschlossenen Konzessionsvertrages übernommen habe, „faktisch einen Teil der der Stadt kraft öffentlichen Rechts obliegenden gemeindlichen Pflichtaufgaben für die Stadt zu erfüllen"[801]. Daraus wird gefolgert, dass das private Unternehmen damit auch den Bindungen der öffentlichen Verwaltung unterliege, da sie materiell öffentliche Verwaltung ausübe.

Aus dieser Entscheidung folgt, dass bei einer Beteiligung der öffentlichen Hand an einem Unternehmen, welches mit der Erledigung einer öffentlichen Aufgabe beauftragt ist, dieses immer grundrechtsverpflichtet sei, um so eine Flucht ins Privatrecht im Ansatz zu unterbinden.

cc. Literatur

Wie *Gersdorf* schreibt, gehen in der Literatur viele Autoren davon aus, dass gemischt-wirtschaftliche Unternehmen grundsätzlich in gleichem Umfang Grundrechtsschutz genießen wie reine Privatunternehmen unter der Voraussetzung von Art. 19 Abs. 3 GG.[802] Das bedeutet, dass die Grundrechte dem Wesen nach auf juristische Personen anwendbar sein müssen, Art. 19 Abs. 3 GG.

Begründet wird dies unterschiedlich, wie *Gersdorf* anschaulich darstellt: einerseits allein aufgrund der privaten Rechtsform des gemischt-wirtschaftlichen Unternehmens und andererseits wird die Grundrechtsfähigkeit damit begründet, dass nur so die Grundrechte der privaten Anteilseigner selbst an dem Unternehmen hinreichend geschützt werden können. Auch wird auf eine Beleihung abgestellt mit dem Argument, dass gemischt-wirtschaftliche Unternehmen immer

800 BGH NVwZ-RR 1989, S. 388 [389].
801 BGH NVwZ-RR 1989, S. 388 [389].
802 Gersdorf, S. 140, m.w.N..

grundrechtsberechtigt seien, mit Ausnahme der Fälle, in denen sie beliehen wären und damit Teil der öffentlichen Verwaltung würden.

Poschmann wählt einen anderen Ansatz, indem er zunächst auf den Gründungsakt abstellt, dann auch die Beherrschung diskutiert, dieses Kriterium aber als zu unbestimmt abtut.[803] Werden gemischt-wirtschaftliche Unternehmen durch ein Einzelfallgesetz geschaffen wie im Falle der Nachfolgeunternehmen von Post und Bahn, sollen diese grundrechtsunfähig sein.[804] Gleiches soll dann gelten, wenn die Unternehmen durch Rechtsträger mittelbarer Staatsgewalt gegründet werden.[805]

Denn diese Unternehmen seien in ihren Unternehmensgegenständen und ihrer Unternehmenspolitik wesentlich gesetzlich geprägt.[806]

> „Die Unternehmen sind die vom Bund installierten Marktteilnehmer, durch die der Bund in privatwirtschaftlicher Form „als Wirtschaftsunternehmen" bestimmte Leistungen erbringt (Art. 87 e Abs. 3 Satz 1; Art. 87 Abs. 2 Satz 1 GG)"[807].

Im Vergleich zum VW-Gesetz wird die Grundrechtsunfähigkeit damit begründet, dass durch das Volkswagenprivatisierungsgesetz das Unternehmen „nicht materiell in seiner unternehmerischen Existenz, sondern nur organisatorisch" betroffen sei, sodass die Volkswagen AG grundrechtsfähig sei.[808] Auch bei einer privatrechtlichen Gründung geht *Poschmann* von einem Ausscheiden der Grundrechtsfähigkeit des gemischt-wirtschaftlichen Unternehmens aus, wenn der Unternehmensgegenstand und Unternehmenszweck einzelfallgesetzlich festgelegt wird. Die Grundrechtsfähigkeit soll ausnahmsweise nur dann vorliegen, wenn trotz Beteiligung eines öffentlichen Trägers an dem Unternehmen keinerlei Einfluss auf den Unternehmenszweck „erstrebt" wird.[809] Allerdings soll, wenn ein gemischt-wirtschaftliches Unternehmen, welches grundrechtsunfähig ist, ein weiteres gemischt-wirtschaftliches Unternehmen gründet, dieses selbst wieder grundrechtsfähig sein. Denn die öffentlichen Interessen und Einflüsse gelten nur noch mittelbar.[810] Nicht mehr nachvollziehbar ist die Begründung, warum ein privat-wirtschaftliches Unternehmen, an dem sich die öffentliche Hand, ggf. bis zu fast 100 %, beteiligt, grundrechtsfähig sein soll. Dies soll gelten, wenn die bisherige Struktur des Unternehmens sowie deren Organe und Einflüsse nicht verändert würden, sodass der privatrechtliche Charakter gleich-

---

803 Poschmann, S. 322ff..

804 Poschmann, S. 322ff., insbesondere S. 331/332, 403.

805 Poschmann, S. 344.

806 Poschmann, S. 331.

807 Poschmann, S. 331/332.

808 Poschmann, S. 336.

809 Poschmann, S. 351/353f..

810 Poschmann, S. 356f..

bleibe.[811] Dieser Annahme widerspricht schon die Regelung gem. § 65 Abs. 1 Nr. 3 BHO, wonach der Bund gehalten ist, bei einer Beteiligung einen hinreichenden Einfluss sicherzustellen.

Mitzunehmen aus den Erörterungen *Poschmanns* ist jedoch, dass es letztendlich auf den Einfluss der öffentlichen Hand und deren Macht in dem Unternehmen ankommen muss, begründet durch Gesetz oder durch sonstigen, bestimmenden Einfluss.

Gersdorf selbst kommt zu dem Ergebnis, dass letztendlich der maßgebliche Einfluss entscheidend sein muss.

„Solange und soweit die öffentliche Hand durch Verteilung der Kapital- und/oder Stimmrechtsanteile entscheidenden Einfluss auf die Unternehmensführung (…) nehmen kann, ist das Unternehmen dem Bereich grundrechtsunfähiger (…) Staatsgewalt zuzuordnen“[812].

Entscheidend sei, ob die öffentliche Hand aufgrund ihrer Anteile oder aus sonstigen Gründen einen bestimmenden Einfluss auf das Unternehmen ausüben könne[813]. Zur Beurteilung dessen könne auf das „Instrumentarium des Aktienrechts“ zurückgegriffen werden.[814] Mit dieser Einschätzung befindet sich Gersdorf grundsätzlich in Übereinstimmung mit der Entscheidung des Bundesverfassungsgerichts.

Unbeachtet bleibt jedoch die Frage, ob und wie die Erfüllung einer öffentlichen Aufgabe dabei eine Rolle spielt oder spielen muss.

c. Mehrheitserfordernis

Am Ende stellt sich die Frage, wie der Einfluss der öffentlichen Hand auf das Gemeinschaftsunternehmen ausfallen muss, damit das gemischt-wirtschaftliche Unternehmen seinen eigenen Grundrechtsschutz einerseits verliert, andererseits selbst grundrechtsverpflichtet im Verhältnis zum privaten Drittnutzer ist. Dies umfasst die Frage, ob und wann das Konfusionsargument zum Tragen kommt sowie wann durch das gemischt-wirtschaftliche Unternehmen öffentliche Gewalt ausgeübt wird.

Öffentliche Gewalt wird jedenfalls dann ausgeübt, wenn das Unternehmen durch die öffentliche Hand *beherrscht* wird. Denn wenn eine Beherrschung durch die öffentliche Hand vorliegt, erscheint das Unternehmen in der Außenrechtswahrnehmung als verlängerter Arm der Verwaltung. Diese bestimmt die „Leit- und Richtlinien“ des Unternehmens, so, als wäre sie Alleingesellschafte-

811 Poschmann, S. 357ff..

812 Gersdorf, S. 166.

813 Gersdorf, S. 166.

814 Gersdorf, S. 166.

rin wie bei einer juristischen Person des öffentlichen Rechts oder einer Eigengesellschaft.

Eine Beherrschung liegt jedenfalls dann vor, wenn das privatrechtliche Unternehmen durch eine Mehrheitsbeteiligung der öffentlichen Hand beherrscht wird, was bei einer Beteiligung von mehr als 50 % der Fall ist, sodass dieses Unternehmen zunächst selbst grundrechtsverpflichtet ist. Bei einer Beteiligung von mehr als 50 % können die entscheidenden gesellschaftsrechtlichen Beschlüsse der Gesellschaft, insbesondere die Bestellung des Geschäftsführers, dessen Abberufung und damit Kontrolle über die Gesellschaft, durch einfachen Mehrheitsbeschluss erfolgen.[815] Außerdem ergeben sich maßgebliche Rechte aus dem Gesellschaftsvertrag, auf den sich in der ursprünglichen Fassung faktisch durch Mehrheitsbeschluss geeinigt wird, auch wenn er gem. § 2 Abs. 1 S. 2 GmbHG von allen Gesellschaftern unterschrieben werden muss.[816]

Ähnliches gilt im Bereich der Aktiengesellschaft. Gem. § 84 AktG wird der Vorstand durch den Aufsichtsrat bestellt. Der Vorstand führt gem. § 76 AktG die Gesellschaft. Der Aufsichtsrat wird gem. § 101 AktG durch die Hauptversammlung mit Mehrheitsbeschluss gewählt.

Aus den Beispielen des Gesellschaftsrechts ergibt sich, dass der Mehrheitseigner die Richtlinien des Unternehmens bestimmt.

Dabei sind das Aktien- und GmbH-Gesetz durchaus taugliche Vergleichsmaßstäbe. Denn das gemischt-wirtschaftliche Unternehmen wird in privatrechtlicher Gesellschaftsform geführt. Außerdem handelt es sich bei den beiden Gesetzen um solche, die durch den Bundestag beschlossen bzw. mehrfach geändert wurden, sodass die darin getroffenen Regelungen bzgl. einer Beherrschung und bzgl. der Stimmrechtsverhältnisse auch für ein gemischt-wirtschaftliches Unternehmen Auslegungscharakter haben, zumal es keine vergleichbare Gesetzeslage hinsichtlich juristischer Personen des öffentlichen Rechts gibt.

Daher ist bei Beherrschung des Unternehmens durch die öffentliche Hand aufgrund einer gesellschaftsrechtlichen Mehrheit zunächst von einer Einordnung als öffentliches Unternehmen auszugehen, mit der Folge der Grundrechtsgeltung im Verhältnis zum privaten Partner.

---

815 §§ 6, 45, 47 GmbHG.

816 Eine nachträgliche Satzungsänderung erfordert dann wiederum gem. § 53 Abs. 2 GmbHG eine 2/3-Mehrheit; während eine Änderung der Ursprungssatzung vor Eintragung der Gesellschaft wiederum einstimmig erfolgen soll, OLG Köln NZG 2002, S. 870, [871].

d. Entscheidung Öffentliche Aufgabe

Die Frage ist jedoch nicht eindeutig entschieden, ob eine gesellschaftsrechtliche Beherrschung des Unternehmens ausreicht, um ihr den Grundrechtsschutz zu entziehen. So ist insbesondere unklar, ob zu einer Beherrschung durch die öffentliche Hand das gemischt-wirtschaftliche Unternehmen kumulativ eine öffentliche Aufgabe wahrnehmen muss, damit es selbst grundrechtsverpflichtet ist. Dafür sprechen überwiegend die zitierten Entscheidungen des Bundesverfassungsgerichts. Oder kann sogar eine Grundrechtsverpflichtung dann entstehen, wenn eine öffentliche Aufgabe erfüllt wird und nicht unbedingt eine *gesellschaftsrechtliche* Beherrschung vorliegt?

Den Anschein dazu könnte das Bundesverfassungsgericht gegeben haben. Denn in seinem HEW-Beschluss ging das Verfassungsgericht davon aus, dass die öffentliche Aufgabe der Daseinsvorsorge durch die öffentliche Hand ausgeübt wird, da diese an dem Unternehmen mit 72 % beteiligt war. Wenn die Tätigkeit „eine öffentliche Aufgabe" darstelle, „dann erfüllt" die öffentliche Hand „diese Aufgabe mit Hilfe" des gemischt wirtschaftlichen Unternehmens „auch dann, wenn sich letztere nicht vollständig, sondern nur zu etwa 72 % in öffentlicher Hand befindet"[817]. In dieser Entscheidung kommt zum Ausdruck, dass letztendlich zweierlei Kriterien vorliegen müssen: einerseits eine gesellschaftsrechtliche Beherrschung, andererseits die Erfüllung einer öffentlichen Aufgabe.

Dies ist auch insofern richtig, als ansonsten jede (Minderheits-)Beteiligung der öffentlichen Hand an einem Unternehmen auf dem Gebiet einer öffentliche Aufgabe zwangsläufig dazu führen müsste, dass es den Grundrechtsschutz verlieren würde, auch wenn es sich nur um Bereiche handelt, die mit den Aufgaben des Staates gar nichts zu tun haben.

In der weiteren – die Deutsche Telekom AG betreffenden – Entscheidung des Bundesverfassungsgerichts wird aber nur noch auf die beherrschende Stellung abgestellt.[818] Da diese nicht vorliege, wird nicht weiter auf die öffentliche Aufgabe abgestellt, sodass geschlussfolgert werden kann, dass immer eine *gesellschaftsrechtliche* Beherrschung durch die öffentliche Hand vorliegen muss.

Dies ist zunächst richtig. Kriterium für die Einordnung des gemischtwirtschaftlichen Unternehmens zur öffentlichen Hand ist das Ausmaß des bestimmenden Einflusses auf das Unternehmen, damit es wie ein öffentliches Unternehmen nach außen auftritt. Außerdem muss die Grundrechtsverpflichtung gelten, damit eine Flucht der öffentlichen Hand in das Privatrecht verhindert wird, wenn sie die Unternehmenspolitik bestimmt. Wenn allerdings keine Be-

---

817 BVerfG NJW 1990, S. 1783 [1783].

818 BVerfG NVwZ 2006, S. 1041.

herrschung vorliegt, kann eine Zurechnung zur öffentlichen Gewalt zunächst nicht erfolgen.

aa. Zwischenergebnis

Alle bisher in diesem Zusammenhang getroffenen Entscheidungen machen deutlich, dass für die Zurechnung eines Unternehmens zur öffentlichen Gewalt eine gesellschaftsrechtliche Beherrschung vorliegen muss.

bb. Überlegungen zur öffentlichen Aufgabe

Gegen die Ablehnung der Grundrechtsberechtigung für das gemischtwirtschaftliche Unternehmen bei gesellschaftsrechtlicher Beherrschung durch die öffentliche Hand wird aber vorgebracht, dass die privaten Anteilseigner stärkeren Bindungen unterlägen als bei einer Beteiligung an einem reinen privaten Unternehmen.[819]

Denn, so schreibt *Koppensteiner* unter Bezugnahme auf Entscheidungen des Bundesverfassungsgerichts,[820] die Einbeziehung juristischer Personen in den Grundrechtsschutz sei dann gerechtfertigt, wenn deren

> „Bildung und Betätigung Ausdruck der freien Entfaltung privater natürlicher Personen ist, insbesondere wenn der ‚Durchgriff' auf die hinter ihnen stehenden Menschen dies als sinnvoll und erforderlich erscheinen lässt"[821].

Wer sich an einem Energieversorgungsunternehmen als privater Anleger beteilige, verfolge dieselben Interessen, die auch mit anderen Beteiligungen, also Beteiligungen an „normalen" privaten Unternehmen verfolgt würden. Wenn der Grundrechtsschutz juristischer Personen von den Interessen der dahinter stehenden Menschen abhängig gemacht werde, könne er bei gemischtwirtschaftlichen Unternehmungen nicht versagt werden, da sonst die Interessen der Privatbeteiligten normzweckwidrig auf der Strecke blieben.[822] Dabei spiele es keine Rolle, ob die Gesellschaft Aufgaben der Daseinsvorsorge wahrnehme, also ob sie eine öffentliche Aufgabe erfülle oder nicht.[823] In dieser Einschätzung gehen die Überlegungen von *Koppensteiner* fehl. Natürlich, und so argumentiert sowohl das Bundesverfassungsgericht als auch beispielsweise Gersdorf,[824] muss es auch darum gehen, den privaten Anteilseigner an einem gemischtwirtschaftlichen Unternehmen zu schützen. Einerseits genießen juristische Per-

819 Siehe beispielhaft Koppensteiner, NJW 1990, S. 3105 [3109ff.].
820 BVerfGE 21, S. 362 [369]; BVerfGE 68, S. 193 [205 f.]; BVerfGE 75, S. 192 [196].
821 Koppensteiner, NJW 1990, S. 3105 [3109].
822 Koppensteiner, NJW 1990, S. 3105 [3109].
823 Koppensteiner, NJW 1990, S. 3105 [3109].
824 Gersdorf, S. 148.

sonen gem. Art. 19 Abs. 3 GG grundsätzlich Grundrechtsschutz. Andererseits dient dies dazu, den hinter dem Unternehmen stehenden privaten Anteilseigener einen effektiven, eigenen Grundrechtsschutz zu gewährleisten, wenn dem Unternehmen, an welchem er beteiligt ist, eine eigene Grundrechtsberechtigung zuteil werden soll.[825] Denn, dies ist insoweit unstrittig, die Beteiligung an einem Unternehmen genießt den grundrechtlichen Schutz gem. Art. 14 GG.[826]

Allerdings, so wiederum die Herleitung von *Gersdorf* und des Bundesverfassungsgerichts, geht es auch um die Frage, wann die Tätigkeit eines gemischtwirtschaftlichen Unternehmens der öffentlichen Verwaltung zuzuordnen ist und wann es damit gem. Art. 1 Abs. 3 GG keinen Grundrechtsschutz mehr genießt. Es geht mithin auch um die Abwägung, wann diejenigen privaten Dritten, die in Geschäftsbeziehung mit den gemischt-wirtschaftlichen Unternehmen stehen, schützenswerter sind als die privaten Anteilseigner.

Denn es darf dabei nicht außer Acht gelassen werden, dass ein privates Unternehmen mit öffentlicher Beteiligung, welches eine öffentliche Aufgabe wahrnimmt, sich von einem rein privaten Unternehmen unterscheidet. Zulässige Differenzierungskriterien i. S. v. Art. 3 GG liegen eben durch die Beteiligung der öffentlichen Hand und durch die Erfüllung einer öffentlichen Aufgabe vor, die das geringere Schutzniveau rechtfertigen. Zwar kann angeführt werden, dass ein Kompromiss ähnlich wie im Falle des öffentlich-rechtlichen Rundfunks oder der Universitäten gefunden werden müsse. Einerseits sind die Rundfunkanstalten und die Universitäten grundrechtsberechtigt gegenüber der öffentlichen Gewalt, weil sie erst die Grundrechtsausübung Dritter ermöglichen, Art. 5 Abs. 1 S. 2 Var. 2, Art. 5 Abs. 1 S. 1 Hs. 2 GG.[827] Andererseits sind Dritte gegenüber den Rundfunksendern selbst wieder grundrechtsberechtigt und die Rundfunkanstalten grundrechtsverpflichtet, da die Rundfunkfreiheit erst die Informationsfreiheit ermöglicht, welche wiederum in die Meinungsfreiheit mündet.

Die Situation mit einem gemischt-wirtschaftlichen Unternehmen ist nicht vergleichbar. Denn während der öffentlich-rechtliche Rundfunk durch eine „Staatsferne" charakterisiert wird[828], ist an dem gemischt-wirtschaftlichen Unternehmen der Staat, d. h. die öffentliche Hand direkt beteiligt. Das hat zur Folge, dass bei einem gemischt-wirtschaftlichen Unternehmen keine Voraussetzung dafür vorliegen, dass das Unternehmen möglicherweise auf der einen Seite grundrechtsverpflichtet, auf der anderen Seite grundrechtsberechtigt ist, wenn

825 Maunz/Dürig: Remmert, Art. 19 Abs. 3, Rn. 35 (55. Lfg. Mai 2009).

826 Maunz/Dürig: Papier, Art. 14, Rn. 195 (59. Lfg. Juli 2010).

827 Epping/Hillgruber: Schemmer, Art. 5, Rn. 63.

828 BVerfGE 31, S. 314, [322].

man insgesamt zum Ergebnis einer Grundrechtspflichtigkeit aufgrund der direkten Beteiligung der öffentlichen Hand gelangt.

Daher geht die Ausgangsüberlegung dahin zurück, ob eine unangemessene Benachteiligung der privaten Anteilseigner bestehen würde, wenn von einer Grundrechtspflichtigkeit des gemischt-wirtschaftlichen Unternehmens ausgegangen würde. Diese Benachteiligung ist zu vergleichen mit den Nachteilen der privaten Drittnutzer, die bei einer Grundrechtsberechtigung des gemischt-wirtschaftlichen Unternehmens aufgrund des Konfusionsarguments weniger Grundrechtsschutz genießen würden. Es muss eine Entscheidung anhand des Grundgedankens der Grundrechte und deren Schutzrichtung einerseits und der Einordnung der öffentlichen Hand und Gewalt andererseits erfolgen.

Die Grundrechte dienen gem. Art. 1 Abs. 3 GG als Abwehr- und Freiheitsrechte des Einzelnen gegenüber der öffentlichen Gewalt, Art.1 Abs. 3 GG.

Daher ist zunächst festzuhalten, dass zwar über Art. 19 Abs. 3 GG auch juristischen Personen selbst Grundrechtsschutz zukommen kann, der primäre Sinn der Grundrechte aber darin besteht, den Einzelnen als natürliche Person zu schützen.[829] Aus dieser Überlegung heraus könnte daher angenommen werden, dass eher die privaten Drittnutzer, i. d. R. natürliche Personen, im Rahmen eines NPPP-Projekts in den Genuss des Grundrechtsschutzes kommen sollten als die privaten Mehrheitseigner, die hinter dem gemischt-wirtschaftlichen Unternehmen zurücktreten. Die damit einhergehende mögliche Benachteiligung privater Anteilseigner kann sich dann aber nur rechtfertigen, wenn durch das gemischt-wirtschaftliche Unternehmen eine öffentliche Aufgabe ausgeführt wird.

Zurückkommend auf den Schutzgedanken der Grundrechte muss festgestellt werden, dass der Schutz dann nicht besteht, wenn eine Zuordnung zur öffentlichen Gewalt, zur öffentlichen Hand, erfolgt. Eine solche Zuordnung zur öffentlichen Hand ist nur dann gerechtfertigt, wenn es nach außen so aussieht, wenn das Unternehmen also nach außen als ein solches des Staates erscheint. Dies ist dann der Fall, wenn es eine öffentliche Aufgabe erfüllt und eine maßgebliche, gesellschaftsrechtliche Beteiligung durch die öffentliche Hand vorliegt. Denn nur dann besteht ein Unterschied zur Beteiligung an einem normalen privatrechtlichen Unternehmen, welches (k)eine öffentliche Aufgabe erfüllt und an dem die öffentliche Hand nicht maßgeblich beteiligt ist.

Denn käme es nur auf die Beteiligung an, würde jede Beteiligung der öffentlichen Hand an einem privaten Unternehmen dazu führen, dass die bisherigen Anteilseigner benachteiligt würden und die Geschäftspartner einen Schutz genießen würden, der ihnen im normalen Wirtschaftsleben nicht zuteil würde, wenn sie Geschäfte mit „normalen“ Dritten abschließen würden. Diese Bevor-

829 BVerfGE 3, S. 383, [391].

zugung auf der einen und die Benachteiligung auf der anderen Seite sind aber nur dann gerechtfertigt, wenn das Unternehmen arbeitet, als wäre es in dem Bereich des Staates tätig. Denn nur dann können die Grundrechte als Schutzrechte vor dem Staat überhaupt erst zur Anwendung kommen. Ansonsten handelte es sich um eine Angelegenheit zwischen zwei privaten Personen, wie dies auf der einen Seite in der Entscheidung bzgl. der Deutschen Telekom zum Ausdruck kommt. Denn dort wird die Grundrechtspflichtigkeit verneint, da keine beherrschende Beteiligung der öffentlichen Hand vorliegt. Bei der Deutschen Telekom AG handelt es sich trotz öffentlich-rechtlicher Beteiligung um eine reine zivilrechtliche Gesellschaft. Auf der anderen Seite kann das Arzt-Beispiel herangezogen werden. Dort liegt zwar die Erfüllung einer öffentlichen Aufgabe vor, es fehlt aber an der Beteiligung der öffentlichen Hand. Neben der Beteiligung durch die öffentliche Hand muss das Unternehmen daher eine öffentliche Aufgabe erfüllen, da so die Verknüpfung mit der öffentlichen Gewalt i. S. v. Art. 1 Abs. 3 GG als Aufgabe erfolgt, die ursprünglich als Aufgabe des Staates angesehen wurde. An dem Leistungserbringer ist die öffentliche Hand aber noch beteiligt, sodass, wenn die Grundrechte durch dieses Unternehmen nicht zu beachten wären, aufgrund des Kunstgriffes NPPP sich die öffentliche Hand ihrer öffentlich-rechtlichen Verpflichtung bei der Erfüllung einer öffentlichen Aufgabe ohne gleichzeitige Aufgabenprivatisierung entledigen könnte. Ohne den Verbindungspunkt der öffentlichen Aufgabe würde im Außenverhältnis der Bezug zur öffentlichen Hand fehlen (da eine Beteiligung der öffentlichen Hand Dritten nicht unbedingt bekannt ist) und es sich nach außen um eine reine fiskalisch-wirtschaftliche Tätigkeit handeln.

cc. Zwischenergebnis

Festzuhalten ist, dass für die Zuordnung zur öffentlichen Hand eine zweistufige Einschätzung vorzunehmen ist.

Auf einer ersten Stufe ist für die Annahme der Grundrechtsverpflichtung des gemischt-wirtschaftlichen Unternehmens ein beherrschender Einfluss der öffentlichen Hand auf das Unternehmen notwendig, der durch die gesellschaftsrechtliche Mehrheitsbeteiligung bewirkt wird. Auf einer zweiten Stufe kann eine Zurechnung nur dann endgültig erfolgen, wenn das gemischt-wirtschaftliche Unternehmen eine öffentliche Aufgabe ausführt. Die öffentliche Aufgabe ist neben der Beteiligung die conditio sine qua non zur öffentlichen Hand, mit welcher es gerechtfertigt ist, das gemischt-wirtschaftliche Unternehmen der öffentlichen Hand gleichzustellen, sodass private Dritte staatliche Abwehrrechte genießen dürfen. Daher müssen beide Voraussetzungen gleichzeitig vorliegen, um dem privaten Dritten einen Grundrechtsschutz gegenüber dem gemischt-wirtschaftlichen, privatrechtlichen Unternehmen zusprechen zu können. Daraus folgt, dass im Verhältnis zwischen gemischt-wirtschaftlichem Unternehmen und privatem Nutzer sogar die Grundrechte direkt zu beachten sind, wenn eine gesellschaftsrechtliche Beherrschung bei öffentlich-rechtlicher Aufgabenerledigung vorliegen würde.

e. Gesellschaftsrechtliches Mehrheitserfordernis

Die Entscheidung, die im Jahre 2011[830] ergangen ist, könnte aber das gesellschaftsrechtliche Mehrheitserfordernis auf Stufe 1 abschwächen, indem von einer Gesamtverantwortung der öffentlichen Hand für das Unternehmen auf eine Grundrechtsverpflichtung geschlossen wird. Es stellt sich die Frage, ob aufgrund der Gesamtverantwortung für das Unternehmen bei einer Beteiligung von unter 50 % trotzdem von einer Grundrechtspflichtigkeit ausgegangen werden kann. In dieser Konstellation kann das nur erfolgen, wenn das Unternehmen auf Stufe 2 eine öffentliche Aufgabe ausführt, wie dies in dem der Entscheidung zugrunde liegenden Sachverhalt betreffend den Betrieb des größten deutschen Flughafens als Verkehrsinfrastruktur auch der Fall ist.[831] Hinzukommen muss aber kumulativ, dass eine Beherrschung des Unternehmens durch die öffentliche Hand aufgrund der Gesamtverantwortung für das Unternehmen erfolgt. Ohne Beherrschung des Unternehmens wäre jeder Drittnutzer eines Angebots, das im Bereich einer öffentlichen Aufgabe angesiedelt wäre (siehe Arzt), immer grundrechtsberechtigt, auch wenn es eine rein zivilrechtliche Beziehung auf dem Gebiet einer öffentlichen Aufgabe ohne Einfluss der öffentlichen Hand wäre (wie beispielsweise die Beziehung Arzt – Patient). Die Frage ist, ob eine Beherrschung auch bei einer gesellschaftsrechtlichen Beteiligung unter 50 % angenommen werden kann.

aa. Beherrschung durch Minderheitsrechte

Fraglich ist, ob auch von einer Beherrschung ausgegangen werden kann, wenn die öffentliche Hand, direkt oder indirekt, nur eine Minderheitsbeteiligung an dem privaten Partner hält.

Eine solche Minderheits-Beherrschung ist jedenfalls dann ausgeschlossen, wenn man im aktienrechtlichen Sinne weniger als 5 % der Anteile hält. Denn dann können diese Aktionäre gem. § 327a Abs. 1 AktG aus der Gesellschaft ausgeschlossen werden, ohne dass sie es verhindern können. Eine Beherrschung geht davon aus, dass die Geschäfts- und Unternehmenspolitik durch die öffentli-

830 BVerfG, NJW 2011, S. 1201 [1202f.].
831 BVerfG, NJW 2011, S. 1201ff..

che Hand, in diesem Fall bei einer Beteiligung zwischen 25 und 50 %, beeinflusst werden kann.

Die öffentliche Hand hat zwei Möglichkeiten, um Einfluss auszuüben. Zum einen könnte sie über Aufsichtsratsmandate Einfluss nehmen. Der Aufsichtsrat bestellt den Vorstand und kontrolliert diesen. Der Vorstand selbst ist aber grundsätzlich selbstverantwortlich in seinen Entscheidungen, was die aktuelle und konkrete Geschäfts- und Unternehmenspolitik betrifft, sodass der Aufsichtsrat durch die Bestellung des Vorstandes und dessen Kontrolle nur indirekt Einfluss auf die Geschäftspolitik ausüben kann.[832] Darüber hinaus muss ein Aufsichtsrat durch die Hauptversammlung mit einfacher Mehrheit gewählt werden, oder es werden Aufsichtsräte durch Aktionäre entsendet.[833] Allerdings kann höchstens ein Drittel der Aufsichtsratsmitglieder durch Anteilseigner entsendet werden, sodass die öffentliche Hand einerseits nur indirekt über den Aufsichtsrat Einfluss auf die Geschäftspolitik nehmen kann, andererseits aber auch im Aufsichtsrat selbst nur ein Drittel an Einfluss hat. Daraus folgt, dass die öffentliche Hand in dieser Konstellation das Unternehmen an sich nicht beherrschen wird, da andere Aufsichtsratsmitglieder den Einfluss der öffentlichen Hand einschränken können. Die öffentliche Hand müsste sich mit Dritten arrangieren und zusammenschließen, sodass die Geschäftspolitik nicht vom bestimmenden Willen der öffentlichen Hand abhängt, was aber für eine Beherrschung und gem. § 65 BHO notwendig wäre.

Zum anderen könnte ein beherrschender Einfluss ausgeübt werden, indem der öffentlichen Hand eine Sperrminorität zustünde, mit der wichtige Beschlüsse der Gesellschaft verhindert werden könnten. Solche Beschlüsse sind beispielsweise Satzungsänderungen (§ 179 AktG), die Bestimmung des Unternehmenszwecks, Nachgründungen mit mehr als 10 % des Grundkapitals (§ 52 (5) AktG) oder Entscheidungen der Geschäftsführung, zu denen der Aufsichtsrat seine Zustimmung verweigert hat (§ 111 Abs. 4 AktG).[834]

Aus dieser Auflistung ist aber schon ersichtlich, dass auch dadurch nur indirekter Einfluss ausgeübt werden kann. Zwar ist bei Gründung eines neuen Unternehmens eine faktisch einstimmige Entscheidung über die Satzung erforderlich, sodass die öffentliche Hand entsprechend die Satzungsfindung und ihre

832 § 111 Abs. 1 AktG.

833 § 101 Abs. 1, 2 AktG.

834 Weitere Beispiele sind: Beschränkung der Rechte der Vorzugsaktionäre, § 141 Abs. 3 AktG; Kapitalerhöhungen und –herabsetzungen, §§ 182, 192ff., 202, 207, 221ff.AktG; Auflösung der Gesellschaft, §§ 262, 274 AktG; Abschluss, Änderung und Beendigung von Unternehmensverträgen, § 292 AktG; Fusion mit anderer AG bzw. KGaA, §§ 340, 355 AktG; Vermögensübertragung auf die öffentliche Hand, § 362 Abs. 2 AktG; Umwandlung in KGaA, § 362 Abs. 2 AktG.

spätere Änderung beeinflussen kann. Ein Einfluss auf die Geschäftspolitik dergestalt, dass Entscheidungen des Vorstandes vorgegeben werden könnten, gibt es aber auch hier nicht.

Von einer Beherrschung kann daher nicht gesprochen werden, welche es rechtfertigen würde, alle anderen Anteilseigner als Teil der öffentlichen Hand anzusehen. Diese Einsichten können so oder in modifizierter Form auf Unternehmen mit unterschiedlichen Gesellschafts- oder Beteiligungsformen übertragen werden.

bb. Beherrschungsvertrag

Eine weitere Beherrschung kann durch den Abschluss eines Beherrschungsvertrages bei gleichzeitiger Minderbeteiligung der öffentlichen Hand erfolgen.

Beispielhaft geregelt findet sich dieser Fall im Aktienrecht gem. §§ 291 ff. AktG. Als Folge eines Beherrschungsvertrages kann das beherrschende Unternehmen dem abhängigen Unternehmen gem. § 308 AktG Weisungen für die aktuellen Geschäftspolitik erteilen. Der Abschluss eines Beherrschungsvertrages bedarf gem. § 293 AktG einer Dreiviertel-Stimmenmehrheit auf der Hauptversammlung.

Eine solche Konstellation wäre in der Gestalt möglich, dass die öffentliche Hand eine Eigengesellschaft gründet, die dann einen Beherrschungsvertrag mit dem privaten Partner oder dem privaten Leistungserbringer abschließt.

Der Vorteil des privaten Partners bzw. der privaten Zweckgesellschaft im Abschluss eines Beherrschungsvertrages kann nur darin gesehen werden, dass durch ihn eine direkte Mehrheitsbeteiligung der öffentlichen Hand verhindert wird, was, sofern kein Gewinnabführungsvertrag abgeschlossen wird, dazu führt, dass der private Partner übermäßig an den Gewinnen beteiligt wird. Gleichzeitig kann so sichergestellt werden, dass die öffentliche Hand gem. § 65 BHO einen bestimmenden Einfluss behält, sodass sie mangels Gewinnabführungsvertrags mögliche gebührenrechtliche Probleme umgehen kann, indem sie nur von den Gewinnen im Rahmen ihrer tatsächlichen Beteiligung profitiert, gleichzeitig aber bestimmenden Einfluss ausübt.

Die Gesellschaft hat keinen unbedingten Nachteil, da die öffentliche Hand sowieso gem. § 65 BHO gehalten ist, bestimmenden Einfluss auf Gesellschaften auszuüben, an denen sie beteiligt ist. Dadurch vermeidet der private Partner, aus haushalterischen Gründen nur eine Beteiligung von unter 50 % wahrnehmen zu können, was gleichbedeutend wäre mit einer Gewinnbeteiligung von unter 50 % (sofern nicht ein Gewinnabführungsvertrag geschlossen würde).

Mithin ist die Folge der Beherrschung, dass das private Unternehmen auf Stufe 1 durch die öffentliche Hand dergestalt beherrscht wird, dass eine Zurechnung zur öffentlichen Hand erfolgt, als wäre die öffentliche Hand zu mehr als 50 % beteiligt.

cc. Sonstige „Beherrschung"

Abschließend ist zu prüfen, ob und wie eine sonstige Beherrschung aussehen könnte, wobei Beteiligungsverhältnisse von unter 50 % angenommen werden. Wie eben gezeigt, ist dies im Rahmen von Beherrschungsverträgen möglich. Eine weitere Möglichkeit der Beherrschung und Zurechnung zur öffentlichen Hand wäre eine sog. faktische Beherrschung über das Unternehmen.

Eine faktische Beherrschung kann dann angenommen werden, wenn beispielsweise der faktisch herrschende Gesellschafter der Gesellschaft Wirtschaftsgüter, Know-how, Personal oder Ressourcen zur Verfügung stellt, ohne die die Gesellschaft handlungsunfähig wäre.

So hat der Bundesfinanzhof mit Urteil vom 21.01.1999[835] entschieden, dass eine faktische Beherrschung dann vorliege,

> „wenn auf die Gesellschafter, deren Stimmen zur Erreichung der im Einzelfall erforderlichen Stimmenmehrheit fehlen, aus wirtschaftlichen oder anderen Gründen Druck dahingehend ausgeübt werden kann, daß sie sich dem Willen der beherrschenden Person oder Personengruppe unterordnen. Dazu kann es etwa kommen, wenn ein Gesellschafter der Gesellschaft unverzichtbare Betriebsgrundlagen zur Verfügung stellt, die er der Gesellschaft ohne weiteres wieder entziehen kann."

Die zuvor dargelegte Stufenprüfung aufgreifend, käme man zu dem Schluss, dass nach menschlichem Ermessen der Vorstand/die Geschäftsführung einer solchen Gesellschaft so handeln wird, wie es der faktisch herrschende Gesellschafter gerne möchte, insbesondere dann, wenn dieser Gesellschafter zusätzlich über Aufsichtsrats- oder Beiratsmandate verfügt.

Weiter führt der Bundesfinanzhof aus, dass für die Annahme einer faktischen Beherrschung besondere Umstände vorliegen müssen, die im Einzelfall festzustellen sind.[836] Wenn nun berücksichtigt wird, dass die öffentliche Hand keine Betriebs- Produktions- oder Personalmittel zur Verfügung stellen wird, sondern die Leistungserfüllung ja gerade auf einen Privaten „auslagern" will und nach Abschluss des PPP-Vertrages dem privaten Partner nicht mehr drohen kann, einen anderen Bieter zum Zuge kommen zu lassen, ist fraglich, ob eine faktische Beherrschung angenommen werden könnte. Auch politischer Druck kann zwar erzeugt werden und könnte dazu führen, dass eine faktische Beherrschung im Einzelfall angenommen werden könnte. Allerdings zeigt das Beispiel

---

835 Urteil des BFH, Az. IV R 96/96.

836 Urteil des BFH, Az. IV R 96/96; ähnlich Urteil OLG Karlsruhe, Az. 12 W 11/02, vom 11.12.2003.

„Herrentunnel", dass es der private Partner auch auf einen Rechtsstreit ankommen lassen kann, bevor er sich einer Einflussnahme beugen wird.[837]

Daher kann, nur weil möglicherweise politischer Druck bestehen könnte, nicht automatisch von einer faktischen Beherrschung ausgegangen werden. Das Beispiel Herrentunnel zeigt vielmehr, dass dies gerade nicht der Fall ist.

Auch ein außenstehender Dritter würde in solchen Fällen die öffentliche Hand hinter dem Unternehmen kaum mehr erkennen. Daher kann in einer solchen Konstellation eine faktische Beherrschung möglicherweise vorliegen, es kommt jedoch auf den konkreten Einzelfall an.

Bei diesem Einzelfall muss dann geprüft werden, ob die öffentliche Hand dem privaten Unternehmen ihr Gepräge gibt, indem es Geschäftsentscheidungen beeinflusst, die es rechtfertigen, den Mehrheitsanteilseigner an dem Unternehmen den Grundrechtsschutz zu versagen und dritten Nutzern zuzusprechen. Zusammenfassend kann daher festgestellt werden, dass auch eine faktische Beherrschung denkbar ist, darüber jedoch der Einzelfall entscheidet.

2. Zwischenergebnis

Bei einem gemischt-wirtschaftlichen Unternehmen gelten die Grundrechte direkt, wenn das Unternehmen durch die öffentliche Hand beherrscht wird und eine öffentliche Aufgabe erfüllt wird. Das bedeutet, dass es ein „Mehr" ist gegenüber der Berücksichtigung der Grundsätze des öffentlichen Finanzgebarens. Diese finden gem. § 315 BGB Berücksichtigung im Verhältnis von privatem Unternehmen zu privatem Nutzer, und zwar auch dann, wenn keine Beherrschung des gemischt-wirtschaftlichen Unternehmens durch die öffentliche Hand mehr vorliegt. Liegt sie vor, sind die Grundrechte und die aus ihnen abzuleitenden Grundsätze zu beachten.

B. Ergebnis

Daraus ergibt sich folgende zusammenfassende Feststellung im Bereich der NPPP.

Sofern der private Partner im Rahmen eines Mautmodells die Leistung gegenüber dem privaten Nutzer direkt erbringt und abrechnet, hat er im Rahmen der privatrechtlichen Ausgestaltung des Nutzerverhältnisses gem. § 315 BGB

837 „Herrentunnel kostet Lübeck weitere Millionen", abzurufen unter http://www.welt.de/die-welt/vermischtes/hamburg/article5483581/Herrentunnel-kostet-Luebeck-weitere-Millionen.html; abgerufen am 12.07.2013.

die Grundsätze des öffentlichen Finanzgebarens zu beachten. Dies gilt erst recht, wenn das Drei-Parteien-Verhältnis im Rahmen eines Schattenmautmodells organisiert ist.

Wenn im Rahmen des Gesellschaftsmodells ein gemischt-wirtschaftliches Unternehmen gegründet wird, gelten im Verhältnis zum privaten Nutzer sogar die Grundrechte direkt, wenn das gemischt-wirtschaftliche Unternehmen durch die öffentliche Hand beherrscht wird und es eine öffentliche Aufgabe ausübt. Wird das Unternehmen nicht durch die öffentliche Hand beherrscht, sind die gleichen Maßstäbe anzulegen, wie es im Bereich des Maut- und Schattenmautmodells der Fall ist. Bei der Beherrschung kommt es regelmäßig auf die gesellschaftsrechtliche Beteiligungsquote an, wobei eine Beherrschung aus sonstigen Gründen oder durch einen Beherrschungsvertrag nicht ausgeschlossen werden kann. Der Einzelfall ist zu berücksichtigen.

Zusammenfassend müssen bei NPPP-Projekten die Maßstäbe beachtet werden, die auch die öffentliche Hand zu beachten hat, je nach Ausgestaltung der Vertragsverhältnisse in unterschiedlicher Stärke. Daher erübrigt sich letztendlich auch eine Entscheidung über das sog. Konfusionsargument. Denn ein rein privater Partner muss die öffentlichen Maßstäbe gem. § 315 BGB im Verhältnis zum privaten Nutzer achten, da er eine öffentliche Aufgabe erfüllt, durch den NPPP-Vertrag gebunden ist und die Leistung in der Wahrnehmung Dritter auch als öffentliche Aufgabe empfunden wird. Die Erkenntnisse zum gemischt-wirtschaftlichen Unternehmen haben daran nichts geändert.

Fünftes Kapitel: Angemessenheit des Entgelts

Wie oben festgestellt wurde, sind die Grundsätze des öffentlichen Finanzgebarens im Rahmen einer NPPP anwendbar und zu beachten, da ansonsten einerseits eine Umgehungsmöglichkeit der öffentlich-rechtlichen Verpflichtungen der öffentlichen Hand bestehen würde, andererseits aufgrund der bestehenden öffentlichen Aufgabe willkürlich andere Maßstäbe entstehen könnten, je nachdem ob für die gleiche öffentliche Aufgabe ein Eigenbetrieb, ein privates Unternehmen oder ein gemischt-wirtschaftliches Unternehmen zuständig ist. Zu den Grundsätzen des öffentlichen Finanzgebarens werden – wie es oben mehrfach anklang – der Gleichheitsgrundsatz und das Verhältnismäßigkeitsprinzip als aus der Verfassung stammende Prinzipien gezählt.[838]

Unklar ist, wann bei Geltung der Grundsätze öffentlichen Finanzgebarens ein privatrechtliches Entgelt angemessen und damit nicht außer Verhältnis ist,[839] und welche Konsequenzen daraus für die Angemessenheit des Entgelts abgeleitet werden, wenn ein privates oder gemischt-wirtschaftliches Unternehmen im Verhältnis zum privaten Nutzer ein privatrechtliches Entgelt oder eine Gebühr erhebt (siehe beispielsweise § 1 Abs. 5 FStrPrivFinG). Auch ist abschließend zu klären, wie es sich verhält, wenn der öffentliche Partner eine Gebühr oder ein Entgelt vom privaten Nutzer kassiert, darin ein Fremdleistungsentgelt für den privaten Unternehmer enthalten ist und dies an den Unternehmer ausgekehrt wird (A-Modell). Am Ende geht es damit um die Frage, wie hoch das Entgelt sein darf, vor allem, wie hoch eine darin etwaig erstrebte privatrechtliche Gewinnmarge ausfallen darf, also einzelne Komponenten des Entgelts bemessen sein dürfen.

Das Verhältnis von privatem Nutzer zu privatem Partner des NPPP-Vertrages ist nicht unabhängig von dem Rechtsverhältnis zum öffentlichen Partner und der zu erledigenden Aufgabe. Wie die zuvor gezogene Schlussfolgerung zeigt, sind die Grundsätze des öffentlichen Finanzgebarens auch in diesem Verhältnis zu beachten; der Einfluss des öffentlichen Partners, verbunden mit der Erledigung einer öffentlichen Aufgabe, strahlt mithin in diese Rechtsbeziehung aus, sodass nicht gelten kann, dass das Entgelt frei wie im Bereich der Privatrechtsordnung vereinbart werden kann. Neuralgischer Punkt der Entgeltbeziehung hinsichtlich der Angemessenheit ist dabei die schon benannte Gewinn- und Risikomarge, die gerade zu den Grundsätzen des öffentlichen Finanzgebarens in einem Spannungsverhältnis steht.

---

838 Schmehl, JuS 2001, S. 231 [235].

839 Vgl. BerlVerfGH, NVwZ 2000, S. 794 [799]; Schmehl, JuS 2001, S. 233 [236].

Das beschränkt sich überwiegend auf die Suche danach, wann kalkulatorische Gewinnzuschläge und in welcher Höhe erlaubt sind. Zentrale Frage ist dabei, ob kalkulatorische Kosten bzw. Gewinnzuschläge als Kosten anzusetzen sind, also entweder im Rahmen der Fremdleistungsentgelte nach dem A-Modell oder als direkte Kosten bei Modellen auf Basis des F-Modells. Dafür gilt zunächst, dass die Kosten eines Entgelts auch im öffentlichen Recht solche Kosten sind, die nach betriebswirtschaftlichen Grundsätzen anzusetzen sind.[840]

Anerkannt ist, dass, wenn der private Leistungserbringer von der öffentlichen Hand für seine Dienste ein Entgelt erhält, welches über Abgaben der Nutzer finanziert wird (Schattenmaut), in der Kalkulation auch ein angemessener Unternehmensgewinn des Privaten[841] sowie kalkulatorische Eigenkapitalzinsen berücksichtigt werden dürfen.[842]

Darüber hinaus gibt es mittlerweile einige Regelungen in den Kommunalabgabengesetzen (vgl. § 5 KAG Niedersachen; vgl. § 6 KAG NRW) sowie Vorgaben z. B. im Fernstraßenbauprivatfinanzierungsgesetz (dort § 3), die eine angemessene Verzinsung des eingesetzten Kapitals des Privaten erlauben, was aber nicht mit einem darüber hinausgehenden Gewinnzuschlag gleichzusetzen ist. Da sich die Verzinsung an der Rendite von Bundesanleihen orientieren soll, stellt sich die Frage, ob Gewinnzuschläge über die Verzinsung hinaus möglich sein können und welche Zuschläge oder Verzinsungen in einem Fremdleistungsentgelt auf F-Modell-Basis enthalten sind.

Daher ist zunächst die Schattenmaut zu untersuchen. In dieser Konstellation gelten die gesetzlichen Bestimmungen direkt, da die öffentliche Hand gegenüber dem privaten Nutzer auftritt. Der öffentliche Partner verlangt eine Benutzungsgebühr bzw. ein -entgelt, die bzw. das ein Fremdleistungsentgelt für den privaten Partner enthält, der die Leistung erbringt. Die Frage, die sich stellt, ist, wie hoch in dieser Konstellation das Fremdleistungsentgelt und der Gewinn ausfallen dürfen durch Berücksichtigung eines kalkulatorischen Gewinn- oder Risikoaufschlages.

In der zweiten Konstellation geht es, wie beim F-Modell, um eine direkte Entgeltbeziehung zwischen dem privaten Unternehmer und dem privaten Nutzer. Auch dort stellt sich die Frage, wie hoch der Gewinn- und der Risikozu-

---

840 Siehe beispielsweise § 6 KAG NRW, § 3 FStrPrivFinG.

841 Vgl. Siebel/ Röver/ Knütel: Schwarting, S. 464, Rn. 1518.

842 BerlVerfGH, NVwZ 2000, S. 794 [799]; Gutachten „PPP im öffentlichen Hochbau“, Band 2, Teilband 1, Stand: August 2003, S. 263, abgerufen unter http://www.bmvbs.de/cae/servlet/contentblob/31810/publicationFile/629/gutachten-ppp-im-oeffentlichen-hochbau-band-2-teilband-1.pdf, abgerufen am 12.07.2013; Wolfers, NVwZ 2000, S. 765 [766].

schlag sein darf und ob dort die gleichen Grundsätze gelten wie bei der Schattenmaut.

Zunächst kann vergleichsweise darauf abgestellt werden, wie es sich bei Benutzungsgebühren im Bereich der Gewinnerzielung durch die öffentliche Hand verhält. Werden die Kosten durch veranschlagte Gebühren gedeckt, besteht keine Handlungspflicht. Werden die Kosten überschritten, entsteht also ein Gewinn, ist dieser bei der nächsten Abrechnungsperiode bei der Gebührenkalkulation zu mindern.[843] Mithin darf die öffentliche Hand mit den veranschlagten Gebühren selbst keinen Gewinn erzielen, da dieser sowieso, beispielsweise gem. § 6 Abs. 2 KAG NRW, zurückzuerstatten wäre. Allerdings gibt es kein verfassungsrechtlich gebotenes Kostendeckungsprinzip.[844] Dies ist vielmehr landesrechtlich, einfachgesetzlich auszugestalten. Trotzdem wird diese Wertung als Wertung des (Landes-)Gesetzgebers zu beachten sein. Dies beantwortet aber nicht die Fragen, wie hoch die Entgelte des privaten Unternehmens sein dürfen, die die öffentliche Hand im Rahmen ihrer Gebührenkalkulation berücksichtigen darf, also die im Rahmen des Schattenmautmodells als Fremdleistungsentgelte „eingepreist“ werden und damit aufteilungstechnisch als Kosten anzusetzen sind, und wie hoch der Gewinnanteil des privaten Partners sein darf, wenn er Entgelte direkt dem privaten Nutzer in Rechnung stellt.

Zusammenfassend gilt es zu untersuchen, wie hoch die Entgelte (der – kalkulatorische – Gewinnanteil) des privaten Leistungserbringers ausfallen dürfen: auf der einen Seite im Rahmen der Schattenmaut, wenn sie als sog. Fremdleistungsentgelte berücksichtigt werden, auf der anderen Seite der Unternehmensgewinnanteil im Rahmen des sog. F-Modells, wenn die Entgelte direkt zwischen privatem Nutzer und privatem Leistungserbringer entrichtet werden.

A. Zusammensetzung des Entgelts

Um Bestimmungs- und Definitionsproblemen vorzubeugen, erfolgt nachfolgend eine Aufstellung darüber, woraus sich ein Entgelt, beispielsweise im Bereich des Straßenbaus, typischerweise zusammensetzen würde, unabhängig davon, ob das Projekt im Rahmen des A- oder F-Modells realisiert wird.

In § 3 Abs. 2 FStrPrivFinG werden sie wie folgt bezeichnet:

- Kosten für den Bau,
- Kosten für die Erhaltung,

843 Siehe beispielsweise § 6 Abs. 2 KAG NRW.

844 BerlVerfGH, NVwZ 2000, S. 794 [797].

• Kosten des Betriebes,
• Kosten des weiteren Ausbaus (wenn vorgesehen),
• angemessener Gewinn (§ 2).

Zu berücksichtigende Kosten sind weiter nach § 3 Abs. 3 FStrPrivFinG diejenigen, die nach betriebswirtschaftlichen Grundsätzen anzusetzen sind. Dazu gehören sog. Grundkosten und kalkulatorische Kosten, wobei die Grundkosten u. a. die in § 3 Abs. 2 FStrPrivFinG benannten und in obiger Liste aufgeführten Kosten meinen. Bei den kalkulatorischen Kosten handelt es sich um Abschreibungen „sowie kalkulatorische Wagnisse und Zinsen".

Die kalkulatorischen Wagnisse, Zinsen sowie der unternehmerische Gewinn sind zu untersuchen.

Einen weiteren Anhaltspunkt bezüglich dieser Positionen gibt das Handelsgesetzbuch mit seiner Gliederung zur Gewinn- und Verlustrechnung. Dort sind in § 275 HGB zu berücksichtigende Kosten aufgeführt, die von dem Umsatzergebnis abzuziehen sind, um so den Jahresüberschuss oder Fehlbetrag zu ermitteln. Die Umsatzerlöse, die notwendigerweise die Gewinnmargen enthalten, werden nicht weiter aufgeschlüsselt. Diese Umsatzerlöse sind aber die hier interessierenden Gewinn- und Risikozuschläge, die als „Umsatzerlös" dem öffentlichen Partner (A-Modell) oder dem privaten Nutzer innerhalb des verlangten Entgelts in Rechnung gestellt würden. Daher definiert § 3 Abs. 4 FStrPrivFinG die Zinsen und Wagnisse näher. Für die kalkulatorische Verzinsung „des von dem Privaten eingesetzten Eigenkapitals gilt die durchschnittliche Rendite zehnjähriger deutscher Bundesanleihen in einem Zeitraum von 20 Jahren, die der jeweiligen Kalkulationsperiode vorausgehen", als angemessen. Daher ist die kalkulatorische Verzinsung grundsätzlich einfach zu berechnen.

Diese Berechnungsgrundlage ist daher auch sinngemäß auf die Fälle des Schattenmautmodells zu übertragen, wonach neben den Grundkosten die kalkulatorischen Kosten des Privaten entsprechend in dieser Höhe zu berücksichtigen wären. Allerdings wird in dem zweiten Halbsatz des Satzes 1 zu Absatz 4 hinzugefügt, dass auch ein „dem jeweiligen unternehmerischen Risiko" angemessener Risikozuschlag erhoben werden kann. Dieser dürfe nicht außer Verhältnis sein zur Verzinsung des eingesetzten Kapitals. Gleichzeitig wird dem Unternehmer in § 2 Abs. 1 S. 3 FStrPrivFinG ein projektangemessener Gewinn zugestanden. Daraus folgt, dass die Verzinsung auf der einen Seite zzgl. eines Wagnissaufschlages als Kosten zu berücksichtigen sind, während zusätzlich ein angemessener Gewinn erwirtschaftet werden dürfe.

Tatsächlich stellt sich eine solche Aufgliederung als problematisch dar. Denn in dem Entgelt gibt es drei relevante Positionen, von denen zwei, nämlich der Gewinn und der Risikozuschlag, nur angemessen sein müssen.

Drömann und *Tegtbauer* gehen daher davon aus, dass es aufgrund dieser drei Positionen insgesamt nicht zu einer unverhältnismäßigen Verzinsung des eingesetzten Kapitals komme.[845]

Wann dies jedoch vorliegen soll, bleibt offen bzw. es wird auf das einzelne Projekt abgestellt.

B. Gesetze und Verordnungen

Anhaltspunkte für eine Beurteilung, wann ein Gewinn und eine Verzinsung insgesamt angemessen wären, könnten die Entscheidungen des Gesetzgebers im Rahmen von erlassenen Gesetzen bieten. Dazu kann vergleichsweise die Gesetzeslage beim A- und F-Modell herangezogen werden, da dort die Entgeltberechnung teilweise festgeschrieben wurde, wie dies zuvor schon erwähnt wurde (vgl. § 3 Abs. 2-5 FStrPrivFinG; § 3 Abs. 2, 3 ABMG; § 1 MautHV).

Die Untersuchung anhand des Fernstraßenbauprivatfinanzierungsgesetzes und/oder des Bundesfernstraßenmautgesetz hat insofern Pilotcharakter, da in diesen Gesetzen das NPPP-Modell normiert wurde. Daher sind die dort gefundenen Ergebnisse überwiegend auf andere NPPPs übertragbar.

I. BFStrMG und FStrPrivFinG

Bei genauerem Hinsehen bleiben die dort gemachten Angaben aber inhaltsleer.

Es bestehen zwar Vorgaben zur Entgeltberechnung (§§ 3 Abs. 2-5 FStrPrivFinG; 3 Abs. 2, 3 BFStrMG), allerdings sind diese zunächst unterschiedlich konkret. Während das Fernstraßenprivatfinanzierungsgesetz eine genauere Aufzählung der Kostenzusammensetzung enthält (z.B. § 3 Abs. 3 FStrPrivFinG: Berücksichtigung von nach betriebswirtschaftlichen Grundsätzen ansatzfähigen Kosten), sind die Vorgaben im Autobahnmautgesetz weniger konkret (§ 3 Abs. 2 ABMG: Orientierung des Entgelts an den Kosten für den Bau, die Erhaltung etc.).

Beide Gesetze klären indes nicht, wann ein Unternehmensgewinn im Rahmen der Entgeltberechnung angemessen berücksichtigt ist, sondern setzen ihn voraus (vgl. § 3 Abs. 4 FStrPrivFinG). Zwar wird in § 3 Abs. 4 FStrPrivFinG die „angemessene kalkulatorische Verzinsung des von dem Privaten eingesetzten Eigenkapitals“ als „die durchschnittliche Rendite zehnjähriger deutscher Bundesanleihen in einem Zeitraum von 20 Jahren, die der jeweiligen Kalkulati-

845 Drömann/Tegtbauer, NVwZ 2004, S. 296 [303].

onsperiode vorausgehen“, definiert. Es wird aber außerdem ein angemessener Risikozuschlag erlaubt sowie eben ein angemessener Unternehmensgewinn. Der Risikozuschlag darf „nicht zu einer unverhältnismäßigen Verzinsung des eingesetzten Eigenkapitals führen“, während eine solche Klarstellung bzgl. des angemessenen Gewinns nicht aufgenommen wurde.

Es erfolgt nur eine vermeintliche Lösung des Problems und ein zusätzlicher Risikoaufschlag bleibt möglich. Es ist dann aber unklar, wie der Risikoaufschlag im Verhältnis zum angemessenen Gewinn zu berücksichtigen ist. Es bleibt daher offen, wann dieser Risikozuschlag und der Unternehmensgewinn unverhältnismäßig sind. Als Obergrenze des Risikozuschlags kann nicht die durchschnittliche Rendite der Bundesanleihen dienen, denn wenn dies die Obergrenze darstellen würde, hätte es nicht des § 3 Abs. 4 FStrPrivFinG und des Risikozuschlags bedurft, da dieser ohnehin nicht höher ausfallen dürfte, als das Entgelt grundsätzlich schon bemessen werden darf. Gleiches gilt für den Unternehmensgewinn. Daraus folgt, dass die Verzinsung des eingesetzten eigenen Kapitals nicht höher liegen darf als die Verzinsung einer 10-jährigen Bundesanleihe. Hinzuzurechnen ist dann noch der außerordentliche Wagniszuschlag, der wiederum nicht dazu führen darf, dass die Verzinsung des eingesetzten Kapitals außer Verhältnis ist, aber oberhalb der Verzinsung der 10-jährigen Bundesanleihen liegen kann.

Darüber hinaus werden die kalkulatorischen Zinsen und das Wagnis als Kosten bezeichnet, die also von den Einnahmen bzw. dem Umsatz abzuziehen sind. Der dann verbleibende Überschuss wäre der (angemessene) Gewinn. Unklar ist, ob sich die angemessene Verzinsung bei 10-jährigen Bundesanleihen auch auf den Unternehmensgewinn bezieht und ob dieser dann nur den Bundesanleihen entsprechen darf. Es könnte sich aber bei der angemessenen Verzinsung genau so gut um eine Kostenposition innerhalb der Gewinnermittlung handeln. Oder der angemessene Gewinn bezeichnet nur einen kalkulatorischen Gewinnaufschlag, der angemessen sein muss.

Dafür kommt es darauf an, wie sich diese drei Komponenten, Unternehmensgewinn, Wagniszuschlag und Kapitalverzinsung zueinander verhalten. Ein Blick in die Gesetzesbegründung dazu ist unergiebig, da die Begründung im Wesentlichen nur den Gesetzestext wiedergibt.[846]

Festzuhalten bleibt daher Folgendes: Im Rahmen des Fernstraßenbauprivatfinanzierungsgesetz und des Bundesfernstraßenmautgesetz gibt es drei relevante Positionen, die für das Entgelt gegenüber dem privaten Nutzer entscheidend sind. Dies sind der angemessene Unternehmensgewinn, die kalkulatorische Ver-

846 Bt-Drs. 14/8447, S. 10, 11; durch das FStrPrivFinÄndG 2002 erhielten die §§ 2 Abs. 1 und 3 Abs. 3, 4, 5 im Wesentlichen ihren heutigen Wortlaut.

zinsung und der kalkulatorische Wagniszuschlag, wobei der angemessene Unternehmensgewinn und der kalkulatorische Wagniszuschlag zusammengehören.

II. PR 30/53

Die Verordnung PR 30/53 über die Preise bei öffentlichen Aufträgen mit der Anlage der Leitsätze für die Preisermittlung aufgrund von Selbstkosten (LSP) könnte weitere Erkenntnisse liefern.

Dort werden Parameter zur Ermittlung des Selbstkostenpreises gem. § 5 der Preisverordnung definiert, die angemessen auf die Kosten des Auftragnehmers bezogen sein müssen. Die Verordnung bezieht sich auf das Verhältnis der öffentlichen Hand zu privatem Auftragnehmer.

Im Fernstraßenbauprivatfinanzierungsgesetz werden kalkulatorische Kosten, wozu Zinsen und Wagnisaufschläge zählen, unabhängig von einem angemessenen Gewinn definiert.

Unter L, Nr. 51 LSP wird ein kalkulatorischer Gewinn beschrieben als Abgeltung des *allgemeinen* Wagnisrisikos des durchgeführten Unternehmens sowie als „ein Leistungsgewinn bei Vorliegen einer besonderen unternehmerischen Leistung in wirtschaftlicher, technischer oder organisatorischer Hinsicht“. Der allgemeine unternehmerische Wagnisaufschlag bzw. das Risiko wird gem. K, c. Nr. 47 LSP bestimmt als die

> „Verlustgefahr, die sich aus der Natur des Unternehmens und seiner betrieblichen Tätigkeit ergibt. Wagnisse, die das Unternehmen als Ganzes gefährden, die in seiner Eigenart, in den besonderen Bedingungen des Wirtschaftszweiges oder in wirtschaftlicher Tätigkeit schlechthin begründet sind, bilden das allgemeine Unternehmerwagnis“.

Der kalkulatorische Gewinn selbst, mit der eben genannten Definition, wird als Kostenposition in der Zusammensetzung des Selbstkostenpreises angesehen und zählt damit zu den Kosten i. S. d. Verordnung.

III. Zwischenergebnis

Daraus können i. V. m. dem Fernstraßenbauprivatfinanzierungsgesetz folgende Rückschlüsse gezogen werden: Zum einen sind die kalkulatorischen Zinsen begrenzt, nämlich auf die Höhe der benannten Bundesanleihen, da auch in Nr. 43 Abs. 3 LSP durch den Bundesminister der Finanzen und den Bundesminister der Wirtschaft ein Höchstsatz festgesetzt wird. Ein Wahlrecht, dass es einen anderen Höchstsatz geben könnte, besteht nicht. Über die Entscheidung des „Ob“ wurde kein Ermessensspielraum eingeräumt, sodass es eine Begrenzung gibt, die am Fernstraßenbauprivatfinanzierungsgesetz zu orientieren sein wird.

Zum anderen ist ein projektindividueller Risikozuschlag möglich, der nicht unverhältnismäßig sein darf, seine Begrenzung aber nicht in den Bundesanleihen findet. Zusätzlich ist auf den Selbstkostenpreis ein kalkulatorischer Gewinn aufzuschlagen, der das allgemeine Unternehmenswagnis abgelten soll. Es handelt sich um eine zusätzliche Kostenposition.

Dies bedeutet für und in Verbindung mit dem Fernstraßenbauprivatfinanzierungsgesetz, dass ein angemessener Unternehmensgewinn durch die Einpreisung eines kalkulatorischen Gewinnzuschlages möglich sein kann, sodass sich der angemessene Gewinn insgesamt als kalkulatorischer Gewinnzuschlag zzgl. kalkulatorischer Verzinsung und kalkulatorischen Einzelwagnissen ergibt. Das ist dann der angemessene Unternehmensgewinn.

IV. Kommunalabgabengesetze

Da viele der NPPP im Bereich der kommunalen Aufgaben einer Gemeinde geschlossen werden (Müll und Wasser), lohnt auch ein Blick in ausgewählte Kommunalabgabengesetze.

Dabei ist zu beachten, dass die Kommunalabgabengesetze die Beziehung der öffentlichen Hand zu ihren Bürgern, vor allem die Erhebung und Zusammensetzung von Gebühren, regeln, während es im Bereich des Fernstraßenprivatfinanzierungsmodell um die Entgelterhebung im Verhältnis vom privaten Partner zum privaten Nutzer geht.

Nach § 6 Abs. 1 KAG NRW sind Benutzungsgebühren der öffentlichen Hand von den Bürgern zu erheben, sofern keine privatrechtlichen Entgelte erhoben werden. Das Gebührenaufkommen „soll die voraussichtlichen Kosten der Einrichtung oder Anlage nicht übersteigen“[847]. Kosten werden gem. § 6 Abs. 2 KAG NRW als solche bestimmt, die nach betriebswirtschaftlichen Grundsätzen ansatzfähig sind. Dazu werden auch Entgelte für Fremdleistungen gezählt, also sofern die Wahrnehmung einer Aufgabe auf Dritte übertragen wird und diese für ihre Dienste der öffentlichen Hand ein Entgelt in Rechnung stellen. Außerdem wird eine angemessene Verzinsung des aufgewendeten Kapitals festgeschrieben, mithin des Kapitals der öffentlichen Hand. Ähnliche Regelungen finden sich teilweise wortgleich in dem KAG des Landes Niedersachsen (§ 5 NKAG) oder dem KAG des Landes Sachsen (§ 5 KAG Sachsen).

847 § 6 Abs. 1 S. 2 KAG NRW.

Ausführlicher ist die Regelung im KAG des Landes Schleswig-Holstein. Dort heißt es unter § 6 Abs. 2 Nr. 2, dass zu den zu berücksichtigenden Kosten einer Gebühr auch die Entgelte gehören, die ein Dritter zur Erfüllung der öffentlichen Aufgabe der öffentlichen Hand in Rechnung stellt. Diese Regelung umfasst daher den Fall der NPPP auf Basis eines A-Modells.

Die Kommunalabgabengesetze zeigen, dass einerseits die erhobenen Gebühren kostendeckend sein müssen, andererseits die Kosten auch Fremdentgelte enthalten können, die sich zusammensetzen, wie es oben dem Fernstraßenbauprivatfinanzierungsgesetz entnommen wurde. Das bedeutet, dass die Kommunalabgabengesetze selbst auch nicht weiterhelfen, weil einerseits die Gebühren kostendeckend sein müssen, andererseits Fremdentgelte enthalten, die auch Gewinne umfassen, da die Leistungen durch private Unternehmen erbracht werden. Dadurch bleibt die weitere Frage bzgl. des A-Modells bestehen, wann die Fremdentgelte und die darin enthaltenen Gewinne angemessen sind. Denn die erhobene Gebühr muss dem Äquivalenz- und Gleichheitsprinzip sowie der Erforderlichkeit und damit dem Verhältnismäßigkeitsgrundsatz insgesamt genügen. Dies ist nur dann möglich, wenn die Gebühren angemessen sind, sodass auch die Fremdentgelte angemessen sein müssen. Wenn die Fremdentgelte nicht angemessen sind, kann eine Kompensation durch Senkung anderer Kosten möglich sein, sodass die Nutzergebühr dadurch insgesamt verhältnismäßig und angemessen würde. Dem wäre jedoch nicht zu folgen, da ein Kostendruck aufgrund eines nicht angemessenen Fremdentgeltes entstehen würde, mit der Folge, dass die öffentliche Hand mit einer Einnahmensenkung andere Entgeltbestandteile reagieren müsste, die ihre Einnahmen verringern würde.

Übereinstimmend legen die Kommunalabgabengesetze der Länder daher fest, dass die Gebühren Kosten enthalten dürfen, die nach betriebswirtschaftlichen Grundsätzen ansetzbar sind, sowie Fremdleistungsentgelte. Diese Fremdleistungsentgelte dürfen daher weder unverhältnismäßig sein noch zu einer Kostenüberdeckung führen und müssen auf betriebswirtschaftlichen Grundsätzen beruhen.

C. Rechtsprechung

Nachfolgend ist daher die Rechtsprechung auf Hinweise zu untersuchen, welchen Restriktionen Fremdentgelte unterliegen oder welche Vorgaben bzgl. Entgeltzusammensetzung, Verzinsung und Gewinn im Rahmen der Modelle bestehen.

Den unter B. geschilderten Überlegungen folgend, beschäftigen sich die Gerichtsentscheidungen überwiegend mit dem Verhältnis der Fremdentgelte innerhalb der Gebührenkalkulation, also wenn die öffentliche Hand Dritte mit der Leistung beauftragt, im Außenverhältnis stets aber die öffentliche Hand auftritt (Schattenmautmodell/A-Modell). Gleichzeitig wird durch den privaten Partner regelmäßig eine öffentliche Aufgabe erfüllt, wie dies in § 6 Abs. 2 KAG Schleswig-Holstein beschrieben wird. Nur das als vorletztes zu besprechende Urteil des Berliner Verfassungsgerichtshof beschäftigt sich mit einem Sachverhalt, der einem gemischt-wirtschaftlichen Unternehmen entspricht, welches Entgelte dem Nutzer direkt in Rechnung stellt (Mautmodell; F-Modell).

I. OVG Schleswig, Urteil vom 24.06.1998 – 2 L 113/97

Das OVG Schleswig stellt in seinem Urteil, welches von der Erfüllung der Abfallentsorgung durch eine private Gesellschaft handelt, fest, dass es sich bei den Leistungen der privaten Gesellschaft um Fremdleistungsentgelte handelt, die auch in die Gebührenkalkulation einzustellen sind.[848]

Dem liegt ein Sachverhalt zugrunde, wonach der Private die Leistung erbringt und der öffentliche Partner eine Müllgebühr beim privaten Nutzer erhebt (Schattenmautmodell).

Das Fremdleistungsentgelt für die Erfüllung der Müllentsorgung könne in die Gebührenkalkulation eingestellt werden, sofern die Leistung des Dritten zur Erfüllung einer *Pflicht*aufgabe erforderlich und nicht mit überflüssigen Kosten verbunden sei. Das Kommunalabgabengesetz finde unmittelbare Anwendung, womit auch die Grundsätze des Haushaltsrechts, also Sparsamkeit und Wirtschaftlichkeit zu beachten seien. Daraus folge, dass die öffentliche Hand prüfen müsse, ob sie eine Leistung nicht selbst günstiger erbringen könne. „Mehrkosten, die allein wegen der Beauftragung Dritter entstehen, sind (…) keine für die Leistungserbringung erforderlichen Kosten“[849]. Auch entstünden mit der Beauftragung Dritter Kosten, die bei Leistungserbringung durch die öffentliche Hand nicht entstehen würden. Als Beispiele werden die Umsatzsteuer oder Gewinne genannt. Allerdings sei davon auszugehen, dass, wenn Markt- und Wettbewerbspreise bestehen, die mit der Beauftragung Dritter verbundenen Kosten, also die Fremdleistungsentgelte regelmäßig günstiger sein werden als die Selbstkostenpreise der Verwaltung.[850]

848 OVG Schleswig, NordÖR 1998, S. 314 [315].

849 OVG Schleswig, NordÖR 1998, S. 314 [315].

850 Für die vorangehenden Sätze: OVG Schleswig, NordÖR 1998, S. 314 [315].

Letztendlich folgt aus dieser Entscheidung, dass Fremdleistungsentgelte zulässig sind, sofern sie günstiger sind, als wenn die Leistung durch die öffentliche Hand selbst erbracht wird. Dabei ist darauf zu achten, dass alle Kosten, auch die, die die öffentliche Hand regelmäßig nicht tragen muss, einbezogen werden.

II. OVG Lüneburg, Urteil vom 22.06.2009 - 9 LC 409/06

Das Oberverwaltungsgericht Lüneburg beschäftigte sich im Jahre 2009 auch mit der Frage der Fremdleistungsentgelte in einer Abfallgebühr gem. §§ 12 NAbfG i.V.m. § 5 Abs. 2 S. 4 NKAG in der gleichen Konstellation wie zuvor das OVG Schleswig (Schattenmautmodell).

Diese können dann in die Gebührenkalkulation der öffentlichen Hand gegenüber dem privaten Nutzer eingestellt werden,

> „wenn eine rechtliche Zahlungsverpflichtung der Gebühren erhebenden Kommune gegenüber dem die Fremdleistungen erbringenden Dritten besteht und dessen Entgelt dem Erforderlichkeitsprinzip entspricht“[851].

Der Erforderlichkeitsmaßstab des Fremdleistungsentgelts sei überschritten, wenn das Fremdleistungsentgelt außer Verhältnis zu den vom privaten Leistungserbringer erbrachten Leistungen steht. Also, übertragen auf Verkehrsinfrastrukturprojekte, sind dies der Bau und Betrieb einer Straße oder Durchführung der Abfallversorgung, Bereitstellung der Wasserversorgung oder einer Eishalle/ Freibad.

Als erforderlich könne das Fremdleistungsentgelt dann angesehen werden, wenn es preisrechtlichen Vorschriften entspricht, also der oben schon untersuchten Verordnung PR 30/53.

In der Verordnung PR 30/53 wiederum findet man nur Angaben bzgl. des kalkulatorischen Gewinnes sowie kalkulatorischer Zinsen und etwaiger Risikoaufschläge. Wie diese zu ermitteln sind, ergibt sich daraus nicht, sodass diese Entscheidung zunächst nur Hinweischarakter hat.

III. OVG Saarlouis, Urteil vom 25.06.2009 - 1 A 325/08

Das Oberverwaltungsgericht Saarlouis führt in seinem Urteil aus, dass die Fremdleistungsentgelte dann in die Gebührenkalkulation eingestellt werden können, „soweit die Inanspruchnahme des Dritten zur Erfüllung der Pflichtaufgabe „Abwasserentsorgung“ erforderlich und nicht mit zusätzlichen Kosten verbunden ist.

---

851 OVG Lüneburg, Urteil vom 22.06.2009 - 9 LC 409/06.

Insofern findet das Kommunalabgabengesetz unmittelbar Anwendung und schützt den Bürger vor einer überzogenen Gebührenbelastung“. Auch diesem Urteil liegt der Sachverhalt zugrunde, wonach dem privaten Partner die Erfüllung der Abwasserentsorgung obliegt, während der öffentliche Partner vom privaten Nutzer eine Gebühr dafür kassiert.

Zur Überprüfung des Erforderlichkeitsmaßstabs der Fremdleistungsentgelte wird vorgeschlagen, dass ein Vergleich mit einem Regiebetrieb erfolgen könne, der die öffentliche Aufgabe stattdessen wahrnehmen würde. Dann „könnte die Refinanzierung eines Entgelts für den privaten „Erfüllungsgehilfen“ zumindest in der Höhe unzulässig sein, die die Kosten des Regiebetriebes übersteigt“. Dabei bleibt jedoch außer Acht, dass schon vor der Entscheidung, ob eine NPPP durchgeführt werden soll, ein solcher Wirtschaftlichkeitsvergleich stattfindet. Nur wenn dieser zugunsten einer NPPP ausfällt, erfolgt überhaupt erst eine Aufteilung dergestalt, dass Fremdleistungsentgelte notwendig werden können.[852] Wenn also die ursprüngliche Entscheidung pro NPPP ausfällt, ist es unwahrscheinlich, dass später die Erfüllung der Aufgabe durch einen Eigenbetrieb günstiger sein könnte. Dementsprechend wird dieser aufgerufene Maßstab der Überprüfung des Erforderlichkeitsprinzip nicht weiterhelfen und kann daher allenfalls als hypothetischer Vergleichsmaßstab genügen.

IV. OVG NRW, Urteil vom 24.06.2008 - 9 A 373/06

In einem Urteil aus dem Jahre 2008[853] hatte sich das Oberverwaltungsgericht des Landes Nordrhein-Westfalen mit Fremdleistungsentgelten in der Gebührenkalkulation zu beschäftigen, wobei auch hier – wie in den zuvor aufgeführten Urteilen – ein Sachverhalt als Schattenmautmodell zugrunde lag.

> „Da die an das Unternehmen zu zahlenden Fremdleistungsentgelte tatsächliche Kosten darstellen, kommt es bei deren Einstellung in die Gebührenkalkulation in der Regel weder zu Kostenüberdeckungen noch gar zur Erschließung illegaler Finanzquellen. Eine Einschränkung gilt nur mit Blick darauf, dass es sich um vertragsgemäße, betriebsnotwendige Kosten handelt, deren Bemessung letztlich nicht zu einem Verstoß gegen das Äquivalenzprinzip führt“[854].

In den Fremdleistungsentgelten seien notwendigerweise auch kalkulatorische Wagniszuschläge des privaten Leistungserbringers enthalten, welche im

852 BT-Drs. 15/5668, S. 10.

853 OVG NRW, Urteil vom 24.06.2008, Az.: 9 A 373/06.

854 OVG NRW, Urteil vom 24.06.2008, Az.: 9 A 373/06.

kalkulatorischen Gewinn abgegolten werden, die eben Bestandteil des Fremdleistungsentgeltes sind.[855]

„Das allgemeine Unternehmerwagnis, das (…) im kalkulatorischen Gewinn mit abgegolten wird, deckt die Wagnisse ab, die das Unternehmen als Ganzes gefährden, die in seiner Eigenart, in den besonderen Bedingungen des Wirtschaftszweiges oder in wirtschaftlicher Tätigkeit schlechthin begründet sind (vgl. Nr. 47 Abs. 2 LSP)“[856].

Der Ansatz für diese Position soll auf lange Sicht die Existenz des Unternehmens gegen die Gefahren und Risiken sichern, die mit der unternehmerischen Tätigkeit verbunden sind. Zum allgemeinen Unternehmerwagnis gehören z. B. Wagnisse, die aus der gesamtwirtschaftlichen Entwicklung entstehen, etwa Konjunkturrückgänge, plötzliche Nachfrageverschiebungen, Geldentwertungen, technische Fortschritte. Aus dem allgemeinen Unternehmerwagnis müssen im Übrigen die Aufwendungen gedeckt werden, die nach den LSP nicht zu den Kosten gehören“[857].

Um die Angemessenheit des Wagniszuschlags bzw. des kalkulatorischen Gewinnzuschlags, der das Wagnis abdeckt, zu ermitteln, kam es in der Vergangenheit darauf an, in welcher Höhe die öffentliche Hand an dem Unternehmen beteiligt war und in welcher Höhe seine Tätigkeit durch den Gebührenbereich abgedeckt ist um abschätzen zu können, wie hoch das „Wagnis“ tatsächlich war. Je höher die Beteiligung und der Deckungsgrad durch Gebühren, je geringer war der Wagniszuschlag. In dieser Entscheidung stellt das Gericht aber nicht mehr auf die Beteiligung der öffentlichen Hand ab, sondern darauf, wie langfristige Vertragsverhältnisse ausgestaltet sind. Sind sie nahezu ohne Risiko ausgestaltet, ist das Gesamtrisiko für das Unternehmen geringer.

In dem zu entscheidenden Fall stufte das Gericht die allgemeinen Gesamtrisiken für das Unternehmen gering ein, sodass ein allgemeiner kalkulatorischer Wagniszuschlag von 1 % statt von 3 % als angemessen angesehen und in den Fremdleistungsentgelten berücksichtigt werden durfte.

In dieser Entscheidung nimmt das Gericht daher ausdrücklich Stellung zu einem kalkulatorischen Gewinn bzw. Wagniszuschlag in einem Fremdleistungsentgelt, was so auch bei einem A-Modell gelten würde.

Zur Beurteilung, wann im Rahmen von Fremdleistungsentgelten ein allgemeiner, im kalkulatorischen Gewinn abgebildeter Wagniszuschlag zulässig ist, kommt es darauf an, wie das allgemeine Geschäftsrisiko des Unternehmens ausfällt. Eine schematische Lösung nach Beteiligungsquoten der öffentlichen Hand soll nicht möglich sein.

---

855 OVG NRW, Urteil vom 24.06.2008, Az.: 9 A 373/06.

856 OVG NRW, Urteil vom 24.06.2008, Az.: 9 A 373/06.

857 OVG NRW, Urteil vom 24.06.2008, Az.: 9 A 373/06.

Die Gebührenhöhe ist insgesamt dann nicht angemessen, wenn ein kalkulatorischer Gewinnzuschlag höher ausfällt, als das allgemeine Unternehmensrisiko dies rechtfertigen würde. Dies bedeutet einerseits, dass ein allgemeiner kalkulatorischer Gewinnzuschlag zulässig ist. Andererseits ist dessen Höhe einzelfallbezogen anhand des konkreten Risikos einzuschätzen.

Ohne dem nächsten Urteil vorzugreifen, gehen die Richter in diesem Verfahren davon aus, dass eine Gebühr ein Fremdleistungsentgelt eines privaten Dritten enthalten kann, welches sich gem. dem öffentlichen Preisrecht zusammensetzt und daher auch einen kalkulatorischen Gewinnzuschlag enthält. Da aber das öffentliche Preis- und Gebührenrecht anwendbar ist, ist die Höhe des Fremdleistungsentgelt nicht – wie sonst in der freien Privatwirtschaft – frei festsetzbar, sondern das Fremdleistungsentgelt und insbesondere der kalkulatorische Gewinnaufschlag müssen selbst angemessen sein und die Gebühr insgesamt muss noch den öffentlich-rechtlichen Grundsätzen entsprechen.

Den vorherigen Urteilen folgend, bedeutet dies, dass das Fremdleistungsentgelt insgesamt nicht höher ausfallen darf, als wenn die öffentliche Hand die Leistung selbst erbracht hätte. Dabei muss sich das Fremdleistungsentgelt an den Kosten für den Bau, Betrieb etc. orientieren. Hinzuzufügen ist ein einzelfallbezogener kalkulatorischer Gewinnaufschlag.

V. Berliner Verfassungsgerichtshof, Urteil vom 21.10.1999 - VerfGH 42/99

Der Berliner Verfassungsgerichtshof befasst sich in seiner Entscheidung nicht primär mit Fremdleistungsentgelten, sondern mit privatrechtlichen Entgelten der Berliner Wasserbetriebe, die den Nutzern direkt in Rechnung gestellt werden. Es handelt sich im Gegensatz zu den vorherigen Urteilen um einen Sachverhalt, der auf dem F-Modell basiert und als Besonderheit ein quasi gemischtwirtschaftliches Unternehmen als privaten Leistungserbringer enthält.

Die Berliner Wasserbetriebe sind eine Anstalt des öffentlichen Rechts, an der zu mehr als 50 % das Land, zu weniger als 50 % eine Berliner Wasserbetriebe-Holding beteiligt sind. An der Holding ist das Land zu mehr als 50 %, der private Partner zu weniger als 50 % beteiligt[858]. Leistungserbringer sind die Berliner Wasserbetriebe, Anstalt des öffentlichen Rechts. Es ist daher ein öffentliches Unternehmen, an dem Private beteiligt sind. Das Entgeltverhältnis wiederum wird privatrechtlich ausgestaltet, sodass, auch im Unterschied zu den vorherigen Urteilen, keine Gebühr erhoben wird.

858 Schmehl, JuS 2001, S. 233 [233].

Die Berliner Wasserbetriebe verlangen nun von den Benutzern ein Entgelt für die Wasserver- und -entsorgung. Von der Zusammensetzung des Preises handelt das Urteil. Das Gericht geht davon aus, dass die Grundsätze des öffentlichen Finanzgebarens auch in diesem Fall gelten, um der öffentlichen Verwaltung eine Flucht ins Privatrecht zu verwehren.[859] Dazu zählen die aus der Berliner Verfassung herzuleitenden Grundsätze des Gebührensrechts, namentlich das Verhältnismäßigkeitsprinzip und der Gleichbehandlungsgrundsatz.[860] Die Verwaltung unterliege auch dann den Bindungen des öffentlichen Rechts,

> „wenn sie die ihr öffentlich-rechtlich zugewiesenen Aufgaben der Daseinsvorsorge im Rahmen eines privatrechtlich ausgestalteten Leistungsverhältnisses wahrnimmt". „Sie muss damit nicht nur die Grundrechte, insbesondere den Gleichheitssatz, sondern auch die grundlegenden Prinzipien"[861]

öffentlichen Finanzgebarens beachten und das privatrechtliche Entgelt daran messen. Aus dem Gleichbehandlungsgrundsatz folgt, dass die Verknüpfung der Kosten und der Gebührenhöhe sachgerecht sein muss.[862] Aus dem Äquivalenzprinzip, welches die verfassungsmäßige Ausprägung des Verhältnismäßigkeitsmaßstabes ist, folgt, dass die dem Einzelnen auferlegte Gebühr nicht außer Verhältnis zu den verfassungsrechtlich verfolgten Zwecken, also der öffentlichen Aufgabenerledigung, stehen darf.[863]

Für das privat eingebrachte Kapital in dieser Konstellation hat das Gericht in seiner Entscheidung eine durchschnittliche Verzinsung, orientiert an dem Durchschnittszinssatz langfristiger öffentlicher Anleihen, angenommen und gebilligt, die entsprechend als Kosten in die Kalkulation eingestellt werden können.[864] Dies entspricht insofern der gesetzlichen Regelung des Fernstraßenbauprivatfinanzierungsgesetzes zur kalkulatorischen Verzinsung. Dies wird damit begründet, dass das eingebrachte private Kapital sonst anderweitig gewinnbringend hätte eingesetzt werden können und den Nutzern eine besondere Leistung gewährt würde, die einen wirtschaftlichen Vorteil vermittle.[865]

Aus

> „der Zweckbestimmung der Gebühr, Einnahmen zu erzielen, um speziell die Kosten der individuell zurechenbaren öffentlichen Leistung ganz oder teilweise zu decken, ergibt sich

---

859 BerlVerfGH, NVwZ 2000, S. 794 [797].
860 BerlVerfGH, NVwZ 2000, S. 794 [797].
861 BerlVerfGH, NVwZ 2000, S. 794 [797].
862 BerlVerfGH, NVwZ 2000, S. 794 [797].
863 BerlVerfGH, NVwZ 2000, S. 794 [797].
864 BerlVerfGH, NVwZ 2000, S. 794 [799].
865 BerlVerfGH, NVwZ 2000, S. 794 [799].

keine verfassungsrechtlich begründete Begrenzung der Gebührenhöhe durch die tatsächlichen Kosten der staatlichen Leistung"[866].

Mit anderen Worten ist eine Gebühr, die höher als zur Kostendeckung nötig ausfällt, nicht unzulässig, da aus der Gebühr selbst ein solches Gebot nicht folgt und der private Nutzer letztendlich von der Leistung profitiere. Diese Grundsätze sind, wie eben ausgeführt, in dieser Konstellation auch auf das privatrechtliche Entgelt übertragbar. Der Gleichbehandlungsgrundsatz verbietet aber, die Gebühr völlig unabhängig von den Kosten zu gestalten; gleichzeitig muss die Gebühr dem Verhältnismäßigkeitsgrundsatz entsprechen.[867] Eine Überdeckung der Kosten wird dadurch per se aber nicht verboten.[868]

Eine weitere Frage stellt sich aber, ob als weitere Kostenposition neben der kalkulatorischen Verzinsung ein Gewinnaufschlag eingestellt werden kann. In dem hier vorliegenden Fall stellte das Gericht zunächst fest, dass nicht ersichtlich sei, welche zusätzlichen unternehmerischen Risiken durch den Zuschlag abgesichert oder abgegolten werden sollten.[869]

Eine Entscheidung über die Einbeziehung des Gewinnzuschlags erfolgte nicht mehrheitlich, musste aber in dem Gerichtsverfahren auch nicht abschließend entschieden werden.

Vier Richter meinten, dass, wenn eine Teilprivatisierung der Berliner Wasserbetriebe erlaubt und gewollt sei, in die Abwägung der Sachgerechtigkeit der Kostenpositionen bei der Gebühr auch einfließen muss, dass solche Unternehmen typischerweise eine Gewinnerzielung verfolgen. Mit anderen Worten wäre ein kalkulatorischer Gewinnzuschlag als Kostenposition in das Gebührenentgelt einzubeziehen, selbst wenn die öffentliche Hand direkt davon profitieren würde.

Die anderen vier Mitglieder des Senats führen an, dass die Einbeziehung privater Partner nichts daran ändere, dass eine Haushaltsentlastung durch die Privatisierung nicht durch einen Gewinnaufschlag erreicht werden dürfe, der zudem indirekt über die Beteiligung der öffentlichen Hand in den allgemeinen Haushalt eingestellt würde. Die erstrebte

> „Befriedigung des allgemeinen Finanzbedarfs des Staates stehe in keinem Zusammenhang mit den tatsächlichen Kosten der konkreten entgeltpflichtigen Leistung an den jeweiligen Benutzer der Einrichtung und sei daher nach anderen verfassungsrechtlichen Kriterien zu bemessenden Steuern"

vorbehalten.[870]

---

866 BerlVerfGH, NVwZ 2000, S. 794 [799]; BVerfG, NJW 1998, S. 2128 [2130].

867 BerlVerfGH, NVwZ 2000, S. 794 [797].

868 BerlVerfGH, NVwZ 2000, S. 794 [798].

869 BerlVerfGH, NVwZ 2000, S. 794 [799].

870 BerlVerfGH, NVwZ 2000, S. 794 [799].

Grundsätzlich wenden sich daher auch die vier ablehnenden Richter nicht gegen die Einbeziehung eines Gewinnaufschlages. Sie halten es nur dann nicht für zulässig, wenn im weitesten Sinne ein gemischt-wirtschaftliches Unternehmen tätig wird, an dem die öffentliche Hand beteiligt ist. Denn die Gewinnerzielung eines öffentlichen Unternehmens mit indirektem Mittelgewinn für den allgemeinen Haushalt aufgrund der gesellschaftsrechtlichen Gewinnbeteiligung wird abgelehnt. Dies bleibe einer Steuer vorbehalten[871].

1. Zusammenfassung und Zwischenüberlegung

Letztendlich ist diese Frage von entscheidender Bedeutung für PPP-Vorhaben in unterschiedlicher Konstellation.

Der Gewinnaufschlag als Kosten entfernt sich von dem Erforderlichkeits- und Gleichheitsprinzip dann, wenn damit eine allgemeine Haushaltsfinanzierung einhergeht. Dann fehlt die notwendige Sachgerechtigkeit zwischen Kosten und Gebührenhöhe, wie es vier Richter ausführen. Denn der Leistung auf der einen Seite steht im Hinblick auf die öffentliche Beteiligung auch keine Gewinnerzielungsabsicht gegenüber, weil diese öffentlichem Kapital nicht zukommt. Daher kann auf die öffentliche Beteiligung kein Gewinn ausgezahlt werden, während der private Anteil entsprechend eine Gewinnbeteiligung erhalten muss. Würde der öffentliche Gewinnanteil auf den privaten Anteil aufgeschlagen, würde man sich dem Argument der verschleiernden Staatsfinanzierung entziehen. Allerdings dürfte dann das öffentliche Geld nicht der Bundeshaushaltsordnung entsprechend wirtschaftlich und sparsam eingesetzt worden sein. Daher könnte die Lösung nur darin bestehen, den auf den öffentlichen Teil entfallenden Gewinnanteil wieder gebühren- und entgeltmindernd in der Kalkulation zu berücksichtigen.

Die vier ablehnenden Richter widersprechen aber nicht, wenn eine Privatisierung bzw. eine Beteiligung Privater an der Erfüllung öffentlicher Aufgaben erfolgt und gewünscht ist und notwendigerweise auch Gewinnerzielungsabsichten, zumindest des Privaten, in die Kosten mit einfließen. Anders können Private ihr Kapital und Know-how nicht gewinnbringend zur Verfügung stellen, sodass die Partner für eine PPP abhanden kommen. Eine Verzinsung nur in Höhe von Bundesanleihen würde dann dazu führen, dass Private ihr Geld in Bundesanleihen investieren und nicht in PPPs.

Selbst die Leitsätze für die Preisermittlung aufgrund von Selbstkosten differenzieren zwischen kalkulatorischem Gewinn, worunter die Abgeltung des allgemeinen Unternehmenswagnisses fällt, und zwischen weiteren kalkulatori-

871 BerlVerfGH, NVwZ 2000, S. 794 [799].

schen Kosten, worunter besondere Einzelwagnisse und Verzinsung des betriebsnotwendigen Kapitals gezählt werden. Diese Positionen werden als Kosten aufgefasst, sodass zumindest bzgl. des privaten Anteils der Argumentation auch den vier ablehnenden Richtern folgend ein Gewinnzuschlag erfolgen kann.

2. Besonderheit gemischt-wirtschaftliches Unternehmen

Die Richter kommen zu dem Ergebnis, dass bei Anwendung der gebührenrechtlichen Grundsätze bei privatrechtlicher Ausgestaltung des Benutzungs- und Entgeltverhältnisses einerseits eine kalkulatorische Verzinsung des eingesetzten Kapitals in Ordnung ist. Andererseits sieht ein Teil der Richter zusätzlich einen allgemeinen Gewinnaufschlag als Kosten i. H. v. 2% als gerechtfertigt an, wenn der grundsätzliche Wille besteht, Private an der Aufgabenerfüllung zu beteiligen, und zwar auch dann, wenn ein gemischt-wirtschaftliches Unternehmen vorliegt.

Gleichzeitig dürfe aber der an sich zulässige Gewinnaufschlag nicht zu einer allgemeinen Staatsfinanzierung des öffentlichen Partners führen. Das wäre aber auch nur dann der Fall, wenn ein gemischt-wirtschaftliches Unternehmen tätig werden würde, sodass über den kalkulatorischen Gewinnaufschlag Gewinne generiert würden. Die Frage ist daher, ob ein allgemeiner kalkulatorischer Gewinnzuschlag im Benutzungsentgelt des gemischt-wirtschaftlichen Unternehmens gegenüber dem Nutzer aufgrund einer angenommen allgemeinen Staatsfinanzierung unzulässig wäre. Das sind die Bedenken, die die vier ablehnenden Richter äußerten.

An dem erzielten Gewinn würde die öffentliche Hand anteilig beteiligt. Denn die öffentliche Hand würde aufgrund des kalkulatorischen Gewinnanteils in der Höhe ihrer Beteiligung davon profitieren, sodass mit der Gebühr letztendlich ein von vornherein eingeplanter Gewinn erwirtschaftet würde.

Vier Richter lehnen einen kalkulatorischen Gewinnzuschlag ab, da die Gewinnerzielungsabsicht des Privaten dem öffentlichen Partner zu eigen gemacht würde. Dadurch fände eine allgemeine Staatsfinanzierung statt, weil ein Gewinn erzielt wird, der dem Haushalt zufließt.

Gegen die ablehnende Haltung spricht aber, dass dann kein kalkulatorischer Gewinnzuschlag mehr möglich wäre, da eine Trennung zwischen privatem und öffentlichem Gewinnzuschlag an der Bundeshaushaltsordnung scheitern würde und ohne Gewinnaussicht keine privaten Partner gewonnen werden könnten.

Hinsichtlich des Arguments der allgemeinen Staatsfinanzierung zeichnet eine Steuer gem. § 3 Abs. 1 AO aus, dass es Geldleistungen sind, „die nicht eine Gegenleistung für eine besondere Leistung darstellen und von einem öffentlich-rechtlichen Gemeinwesen zur Erzielung von Einnahmen allen auferlegt werden, bei denen der Tatbestand zutrifft, an den das Gesetz die Leistungspflicht knüpft". Bei dem Entgelt für die Inanspruchnahme einer Leistung bei NPPP-Projekten ist es anders, da dem privaten Nutzer für die Benutzung eine Rechnung präsentiert wird, in der ein Gewinnzuschlag enthalten ist. Diese Rechnung basiert aber auf der vorherigen Inanspruchnahme einer konkreten Gegenleistung. Daher kann, auch wenn durch den Gewinnzuschlag über die Abgeltung der Kosten für die Bereitstellung der Leistung hinaus Einnahmen erzielt werden, nicht von einer allgemeinen Staatsfinanzierung im Rahmen einer Steuer gesprochen werden. Sofern die Grundsatzentscheidung zulässigerweise so ausfällt, dass ein Privater die Leistung erbringt, gehört zur Gegenleistung für die Inanspruchnahme der Leistung auch ein Gewinnzuschlag. Ohne die Gewinnzuschläge gäbe es die Leistung in dieser Form nicht. Außerdem, dem öffentlichen Preisrecht und der Entscheidung des OVG NRW folgend, entsteht der kalkulatorische Gewinnzuschlag zur Abgeltung allgemeiner, auf das Unternehmen bezogener Risiken. Daher steht dem Gewinnzuschlag zusätzlich eine „Leistung" in Form einer Risikoübernahme für die Erbringung der Leistung, also z. B. Straßenbau und -betrieb, gegenüber. Daher ist das Argument der allgemeinen Staatsfinanzierung zu vernachlässigen.

VI. Bundesverwaltungsgericht

In einer Entscheidung aus dem Jahre 2005[872] beschäftigt sich das Bundesverwaltungsgericht mit der Frage eines kalkulatorischen Gewinnaufschlages auf Pflegesätze eines gewerblichen Betreibers eines psychiatrischen Krankenhauses. Diesem Fall liegt wiederum ein Schattenmautmodell zugrunde. Ein kalkulatorischer Gewinnaufschlag wurde durch § §1, 2 des Erlösbegrenzungsgesetz nicht zugelassen und auch in den geregelten Erhöhungsmechanismen war ein solcher Gewinnaufschlag nicht vorgesehen.[873]

Das Verbot eines Gewinnzuschlages sollte jedoch in die Berufsausübungsfreiheit eingreifen, was aber gerechtfertigt sei.[874] Denn für die Begrenzung spreche der Gemeinwohlbelang der Stabilisierung der gesetzlichen Krankenkassen. Die geforderte Erhöhung aufgrund eines Gewinnzuschlages von 4 % würde die Krankenhauskosten erhöhen und die Krankenkassen in ihrem Konsolidierungsbestreben beeinträchtigen. Dagegen seien die Gründe für einen Zuschlag von geringerem Gewicht. Dies sei die Unternehmerfreiheit, die auch die Gewinnkalkulation einschließe. Allerdings wurden die Marktgesetze für Krankenhaus-

872 BVerwG, Urteil vom 07.07.2005, Az.: 3 C 23/04.

873 BVerwG, Urteil vom 07.07.2005, Az.: 3 C 23/04.

874 BVerwG, Urteil vom 07.07.2005, Az.: 3 C 23/04.

betreiber bewusst außer Kraft gesetzt, da die Krankenkassen eine solche außerordentliche Marktmacht besäßen, sodass dies notwendig wäre. Daher könnten sie sich auch nicht auf die Unternehmerfreiheit berufen.

Auch wird ausgeführt, dass die Verweigerung eines Gewinnzuschlages zu einem zwangsläufigen Verlust führen müsse. Dagegen führt das Gericht an, dass die Vergangenheit gezeigt habe, dass die gesetzlich angesetzten Kosten erhebliche und ausreichende Reserven enthielten. Demnach kommt das Gericht zu dem Ergebnis, dass eine Verweigerung eines Gewinnzuschlages einen Eingriff in die Berufsausübungsfreiheit darstellen würde. Sofern dieser gesetzlich und aufgrund gemeinwohlbegründeter Annahmen gerechtfertigt sei und tatsächlich aufgrund der Gegebenheiten erhebliche Reserven bestünden, wäre dies aber hinzunehmen. Demnach hält das Gericht einen Gewinnzuschlag grundsätzlich für zulässig, ein Verbot stellt sogar einen Eingriff in Art. 12 GG dar, sodass es einer besonderen Rechtfertigung bedarf, wenn ein solcher Zuschlag verweigert wird.

D. Literatur

Wie oben schon angeklungen, gehen *Drömman* und *Tegtbauer* davon aus, dass einzelfall- und projektbezogen entschieden werden muss, ob und wann kalkulatorische Gewinnzuschläge zuzulassen und angemessen sind. Sie nehmen dabei an, dass grundsätzlich kein kalkulatorischer Gewinn zulässig sei, nur beim Fernstraßenbauprivatfinanzierungsgesetz sei dies anders, weil in § 2 Abs. 1 FStrPrivFinG ausdrücklich ein angemessener Unternehmensgewinn zugestanden werde. Diesen angemessenen Unternehmensgewinn setzen sie sodann mit dem kalkulatorischen Gewinn gleich, der ausnahmsweise zulässig wäre, da er nicht der öffentlichen Hand zugute käme.[875]

I. Burgi

Burgi schreibt, dass bei einer Organisationsprivatisierung oder einer funktionalen Privatisierung die Gemeinde weiterhin die Erheberin der Nutzerentgelte oder Nutzungsgebühren wäre.[876] *Burgi* geht im kommunalen Bereich daher von einem Verfahren nach dem Schattenmautmodell aus.

In beiden Privatisierungsvarianten würden auch die Prinzipien des öffentlichen Finanzgebarens gelten. Dies führe aber dazu, dass in diesen Entgelten und

875 Drömann/Tegbtbauer, NVwZ 2005, S. 296 [393].
876 Burgi, NVwZ 2001, S. 601 [606].

Gebühren Fremdleistungsentgelte enthalten wären. Diese Fremdleistungsentgelte betreffen die Entgelte des privaten Partners, die dieser für seine Leistung der öffentlichen Hand in Rechnung stellt. In diesen Fremdleistungsentgelten sei auch der erwartete Gewinn des Privaten enthalten, was nicht zu beanstanden sei. Auch erziele die Gemeinde selbst dadurch keinen Gewinn, sondern es handele sich um den Gewinn des Privaten.[877]

Burgi folgend bedeutet das, dass Fremdleistungsentgelte, wie auch in den Kommunalabgabengesetzen festgelegt, eine ganz normale privatrechtliche Gewinn- und Kostenkalkulation enthalten dürfen.

„Dass sich innerhalb dieses Fremdleistungspostens neben strukturbedingten Mehrbelastungen vor allem steuerlicher Provenienz auch der von dem privaten Dritten erhoffte Gewinn widerspiegelt, ist nicht von vornherein zu beanstanden, da dem kommunalen Aufgabenträger tatsächlich ein höherer Aufwand entstanden ist und eben nicht die (unstatthafte) Gewinnerzielung durch die Gemeinde selbst, sondern das den Gewinn des privaten Helfers umfassende, von der Gemeinde an diesen zu entrichtende Entgelt in Frage steht“[878].

Daraus folgt, dass *Burgi* einem kalkulatorischen Gewinnzuschlag im Rahmen des Fremdleistungsentgelts offen gegenübersteht.

II. Tappe, Wiesemann

Tappe beschäftigt sich in seinem Beitrag mit der Gewinnerzielung im Rahmen kommunaler Benutzungsgebühren, ohne dass dabei ein NPPP-typisches Drei-Personen-Verhältnis vorliegt.[879]

Wie oben festgestellt wurde, sind die Grundsätze des öffentlichen Finanzgebarens auch im Bereich einer PPP anzuwenden und können auch auf die Erhebung privatrechtlicher Entgelte übertragen werden. Daher können auch die Ausführungen *Tappes* zur Gewinnerzielung bei einer Gebührenerhebung berücksichtigt und ausgewertet werden. *Tappe* kommt in seinem Aufsatz zu folgenden Schlussfolgerungen: Im Rahmen von Gebühren sei zu beachten, dass sie einfachgesetzlich dem Prinzip der Kostendeckung unterliegen. Wäre daher ein Gewinn in einer Gebühr enthalten, könnte gegen das Verbot der Kostenüberdeckung verstoßen worden sein. Für Benutzungsgebühren gibt es diesbezüglich diverse Ausgestaltungen in den kommunalen Abgabengesetzen, beispielsweise § 6 Abs. 1 S. 3 KAG NRW. Am Beispiel des nordrhein-westfälischen Kommunalabgabengesetzes legt *Tappe* dar, dass Kostenüberdeckungen, also Mehreinnah-

877 Für vorstehende Sätze: Burgi, NVwZ 2001, S. 601 [607].

878 Burgi, NVwZ 2001, S. 601 [607].

879 Vgl. Tappe, VerwArch 2010, S. 279ff..

men im Vergleich zum Aufwand der öffentlichen Hand, innerhalb von drei Jahren auszugleichen *sind*, während Kostenunterdeckungen nur ausgeglichen werden *sollen.*[880]

Kalkulatorische Zinsen und kalkulatorische Abschreibungen würden in den Kostenbegriff nach § 6 Abs. 1 S. 4 KAG NRW einbezogen. Da diese am Ende des Abrechnungszeitraumes für die Gemeinde liquide Mittel bedeuten, handele es sich um „Gewinne". Dies sei sachgerecht, da die Bindung des gemeindlichen Eigenkapitals dazu führe, dass andere Projekte später oder anders durchgeführt werden müssten. Diese Betrachtung betrifft daher die Eigenerledigung einer Aufgabe durch die öffentliche Hand, bei der kalkulatorische Zinsen und Abschreibungen auf das öffentliche Kapital erhoben werden. Dies ist jedoch nicht der Fall der PPP, da dort eine Zusammenarbeit zwischen öffentlichem und privatem Partner gegenüber einem privaten Nutzer erfolgt. Festzuhalten ist jedoch, dass kalkulatorische Zinsen und Abschreibungen sogar im Gebührenrecht im Verhältnis von öffentlicher Hand und privatem Nutzer mit dem Argument zulässig sind, dass öffentliches Kapital sonst anderweitig hätte eingesetzt werden können.

Wenn dies schon im Verhältnis öffentlicher Hand zu privatem Nutzer geht, muss es erst recht bei einer NPPP gelten. *Tappe* nimmt sogar an, dass durchaus auch Zuschläge auf die kalkulatorischen Zinsen und Abschreibungen erfolgen könnten, mithin Gewinnzuschläge. Maßstab wäre, dass die „Kommune nur denjenigen Betrag erwirtschaften" dürfe, „den sie bei Anlage des eingesetzten Kapitals am Kapitalmarkt mit Zins und Zinseszins auch erzielt hätte"[881]. Kalkulatorische Gewinnaufschläge *darüber* hinaus seien nicht zulässig, sodass sich im Endeffekt auch die vorgenommenen kalkulatorischen Abschreibungen und Zinsen daran messen lassen müssen, Aufschläge bis zur Verzinsungsgrenze aber möglich wären.[882]

Wiesemann geht für die normale wirtschaftliche Betätigung der öffentlichen Hand im Zwei-Personen-Verhältnis gegenüber dem Bürger davon aus, dass darüber hinausgehende kalkulatorische Gewinnzuschläge möglich seien. Dies und ihre Begrenzung folgert *Wiesemann* aus der Regelung in § 109 Abs. 2 GO NRW, wonach ein Jahresgewinn so hoch ausfallen soll, dass eine marktübliche Verzinsung des Eigenkapitals erreicht werden solle sowie Rücklagen zur technischen und wirtschaftlichen Entwicklung des Unternehmens gebildet werden könnten.[883]

880 Tappe, VerwArch 2010, S. 279 [282, 287].

881 Tappe, VerwArch 2010, S. 279 [292].

882 Wiesemann, NVwZ 2005, S. 391 [394]; Tappe, VerwArch 2010, S. 279 [292].

883 Wiesemann, NVwZ 2005, S. 391 [395].

Im Schattenmautmodell könnten die in eine Gebührenkalkulation einzustellenden Fremdleistungsentgelte in einer nächsten Stufe über die Gewinnzuschläge hinausgehen, die für die öffentliche Hand bei wirtschaftlicher oder nicht wirtschaftlicher Tätigkeit selbst zulässig wären.

Dazu führt *Wiesemann* aus, dass dieser Gewinnzuschlag über Ausschreibungen kontrolliert werden könnte, oder, wenn es zu keiner Ausschreibung komme, sich an dem öffentlichen Preisrecht messen müsse.[884] Zur Abgeltung des allgemeinen Unternehmerwagnisses könne dann

> „ein kalkulatorischer Gewinnzuschlag eingerechnet werden, der nach Nr. 52 I 1 LSP nach einem Prozentsatz vom betriebsnotwendigen Vermögen oder vom Umsatz zu bemessen ist. Die Gewinnvereinbarung bewegt sich dabei zwischen 5 % und 2,5 % als dem betriebsüblichen Gewinn“[885].

Mit anderen Worten, es könne neben den kalkulatorischen Zinsen und Abschreibungen ein kalkulatorischer Gewinnzuschlag zwischen 2,5 und 5% des betriebsnotwendigen Vermögens als Bestandteil des Fremdleistungsentgelts eingepreist werden, welche wiederum als Kosten angesehen werden würden.

Tappe geht auch davon aus, dass die als Kosten ansatzfähigen Fremdleistungsentgelte (insoweit unspezifiziert) Unternehmensgewinne enthalten, da sonst kein Privater zur Erfüllung der Leistung bereit wäre.[886] Der zitierten Begründung zu § 6 GO NRW sei zu entnehmen, dass auch solche Fremdleistungsentgelte als Kosten durch Gebühren abgedeckt werden können, wenn der Privatunternehmer wie üblich einen Gewinnaufschlag in seinen Preis einkalkuliert.[887] Daraus lässt sich eine Begrenzung des Gewinnzuschlags anhand des öffentlichen Zwecks oder eine Begrenzung in Höhe von 2,5 bis 5 %, wie sie von *Wiesemann* vorgeschlagen wurde, nicht entnehmen.

Stattdessen führt *Tappe* unter Bezug auf das Urteil des OVG NRW vom 24.06.2008 aus, dass ein kalkulatorischer Gewinn i. H. v. 1 % der Nettoselbstkosten angemessen wäre, während das Gericht selbst in dem entschiedenen Fall im Bereich der Abfallentsorgung keinen Verstoß gegen das Äquivalenzprinzip als gegeben ansah, da sich der höhere Gewinnzuschlag von 3 statt 1% innerhalb des Toleranzrahmens bewegt habe.[888]

Einigkeit besteht bei *Tappe* und *Wiesemann* darin, wie Gewinne bei einem gemischt-wirtschaftlichen Unternehmen zu verrechnen sind. Beide gehen davon aus, dass der auf die öffentliche Hand entfallende, erzielte Gewinn dem Gebüh-

---

884 Wiesemann, NVwZ 2005, S. 391 [395].

885 Wiesemann, NVwZ 2005, S. 391 [395] m.w.N..

886 Tappe, VerwArch 2010, S. 279 [293].

887 LT-Drs. NRW 6/810, S. 35; Tappe, VerwArch 2010, S. 279 [293].

888 OVG NRW, Urteil vom 24.06.2008, Az.: 9 A 373/06.

renhaushalt bzw. dem in die Kosten einberechneten Fremdleistungsentgelt gutgeschrieben werden muss. Sie gehen außerdem beide davon aus, dass Fremdleistungsentgelte in einer Gebührenkalkulation inklusive kalkulatorischem Gewinnzuschlag zu berücksichtigen sind und leiten dies nachvollziehbar aus den KA-Gen der Länder und des Preisrechts her, wobei bei beiden Autoren, übertragen auf den NPPP-Bereich, ein A-Modell der Nutzerfinanzierung zugrunde liegt.

Einen kalkulatorischen Gewinnzuschlag halten beide, nach Branche und Einzelfall differenzierend, i. H. v. 1 % bis 5 % für möglich, je nachdem, welche Risiken tatsächlich vorliegen.

Wenn im A-Modell aber Fremdleistungsentgelte als Kosten berücksichtigt werden und diese Fremdleistungsentgelte auch kalkulatorische Gewinnzuschläge enthalten können, kann in Bezug auf das F-Modell nichts anderes gelten.

III. Schmehl

Schmehl kommentiert in seinen Ausführungen die Teilprivatisierung der Berliner Wasserbetriebe aus dem Jahr 2000, was vorher schon anhand des Urteils des Berliner Verfassungsgerichtshofs dargestellt wurde. Hinsichtlich der Gewinnerzielung bei für spezielle staatliche Leistungen erhobenen Entgelten seien der Gleichheitsgrundsatz und das Verhältnismäßigkeitsprinzip als verfassungsrechtliche Maßstäbe entscheidend.[889]

Zutreffend sei die Erwägung des Gerichts, dass bei einer Teilprivatisierung kein Zuschlag (also kalkulatorischer Gewinnzuschlag) als allgemeiner Unternehmensgewinn festzulegen wäre. Andererseits solle die Berechnung nach betriebswirtschaftlichen Grundsätzen, den meisten Kommunalabgabengesetzen der Länder entsprechend, mit der zuvor genannten Einschränkung des allgemeinen Unternehmensgewinns zulässig sein. Allerdings sei das Raster zur Bestimmung eines angemessenen Unternehmensgewinns innerhalb dieser Positionen „recht grobmaschig“, sodass der Autor eine Tarifkontrolle durch eine Regulierungsbehörde vorschlägt.[890]

E. Ordnung der Positionen

Die oben aufgeführten und untersuchten Urteile, Gesetze und wissenschaftlichen Abhandlungen kommen zu dem Ergebnis, dass zunächst eine kalkulatorische

889 Schmehl, JuS 2001, S. 233 [235].
890 Schmehl, JuS 2001, S. 233 [236/237].

Verzinsung des eingesetzten Kapitals sowohl auf privater als auch auf öffentlicher Seite möglich und zulässig sein muss. Dies ist auch insoweit unstreitig und wird in den einschlägigen Gesetzen – auf der einen Seite den KAGen der Länder, auf der anderen Seite dem FStrPrivFinG und der Preisklauselverordnung – zugestanden. Daraus folgt, dass diese kalkulatorischen Kosten als Kosten in eine Gebührenberechnung einzustellen sind, und zwar selbst dann, wenn eine private Beteiligung an der Leistungserbringung gar nicht erfolgt. Wenn diese Kosten schon in eine Gebührenrechnung einzustellen sind, gilt das gleiche erst recht in Bezug auf ein privatrechtliches Entgelt im Rahmen einer nutzerfinanzierten PPP. Andere Kosten wie Bau, Ausbau, Service, Unterhalt usw. können ohnehin als Kosten sowohl in einer Gebühr als auch in einem privaten Entgelt gegenüber privaten Nutzern und Nutznießern abgerechnet werden.

I. Zusammenfassung und Beurteilung

Es galt zu klären, wie es sich bzgl. eines zusätzlichen, kalkulatorischen Gewinnzuschlages eines privaten Unternehmers gegenüber dem öffentlichen Partner oder direkt gegenüber dem privaten Nutzer im Rahmen eines Fremdleistungsentgeltes verhält. Dazu haben die Gerichte festgestellt, dass kalkulatorische Gewinnzuschläge zur Abgeltung des allgemeinen Wagnisrisikos eines Unternehmens in Fremdleistungsentgelte eingestellt werden dürften, wenn der öffentliche Partner im Schattenmautmodell von dem privaten Nutzer eine Gebühr erhebt. Die Gebühr oder das Entgelt darf insgesamt nur nicht unverhältnismäßig werden.

Das OVG NRW macht dabei eine Einschränkung, wonach der Wagniszuschlag für das allgemeine Unternehmensrisiko auch nur so hoch ausfallen kann, wie das tatsächliche Ausfallrisiko bzgl. der eingegangenen Vertragsverhältnisse ist. Dies hält auch einer rechtlichen Analyse stand, und es besteht nur ein scheinbarer Widerspruch zwischen den Regelungen im öffentlichen Preisrecht und den Vorgaben in den einzelnen Gesetzen, die Kosten nach betriebswirtschaftlichen Grundsätzen für Benutzungsentgelte und Gebühren für ansetzbar erklären.[891]

1. Öffentliches Preisrecht

Das öffentliche Preisrecht auf Basis der Leitsätze für die Preisermittlung aufgrund von Selbstkosten erklärt kalkulatorische Gewinnzuschläge für ansatzfähi-

891 Siehe beispielsweise § 3 Abs. 2 FStrPrivFinG; § 6 Abs. 2 KAG NRW.

ge Kosten, die Dritten damit weiter in Rechnung gestellt werden können. Dort sind unter Punkt III. die Bestandteile eines Selbstkostenpreises aufgelistet und enthalten auf der einen Seite kalkulatorische Kosten, auf der anderen Seite einen kalkulatorischen Gewinn, beide aber als Teil der „Kosten".

2. Betriebswirtschaftlicher Kostenbegriff

Um daraus Rückschlüsse ziehen zu können, muss untersucht werden, welche Kosten nach betriebswirtschaftlichen Grundsätzen ansetzbar sind. Nach dem herrschenden Kostenbegriff in der Betriebswirtschaftslehre sind Kosten der bewertete Verzehr von Gütern und Dienstleistungen, der durch die betriebliche Leistungserstellung und -verwertung verursacht wird.[892] Die Kosten setzten sich aus aufwandsgleichen Grundkosten sowie den kalkulatorischen Kosten zusammen.[893] Die kalkulatorischen Kosten bestehen aus kalkulatorischen Abschreibungen, Wagnissen, Zinsen, Unternehmerlohn sowie kalkulatorischer Miete.[894] Das kalkulatorische Wagnis deckt dabei spezielle Einzelwagnisse ab, die zu den Begleiterscheinungen des betrieblichen Leistungsprozesses als aperiodisch auftretender, aber kalkulierbarer Aufwand gehören. Das allgemeine Unternehmensrisiko wird durch den Betriebsgewinn abgedeckt. Der kalkulatorische Gewinn ist dann die errechnete, fiktive, sich nicht in Einnahmen und Ausgaben niederschlagende Differenz zwischen Kosten und Leistungen.[895]

Mithin handelt es sich bei dem kalkulatorischen Gewinn um den erwarteten, kalkulierten Überschuss. Dieser kann dann als Plangröße der Kosten festgesetzt werden und damit als Teil der kalkulatorischen Kosten angesehen werden, da er die Entschädigung für die Übernahme des allgemeinen Unternehmensrisikos darstellt. Konkret bedeutet das, dass von dem Gesamtertrag des Unternehmers zunächst der Aufwand abgezogen wird, um das Gesamtergebnis zu erhalten. Davon wird das neutrale Ergebnis, d. h. Erträge der außergewöhnlichen Geschäftstätigkeit abgezogen. Von dem dann ermittelten ordentlichen Ergebnis werden die Zusatzkosten abgezogen, die der Unternehmer mit seinem Einsatz hätte erzielen können, wenn er sie anders investiert hätte, also kalkulatorische Zinsen, Unternehmerlohn, Miete und Abschreibung. Der übrig bleibende Teil stellt das Betriebsergebnis dar, welches die Abgeltung des unternehmerischen Risikos darstellt.[896] Der kalkulatorische Gewinn als Abgeltung des unternehme-

892 Wöhe, S. 926.
893 Wöhe, S. 926.
894 Wöhe, S. 946.
895 Definition „kalkulatorischer Gewinn", abgerufen unter http://www.unternehmens welt.de/kalkulatorischer-gewinn.html, abgerufen am 12.07.2013.
896 Wöhe, S. 703.

rischen Risikos stellt daher die Rechengröße dar, mit welcher in einer Vorabplanung das Betriebsergebnis geplant wird. Dieser kalkulatorische Gewinn deckt die erwartete, theoretische Gewinnmarge ab und honoriert das allgemeine Unternehmenswagnis.[897]

Damit gehört nach betriebswirtschaftlicher Berechnung der kalkulatorische Gewinn nur indirekt zu den Kosten. Das allgemeine Unternehmenswagnis ist nach betriebswirtschaftlicher Rechnung nicht kalkulierbar und wird durch den Betriebsgewinn honoriert. Dieser ergibt sich, indem man vom Erlös Kostenpositionen abzieht. Das kalkulatorische Wagnis umfasst jedoch nur Einzelwagnisse, während der kalkulatorische Gewinn dem öffentlichen Preisrecht folgend das allgemeine Unternehmenswagnis als Kostenposition in der Preiszusammensetzung für Waren abdeckt.

3. Zwischenergebnis

Daher wird nur im öffentlichen Preisrecht der kalkulatorische Gewinn als zur Abgeltung des allgemeinen unternehmerischen Risikos als Kosten berücksichtigt und nicht als Differenz zwischen Umsatz und Kosten. Die Aussage in den zitierten Gesetzen, nach der die nach betriebswirtschaftlichen Grundsätzen geltend zu machenden Kosten anzusetzen sind, umfassen zunächst daher nicht den Ansatz von kalkulatorischen Gewinnzuschlägen.

Um diesen Gegensatz zwischen öffentlichem Preisrecht und dem betriebswirtschaftlichen Kostenmodell zu lösen, sind die Rechenmodelle zu vergleichen und auf deren jeweiligem Sinn und Zweck hin zu untersuchen.

Selbstkostenpreise nach dem öffentlichen Preisrecht gem. § 1 Verordnung Pr 30/53 kommen nur dann zu Anwendung, wenn es in dem Teilbereich bei einem öffentlichen Auftrag keine Marktpreise gibt. Dann müssen die Preise durch Selbstkostenpreise festgelegt werden, auf deren Basis die öffentliche Hand den Auftrag vergeben darf.[898] Daraus ergibt sich, dass die betriebswirtschaftliche Berechnungsmethode und die Errechnung der Preise aufgrund des öffentlichen Preisrechts den „Preis“ von unterschiedlichen Blickwinkeln aus betrachten.

Die betriebswirtschaftliche Kostenrechnung dient dem Unternehmer dazu, die Kosten und den Aufwand für seine Leistung intern zu errechnen und zu ermitteln. Daher beinhaltet die interne Kalkulation keinen kalkulatorischen Gewinn, da in der internen Kalkulation Aufwand und Kosten die entscheidenden Parameter sind. Die positive Differenz davon bildet den Betriebsgewinn ab. Die-

897 Wöhe, S. 703.
898 § 1 Abs. 3 Verordnung Pr 30/53.

ser deckt dann das allgemeine Betriebsrisiko für die Durchführung der Unternehmung ab.

Die öffentliche Hand dagegen beurteilt die Preise danach, welchen Preis sie für einen öffentlichen Auftrag bezahlen muss. Daher wird nach der dortigen Rechnung der Betriebsgewinn als Teil der kalkulatorischen Kosten berechnet, da im Außenverhältnis gegenüber der öffentlichen Hand nur der Gesamtpreis gilt, welcher den Betriebsgewinn enthalten sollte. Um diesen angemessen zu ermitteln, wird ein kalkulatorischer Gewinnzuschlag eingepreist, welcher nur eine andere Umschreibung für die Einpreisung des erwarteten Betriebsgewinns ist. Der Selbstkostenpreis dient dazu, die „angemessenen Kosten" des Auftragnehmers abzudecken, § 5 Verordnung Pr 30/53. Nach § 8 sind die Preise anhand der Leitsätze zur Ermittlung der Selbstkostenpreise zu ermitteln. Darin ist festgelegt, dass die Selbstkostenpreise bestehen aus: 1. Stoffen, 2. Löhnen, Gehältern und sonstigen Personalkosten, 3. Instandhaltung- und Instandsetzung, 4. Entwicklungs-Versuchs- und Entwurfsaufträgen, 5. Fertigungsanlauf, Bauartänderung, 6. Steuern, Gebühren, Beiträge, 7. Lizenz, Patente, 8. Vertriebskosten, 9. Mieten, Büro, Werbe- und Transportkosten, 10. kalkulatorische Kosten, 11. kalkulatorischer Gewinn. Diese Komponenten, aus denen sich der Selbstkostenpreis zusammensetzt, sollen die öffentliche Hand in die Lage versetzen zu beurteilen, welcher Preis für eine abgefragte Leistung auch angemessen ist.

Daraus ergibt sich, dass am Ende die Ermittlung nach dem Selbstkostenpreis und die betriebswirtschaftliche Berechnungsmethode gleiche Kostenansätze haben, diese aber aus unterschiedlichen Blickwinkeln betrachten. Der Unterschied besteht darin, dass bei der externen Preisberechnung kalkulatorische Kosten in dem Gesamtpreis enthalten sind, während nach der betriebswirtschaftlichen, internen Berechnungsmethode am Ende der Betriebsgewinn ermittelt wird, der sich aus dem Umsatz abzüglich der Kosten ergibt. Damit letztendlich nach der internen Kalkulation auch tatsächlich ein Betriebsgewinn als Abgeltung des allgemeinen Unternehmensrisikos herauskommt, muss nach der betriebswirtschaftlichen, internen Berechnungsmethode im Außenverhältnis pro verkaufter Leistung ein Zuschlag hinzugerechnet werden, der über die reinen Kosten hinausgeht. Dies ist der kalkulatorische Gewinnzuschlag.

Da diese Position nach der internen betriebswirtschaftlichen Berechnungsmethode im Umsatz enthalten ist, da es sich letztendlich um die einkalkulierte Gewinn- und Risikomarge handelt, sind es nur dann Kosten, wenn eine externe Betrachtungsweise übernommen wird. Der Unterschied besteht darin, dass bei der externen Berechnung der kalkulatorische Gewinn als Rechengröße existiert, während er in der internen Rechnungsmethode als Differenz zwischen Kosten und Aufwand/Umsatz erscheint.

Die Frage ist, welche Rückschlüsse daraus zu ziehen sind, wenn es darum geht, ob ein kalkulatorischer Gewinnaufschlag zulässig sein soll. Auf den ersten Blick scheint ein solcher Zuschlag aufgrund der „nach betriebswirtschaftlichen Grundsätzen ansatzfähigen Kosten" nicht möglich zu sein. Notwendig ist jedoch eine nach objektiven Kriterien erfolgende externe Betrachtungsweise der betriebswirtschaftlichen Kosten sowie der Analyse des Wortlauts der Gesetze, die dazu Regelungen enthalten. Die externe Betrachtung erklärt sich auch, wenn der Sinn und Zweck der jeweiligen Ansatzpunkte beachtet wird. So heißt es in § 3 FStrPrivFinG, dass kalkulatorische Kosten auch „kalkulatorische Wagnisse" enthalten. Eine Differenzierung nach Einzelwagnissen oder dem allgemeinen Unternehmenswagnis geht daraus nicht hervor.

In § 6 KAG Mecklenburg-Vorpommern wird aber beispielsweise auf kalkulatorische Wagniskosten bei einer Gebührenzusammensetzung gar nicht eingegangen. In § 6 Abs. 2 KAG NRW wird auch nicht auf kalkulatorische Wagnisse abgestellt. Einzig werden die nach betriebswirtschaftlichen Grundsätzen zu ermittelnden Kosten, Abschreibungen und Zinsen als berücksichtigungsfähig benannt.

Ähnlich ist die Regelung in § 5 KAG NDS sowie in § 6 KAG Schleswig-Holstein.

Gemein ist allen, dass die Kosten nach betriebswirtschaftlichen Grundsätzen zu ermitteln sind. Wie oben erläutert, unterscheiden sich der betriebswirtschaftliche und der Ansatz des öffentlichen Preisrechts nur in der internen und externen Preisermittlung. Während der betriebswirtschaftliche Ansatz die interne Kalkulation umfasst und die Abgeltung des allgemeinen Unternehmenswagnis als Differenz zwischen Kosten und Umsatz sieht, bezieht sich der externe Ansatz darauf, die Gesamtkosten für die öffentliche Hand zu ermitteln, und ist der Preis, der in Rechnung gestellt wird, also inklusive des kalkulierten Betriebsgewinns. Definiert wird der kalkulatorische Gewinn nach dem öffentlichen Preisrecht, aber als Ausgleich für das allgemeine Unternehmenswagnis, L, Nr. 51 LSP. Der interne Betriebsgewinn nach betriebswirtschaftlichen Grundsätzen dient aber auch als Abgeltung des allgemeinen Unternehmenswagnisses. Daher kann bei interner und externer Betrachtung festgestellt werden, dass beide Ansätze letztendlich unter diesem Punkt das gleiche Risiko abdecken, sodass der Sinn des betriebswirtschaftlichen Ansatzes und des öffentlichen Preisrechts darin liegt, das allgemeine Unternehmensrisiko abzubilden.

Bei der Erledigung einer öffentlichen Aufgabe, in deren Rahmen öffentlich-rechtliche Grundsätze gelten, setzt sich das öffentliche Preisrecht dergestalt durch, dass der kalkulatorische Gewinnzuschlag direkt als Kostenposition zu berücksichtigen ist. Dafür spricht auch, dass vor der Vergabe des NPPP-Projekts ein Wirtschaftlichkeitsvergleich durchzuführen ist.

Bei diesem Wirtschaftlichkeitsvergleich müssen auch die Kosten und Entgelte für die öffentliche Hand berücksichtigt werden. Um daher die Angebote des privaten Partners überprüfen zu können, kann das öffentliche Preisrecht zu Hilfe genommen werden, um die Angemessenheit der Preise einschätzen zu können. Wenn aber die betriebswirtschaftliche interne Kalkulation als Basis für eine Preisfindung für einen externen Käufer dient, würde der angenommene Betriebsgewinn als geplanter, kalkulatorischer Gewinn ausgewiesen werden. Denn, um das zu wiederholen, unterscheiden sich die betriebswirtschaftlichen Kosten und das öffentliche Preisrecht nur in der Betrachtungsweise der entgeltrelevanten Positionen eines Preises.

Abschließend muss daraus geschlussfolgert werden, dass ein angemessener kalkulatorischer Gewinnaufschlag eingepreist werden kann, gerade wenn nach betriebswirtschaftlichen Grundsätzen die Kosten anzusetzen sind. Der Gewinnaufschlag muss im Verhältnis angemessen sein, wie dies § 2 FStrPrivFinG vorsieht. Denn sowohl das Preisrecht als auch das Fernstraßenbauprivatfinanzierungsgesetz lässt jeweils einen angemessenen Gewinn zu. Als weiteres Argument für die Einpreisung eines kalkulatorischen Gewinnaufschlages kann angeführt werden, dass bei einem angemessenen zugestandenen Gewinn bei der vorhergehenden Kalkulation ein kalkulatorischer Gewinnzuschlag eingepreist werden darf.

a. Kalkulatorischer Gewinnzuschlag

In einem ersten Schritt kann das allgemeine Unternehmenswagnis durch einen kalkulatorischen Gewinnzuschlag in die Fremdleistungsentgelte eingepreist werden, und damit erst recht auch in die Entgelte, die der private Partner direkt mit den privaten Nutzern abrechnet.

Vielmehr ist der Erst-Recht-Schluss zwingend. Denn von Fremdleistungsentgelten spricht man, wenn die öffentliche Hand für die Leistungserfüllung eines privaten Partners dem privaten Nutzer ein Entgelt oder eine Gebühr in Rechnung stellt. Wenn daher das Fremdleistungsentgelt mit dem kalkulatorischen Gewinnzuschlag in die Kosten eingestellt und durch die öffentliche Hand abgerechnet und eingezogen werden kann, muss das erst recht dann gelten, wenn der öffentliche Partner in dem Drei-Personen-Verhältnis der NPPP nach außen gar nicht mehr in Erscheinung tritt und der private Partner direkt bei einem privaten Nutzer abrechnet.

Dabei ergibt sich die Berechtigung dieses Zuschlages aus zweierlei Überlegung: zum einen, weil das öffentliche Preisrecht einen solchen kalkulatorischen Gewinnzuschlag kennt, zum anderen, weil auch die externe Betrachtung der nach betriebswirtschaftlichen Grundsätzen ansetzbaren Kosten einen solchen Zuschlag ermöglicht.

b. Höhe des kalkulatorischen Gewinnzuschlages

Hinsichtlich der Höhe des kalkulatorischen Gewinnzuschlags gilt, dass dieser angemessen sein muss. Um die Angemessenheit zu bestimmen, ist eine Stufenprüfung durchzuführen.

Auf der ersten Stufe ist eine einzelfallabhängige Risikoprüfung des allgemeinen Unternehmenswagnisses in der konkreten Branchen- und Geschäftssituation vorzunehmen. Denn, wie oben die Analyse der Gerichtsurteile und der Definitionen ergeben hat, der kalkulatorische Gewinnzuschlag deckt das allgemeine Unternehmenswagnis ab. Das Unternehmenswagnis kann aber nur so hoch sein, wie werthaltig die eingegangenen vertraglichen, entgeltwirksamen Vereinbarungen sind.

Für NPPP-Projekte sieht dies wie folgt aus. Traditionell wurde das Risiko und die Zuschlagshöhe des kalkulatorischen Gewinns danach beurteilt, wie hoch die Beteiligung der öffentlichen Hand an dem privaten Partner ausfällt. Bei der NPPP muss jedoch nicht unbedingt eine Beteiligung der öffentlichen Hand an dem privaten Leistungserbringer vorliegen. Daher, der Entscheidung des OVG NRW folgend, kommt es vielmehr darauf an, wie werthaltig die eingegangenen vertraglichen Verpflichtungen des privaten Partners tatsächlich sind und welches allgemeine Unternehmensrisiko besteht. Sollte dagegen ein Modell mit einem gemischt-wirtschaftlichen Unternehmen gewählt worden sein, ist zusätzlich nach wie vor die öffentliche Beteiligung als risikomindernd zu berücksichtigen.

Für das A-Modell erfolgt ein PPP-Vertragsabschluss mit der öffentlichen Hand. Die NPPP-Gesellschaft wird regelmäßig als sog. Projektgesellschaft tätig, sodass sie keine Einkommen generierende Verträge neben dem NPPP-Vertrag im A-Modell abschließen wird. Das Risiko dieses Vertrages ist zu bewerten, wobei auf die Ausführungen oben[899] bzgl. der Risiken und deren mögliche Abschwächung durch alternative Vertragsgestaltung und Risikoverteilung hingewiesen wird.

Aus der Analyse der obigen Urteile und der Literatur ergibt sich, dass die Gerichte Zuschläge zwischen 1 % und 3 % zugestanden haben, wobei jeweils der individuelle Fall entscheidend ist. So hat das OVG NRW beispielsweise einen kalkulatorischen Gewinnaufschlag von 1 % zugestanden, gleichzeitig aber die tatsächliche Ansetzung von 3 % noch geduldet, da sie sich im Bereich der Toleranzgrenze ansetzbarer Kosten bewegte. In den anderen Entscheidungen

899 S.o., 3. Kapitel, E-I.

wird nicht auf den Zuschlag im Einzelnen abgestellt, sondern darauf, ob das Fremdleistungsentgelt insgesamt noch erforderlich ist.

Dem ist im Bereich des NPPP-Modells nur eingeschränkt und differenzierter zu folgen.

Den oben beschriebenen Urteilen lagen Sachverhalte aus unterschiedlichen Branchen zu Grunde, zwei der Urteile beschäftigten sich auch mit der Abfallver- und -entsorgung.

Dabei handelt es sich traditionell um Bereiche, die eine konstante, regelmäßige und gut kalkulierbare Einnahmequelle generieren können, da ein Ausweichen auf Alternativanbieter schwer ist. Auch ist es schwerer, der Abgabenpflicht überhaupt „zu entkommen“, wie es beispielsweise bei Verkehrsinfrastrukturvorhaben möglich ist, insbesondere im Bereich des F-Modells. Dort werden die gebührenpflichtigen Bauwerke oft umfahren. Ein ähnliches Problem ergab sich im Rahmen des Autobahnausbaus beim A-Modell, indem LKW auf nicht mautpflichtige Landstraßen auswichen, wenn das möglich war.

Auf der anderen Seite aber schwanken die Preise für Abfall erheblich, wie dies beispielsweise im Bereich des Altpapiers der Fall ist.[900] Genauso sind die Preise für Müllentsorgung und die Verwertung ähnlich unterschiedlich und teilweise instabil.[901] Daher ist die Situation vergleichbar mit der von Infrastrukturprojekten. Denn auch dort, wie oben ausgeführt, bestehen Einnahmeschwankungen durch Ausweichverkehre und Umgehungen wie im Bereich der Abfallentsorgung und des Altpapiers, deren Preise vom Weltmarkt und den Rohstoffpreisen abhängen. Es ist jedoch fraglich, ob eine „Vergleichbarkeit“ zwischen den öffentlichen Aufgaben besteht, die es rechtfertigt, im A- und F-Modell bei Infrastrukturprojekten nur Zuschläge von maximal 5 % zuzulassen.

Die Bestimmungsgrößen für die unterschiedlichen Projekte lassen eine Vergleichbarkeit nicht zu, sodass für jedes einzelne Vorhaben ein projektangemessener Zuschlag ermittelt werden muss, der das Unternehmensrisiko berücksichtigt und nicht mit Einzelwagnissen verwechselt werden darf. Die Feststellungen des Gerichts, einen Zuschlag zwischen 1 % und 5 % zuzulassen, kann und muss jedoch als Rahmen akzeptiert werden. Allerdings müssen in begründeten Ausnahmefällen auch Abweichungen möglich sein, da die hier untersuchten Branchen, Wasser, Abfall und Verkehrsinfrastruktur, von ihren Voraussetzungen und

---

900 Schmehl, NVwZ 2009, S. 1262 [1266/1267].

901 Vgl. Studie im Auftrag des Bundesministeriums für Wirtschaft und Technologie, erstellt im Oktober 2009, abzurufen unter http://www.bmwi.de/BMWi/Redaktion/PDF/Publikationen/Dokumentationen/studie-oekonomische-und-oekologische-bewertung-getrennten-sammlung-abfaelle,property=pdf,bereich=bmwi,sprache=de,rwb=true.pdf, abgerufen am 12.07.2013.

Bedingungen[902] unterschiedlich sind, sodass von einem einheitlichen Risikozuschlagsrahmen in Ausnahmefällen abgewichen werden kann.

Zunächst muss aber auf der einen Seite die Branche und deren spezifisches Risiko in Rechnung gestellt werden. Auf der anderen Seite ist aber auch entscheidend und muss in den Gewinnzuschlag einfließen, wie das Branchenrisiko durch veränderte Vertragsgestaltung angemessen abgefedert werden kann.[903] Daraus ergibt sich für jedes Projekt ein auf das Projektunternehmen zu ermittelndes Unternehmenswagnis, das einen Zuschlag rechtfertigt. Besteht keine spezielle Projektgesellschaft für ein Vorhaben, wäre aufgrund von Diversifikation das Risiko weiter zu reduzieren, wenn beispielsweise ein Unternehmen „mehrere" Projekte betreibt. Damit wäre nur das Gesamt-Unternehmensrisiko zu bewerten.

c. Stufenprüfung

Es ergibt sich folgende durchzuführende Stufenprüfung um den angemessenen kalkulatorischen Gewinnzuschlag zu ermitteln.

aa. Stufe 1

Es muss das Projekt betrachtet und das Risiko in wirtschaftlicher und rechtlicher Hinsicht bewertet werden, welches das Unternehmen trifft, wenn es in einem solchen Bereich und Branche tätig wird.[904] Es handelt sich um die Bewertung des Branchenrisikos, also

> „das Risiko, welches die Unternehmen einer bestimmten Branche betrifft. Es entsteht aufgrund der Fokussierung auf bestimmte Produkte, welche im Laufe der Zeit unterschiedlichen wirtschaftlichen Entwicklungen ausgeliefert sind. (...) Weitere Gründe für ein Branchenrisiko bestehen in der Regulierung eines Wirtschaftszweiges (...). Besonders bei neuen Wirtschaftszweigen ist das Branchenrisiko höher, insbesondere durch den Wettbewerb mit etablierten Branchen, jedoch auch die Chancen"[905].

Daraus ergibt sich das allgemeine Unternehmensrisiko eines Unternehmens mit einem solchen Projekt in der speziellen Branche. Sofern das Branchen-

---

902 Beispielsweise das feste Leitungssystem der Wasserversorgung gegenüber den Ausweichmöglichkeiten bei der Verkehrsinfrastruktur.

903 S.o., 3. Kapitel, G, H.

904 Einzelfallbezogene Risiken und Wagnisse werden durch Einzelwagniszuschläge abgegolten.

905 Definition „Branchenrisiko", abzurufen unter http://www.boersennews.de/lexikon/begriff/branchenrisiko/278, abgerufen am 12.07.2013.

risiko als ungewöhnlich hoch bewertet wird, kann ein Gewinnzuschlag von mehr als 5% gerechtfertigt sein.

bb. Stufe 2

Sodann muss ein einzelfallabhängiger Risikozuschlag ermittelt werden, der im Verhältnis zu dem allgemeinen Unternehmensrisiko die eingegangenen Vertragsbeziehungen und deren Werthaltigkeit bewertet. Im Rahmen der rechtlichen Risiken ist der Umstand zu bewerten, ob der Vertrag, und damit die Einnahmen, vor Ablauf der Vertragslaufzeit beendet werden könnte. Dementsprechend sind vor allem Kündigungsrechte zu prüfen. Aufgrund dieses Risikos ergibt sich ein Zuschlag oder ein Abzug des allgemeinen Unternehmens- und Branchenrisikos gem. der Stufe 1, sodass sich daraus der kalkulatorische Gewinnzuschlag ergibt.

Für diesen Zuschlag gilt zunächst ein Rahmen zwischen 1 und 5% [906]der Nettoselbstkosten als betriebsüblicher Gewinn, was als Ausgangsbasis für die Bestimmung des konkreten, individuellen Unternehmensrisikos der Gesellschaft dient.

Vordringlich ist eine genaue Untersuchung des abgeschlossenen PPP-Vertrages vorzunehmen. Das Risiko der Werthaltigkeit des Vertrages ist einzuschätzen, also wie viele Einnahmen darüber gegenüber Dritten generiert werden können, wie stabil die Regelung zur Generierung dieser Einnahmenquelle ist, wie viele Nutzer es tatsächlich geben wird und schließlich, wo und wie das Projekt angesiedelt ist und wer das Mengenrisiko o. ä. trägt.

Entscheidend sind daher die Gesamtumstände des Projektes und die interne Risikoverteilung des abzuschließenden Vertrages. Notwendig sind dafür eine rechtliche Analyse der vertraglichen Risikoverteilung sowie eine betriebswirtschaftliche Bewertung der Einkommensgenerierung bei angenommener und erwarteter Benutzung durch Dritte. Außerdem muss die rechtliche Werthaltigkeit des NPPP-Vertrages beurteilt werden. Dies bedeutet, dass geprüft werden muss, ob und welche Möglichkeiten und Risiken einer vorzeitigen Vertragsbeendigung bestehen und wie die Übergangsregeln dazu aussehen würden.

Diese, in rechtlicher, betriebswirtschaftlicher und tatsächlicher Hinsicht erfolgende Risikobewertung spiegelt das Unternehmensrisiko des privaten Part-

---

906 So soll die Gewinnmarge bei einem 4-Personenhaushalt bzgl. der Wasserver- und Entsorgung bei bis zu 20% liegen. Wenn dann auch eine kalkulatorische Verzinsung zu berücksichtigen ist, dürfte eine Gewinnzuschlag zwischen 1 und 5% als Ausgangspunkt eine angemessene Richtgröße sein, siehe „Wasserbranche fürchtet Aufsicht“, Artikel des Autos Martin Murphy, erschienen am 09.04.2009 im Handelsblatt, S. 11, abzurufen auch unter http://www.wiwo.de/unternehmen/kartellbehoerde-wasserbranche-fuerchtet-aufsicht/5533098.html, abgerufen am 12.07.2013.

ners wider und wird durch den kalkulatorischen Gewinnzuschlag abgegolten. Je ausgewogener die Risikoverteilung des NPPP-Vertrages ist und je langfristiger und „stabiler" der Vertrag ist, desto geringer fällt der kalkulatorische Gewinnzuschlag aus.

cc. Stufe 3

Sofern dann ein sich aus dem allgemeinen und dem konkreten Projekt ergebende kalkulatorischer Gewinnzuschlag ermittelt wurde, ist zu überprüfen, ob dieser Zuschlag im Verhältnis zum Projekt *angemessen* und *erforderlich* ist.

Verhältnismäßig bedeutet, dass der Zuschlag in angemessenem Verhältnis zu den Kosten und der Leistung steht. Erforderlich bedeutet, dass trotz des Aufschlages die Aufgabenerledigung durch die öffentliche Hand selbst nicht günstiger sein darf. Die Erforderlichkeit wird schon im Rahmen der Wirtschaftlichkeitsuntersuchung mit geprüft. Allerdings ist diese Wirtschaftlichkeitsuntersuchung im Hinblick auf das Erforderlichkeitsprinzip zu modifizieren.

Die NPPP-Projekte behandeln Aufgabenbereiche, in denen es um die Erledigung einer öffentlichen Aufgabe geht. Gleichzeitig werden Verträge mit einer langen Laufzeit abgeschlossen, in denen einerseits auch über die Kosten bzw. Entgelte mit entschieden wird. Wenn andererseits die Entgelte während der Laufzeit angepasst und jeweils auch variabel ausgestaltet werden können, ist auch die gebührenrechtliche Komponente des Entgelts zu berücksichtigen. Sofern im A-Modell der öffentliche Partner nach außen auftritt, ist er gegenüber dem privaten Nutzer gehalten, über die Gebühr oder das Entgelt, welches er inklusive des Fremdleistungsentgelts von dem privaten Nutzer eintreibt, selbst zu überprüfen und abzurechnen. Dies bedeutet, dass Unter- und Überdeckungen aus der Gebühr auszugleichen sind. Mittelbar führt dies zu einer Pflicht der Überprüfung der Erforderlichkeit der darin enthaltenen Fremdleistungsentgelte sowie des darin enthaltenen Gewinnaufschlages. Denn wenn dieser nicht mehr erforderlich ist, entsteht durch die Gebühr eine Kostenüberdeckung, die der öffentliche Partner auszugleichen hat.

Es aktualisiert sich die Pflicht, die Erforderlichkeitskontrolle des Fremdleistungsentgeltes regelmäßig durchzuführen. Dies führt dazu, dass der öffentliche Partner ständig überprüfen muss, ob er die durch den privaten Partner in dem NPPP-Projekt durchgeführte Leistung selber günstiger durchführen kann. Daher ist die Erforderlichkeit des Fremdleistungsentgeltes in Bezug auf den darin enthaltenen Gewinnzuschlag zu prüfen, ob nicht ein günstigeres Angebot der öffentlichen Hand vorgelegt werden kann. Sollte dies tatsächlich im Laufe der Vertragslaufzeit vorkommen, wäre der Gewinnzuschlag zu kürzen. Um der öffentlichen Hand in diesem Fall den Spielraum einzuräumen, muss die vertragliche Regelung des PPP-Vertrages so ausfallen, dass eine Reduktion des Fremdleistungsentgeltes um diese Komponente erfolgen kann. Das gleiche gilt, wenn dem NPPP-Projekt ein F-Modell zu Grunde liegt.

In diesem Fall tritt nur der private Partner nach außen auf. Für ihn sind die Grundsätze des öffentlichen Finanzgebarens zu beachten,[907] sodass eine Erforderlichkeitskontrolle des privaten Entgelts inklusive Gewinnzuschlags stattfinden muss. Auch in diesem Fall muss der öffentliche Partner den NPPP-Vertrag so ausgestalten, dass wenn die Erforderlichkeit nicht mehr gegeben sein sollte, eine Reduzierung des Betrages erfolgen kann.

Gleichzeitig müssen das Fremdleistungsentgelt und der darin enthaltene Gewinnzuschlag verhältnismäßig sein. Dies gilt für direkte und indirekte Mautmodelle nach den A- und F-Modellen. Der Gewinnzuschlag wäre unverhältnismäßig, wenn der Aufschlag in keinem angemessenen Verhältnis zum übernommenen allgemeinen Risiko und der angebotenen Leistung stehen würde. Wann dies der Fall ist, muss eine einzelfallbezogene Untersuchung ergeben und unterliegt der subjektiven Wertung der Beteiligten. Hält sich der Zuschlag in dem benannten Korridor zwischen 1 und 5%, ist von einer Angemessenheit auszugehen. Es sei denn, das Unternehmens- und Branchenrisiko sowie der abgeschlossene NPPP-Vertrag gebieten eine Korrektur; sowohl nach oben als auch nach unten.

dd. Stufe 4

Auf der letzten Stufe ist die Angemessenheit des Entgelts insgesamt zu überprüfen. Dabei indiziert jedoch die Angemessenheit und Erforderlichkeit nach den vorherigen Ermittlungen auch die Angemessenheit des Entgelts insgesamt. Zu berücksichtigen sind dabei die kalkulatorische Verzinsung des Eigenkapitals, orientiert an der durchschnittlichen Verzinsung der Bundesanleihen, sowie sämtliche Kosten und Entgeltparameter, die in die Kalkulation einzustellen sind. Dazu gehören die in § 3 Abs. 2 FStrPrivFinG genannten Kosten.

Dies und auch der ermittelte kalkulatorische Gewinnaufschlag ist auf die Angemessenheit des Entgelts insgesamt zu überprüfen. Dabei stellt sich wieder das gleiche Problem, da die „Angemessenheit“ als unbestimmter Rechtsbegriff zu bewerten ist.

Die Angemessenheit ist projektindividuell zu bestimmen. Als Kriterien für die Beurteilung des Entgelts insgesamt sind etwa vorhandene Marktpreise hinzuzunehmen, damit sicher gestellt wird, dass auf der einen Seite eine ausreichende Vergütung für den privaten Partner erzielt wird. Auf der anderen Seite muss sich das Entgelt in einem solchen Rahmen bewegen, der kein Freibrief für

907 S.o, 4. Kapitel, B.

einen privaten Partner zur Erhebung hoher Entgelte ist, was zulässig wäre, sofern die Kosten der Eigenerledigung noch höher lägen.

4. Zwischenergebnis

Durch die Stufenprüfung wird sichergestellt, dass ein risikoangemessener Gewinnaufschlag im konkreten Einzelfall im Hinblick auf den NPPP-Vertrag zutreffend ermittelt wird (Stufen 1 bis 3). Auf der letzten Stufe wird dann überprüft, ob das Fremdleistungsentgelt insgesamt verhältnismäßig ist, wobei die angebotene Leistung, das Entgelt und Risiko des privaten Partners, ins Verhältnis zueinander gestellt werden. Die Verhältnismäßigkeitsprüfung orientiert sich an den in diesem Bereich geltenden Maßstäben, wie sie zuvor festgestellt wurden. Auf der vierten Stufe ist insbesondere auch die zulässige, kalkulatorische Verzinsung mit einzubeziehen, hinsichtlich derer das FStrPrivFinG Vorgaben macht.

F. Ergebnis

Zu berücksichtigen sind im Entgelt die nach betriebswirtschaftlichen Grundsätzen ansetzbaren Kosten. Dazu gehört, gleich welcher Ausprägung, eine kalkulatorische Verzinsung des eingesetzten privaten Kapitals. Zusätzlich kann in das Entgelt ein kalkulatorischer Gewinn mit eingepreist werden.

G. Exkurs: Lösungsvorschlag Regulierungsbehörde

Um eine Entgeltkontrolle insgesamt hinreichend gerecht, vorhersehbar und kalkulierbar zu machen, könnte eine Lösung darin bestehen, auch hier eine Regulierungsbehörde ähnlich dem Post- und Telekommunikationsbereich zu schaffen.[908] Schon jetzt ist mit der VIFG Verkehrsinfrastrukturgesellschaft mbH eine bundeseigene Gesellschaft als ein Instrument geschaffen worden, das sich um die Verteilung des Gebührensaufkommens aus der LKW-Maut nach dem Bundesfernstraßenmautgesetz kümmert. Eine Kontrolle der Entgelte im oben genannten Sinne findet jedoch nicht statt. Dabei muss es darum gehen, dass das Entgelt insgesamt angemessen ist, wobei die Stufenprüfung nach obigem Muster den Rahmen vorgibt.

---

908 Schmehl, JuS 2001, S. 233 [236].

Gegen die Einführung einer Regulierungsbehörde, in welcher Form und Gestalt kann noch offen bleiben, spräche aber, dass dadurch mehr Bürokratie geschaffen würde, die öffentliche Hand bei der Vertragsgestaltung schon Einfluss nehmen kann und alle Entgelte einer gerichtlichen Überprüfung unterliegen. Darüber hinaus sind im Entgeltverhältnis öffentlich-rechtliche Maßstäbe anzuwenden. Daher ist fraglich, ob ein weitergehendes Schutzniveau des privaten Nutzers tatsächlich vonnöten ist.

Dafür spräche, dass NPPPs in Bereichen der Daseinsvorsorge geschaffen werden, auf die die privaten Nutzer regelmäßig besonders angewiesen sind. Es könnte die Gefahr bestehen, dass die Preise extrem schwanken, je nachdem, wie der öffentliche und der private Partner verhandeln. Hinzu kommt, dass viele PPP-Verträge der (vertraglichen) Geheimhaltung unterliegen, sodass die Preise nicht hinreichend transparent sind und eine Vergleichbarkeit der Preise nur schwer hergestellt werden könnte. Dabei bestehen schon erhebliche Bedenken gegen die Geheimhaltung als solche, da eine öffentliche Aufgabe, ggf. sogar fakultative Staatsaufgabe durch Dritte erfüllt wird, die über die Entgelte der Leistung den Zugang steuern können, ohne dass dies einer transparenten Kontrolle unterläge. Daher könnte der private Nutzer, regelmäßig ein Verbraucher, stärkeren Schutzes wegen der Lebenswichtigkeit der bereitgestellten Ressourcen bedürfen, zumal eine gerichtliche Nachkontrolle, beispielsweise bei der Wasserversorgung, regelmäßig zu spät kommen dürfte.

Dabei kann ein Vergleich mit der Bundesnetzagentur weiterhelfen. Ziel des Telekommunikationsgesetzes ist es u. a., einen ausreichenden Wettbewerb zwischen mehreren Anbietern sicherzustellen, die Interessen der Verbraucher zu schützen, aber auch eine ausreichende Grundversorgung von Telekommunikationsangeboten in der Fläche zu erschwinglichen Preisen zu gewährleisten, § 2 Abs. 2 TKG.[909] Gem. § 39 TKG müssen Unternehmen, wenn eine zu große Marktmacht bestehen könnte und damit diese Ziele gefährdet würden, ihre Entgelte gegenüber den Endnutzern durch die Bundesnetzagentur genehmigen lassen.[910] Eine Parallelität ergibt sich nun daher, dass die Telekommunikation, deren Voraussetzungen und Zugang in der heutigen Gesellschaft wesentlicher und lebenswichtiger Bestandteil des Lebens ist, möglichst allen Privat- und Geschäftsleuten zu gewährleisten.[911] Dabei kommt die Bedeutung der Aufgabe besonders dadurch zur Geltung, dass für diesen Bereich (im Gegensatz beispielsweise zu den Bereichen der Daseinsvorsorge Wasser/Müll) bis zum 01.01.1998 ein eigenes Bundesministerium existierte. Daher soll auf der einen Seite im Be-

909 Spindler/Schuster: F.Müller, § 2 TKG, Rn. 12.
910 Spindler/Schuster: F.Müller, § 39 TKG, Rn. 3.
911 BT-Drs. 13/3609, S. 33.

reich der Telekommunikation Wettbewerb generiert und sichergestellt (bei PPP über die Ausschreibung) und auf der anderen Seite auch die allgemeine Zugänglichkeit begründet werden.[912]

Sofern aufgrund der besonderen Marktmacht eines einzelnen Anbieters der Wettbewerb und der Zugang gefährdet werden würde, kann die Regulierungsbehörde gem. § 39 TKG das vom Nutzer zu entrichtende Entgelt einer vorherigen Genehmigungsprüfung unterziehen. Es wird unterstellt, dass der Wettbewerb den Zugang im Sinne des Nutzers preisgünstig und flächendeckend sicherstellt. Sofern dies nicht der Fall ist, soll ggf. die Regulierungsbehörde einschreiten.[913]

Im Bereich der NPPP ist es so, dass durch die überwiegend durchzuführenden Ausschreibungen der Wettbewerb sichergestellt wird. Jedoch zeichnete sich schon oben ab, dass der Bieterkreis, gerade bei großen Infrastrukturbereichen, sehr begrenzt ist. Je größer die Projekte sind, desto geringer ist der Wettbewerb bei den bisher bestehenden Vergütungsmodellen, jedenfalls im Bereich der Verkehrsinfrastruktur.

Sofern der Zuschlag erfolgt, werden die Kontrolle der Entgelte und damit auch der Zugang in den Bereich der Vertragspartner überantwortet. Lediglich im Bereich des Fernstraßenbauprivatfinanzierungsgesetzes gibt es nach § 6 Abs. 1 eine Genehmigungspflicht für Entgelte. In anderen Bereichen einer NPPP gibt es solche Genehmigungspflichten nicht.

Dabei kommt auch dem sozialstaatlichen Aspekt eine große Rolle zu, um die Zugänglichkeit zu sichern und ein Angebot zu bieten, damit, auch wenn kein Wettbewerb gegeben sein sollte, der Zugang bestehen bleibt und die Interessen der Nutzer gewahrt werden. Diese zweite Perspektive gibt es in Bereich der NPPP nicht. Dabei ist in der heutigen Zeit auch die Telekommunikation wichtig, jedoch ist sie nicht so lebensnotwendig, wie dies beispielsweise im Bereich der Wasserver- und -entsorgung der Fall ist. Daher könnte mit einem Erst-Recht-Schluss argumentiert werden, dass das, was im Bereich der Telekommunikation gilt, erst recht gelten muss, wenn lebenswichtige Bereiche zur Disposition stehen.

I. Infrastrukturagentur

Wie eine solche Infrastrukturagentur aussehen sollte, stößt auf einige Probleme im Bereich der föderalen Struktur der Bundesrepublik. Während die Müllentsorgung sowie die Wasserver- und -entsorgung Bereiche betreffen, die auf kommu-

912 BT-Drs. 13/3609, S. 1.

913 Spindler/Schuster: F.Müller, § 39 TKG, Rn. 9.

naler Ebene i. S. v. Art. 28 Abs. 2 GG zu erledigen sind, betreffen überregionale Infrastrukturvorhaben Bereiche des Bundes i. S. v. Art. 90, 89 GG.

Danach dürfte eine gemeinsame Arbeit einer Infrastrukturbehörde, die sich mit Entgelten und den Verträgen von NPPP-Vorhaben auf Bedenken bzgl. der Verwaltungstrennung von Ländern (dazu werden auch die Kommunen gerechnet) und des Bundes stoßen.[914] Denn auch wenn kommunale Mitarbeiter für die Wasserver- und -entsorgung zuständig wären und Mitarbeiter des Bundes für die überregionalen Verkehrsprojekte, fände doch alles unter einem Dach statt, sodass eine klare Zuordnung fehlt und eine „gemeinschaftliche" Einrichtung vorliegen könnte, vor allem, wenn die „Einrichtung" Entgelte gem. § 6 Abs. 1 FStrPrivFinG oder i.S.v. § 39 TKG genehmigen würde.[915]

Jedoch verwalten die Landesbehörden gem. Art. 90 Abs. 2 GG die „Bundesautobahnen". Dagegen verwaltet der Bund die Wasserstraßen selbst und überträgt die Verwaltung gem. Art 89 Abs. 2 GG auf das Land nur auf Antrag. Bei beiden Varianten handelt es sich letztendlich um Auftragsverwaltungen i. S. v. Art. 85 GG,[916] sodass letztendlich Landesbehörden die Verwaltungstätigkeit ausführen. Daher müsste in jedem Bundesland eine Landes-Infrastrukturbehörde entstehen, welche die Genehmigung und Überwachung der Entgelte anhand der zuvor bestimmten Kriterien, dann auch im Vergleich zu weiteren bei der Behörde bekannten Projekten, wahrnimmt. Auch sind die Verträge der Behörde vorzulegen, sodass hinsichtlich der Geheimhaltungsklauseln wenigstens diese Verträge bei einer Landes-Behörde zusammenlaufen, welche bzgl. der Entgelte eine Angemessenheitsprüfung in Kenntnis der weiteren Verträge aus anderen Projekten vornehmen kann. Damit wird keine jedem zugängliche Offenheit erreicht, was private Investoren abschrecken würde. Aber es fänden ein behördeninterner Vergleich und damit auch eine Kontrolle statt und nicht nur durch den vertragsschließenden Partner. Dafür spräche, dass dies der Einzelfallbezogenheit und den lokalen Besonderheiten der regional begrenzten Projekte Rechnung trägt. Gleichzeitig kann eine Bundesbehörde aufgrund der Auftragsverwaltung die Rechts- und Fachaufsicht über die Behörde ausüben.[917]

---

914 Vgl. insoweit BVerfG, NVwZ 2008, S. 183 [187].

915 BVerfG, NVwZ 2008, S. 183 [187].

916 Epping/Hillgruber: Remmert, Art. 89, Rn. 11; Epping/Hillgruber: Remmert, Art. 90, Rn. 10.

917 Epping/Hillgruber: Remmert, Art. 85, Rn 26.

II. Ergebnis

Aufgrund der fehlenden Offenheit der Verträge, der Regionalität vieler Projekte und der damit verbundenen projektindividuellen Angemessenheit von Entgelten, die, wenn keine zentralen Behörden existieren, kaum vergleichbar sind, ist eine zentrale Stelle nötig, die die Projekte untereinander vergleichen kann und gleichzeitig die nötige Offenheit und Transparenz herstellen kann, zumindest auf Seiten der öffentlichen Hand. Denn es wird eine öffentliche bzw. fakultative Staatsaufgabe durch Private erfüllt. Während im Bereich der Telekommunikationsmedien sowohl der Wettbewerb als auch der Zugang über Entgelte der Kontrolle durch eine zentrale Behörde unterliegt, ist das bei einer NPPP nicht der Fall, und dies, obwohl viele Projekte kleiner und regionaler sind, als dies im Bereich der Telekommunikationsmedien der Fall wäre, mit der Gefahr, dass die Entgelt- und Zugangskontrolle nur dem öffentlichen Partner im Rahmen der Vertragsgestaltung obliegen würde.

Sechstes Kapitel: Endergebnis

Nutzerfinanzierte Public Private Partnerships sind eine Unterart der Public Private Partnerships mit dem Fokus auf einer nutzerabhängigen Refinanzierung des privaten Partners.

Dazu wird ein langfristiger Vertrag zwischen öffentlicher Hand und privatem Partner zur Erfüllung einer öffentlichen Aufgabe, regelmäßig eine fakultative Staatsaufgabe, geschlossen. Durch die Übernahme der Erfüllung ist die Art der Aufgabenerledigung grundsätzlich als funktionale Privatisierung anzusehen, wobei eine Entlassung aus dem öffentlich-rechtlichen Pflichtenkreis daher nicht erfolgt.

Die Aufgabenbereiche selbst, die typischerweise für eine NPPP in Betracht kommen, sind solche der Infrastruktur, insbesondere Verkehrsinfrastruktur, aber auch (kommunale) Dienstleistungen sowie Ver- und Entsorgung. Pilotcharakter hat aber der Bereich der Verkehrsinfrastruktur aufgrund der bestehenden Regelungen des Fernstraßenbauprivatfinanzierungsgesetzes und des Autobahnmautgesetzes. Dabei sind NPPP-Projekte auch in den Bereichen Schiene, Wasserstraßen und Flughäfen zu etablieren, während sich Gefängnisse oder BIDs weniger dafür eignen. Der abzuschließende NPPP-Vertrag zwischen der öffentlichen Hand und dem privaten Partner ist ein sog. verwaltungskooperationsrechtlicher Vertrag und unterliegt damit regelmäßig einem öffentlich-rechtlichen Regime.

Vor der Entscheidung, ob eine NPPP durchgeführt werden soll oder nicht, ist eine Wirtschaftlichkeitsuntersuchung durchzuführen. In diese Wirtschaftlichkeitsuntersuchung sind alle entgeltrelevanten Parameter einzustellen, auch Bonusvereinbarungen. Diese allerdings nicht in der vollen Höhe, sondern mit Abschlägen. Dies leitet über zu der Frage, wie ein (N)PPP-Vorhaben aus haushalterischer Sicht zu bewerten ist.

In Österreich würde sowohl in Bezug auf die PPP-Entgelte und der Boni/Verfügbarkeitsentgelte davon auszugehen sein, dass es sich letztendlich um staatsschuldenrechtlich zu berücksichtigende Finanzschulden handelt. Die Untersuchung zeigte, dass dies in Deutschland anders ist. Eine vergleichbare gesetzliche Regelung fehlt in Deutschland, und das, obwohl die österreichische Regelung schon länger besteht und eine solche Änderung möglich gewesen wäre, da andere Bereiche im Grundgesetz in Bezug auf die Finanzverfassung kürzlich geändert wurden. Daher liegt der Schwerpunkt bei einer PPP darauf, eine Beschaffungsalternative neben der Eigenerledigung zu etablieren und nicht eine Finanzierungsalternative zu schaffen, da sonst auch der Wirtschaftlichkeitsvergleich nicht nötig wäre. Die mögliche Finanzierungserleichterung ist bloßer, nicht beabsichtigter, aber in Kauf genommener positiver Reflex. Ähnliches gilt für Boni und Verfügbarkeitsentgelte, die im Rahmen einer NPPP zur Anwendung kommen würden, während die PPP-Entgelte nur im Bereich der PPP relevant sind.

Das Ergebnis, primär keine Finanzierungsfunktion anzunehmen, ist unbefriedigend, da eine solche Funktion indirekt einem PPP-Entgelt zukommt und auch Bonus- bzw. Verfügbarkeits-Zahlungsverpflichtungen eine anteilige Refinanzierung des (NPPP-)Projekts ermöglichen (sollen), was letztendlich die Haushalte belastet und das Budgetrecht des Parlaments beschränkt. Aus diesem Grund müssen Verpflichtungsermächtigungen über die Zahlungsverpflichtungen, seien es PPP-Entgelte oder Bonusvereinbarungen bei NPPP-Projekten, im Haushalt berücksichtigt werden, um die Budgetrechte des Parlaments zu sichern.

Dagegen kann die Kreditaufnahme des Privaten zum Bau eines PPP- oder NPPP-Projektes darüber hinaus nicht der öffentlichen Hand defizitwirksam zugerechnet werden. Es bleibt bei der Anrechnung durch Verpflichtungsermächtigungen im Rahmen der Zahlungsverpflichtungen, nicht aber bei der Anrechnung der Kreditsumme des privaten Partners als Kredit i. S. v. Art. 115 GG. Auch eine Begutachtung der Entscheidungen des Verfassungsgerichtshofs Rheinland-Pfalz zum Mogendorfer Modell führte nicht zu einer anderen Einschätzung, da „nur“ ein Gläubigerwechsel vollzogen wird und der Schwerpunkt auf der alternativen Beschaffungsvariante liegt.

Die Begutachtung der bisherigen NPPP-Pilotmodelle im Straßenverkehr brachte die Erkenntnis, dass die Projekte und ihre Verfahren verbessert werden müssen. Bei den A- und F-Modellen wird in der Praxis kritisiert, dass die Verkehrsmengen und damit das für die Refinanzierung wichtige Nutzeraufkommen, schwer vorhersehbar sind. Um den Charakter als Nutzerfinanzierungsmodell zu bewahren, gleichzeitig aber eine leichte Entkopplung von der allein von dem privaten Partner zu tragenden Nutzerfinanzierung zu gelangen, eignet sich die Einführung von Verfügbarkeitselementen in Form von Boni oder Verfügbarkeitsklauseln.

Zur Verfahrensverbesserung des Nutzerfinanzierungsmodells eignet sich im Endeffekt ein Schattenmautmodell mit Verfügbarkeitselementen und einer teilweise variablen Vertragslaufzeit. Eine Vertragslaufzeit von mehr als 30 Jahren inklusive Verlängerungen stößt auf vergaberechtliche Bedenken, insbesondere im Zusammenhang mit europäischen Grundfreiheiten und dem Wettbewerbsrecht. Eine Vergabe eines NPPP-Vertrages für 20 Jahre bei gleichzeitig erfolgter Mit-Ausschreibung von Verlängerungsoptionen durch den privaten Partner stoßen dagegen nicht auf Bedenken. Die zur Verbesserung der Modelle einzuführenden Boni oder Verfügbarkeitselemente führen bei NPPP-Projekten, wie die

Untersuchung zeigte, dazu, dass Verpflichtungsermächtigungen in den Haushalt aufzunehmen sind.

Bezüglich der Maßstäbe im Verhältnis zum privaten Nutzer hat die Untersuchung ergeben, dass auch in diesem Verhältnis öffentlich-rechtliche Maßstäbe zu berücksichtigen sind, auch wenn das Entgeltverhältnis zivilrechtlich ausgestaltet wird.

Weil eine notwendige Beleihung des privaten Partners nicht erforderlich ist, gelten im Verhältnis zum privaten Nutzer aus diesem Grund nicht notwendigerweise öffentliche Maßstäbe. Denn die herkömmlichen Beleihungsdefinitionen sind nicht auf eine NPPP übertragbar mit dem kooperativen, partnerschaftlichen Ansatz der Erfüllung einer öffentlichen Aufgabe. Auch ist durch den privaten Partner nicht zwangsläufig eine hoheitliche Handlungsform notwendig, was eine Beleihung notwendig machen würde, und auch eine irgendwie geartete Widmung einer Anlage ergibt nichts anderes. Daraus folgt aber nur, dass im Verhältnis zum privaten Nutzer nicht automatisch eine Beleihung vorgenommen werden muss.

Letztendlich muss jedoch im Entgeltverhältnis bei der Erledigung einer öffentlichen Aufgabe als fakultative Staatsaufgabe im Bereich einer NPPP öffentliches Recht gelten, da anders eine Flucht des öffentlichen Partners in das Zivilrecht nicht zu verhindern wäre. Denn die Aufgabe wird nicht endgültig aus dem Bereich der öffentlichen Hand ausgegliedert, sondern fällt grundsätzlich nach 20 Jahren auf den öffentlichen Partner zurück. Wenn dann im zivilrechtlichen Benutzungsverhältnis trotz Vorliegen einer fakultativen Staatsaufgabe keine öffentlich-rechtlichen Maßstäbe angewendet werden würden, käme dies einer Flucht ins Privatrecht auf Zeit gleich. Daher sind über § 315 BGB die öffentlich-rechtlichen Maßstäbe als dahin ausstrahlend anzusehen.

Bei gemischt-wirtschaftlichen Unternehmen ergibt sich ein ähnliches, wenn auch anders gelagertes Problem. Denn die zu beachtenden öffentlich-rechtlichen Grundsätze, namentlich das öffentlich-rechtliche Finanzgebaren, fußen teilweise auf den Grundrechten. Gilt hier das Konfusionsargument? Letztendlich kommt es darauf an, wann das gemischt-wirtschaftliche Unternehmen durch die öffentliche Hand beherrscht wird und der öffentlichen Hand zuzurechnen ist und wann die Interessen der privaten Anteilseigner im Vergleich zu einer Flucht ins Privatrecht zurückstehen müssen. Ein gemischt-wirtschaftliches Unternehmen wird einem öffentlichen Unternehmen gleichgestellt, wenn eine gesellschaftsrechtliche Beherrschung durch den öffentlichen Partner vorliegt und wenn eine öffentliche Aufgabe erfüllt wird. Das aus einer Entscheidung des Bundesverfassungsgerichts herauszulesende Kriterium der Beherrschung aufgrund der Gesamtverantwortung ist dagegen zu unbestimmt und nicht ausreichend. Auch eine Beteiligung von nur 23 % bei Erfüllung einer öffentlichen Aufgabe reicht nicht aus, da der öffentliche Partner die Unternehmenspolitik nicht beherrscht.

Denn eine Beherrschung, die eine „Benachteiligung" der privaten Anteilseigner rechtfertigt, ist nur dann gegeben, wenn eine gesellschaftsrechtliche Stimmenmehrheit vorliegt. Daher muss regelmäßig eine gesellschaftsrechtliche Beherrschung vorliegen. Nur wenn im Rahmen der faktischen Beherrschung im Einzelfall auch bei einer Minderbeteiligung eine so starke faktische Einflussnahme vorliegen kann, kann etwas anderes gelten. Allerdings kommt es dafür auf den Einzelfall an. Festzuhalten bleibt aber, dass daher eine irgendwie geartete, faktische, spürbare und konkrete Beherrschung durch die öffentliche Hand vorliegt, die in dem Unternehmen den Ton angibt.

Letztendlich müssen zwei Voraussetzungen vorliegen, damit ein gemischtwirtschaftliches Unternehmen zur öffentlichen Hand hinzugerechnet werden kann. Es muss eine gesellschaftsrechtliche Beherrschung in Form einer Mehrheitsbeteiligung an einem Unternehmen feststellbar sein. Als zweite Voraussetzung muss dieses Unternehmen eine öffentliche Aufgabe erfüllen. Wenn beide Voraussetzungen zutreffen, sind im Verhältnis zum privaten Nutzer öffentlich-rechtliche Maßstäbe anzuwenden und nicht deshalb ausgeschlossen, weil das Unternehmen selbst grundrechtsberechtigt sein könnte. Das ist es bei Vorliegen der beiden Voraussetzungen gerade nicht.

Aus der Anwendung der Grundsätze des öffentlichen Finanzgebarens folgt die Frage, welche Maßstäbe im Entgeltverhältnis gelten und wie sich die auf die Höhe des Entgelts auswirken. Dies betrifft die Frage der Fremdleistungsentgelte und der kalkulatorischen Gewinnaufschläge, mithin auch die Gewinnmarge, und damit, wie hoch sie in einem Benutzerentgelt sein dürfen.

Deren Höhe ist in einer Stufenprüfung zu ermitteln. Dabei ergeben sich zunächst die Kostenbestandteile aus einem Entgelt gem. § 3 Abs. 2 FStrPrivFinG. Neben diesen Kostenpositionen stellte sich die Frage, in welcher Höhe Fremdleistungsentgelte, und vor allem Gewinnzuschläge, in den Benutzungsentgelten vorhanden sein dürfen. Insgesamt darf das Entgelt nicht außer Verhältnis sein, sodass sich in dieses Schema auch Fremdleistungsentgelte und darin enthaltene Gewinnzuschläge einfügen müssen. Auf der ersten Stufe ist daher das Unternehmens- und Branchenrisiko zu prüfen, auf der zweiten Stufe sodann eine Risikobewertung des Projekts und der Werthaltigkeit der Einnahmen vorzunehmen. Aufgrund dieses Risikos wird der kalkulatorische Gewinnzuschlag ermittelt, welcher zulässigerweise eingepreist werden darf. Ein Risikozuschlag von bis zu 5 % kann angemessen sein.

Auf der nächsten Stufe ist der kalkulatorische Gewinnzuschlag oder das Fremdleistungsentgelt im Rahmen der vorab durchzuführenden Wirtschaftlichkeitsuntersuchung zu berücksichtigen, um zu ermitteln, ob eine Eigen- oder

Fremderfüllung der Aufgabe durchgeführt werden soll. Bis zur Höhe der Kosten der Eigenerledigung kann grundsätzlich ein Fremdleistungsentgelt oder ein Gewinnzuschlag ausfallen.

Auf der letzten Stufe ist dann insgesamt das Gesamtentgelt auf seine Angemessenheit zu überprüfen, wobei die Kostenpositionen und Fremdleistungsentgelte (im A-Modell) oder kalkulatorische Gewinnaufschläge (beim F-Modell) einzubeziehen sind. Aus dieser Prüfung ergibt sich, ob das Benutzungsentgelt insgesamt angemessen ist, wobei, da die angefallenen Kosten zu berücksichtigen sind, der Schwerpunkt der Untersuchung die Fremdleistungsentgelte und die Gewinnzuschläge sind.

www.ingramcontent.com/pod-product-compliance
Ingram Content Group UK Ltd.
Pitfield, Milton Keynes, MK11 3LW, UK
UKHW021237031026
15588UKWH00001B/137

9 783631 642009